Manipulationssichere Cloud-Infrastrukturen

Hubert A. Jäger · Ralf O. G. Rieken

Hrsg.

Manipulationssichere Cloud-Infrastrukturen

Nachhaltige Digitalisierung
durch Sealed Cloud Security

 Springer Vieweg

Hrsg.
Hubert A. Jäger
Uniscon GmbH
München, Deutschland

Ralf O. G. Rieken
Uniscon GmbH
München, Deutschland

ISBN 978-3-658-31848-2   ISBN 978-3-658-31849-9 (eBook)
https://doi.org/10.1007/978-3-658-31849-9

Die Deutsche Nationalbibliothek verzeichnet diese Publikation in der Deutschen Nationalbibliografie; detaillierte bibliografische Daten sind im Internet über http://dnb.d-nb.de abrufbar.

Springer Vieweg
© Der/die Herausgeber bzw. der/die Autor(en), exklusiv lizenziert durch Springer Fachmedien Wiesbaden GmbH, ein Teil von Springer Nature 2020

Planung: Sybille Thelen
Springer Vieweg ist ein Imprint der eingetragenen Gesellschaft Springer Fachmedien Wiesbaden GmbH und ist ein Teil von Springer Nature.
Die Anschrift der Gesellschaft ist: Abraham-Lincoln-Str. 46, 65189 Wiesbaden, Germany

Geleitwort von Prof. Dr.-Ing. Axel H. Stepken

Vorsitzender des Vorstandes der TÜV SÜD Aktiengesellschaft

Die Digitalisierung wirtschaftlicher Ökosysteme führt zu wesentlich beschleunigter Interaktion zwischen Menschen, zwischen Menschen und Maschinen und zwischen Maschinen. Sie führt zu einer informationellen Integration ganzer Wertschöpfungsketten und gesteigertem Komfort im Alltag. Technisch wird diese Interaktion und Integration durch Cloud-Computing ermöglicht und getragen.

Diese Vernetzung und der damit verbundene Wandel bergen ungemein große Chancen, sowohl für jedes Individuum, als auch für die Gesellschaft als Ganzes. Gestern noch komplizierte und aufwändige Vorhaben sind heute bereits einfach umsetzbar und morgen schon für große Gesellschaftskreise nutzbar. Zum einen stärken die durch die Digitalisierung möglichen Effizienzsteigerungen die Wettbewerbsfähigkeit der Wirtschaft, zum anderen gibt die sehr viel einfachere Verarbeitung von Information einen breiten Raum für zahlreiche neue Geschäftsmodelle. Geschäftserfolg ohne Digitalisierung ist heute nahezu undenkbar.

Diesen formidablen Chancen stehen aber auch zunehmende, nicht zu unterschätzende Risiken entgegen:

- Big-Data-Analysen und künstliche Intelligenz liefern die Grundlage für wichtige Entscheidungen. Oft werden dabei statistische Zusammenhänge festgestellt, deren kausale Abhängigkeit jedoch zunächst unklar bleiben. Es gilt darauf zu achten, dass bei datenbasierten Entscheidungen statistische Korrelation nicht mit erwiesener Kausalität verwechselt werden.
- Die Verbreitung von Information erfolgt digital auf intendierte oder nicht-intendierte Weise so einfach und häufig, dass der Datenschutz für die Gewährleistung der Würde und Freiheit aller betroffenen Personen mehr und mehr an Bedeutung gewinnen wird.
- Für die so genannten „kritischen" Infrastrukturen, also für die Versorgung der gesellschaftlich wichtigen Einrichtungen, entstehen durch die Digitalisierung zahlreiche neue Angriffsflächen. Die Funktion technischer Anlagen kann durch Angreifer sabotiert oder verändert werden, sodass Gefährdungen für Leib und Leben vieler Menschen

entstehen können. Die zunehmende Abhängigkeit der Systeme untereinander stellt eine zusätzliche Bedrohung dar.

- Eine der Begleiterscheinungen der Datenökonomie ist die zunehmende Bedeutung der Wahrung von Geschäftsgeheimnissen für den Erfolg und Bestand eines Unternehmens. Die Umsetzung der EU-„Trade Secret Directive" wird weitere Anstrengungen im Bereich der IT-Sicherheit in Unternehmen erfordern.
- Viele neue Geschäftsmodelle des „Internet of Things" (IoT) bedingen, dass für die Ermittlung von wichtigen Kenngrößen, den so genannten „Key Performance Indicators" (KPI), genügend Daten für eine statistisch stabile Auswertung vorhanden sind. Oft kann diese Datenmenge nur durch eine Datenauswertung über Unternehmensgrenzen hinweg gewonnen werden. Damit der Wettbewerb zwischen den Unternehmen durch etwaige Datenlecks bei deren Verarbeitung nicht unlauter verzerrt werden kann, ist eine ausreichende Anonymisierung der Daten im Sinne des für die Wirtschaftswelt notwendigen Vertrauens und des Kartellrechts erforderlich.

All diesen durch die Digitalisierung erhöhten Risiken, deren Liste sicher noch unvollständig ist, liegt das Problem der Cybersicherheit zu Grunde. Die Sicherheit der informationstechnischen Systeme, einschließlich und insbesondere der Cloud, wird zum Dreh- und Angelpunkt einer zuverlässigen, nachhaltigen und sicheren Wirtschaft.

Es ist den beiden Gründern der Uniscon GmbH, den Mitherausgebern und Hauptautoren dieses Werkes, den Herren Dr. Hubert Jäger und Dr. Ralf Rieken zu verdanken, dass die als „Sealed Cloud" bezeichnete Technologie erfolgreich entwickelt wurde. Mit ihrer Hilfe lassen sich die genannten Risiken auf ein für die Gesellschaft erträgliches Maß reduzieren.

Die Technischen Überwachungsvereine (TÜV) sehen es als ihre zentrale Aufgabe, die negativen Auswirkungen der technischen Entwicklungen auf das Leben der Menschen zu minimieren. Mit der Digitalisierung erweitert sich dieser Aufgabenbereich auf die informationstechnischen Systeme und bezieht sich dort insbesondere auf die Cybersicherheit.

Die Aufgaben der Überwachung von Technik können jedoch nur auf der Grundlage einer umfassenden Bildung und einem sehr ausgeprägten Know-How in den sich sehr schnell entwickelnden Feldern wahrgenommen werden. Daher können sich die Unternehmen der TÜV nicht nur auf periodische Inspektionen und Zertifizierungen beschränken, sondern müssen sowohl an der Analyse von Problemen als auch an der Entwicklung von ausreichend sicheren Lösungen aktiv beteiligt sein. Dies schließt auch eine kontinuierliche Überwachung von relevanten Systemen durch automatische Überwachungsagenten mit ein, wie es durch die Sealed Cloud beispielhaft umgesetzt wird. Seit der Gründung der TÜV vor über 150 Jahren entsprechen präventive Lösung von sicherheitsrelevanten Problemen der Tradition dieser Institutionen. Im Informationszeitalter steigt der Bedarf an technischer Überwachung dramatisch an, und entsprechend engagiert sich der TÜV verstärkt in den Bereichen Cybersicherheit und digitale Dienste. Daher ist es nur konsequent, die Aktivitäten der Uniscon GmbH in das Portfolio der TÜV SÜD Gruppe zu integrieren.

Das vorliegende Werk sei allen Lesern empfohlen, die in Wirtschaft, öffentlicher Verwaltung oder Forschung und Lehre Verantwortung für eine nachhaltige Gestaltung der informationstechnischen Systeme tragen.

München   Axel Stepken
im April 2019

Vorwort

Die Digitalisierung ist ohne sicheres Cloud-Computing nicht denkbar. Für den modernen Menschen ist die Nutzung des Internets zur täglichen Selbstverständlichkeit geworden. Nicht nur verbindet er sich mit Hilfe von PCs, Tablets oder Smart Phones mit Mitmenschen und Webseiten, mit denen er Informationen austauscht, auch ist er gewohnt, dass Geräte, Maschinen, Kameras und Sensoren im Haushalt oder der Arbeitsumgebung jederzeit an das Internet angeschlossen sind. Diese interagieren automatisch miteinander und ermöglichen dadurch neue Funktionen und Dienstleistungen. Jedoch werden die Signale nur in seltenen Fällen direkt zwischen den Geräten und Maschinen ausgetauscht. In der Regel koordinieren zentrale Server den Fluss der Daten.

Diese zentralen Server werden „Cloud" genannt, da der Nutzer nur „wolkig" ungenau weiß, wo die Server stehen und was mit den Daten in diesen Servern genau passiert. Dieser mangelnden Transparenz ist der Nutzer nicht nur bezüglich der Cloud ausgesetzt. Er kann auch nicht unmittelbar erkennen, was die vielfältige Software seiner eigenen Geräte und der Sensoren in seiner Umgebung genau bewirkt. Der Cloud gegenüber aber ist das Unbehagen am größten. Je wichtiger die Vertraulichkeit der Daten ist, um so mehr sind die Nutzer auf Transparenz und nachvollziehbare Sicherheit der Daten angewiesen.

Bevor in die Struktur des Buches eingeführt wird, sei die Entstehungsgeschichte der manipulationssicheren Sealed Cloud aus der persönlichen Sicht der Herausgeber eingegangen: Der Grundstein für die Entwicklung der Sealed Cloud wurde im Herbst 2007 gelegt, als sich Arnold Monitzer, Hubert Jäger und Ralf Rieken nach mehreren Jahren in den USA und in den verschiedensten Positionen bei unterschiedlichen Unternehmen wieder in München zusammenfanden. Alle drei trieb das unternehmerische Interesse. Doch was sollte es werden? Der Aufbau eines neuen Geschäfts sollte systematisch erfolgen. Also stellte man eine Liste mit Anforderungen und grundlegenden Ideen zusammen:

1. Es sollte ein Softwareunternehmen werden, da hier die größten Möglichkeiten gesehen wurden. Außerdem gab es in diesem Umfeld die meisten Erfahrungen.
2. Als Geschäftsmodell wurde Software as a Service wegen der kontinuierlichen Einnahmen nach einem Mietmodell als attraktiv bewertet.

3. Die noch zu entwickelnde Lösung sollte einen großen Bedarf adressieren, für den Europa den Lead-Markt repräsentiert. Auf diese Weise sollte ein ausreichend großer Vorsprung erarbeitet werden, bis die üblicherweise wesentlich besser finanzierten US-Firmen den Markt entdecken und zu Wettbewerbern werden.

4. Da die Gründer nach vielen Stationen nicht mehr umziehen wollten, sollte das Angebot sehr gut mit den Kostenstrukturen eines deutschen Standorts vereinbar sein und nicht leicht in Billiglohnländer verschoben werden können.

5. Und damit das Unternehmen neben den geschäftlichen Themen auch inhaltlich anspruchsvolle Themen adressiert und somit Ingenieuren Spaß macht, sollten möglichst grundlegende Probleme gelöst werden müssen.

Nach Aufstellung dieser Liste begann ein langer Prozess des Suchens, des Analysierens, des Bewertens von vielen Ideen, die zwar interessant aber geschäftlich nicht attraktiv waren. Es kristallisierte sich jedoch generell das Thema „Vertrauen im Internet" als Kernthema heraus – Vertrauen in privaten und geschäftlichen Beziehungen, Vertrauen bei der Nutzung von Dienstangeboten, Vertrauen bei Transaktionen, etc.

Vertrauen und Datenschutz spielen in der europäischen Kultur und Gesellschaft eine wesentlich größere Rolle als in den USA. Vertrauen ist auch schwer in Billiglohnländer zu verlagern. Für Angebote mit großer Vertrauenswürdigkeit kann eine höhere Zahlungsbereitschaft angenommen werden.

Wenn man vertrauenserzeugende Dienste anbieten möchte, dann stellt sich sofort die Frage nach dem Vertrauen der Nutzer in den Anbieter der Dienste: Warum sollten die Nutzer dem Anbieter vertrauen? Bei großen Unternehmen mit einer starken, bekannten Marke gibt es im Allgemeinen ein Vertrauen in die Marke und damit einhergehend ein entsprechendes Vertrauen in den Schutz von Daten und Anwendungen bei diesen Unternehmen. Diese Situation ist das Ergebnis eines oft sehr langen Prozesses. Ein neu gegründetes Unternehmen mit geringem Bekanntheitsgrad beginnt hier bei Null. Für die drei Gründer war klar, dass eine für den geschäftlichen Erfolg notwendige beschleunigte Vertrauensbildung nicht durch eine Marke sondern nur durch eine innovative technische Lösung erreicht werden kann, die einen besonders hohen Datenschutz durch rein technische Mittel und Maßnahmen gewährleistet. Eine rein technische Lösung bietet eine Reihe von Vorteilen bezüglich Schutz und Vertrauensbildung:

1. Technische Maßnahmen lassen sich durch unabhängige Experten überprüfen.

2. Technische Lösungen arbeiten bei korrekter Realisierung kontinuierlich und zuverlässig, während jede Abhängigkeit von menschlichen Akteuren immer wieder zu Risiken führt.

3. Technisch abgesicherte Infrastrukturen können manipulationssicher gestaltet werden, d. h. der Aufbau und die Inbetriebnahme der Rechenzentren sind so beschaffen, dass die Sicherheit nur durch ein arglistiges Zusammenwirken von mehren Personen aus unterschiedlichen Organisationen (engl. „cross-organizational malicious coalition") verletzt werden könnte.

Ausgehend von diesen Überlegungen formulierten die Gründer eine wesentliche Grundregel zur Realisierung der Lösung:

> Die Eigentümer, Besitzer und Betreiber des Systems müssen jederzeit durch rein technische Mittel und Maßnahmen manipulationssicher von jeglichem Zugriff auf Daten und Anwendungen der Nutzer ausgeschlossen sein.

Die konsequente Befolgung dieser Regel bei der Entwicklung des Sicherheitssystems für die geplante Cloud-Lösung führte dann im Resultat zum Konzept der „Sealed Cloud" bzw. des „Sealed Computing" oder „Confidential Computing".

Es stellte sich heraus, dass mit diesem Konzept der notwendige Durchbruch für die Sicherheit und den Datenschutz bei Big Data, künstlicher Intelligenz und digitaler Überwachung erreicht werden kann, der für die Entwicklung der Datenökonomie so wichtig ist. Neben der Anwendung der Technologie für Cloud-Computing bietet die Versiegelung viele weitere attraktive Einsatzbereiche, wie zum Beispiel das „Internet der Dinge", auf die in diesem Buch ebenfalls eingegangen wird.

Im Teil I dieses Buches werden die Probleme fehlender Sicherheit und fehlenden Datenschutzes aus rechtlicher, ökonomischer und technischer Sicht analysiert und Anforderungen formuliert. Als Lösung für das Dilemma, dass man entweder auf Cloud-Computing verzichten, oder den Betreibern und ihren Zulieferern nahezu blind vertrauen muss, wird das Prinzip der „Sealed Cloud" vorgestellt.

Teil II erörtert grundsätzliche Voraussetzungen und Optionen für Sicherheit, taucht tief in eine technische Analyse der Sicherheit im Cloud-Computing ein und zeigt die Charakteristika der Sealed Cloud quantitativ auf.

Teil III widmet sich ausgewählten Anwendungsbeispielen, die das Potential sicheren Cloud-Computings aufleuchten lassen.

> Hinweis an den eiligen Leser:
> Am Ende eines jeden thematischen Abschnitts steht in diesem Buch in einer grauen Box ein Fazit. Beschränkt sich der eilige Leser darauf, so erhält er doch einen Überblick zu den in diesem Buch behandelten Themen.

München,   Hubert Jäger und Ralf Rieken
im März 2019

Inhaltsverzeichnis

Teil III   Sealed Cloud Anwendungen

6   Vertraulicher Datenaustausch 189
Ralf O. G. Rieken, Hubert A. Jäger, Ansgar Dirkmann und Lars Iclodean

7   Verwaltung von sensiblen Daten 201
Ralf O. G. Rieken, Hubert A. Jäger und Sibi Antony

Über die Herausgeber

Dr. Hubert A. Jäger studierte Elektro- und Nachrichtentechnik an der Universität Stuttgart und der ETH Zürich sowie Ökonomie am INSEAD, Fontainebleau, und der Steinbeis-Hochschule Berlin. Er war in leitenden Funktionen der Produktentwicklung, des Innovations- und Produktmanagements sowie der Geschäftsentwicklung bei großen High-Tech-Unternehmen in Deutschland und den USA tätig, bevor er zusammen mit Ralf Rieken die Uniscon GmbH gründete. Er ist visionärer Unternehmer und leidenschaftlicher Ingenieur und in dieser Rolle Erfinder und Autor zahlreicher Patente.

Dr. Ralf O. G. Rieken studierte Informationstechnik und sammelte in der Netzinfrastruktur- und IT-Industrie umfassende Erfahrungen in Produktentwicklung und Geschäftsstrategie. Der Unternehmer hatte verschiedene verantwortliche Positionen bei großen IT- und Netzlieferanten inne und lebte viele Jahre in den USA, wo er bis Ende 2007 als CEO eine Softwarefirma im Silicon Valley leitete. Wieder in Deutschland, baute er gemeinsam mit Hubert Jäger die Uniscon GmbH zu einem technisch führenden und heute schnell wachsenden Unternehmen für hochsichere Cloud-Lösungen auf.

Über die Autoren

Lamya Abdullah Lamya Abdullah schloss 2008 an der University of Jordan, Jordanien, mit einem Bachelor in Computer Science ab. Ihren Master erwarb sie 2012 mit der Vertiefung im Bereich Computer- und Netzsicherheit an der selben Hochschule. Nach sechs Jahren Berufstätigkeit als Software-Entwicklerin nahm sie erneut Studien an der Birmingham City University im Vereinigten Königreich auf und sammelte Erfahrungen als Assistentin in der Lehre. Im Rahmen des Europäischen Marie Skłodowska-Curie Forschungs- und Trainingsnetzwerks „Privacy & Usability" stieß sie zum Team der Uniscon GmbH und verfolgte dort in den Jahren 2016 bis 2019 mit Arbeiten an den Produkten iDGARD und Sealed Freeze ihr Doktorstudium, das sie nun an der Friedrich-Alexander-Universität in Erlangen und Nürnberg zum Thema Privatheit und Vertrauenswürdigkeit im Cloud-Computing vervollständigt.

Sibi Antony Sibi Antony graduierte 2006 an der Kerala University, Indien in Computer Science. Erste Erfahrungen mit hochverfügbaren und fehlertoleranten Kommunikations-systemen sammelte er an den Hewlett-Packard OpenCall Communications Laboratories, Bangalore, Indien. Zum Master-Studium der Informatik wechselte er an die Technische Universität München. Er erwarb seinen Mastertitel 2013 mit Vertiefungen zu „Distributed Systems" und „Machine Learning". Seitdem arbeitet er als Senior Software Developer bei der Uniscon GmbH und leistete entscheidende Beiträge zum Entwurf und der Entwicklung von iDGARD, Sealed Freeze und Sealed Platform.

Ansgar Dirkmann Ansgar Dirkmann studierte Physik an den Universitäten Freiburg i. Br. und Toulouse, Frankreich. Er vertiefte im Bereich Biophysik und graduierte als Dipl. Phys. im Jahr 1986. Seinen MBA erwarb er 1991 am Europäischen Institut für Unternehmenführung (INSEAD) in Fontainebleau, Frankreich. Dirkmann bekleidete ver-schiedene leitende Positionen im Vertrieb und Produktmarketing bei der Siemens AG und der Nokia-Siemens Networks GmbH & Co. KG. Sein fachlicher Hintergrund liegt in den Bereichen Telekommunikation und Smart Grids. Dirkmann wechselte 2013 als Vertriebsleiter zur Uniscon GmbH und verhilft dem jungen Unternehmen zu seinem starken Wachstum des Geschäfts bis heute.

Edmund Ernst Nach dem Studium der Elektrotechnik, Nachrichtentechnik und Kybernetik an der TU München und einem kurzen Ausflug in die Psychoakustik fokussierte sich Edmund Ernst auf die Entwicklung hochperformanter Mikroprozessor- und Speichersysteme bei der Siemens AG. Im Laufe der Jahre verbreiterte er seine Expertise auf Themen wie ASICs, FPGAs, DSPs, Koppelfelder, Taktsysteme, embedded SW, EMC sowie Design mechanischer Komponenten. Nach zahlreichen Stationen im Bereich Entwicklung, Projekt- und Produktmanagement war er zuletzt bis zu seinem Ausscheiden bei der Siemens AG im Jahre 2011 verantwortlich für die weltweite Entwicklung der elektronischen und mechanischen Komponenten der Kommunikationsysteme und -endgeräte für Unternehmenskunden. Danach wechselte er zur Uniscon GmbH und ist dort verantwortlich für das Design, den Aufbau, den operativen Betrieb und die Datensicherheit der Uniscon-Systeme sowie der von Uniscon an Kunden gelieferten Customer Premise Solution Systeme.

Jaro Fietz Jaro Fietz studierte Informatik an der Technischen Universität München und erwarb seinen Mastertitel 2020. Im Rahmen seiner Masterarbeit spezifizierte er das Sealed Trust Anchor Network und führte die entsprechende Sicherheitsanalyse durch. Seit 2014 arbeitet Herr Fietz bei Uniscon, insbesondere in den Bereichen der Entwicklung, Konzipierung und IT-Sicherheit.

Lars Iclodean Lars Iclodean studierte Mathematik an der Technischen Universität München. Er vertiefte sich in Numerischer Mathematik und graduierte 2015 mit einem Algorithmus über Attraktoren in dynamischen Systemen (Dipl.-Math. Univ.). Iclodean baute bei der Uniscon GmbH die Qualitätssicherung des SaaS-Angebotes iDGARD systematisch auf und betreut seit Jahren an der Telefon-Hotline die wichtigsten Kunden (VIP-Support). Heute verantwortet er den gesamten Kundenservice der Uniscon GmbH.

Dr. Hubert A. Jäger Hubert Jäger ist Experte für Invention, Innovation und Cloud-Sicherheit. Er war Geschäftsführer, Mitgründer und CTO der Uniscon GmbH. Zuvor bekleidete er leitende Funktionen bei der Siemens Enterprise Communications GmbH & Co. KG, der Optisphere Inc. und der Siemens AG. Als Student war er bereits für den Halbleiterpionier Siliconix Inc. in Santa Clara, Kalifornien, mitten im Silicon Valley tätig. Er studierte Elektrotechnik an der Universität Stuttgart (Dipl.-Ing.) und Nachrichtentechnik an der Eidgenössischen Technischen Hochschule, ETH-Zürich (Dipl.-Ing. NDS und Dr. sc. techn.) sowie Ökonomie und Business Administration am INSEAD, Fontainebleau, sowie an der Steinbeis Hochschule Berlin (BA). Erfahrungen sammelte Jäger im Halbleiterumfeld, der Hochfrequenz- und Antennentechnik, der faseroptischen Nachrichtenübertragung, insbesondere im Bereich Ultra-High-Speed Übertragungsnetzen (Wellenlängenmultiplex), der Standardisierung von WLAN-Multi-Hop-Netzen (IEEE 802.11s), dem „Disruptiven" Innovationsmanagement (Innovation Board Office), des Managements der Softwareentwicklung an global verteilten Standorten und der Unternehmensgründung & -entwicklung. Er ist Autor zahlreicher Patente zu Erfindungen aus unterschiedlichen Bereichen der IT und Telekommunikation, insbesondere zur Cloud-Sicherheit.

Daniel Kammerer Daniel Kammerer studierte Betriebswirtschaft (Dipl.-Betriebswirt) mit Schwerpunkt Marketing an der Technischen Hochschule Nürnberg Georg Simon Ohm – University of Applied Sciences. Während seines beruflichen Engagements im Bereich Marketing war er u. a. als Dozent für Marketing & Kommunikation sowie als Head of Marketing tätig und ist heute Spezialist für Online Performance Marketing.

Christos Karatzas Christos Karatzas studierte „Computer Science" an der Universität von Piraeus, Griechenland bis 2001 und erhielt den Master-Titel in „Information Systems" von der „Athens Economic University" (AUEB) 2003. Er arbeitete mehr als 16 Jahre als Software-Entwickler in verschiedenen Unternehmen der Bank-, Telekommunikations-, Spiele-, Sicherheits- und Medizintechnikbranche. Er vertiefte sich u. a. in den Bereichen der Architektur und Implementierung von verteilten Enterprise-Systemen und integrierten Lösungsarchitekturen. Seit 2017 ist er maßgeblich mit der Gestaltung der Architektur der Sealed-Platform beschäftigt.

Jaymin Modi Jaymin Modi studierte Elekto- und Nachrichtentechnik am Nirma Institute of Technology, Ahmedabad, Indien und graduierte dort 2005 mit dem „Bachelor of Engineering in Electronics and Communication". Für das Masterstudium wechselte er an die Fachhochschule Rosenheim, an der er 2008 mit dem „Master of Engineering in Elektro- und Informationstechnik" abschloss. Modi arbeitete für die GebeCom GmbH, München als Software-Ingenieur an einem Videotelefoniesystem basierend auf den IP-Telefonen der Reihe „OpenStage" der Siemens AG. Im Jahr 2010 begann er seine Tätigkeit als Software- und Systemingenieur bei der Uniscon GmbH, ebenfalls in München. Er trug entscheidend zum Entwurf und der Entwicklung der Systemarchitektur sowie der Anwendung iDGARD und der Sealed Cloud-Infrastruktur bei.

Arnold Monitzer Arnold Monitzer studierte Nachrichtentechnik an der Technischen Universität in Wien (Dipl.-Ing.). Er war bei der Siemens AG u. a. verantwortlich für das Systemdesign eines photonischen Crossconnects und „Managed Optical Distribution Frames" (MODIF), Performance-Analysen für medizintechnisch genutzte Rechenzentren in den U.S.A., sowie Projektleitung im Bereich Internettelefonie. Er ist einer der drei Mitgründer der Uniscon GmbH und verantwortet dort die Bereiche Fehleranalyse und Qualitätssicherung in der Softwareentwicklung.

Dau Khiem Nguyen Dau Khiem Nguyen (Dipl.-Ing Univ. und Dipl.-Inf. Univ.) studierte Lebensmitteltechnologie an der Technischen Universität Hanoi und Informatik an der Technischen Universität München. Er ist seit 2009 in der Softwareentwicklung der Uniscon GmbH tätig und leistete entscheidende Beiträge zur Business Logic und Sicherheitsarchitektur des Sealed-Cloud-Dienstes „iDGARD".

Dr.-Ing. habil. Ralf O. G. Rieken ist Mitbegründer und COO der Uniscon GmbH. Vor Uniscon war er viele Jahre in leitenden Positionen in der Netzinfrastruktur- und in der

IT-Industrie tätig in den Bereichen Softwareentwicklung, Technologie- und Geschäftsstrategie. Der Unternehmer lebte außerdem viele Jahre in den USA, wo er nach Positionen als Leiter Softwareentwicklung und Geschäftsstrategie bei einer Tochter der Siemens AG an der Ostküste dann in das Silicon Valley umsiedelte und dort bis Ende 2007 als CEO eine Softwarefirma leitete, die Softwareplattformen für Rechenzentren entwickelte. Nach seiner Rückkehr nach München übernahm er bei Fujitsu die Verantwortung für eine IT-Infrastruktur Consulting Organisation. Die aus den USA mitgebrachte Idee des Cloud-Computing war einer der Treiber für die Gründung der Uniscon GmbH, die er dann gemeinsam mit Hubert Jäger zu einem technisch führenden und heute schnell wachsenden Unternehmen für hochsichere Cloud-Lösungen entwickelt hat.

Claudia Seidl Claudia Seidl arbeitete nach ihrem Studium der Philosophie, Geschichte und Soziologie an der Alma Mater Wien als Innenpolitik-Redakteurin in der Austria Presse Agentur eG. Sie verantwortete mehrere Fachmagazine und Bücher. Von 2000 bis 2008 gründete und leitete sie das dreisprachige Kundenmagazin Compás von Volkswagen de Mexico AG. 2010 wechselte sie zur Uniscon GmbH. Sie baute dort die Content-Abteilung auf und leitete diese bis 2020.

Franz Stark Franz Stark arbeitete nach seiner Ausbildung zum Nachrichtentechniker von 1968 bis 2007 bei der Siemens AG in München, zuerst als Prüfsoftware-Entwickler, dann in der Qualitätssicherung und später als Projektleiter Entwicklung von Telekommunikationssystemen und Endgeräten. 2007 bis 2009 wechselte er als Leiter der Fertigungstechnologie in den Telekommunikations-Fertigungsbetrieb der Siemens AG nach Leipzig, wo er auch zusätzlich für die Qualitätssicherung der Fertigung verantwortlich war. 2010 wechselte er zur Uniscon GmbH mit Sitz in München mit dem Tätigkeitsschwerpunkt Hardware-Selektion und -Support.

Wilhelm Würmseer Wilhelm Würmseer studierte von 2005 bis 2012 Sprach- und Literaturwissenschaften an der Ludwig Maximilian Universität München. Seit 2017 ist er Teil der Unternehmenskommunikation der Münchner TÜV SÜD-Tochter Uniscon GmbH. Nebenbei ist er als Blogger und freier Autor tätig.

Danksagung

Die Herausgeber und Autoren dieses Buches wollen sich bedanken: Als erstes gebührt der Dank den betroffenen Familien, ohne deren Rücksicht und Unterstützung ein solches Buch gar nicht entstehen kann. Als zweites gilt der Dank den Ratgebern und „Business Angels" der Uniscon GmbH. Die Entwicklung und Markteinführung der Sealed-Cloud-Technologie sowie die Gewinnung der Erkenntnisse, die dieses Buch maßgeblich prägen, wäre nicht möglich gewesen ohne das unternehmerische Gespür, den Mut und das in die Gründer gesetzte Vertrauen dieser Personen. Dieser Personenkreis unterstützte die Uniscon GmbH kontinuierlich mit signifikantem Kapital und inhaltlich wichtigen Ratschlägen und vor allem in wichtigen Momenten der Unternehmensentwicklung mit visionären Ermutigungen. Namentlich danken wir den Herren Dr. Siegfried Bocionek, Klaus-Ulrich Bösner, Ansgar Dirkmann, Christoph Eibl, Edmund Ernst, Stephan Hauber, Thorsten Heins, Prof. Dr. Rolf Hofstetter, Herbert Kauffmann, Adolf Leonhardt, Dr. Gustav Mühlschlegel, Dr. Hans-Christian Perle, Lothar Pauly, Prof. Dr. Julius Reiter, Stefan Schulte, Hendrik Schulze und Christoph Spöri. Als dritte Personengruppe, der wir zu Dank verpflichtet sind, sind die Mitarbeiter der Uniscon GmbH zu erwähnen. Die meisten in diesem Buch vermittelten Erkenntnisse wurden während der Zeit des Aufbaus der Uniscon GmbH in der gemeinsamen Arbeit an der Gestaltung einer Möglichkeit für hochsicheres Cloud-Computing gewonnen. Dies wäre ohne das hervorragende Engagement der Mitarbeiter nicht gelungen, und viele der Mitarbeiter sind auch gleichzeitig Autoren dieses Werkes. Schließlich denken wir sehr gerne an die gemeinsame Arbeit mit Kunden sowie akademischen und industriellen Partnern und sagen ebenfalls ganz herzlichen Dank!

Teil I

Einführung in das Sealed Cloud-Computing

Herkömmlich gestaltete zentrale Server-Infrastrukturen werden von Personal der Rechenzentren und Software-Administratoren betreut, denen seitens der Anwender ein hohes Maß an Vertrauen entgegen gebracht wird. Dies geschieht nicht in erster Linie, weil diese an sich besonders vertrauenswürdig wären, sondern weil bei konventionellen Systemen keine Möglichkeit besteht, die privilegierten Zugriffsmöglichkeiten dieses Personenkreises technisch auszuschließen. Es musste bislang einfach den Administratoren vertraut werden.

Durch sorgfältig umgesetzte Rollen- und Berechtigungskonzepte kann zwar die Wahrscheinlichkeit unbefugter Zugriffe und möglicher Missbrauch der Daten durch Insider auf personenbezogene oder anderweitig sensible Daten reduziert werden, jedoch nicht auf ein Maß, das einem hohen oder sehr hohen Schutzbedarf von Verarbeitungsvorgängen entspräche.

In diesem Teil werden die damit verbundenen Herausforderungen im Cloud-Computing diskutiert und das Konzept der Sealed Cloud als Lösung dieser Thematik vorgestellt.

Herausforderung Datenschutz und Datensicherheit in der Cloud

Hubert A. Jäger, Ralf O. G. Rieken und Edmund Ernst

Zusammenfassung

Der Begriff „Verschlüsselung" wird klassisch fast synonym zum Begriff „Sicherheit" gebraucht. Welche Sicherheitslücken offen bleiben, selbst wenn man Verschlüsselung nach allen Regeln der Kunst anwendet, und welche Herausforderung es bedeutet, diese zu schließen, wird in diesem ersten Kapitel behandelt. Zunächst wird die Verteilung der Rollen, der Verantwortung und der Haftung beim Cloud-Computing betrachtet. In diesem Zusammenhang spielt die Zertifizierung von Cloud-Diensten eine entscheidende Rolle. Anschließend werden die Angriffsmöglichkeiten, die Herausforderung des Datenschutzes und der Datensicherheit mit dem Fokus auf das spezielle Problem der Insider-Attacken und dem damit verbundenen Vertrauensdilemma besprochen. Daraus ergeben sich schließlich die Anforderungen an sicheres Cloud-Computing, die am Ende dieses Kapitels formuliert werden.

1.1 Cloud-Computing als Datenverarbeitung im Auftrag

Beim Cloud-Computing werden Teile oder die gesamte Datenverarbeitung nicht auf den Endgeräten des Nutzers, sondern in einer zentralen Recheninfrastruktur ausgeführt. Der Nutzer erteilt dem Cloud-Anbieter den Auftrag für diese Verarbeitungsvorgänge. In diesem Abschnitt wird betrachtet, wer in diesem Konstrukt welche Rolle einnimmt und

H. A. Jäger (✉) · R. O. G. Rieken (✉) · E. Ernst
Uniscon GmbH, München, Deutschland
E-Mail: hubert.a.jaeger@web.de; ralf@rieken.de

© Der/die Herausgeber bzw. der/die Autor(en), exklusiv lizenziert durch Springer Fachmedien Wiesbaden GmbH, ein Teil von Springer Nature 2020
H. A. Jäger, R. O. G. Rieken (Hrsg.), *Manipulationssichere Cloud-Infrastrukturen*, https://doi.org/10.1007/978-3-658-31849-9_1

die Verantwortung für welche Schutzziele trägt, und wie dies im Datenschutz und weiteren Gesetzen abgebildet ist.

1.1.1   Beteiligte und Schutzziele

Neben den Nutzern und dem Anbieter der Cloud sind noch eine Reihe weiterer Personenkreise an einer Datenverarbeitung in der Cloud beteiligt. Sofern die verarbeiteten Daten einen Bezug zu natürlichen Personen aufweisen, sind diese persönlich betroffen, also so genannte „betroffene Personen". In Abb. 1.1 sind neben einem Nutzer und dem Betreiber bzw. Anbieter der Cloud auch die persönlich Betroffenen, ein an sich unbeteiligter Dritter, sowie für den betrieblichen und wirtschaftlichen Kontext ein industrieller Wettbewerber skizziert. Außerdem kann der Betreiber und Anbieter des Cloud-Dienstes eine auch Konformitätsberwertungs- oder Zertifizierungsstelle genannte Institution beauftragen, die ihrerseits unabhängige Prüfer beauftragt, den Dienst sowie die Anlagen und Prozesse, derer er sich zur Bereitstellung des Dienstes bedient, zu auditieren.[1] Diese Prüfer werden dann den Dienst sicherheitstechnisch untersuchen, die Dokumentation sowie die organisatorische und technische Implementierung prüfen, sowie der Zertifizierungsstelle die Ergebnisse vorlegen, die dann abhängig vom Ergebnis ggf. ein Zertifikat ausstellt.

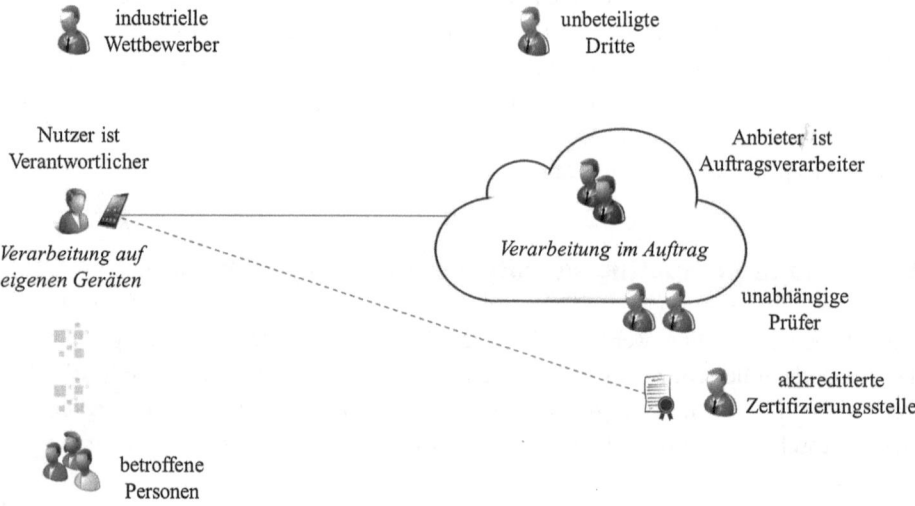

Abb. 1.1   Die Beteiligten beim Cloud-Computing

---

[1]Die umgekehrte Reihenfolge, dass etwa der Betreiber und Anbieter des Cloud-Dienstes einen unabhängigen Prüfer beauftragt, der seine Ergebnisse dann der Konformitätsberwertungs- bzw. Zertifizierungsstelle vorlegt, ist entsprechend einer Entscheidung der Deutschen Akkreditierungsstelle (DAkkS) nicht zulässig [1].

Welche Rollen die Beteiligten jeweils einnehmen, wird schon deutlich, wenn man sich die angelsächsischen Begriffe für die Beteiligten vor Augen führt:

- Der Cloud-Nutzer ist Verantwortlicher → „controller"
- Der Cloud-Betreiber ist Auftragsverarbeiter → „processor"
- Die betroffenen Personen sind → „data subjects"
- Die datenschutzrechtlich unbeteiligten Dritten sind die → „third parties"
- Die Wettbewerber, vor denen Betriebs- und Geschäftsgeheimnisse geschützt bleiben sollen, sind die → „competitors"
- Die unabhängigen Prüfer sind → „auditors"
- Die akkreditierte Zertifizierungsstelle bzw. Konformitätsbwertungsstelle ist der → „accredited certification body"

Der Cloud-Nutzer verarbeitet Daten teilweise auf den eigenen Geräten und teilweise in der Cloud. Diese nutzt er als ein weiteres Mittel zur Erledigung seiner Datenverarbeitungstätigkeiten.[2] Er erteilt hierfür dem Cloud-Betreiber einen Auftrag zur Datenverarbeitung. Die Daten, die er verarbeitet, können entweder auf die Betroffenen bezogene Daten – so genannte personenbezogene oder personenbeziehbare Daten – oder Betriebs- oder Geschäftsgeheimnisse sein. Die Daten können gleichzeitig sowohl personenbezogen als auch von Geheimhaltungsinteresse für einen Betrieb sein. Außerdem ist der Cloud-Nutzer ggf. ein Berufs- oder Amtsgeheimnisträger. In diesem Fall können die persönlichen Daten über den Personenbezug hinaus außerdem Berufs- oder Amtsgeheimnisse sein. Die Verantwortung des Cloud-Nutzers kann sich also auf drei verschiedene Hauptschutzziele beziehen:

- Datenschutz
- Berufs- oder Amtsgeheimnisschutz
- Betriebs- oder Geschäftsgeheimnisschutz

Der Datenschutz bezieht sich, wie in Kap. 3 bei der Abgrenzung des Begriffes Datenschutz von der Datensicherheit detailliert erläutert ist, auf den Schutz der von den personenbezogenen Daten betroffenen Personen. Wie in Abb. 1.2 angedeutet, bezieht sich der Datenschutz also nicht, wie der Name vermuten lassen könnte, auf den Schutz der Daten, sondern auf den Schutz der Persönlichkeitsrechte, d. h. letztlich auf den Schutz der Würde und der Freiheit der Betroffenen. Da die Würde unantastbar und die Freiheit unveräußerlich sind, sind auch personenbezogene Daten unveräußerlich.

---

[2]Ob hierfür eine weitere gesetzliche Grundlage nachgewiesen werden muss, ist umstritten. Diese datenschutzrechtliche Debatte ist für Deutschland mit der EU-Datenschutzgrundverordnung (DSGVO) neu aufgeflackert. Bisher (vor dem Inkrafttreten der DSGVO) wurde von einem gesetzlich speziell eingeräumten Privileg gesprochen, wenn der Cloud-Nutzer in ein Auftragsdatenverarbeitungsverhältnis eintrat und hierfür keine weitere gesetzliche Grundlage nachgewiesen werden musste.

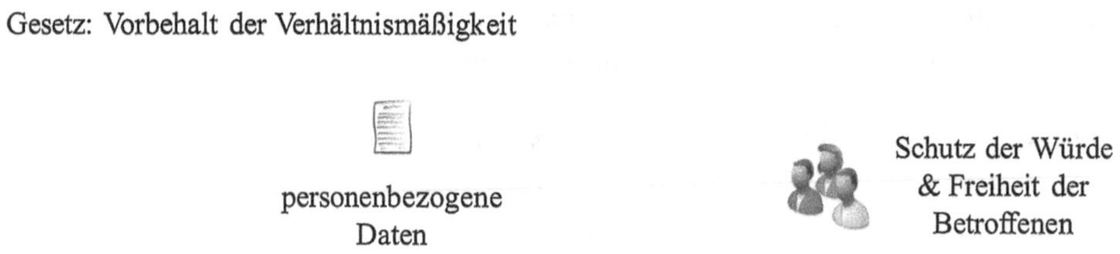

Gesetz: Vorbehalt der Verhältnismäßigkeit

personenbezogene
Daten

Schutz der Würde
& Freiheit der
Betroffenen

Abb. 1.2 Die Schutzziele des Datenschutzes sind die Würde und die Freiheit der Betroffenen

Das heißt, wenn eine Person heute ein Nutzungsrecht einräumt – gegebenenfalls gegen Zahlung – so kann sie dieses Recht morgen ohne Weiteres wieder zurückziehen. Es findet kein Eigentumsübergang im klassischen Sinn statt [2]. Mit personenbezogenen Daten kann in diesem Sinne nicht gehandelt werden. Dies mag vielleicht zunächst hochtrabend klingen, wird aber schnell plausibel, wenn man die in Zukunft zu befürchtenden Konsequenzen bei fehlendem Datenschutz – wie Konformitätsdruck, Manipulation, Gängelung und Zwang – bedenkt. Dies ist der Hintergrund für den ständig wachsenden Stellenwert des Datenschutzes. Der Datenschutz darf aber auch nicht den freien Verkehr von Daten behindern, daher sind alle vom Datenschutz vorgeschriebenen Maßnahmen stets „risikoangemessen" zu wählen, d. h. es muss bezogen auf die Schutzziele der Würde und Freiheit die Verhältnismäßigkeit gewahrt werden.

Personenbezogene Daten können jedoch zusätzlich noch Berufs- oder Amtsgeheimnisse sein, etwa gemäß § 203 des deutschen Strafgesetzbuches. Dort ist ein Katalog von Berufen angegeben, wie z. B. Ärzte, Apotheker, Rechtsanwälte, Wirtschaftsprüfer, Steuerberater, Versicherungsangestellte, Lebensberater, Datenschutzbeauftragte, etc., auf deren Vertrauensverhältnis zu den Patienten, Mandanten, Bürgern, etc. das Gesetz als Schutzziel abhebt. Das Gesetz bezieht sich auch auf Beamte und Angestellte des öffentlichen Dienstes, die mit Amtsgeheimnissen zu tun haben. In Abb. 1.3 ist angedeutet, dass für solche Daten nach herrschender Meinung [3] ein absolutes Offenbarungsverbot besteht, d. h. das Gesetz stellt unter Strafe, wenn andere als zur Kenntnis der Geheimnisse befugte Personen technisch in der Lage wären, Kenntnis von den Geheimnissen zu erlangen. Es kommt also nicht darauf an, ob jemand unbefugt Kenntnis von Geheimnissen erlangt, sondern lediglich, ob er aufgrund der technischen Gegebenheiten theoretisch oder praktisch Kenntnis

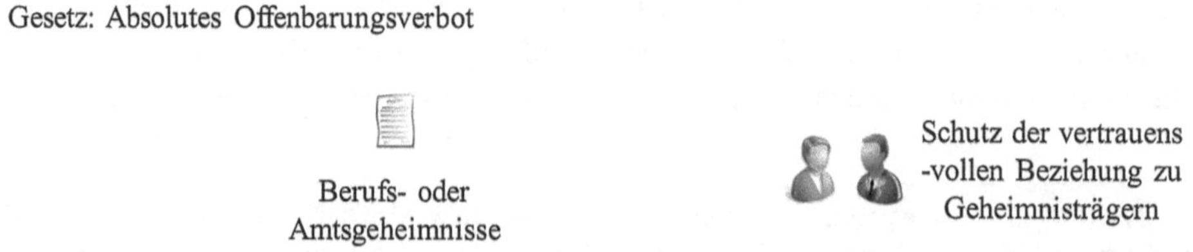

Gesetz: Absolutes Offenbarungsverbot

Berufs- oder
Amtsgeheimnisse

Schutz der vertrauens
-vollen Beziehung zu
Geheimnisträgern

Abb. 1.3 Das Schutzziel des Geheimnisschutzes ist die vertrauensvolle Beziehung zu einem Berufs- oder Amtsgeheimnisträger. Eine Offenbarung liegt bereits ohne Versuch oder Vollzug, sondern bereits bei einer praktischen Möglichkeit zur Kenntnisnahme durch Unbefugte vor

von den Geheimnissen erlangen könnte. Der Gesetzgeber geht in diesem Fall davon aus, dass die unter Strafe stehende Offenbarung dann auch oft stattfindet, wenn sie jederzeit unbeobachtet stattfinden kann. Hier räumt das Gesetz also wegen des hohen Stellenwerts der zu schützenden vertrauensvollen Beziehung zwischen den Geheimnisträgern und den Patienten, Mandanten, etc., keinen Vorbehalt der Verhältnismäßigkeit mehr ein. Bezogen auf IT-Dienstleistungen und das Cloud-Computing hat der Gesetzgeber 2017 entschieden, dass an die Dienstleister, also auch den Cloud-Betreiber, eine Befugnis zur Kenntnisnahme erteilt werden kann. An Form und Inhalt solcher Beauftragung stellt der Gesetzgeber bestimmte Anforderungen. Allerdings bedeutet eine solche Befugnis auch, dass der Cloud-Betreiber der entsprechenden Strafandrohung bei Verletzung des Offenbarungsverbots ausgesetzt ist.

Neben natürlichen Personen können auch juristische Personen, Geschäftsbetriebe, Unternehmen, Firmen etc., Bedarf für den Schutz von Daten, bzw. den durch diese getragenen Informationen, haben. Hier sind nun der lautere Wettbewerb, bzw. die lauter agierenden Betriebe und Unternehmen, Gegenstand des Schutzziels. Von den Unternehmen soll Schaden abgewendet werden. In Abb. 1.4 ist angedeutet, dass, anders als beim Schutz von Berufs- oder Amtsgeheimnissen, eine mögliche Ahndung erst bei einem erfolglosen oder erfolgreichen Versuch der Kenntnisnahme von Geschäfts- oder Betriebsgeheimnissen droht. Der Schutz ist also weniger absolut – es genügt nicht die technische Möglichkeit der Kenntnisnahme, damit ein Straftatbestand vorliegt, sondern es muss tatsächlich eine Kenntnisnahme zumindest versucht werden. Dieser Schutz ist beispielsweise im § 17 des Gesetzes gegen unlauteren Wettbewerb normiert. Es wurde in Deutschland ein neues Gesetz zum Schutz von Geschäftsgeheimnissen verabschiedet [4], mit dem die „EU Trade Secret Directive" umgesetzt wird. Neben den Tatbeständen, die durch das Gesetz sanktioniert sind, also vorsätzliches Handeln von Personen oder Organisationen, die sich einen Vorteil verschaffen oder dem betroffenen Unternehmen schaden wollen, geht es auch um fahrlässiges Handeln oder mangelnde Sorgfalt in den Prozessen. Auch durch Fahrlässigkeit oder mangelnde Sorgfalt können Daten und Informationen in die Hände von Wettbewerbern gelangen. Geschäftsgeheimnisse sind also in Gefahr, wenn unbeteiligte Dritte, Mitarbeiter oder Wettbewerber als Kriminelle aktiv werden, oder sich krimineller Dienstleister bedienen um

Gesetz: Ahndung erst bei Versuch oder Vollzug

Betriebs- oder
Geschäftsgeheimnisse

Schutz des
lauteren
Wettbewerbs

Abb. 1.4 Die Schutzziele im Bereich der Wirtschaft sind der lautere Wettbewerb, d. h. das Vertrauen zwischen Geschäftspartnern sowie der Schutz vor Wirtschaftsspionage und dem damit verbundenen Risiken für die lauteren Wettbewerbsvorteile

- sich vorsätzlich einen Vorteil zu verschaffen oder
- einem Unternehmen gezielt zu schaden.

Speziell bezogen auf die Mitarbeiter können durch die Verletzung der Vertraulichkeit auch massive Schäden entstehen, wenn diese

- beim Vollzug der Prozesse fahrlässig handeln oder
- ein Teil der Prozesse bereits mit mangelnder Sorgfalt angelegt wurde.

Die Rolle der unbeteiligten Dritten ist zunächst unklar, jedoch risikobehaftet. Es besteht das Risiko, dass unbeteiligte Dritte die Informationen, über die sie unbefugt Kenntnis erlangen, missbräuchlich verwenden. Auch können die unbeteiligten Dritten als Dienstleister kriminell agierender Wettbewerber oder von Angreifern mit nicht-ökonomischen Motiven engagiert werden.

Obwohl die EU-Datenschutzgrundverordnung (DSGVO) [5] den Cloud-Anbietern durch viele gesetzliche Verpflichtungen Mitverantwortung für den Datenschutz und die Datensicherheit zuweist, ist es in allen Fällen der Cloud-Nutzer, der die Hauptverantwortung für die Sicherheit der Daten gegen Missbrauch oder Kenntnisnahme durch Dritte trägt. Dieser Verantwortung kann er sich durch eine Beauftragung eines Cloud-Anbieters im Grunde nicht entledigen. Jedoch kann er seine Kontroll- und Sorgfaltspflichten mit Hilfe eines Vertrages zur Auftragsverarbeitung dann erfüllen, wenn er einen geeignet zertifizierten Dienst auswählt. Auf die Rollen der unabhängigen Prüfer und der akkreditierten Zertifizierungsstellen für solche Zertifikate wird im Rahmen des Konstrukts der Auftragsverarbeitung in den folgenden beiden Abschn. 1.1.2 und 1.2 eingegangen.

> Das Schutzziel von Datenschutz und Datensicherheit beim Cloud-Computing ist eigentlich nicht der Schutz der Daten selbst, sondern beim so genannten „Datenschutz" die Würde und die Freiheit der von der Datenverarbeitung betroffenen Personen, beim „Geheimnisschutz" das vertrauensvolle Verhältnis zwischen den Berufsgeheimnisträgern und deren Klienten und beim „Schutz der Geschäftsgeheimnisse" der Schutz des lauteren Wettbewerbs vor Beeinträchtigungen durch unbefugte Offenbarungen von vertraulichen Informationen.

1.1.2 Das rechtliche Konstrukt der Auftragsverarbeitung

Besteht für die Verarbeitung von personenbezogenen Daten eine Rechtsgrundlage gemäß Artikel 6 DSGVO, etwa durch Einwilligung, weil die Verarbeitung zur Erfüllung eines Vertrages notwendig ist, oder bei abgewogenem berechtigtem Interesse, etc., dann erlaubt der Gesetzgeber, ggf. mit Hilfe einer gesonderten Rechtsgrundlage,[3] dass sich der Verantwortliche als Mittel des Verarbeitungsvorganges auch externer Dienstleister, wie z. B. Cloud-Anbietern, bedienen kann. Allerdings macht er eine ganze Reihe von Auflagen, die sicherstellen sollen, dass der Cloud-Nutzer als Auftraggeber die Kontrolle über die Verarbeitungstätigkeit behält. Daher stammt in der englischen Fassung der DSGVO die Bezeichnung „controller" für den Auftraggeber. In Abb. 1.5 sind die beiden Vertragsparteien abgebildet. Der Betreiber oder der Anbieter des Cloud-Dienstes ist der Auftragnehmer. Der englische Ausdruck „processor" drückt mit seiner Nähe zum technischen Computerprozessor sehr anschaulich aus, dass der Auftragnehmer stets weisungsgebunden handelt. Der Cloud-Nutzer bleibt „Herr der Daten", der Cloud-Anbieter ist lediglich sein „verlängerter Arm". Er verpflichtet sich in einer schriftlichen oder textlichen[4] Vereinbarung zur Auftragsverarbeitung, sich an die Weisungen des Auftraggebers zu halten. Die Gesamtheit der Auflagen, die sich aus den Datenschutzgesetzen für den Auftraggeber ergeben, sollen hier nicht im Einzelnen aufgelistet werden. Dafür wurden und werden gesonderte Kataloge für Zertifizierungen entwickelt, über die in Abschn. 1.4.1 ein Überblick vermittelt wird. Als eine der ersten Anforderungen ergibt sich, dass der Anbieter mit seinem Cloud-Angebot auch einen Mustervertrag für die Vereinbarung zur Auftragsverarbeitung anbieten muss. Denn es kann dem Auftraggeber nicht zugemutet werden, solche Vereinbarungen für jeden einzelnen Cloud-Dienst selber vorzuschlagen, wobei jeweils alle formalen und materiellen Anforderungen zu berücksichtigen wären. Aber noch viel komplizierter als der Vertrag zum Cloud-Computing – die eben genannte Vereinbarung zur Verarbeitung der Daten im Auftrag (AV) – sind die technisch-organisatorischen Maßnahmen (TOM), die der Cloud-Anbieter treffen muss, um den Datenschutz und die Datensicherheit zu gewährleisten.

Cloud-Computing macht die Nutzung von Informationstechnik sehr einfach. Jedoch ist die versteckte technische Komplexität von Cloud-Diensten enorm. Das rechtliche Konstrukt der Auftragsverarbeitung verpflichtet aber den Cloud-Nutzer die Verarbeitungstätigkeiten des Auftragnehmers trotz dieser Komplexität zu kontrollieren – ein

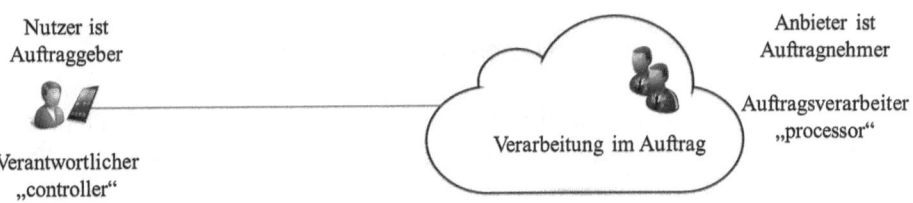

Abb. 1.5 Die Vertragsparteien beim Cloud-Computing

---

[3] Wie zuvor erwähnt, ist die Notwendigkeit einer gesonderten Rechtsgrundlage umstritten.

[4] Mit „textlich" ist hier eine rein elektronische aber in Textform abgefasste Vereinbarung gemeint, die aber nicht auf Papier mit einer von Hand aufgebrachten Unterschrift versehen sein muss.

Ding der Unmöglichkeit. Selbst die besten Fachleute im Bereich Cloud-Computing sind zur Bewältigung der Gesamtkomplexität auf die Zusammenarbeit vieler verschiedener Fachdisziplinen angewiesen. Ein Ausweg aus diesem Dilemma bietet die im nächsten Abschn. 1.2 behandelte Zertifizierung von Cloud-Diensten.

> Der Cloud-Nutzer ist der datenschutzrechtlich Verantwortliche bei der Verarbeitung von Daten in der Cloud. Um seiner Verantwortung gerecht werden zu können, schließt er mit dem Cloud-Anbieter eine Vereinbarung zur Auftragsverarbeitung. Allerdings ist der Cloud-Nutzer in der Regel durch die Komplexität bereits des Vertrages und noch weit mehr durch die Komplexität der Technik zur Bereitstellung des Cloud-Dienstes überfordert.

1.2 Zertifizierung von Cloud-Diensten

Der Überforderung der Cloud-Nutzer bei der Aufgabe, die Wirksamkeit der technisch-organisatorischen Maßnahmen beim Cloud-Anbieter zu beurteilen, kann mit einer Prüfung der Datenverarbeitungtätigkeit durch unabhängige Fachleute und mit einer Zertifizierung durch eine akkreditierte Zertifizierungsstelle abgeholfen werden. Allerdings stellt sich die Frage, wie das notwendige Vertrauen in das Zertifikat hergestellt werden kann. Im Folgenden werden die Beteiligten bei einer Zertifizierung und die mögliche Rechtsfolge einer Datenschutz-Zertifizierung benannt. Die vertrauensbildenden Maßnahmen im Prozess der Prüfung und Zertifizierung werden erläutert, aber auch die verbleibenden Herausforderungen für das Instrument der Zertifizierung nicht verschwiegen. Dem schnellen oder eher technisch interessierten Leser sei empfohlen, Teile dieses Abschnitts 1.2 und 1.4 vorerst zu überspringen und diese bei vertieftem Interesse nach Lektüre des Prinzips der Sealed Cloud, d. h. des Kap. 2, zu studieren.

1.2.1 Auftraggeber und Nutzer einer Zertifizierung

Wie in Abb. 1.6 skizziert, beauftragt in der Regel der Cloud-Anbieter eine Konformitäts-bewertungs- bzw. Zertifizierungsstelle mit der Prüfung und Zertifizierung des Cloud-Dienstes. Diese beauftragt ihrerseits unabhängige Prüfer mit der eigentlichen Prüfungs-tätigkeit, die als Ergebnis einen Prüfbericht hervorbringt. An Hand dessen entscheidet die Zertifizierungsstelle für oder gegen die Erteilung eines Zertifikats. Mit diesem Zertifikat kann der Cloud-Anbieter gegenüber dem Cloud-Nutzer werben. Handelt es sich beispiels-weise um ein Datenschutz-Zertifikat nach Artikel 42 DSGVO, kann der Cloud-Nutzer darauf vertrauen, dass der von ihm verwendete Cloud-Dienst datenschutzkonform ist. Dies ist der Fall, da ein Zertifikat gemäß Art. 28 Abs. 5 DSGVO als Faktor herangezogen

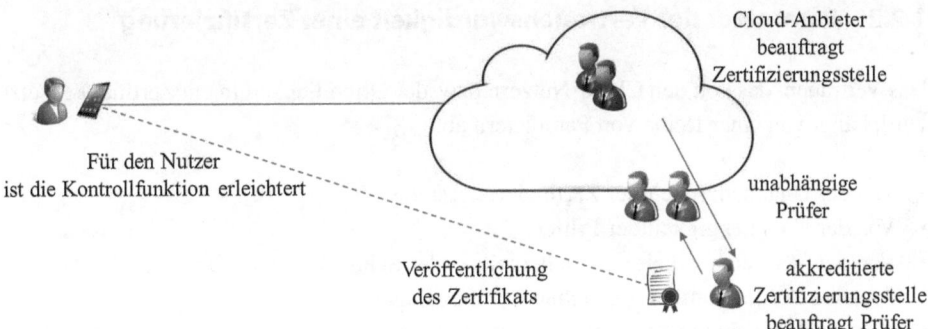

Cloud-Anbieter
beauftragt
Zertifizierungsstelle

Für den Nutzer
ist die Kontrollfunktion erleichtert

unabhängige
Prüfer

Veröffentlichung
des Zertifikats

akkreditierte
Zertifizierungsstelle
beauftragt Prüfer

Abb. 1.6 Beim Prüfungs- und Zertifizierungsprozess eines Cloud-Dienstes sind die Unabhängigkeit der Zertifizierungsstelle und der Prüfer sowie die Vergleichbarkeit der Ergebnisse entscheidend

werden darf, um hinreichende Garantien dafür nachzuweisen, dass die Verarbeitung im Einklang mit den Anforderungen der DSGVO erfolgt und den Schutz der Rechte der betroffenen Person gewährleistet.

Die Haftungskette bei Vorliegen eines Zertifikates beginnt beim Verantwortlichen. Er trägt die Verantwortung für den Schutz der Freiheiten und Rechte der betroffenen Personen. Dieser schließt die Vereinbarung zur Verarbeitung der Daten in der Cloud mit dem Cloud-Anbieter ab. Der Cloud-Anbieter übernimmt die Verantwortung für die im Cloud-Vertrag zugesicherten Leistungen. Der Cloud-Anbieter erteilte zuvor unabhängigen Prüfern und einer Zertifizierungsstelle einen Auftrag zur Prüfung respektive Zertifizierung der zur Erbringung des Dienstes notwendigen Maßnahmen. In einer Situation, bei der Haftungsansprüche entstehen könnten, haftet die Zertifizierungsstelle i. d. R. nur, wenn sie aus den vom Cloud-Anbieter und den unabhängigen Prüfern vorgelegten Unterlagen falsche Schlüsse gezogen hätte. Auch die Prüfungsstelle vereinbart i. d. R. mit dem Cloud-Anbieter, dass sie nur haftet, wenn sie aus den vom Cloud-Anbieter korrekt dargestellten Sachverhalten falsche Schlüsse zöge. Sie haftet jedoch nicht, wenn der Cloud-Anbieter inkorrekte Angaben gemacht haben sollte. Entsprechend haftet der Cloud-Anbieter, wenn er unrichtige Angaben gemacht hat oder eine Abweichung vom Cloud-Vertrag zu verantworten hat. Das Zertifikat hilft dem Cloud-Nutzer entscheidend seine Kontrollpflicht über die Maßnahmen beim Cloud-Anbieter wahrzunehmen und minimiert damit die mit der entsprechenden Haftung verbundenen Risiken.

Wenn ein Cloud-Dienst ein Datenschutz-Zertifikat von akkreditierten Stellen aufweist, kann der Cloud-Nutzer darauf vertrauen, dass der von ihm verwendete Cloud-Dienst datenschutzkonform ist.

1.2.2 Parameter der Vertrauenswürdigkeit einer Zertifizierung

Das Vertrauen, das von den Cloud-Nutzern bzw. der Öffentlichkeit in ein Zertifikat gesetzt wird, hängt von einer Reihe von Parametern ab:

- Von der Unabhängigkeit der Zertifizierungsstelle
- Von der Unabhängigkeit der Prüfer
- Von der Vergleichbarkeit des Sicherheits- oder Schutzniveaus, wenn mehrere Dienste dasselbe Zertifikat mit der gleichen Aussage tragen
- Von den Maßnahmen zur kontinuierlichen Überwachung

Unabhängigkeit der Zertifizierungsstelle: Die meisten Prüfungs- und Zertifizierungsprozesse sind freiwillige Prüfungen privatwirtschaftlicher Anbieter. Daher lässt es sich nicht vermeiden, dass in diesen Fällen die Kosten der Prüfung von den Anbietern, die sich prüfen lassen wollen, getragen werden. Um mögliche Interessenskonflikte und anderweitig bestehende Abhängigkeiten zu schwächen, müssen die Zertifizierungsstellen in Zertifizierungsprogrammen nach ISO/IEC 17065 ihre fachliche Eignung und die Erfüllung der Anforderungen an die jeweiligen Zertifizierungsordnungen durch eine Akkreditierung nachweisen.

Viele Zertifizierungsordnungen, die in Deutschland angewendet werden, schreiben als Akkreditierungsstelle die Deutsche Akkreditierungsstelle GmbH (DAkkS) vor. Die Anteilseigner der DAkkS GmbH sind zu gleichen Teilen der Bund, die Länder und die deutsche Industrie. Die Akkreditierungsstelle prüft, ob die Zertifizierungsstellen ihre Tätigkeiten vertraulich, nicht diskriminierend und unparteilich ausführen und auch tatsächlich über die notwendigen Ressourcen und die finanzielle Stabilität verfügen. So wird möglichst gut gesichert, dass akkreditierte Zertifizierungsstellen unabhängig arbeiten.

Unabhängigkeit der Prüfer: Die Prüfungsstellen bzw. Konformitätsbewertungsstellen werden i. d. R. ebenfalls von den Cloud-Anbietern mit der Prüfung nach einem bestimmten Anforderungskatalog beauftragt. Ähnlich wie bei den Zertifizierungsstellen muss die Unabhängigkeit gewahrt werden und es gilt zu vermeiden, dass Prüfungsergebnisse aus Gefälligkeit geschönt werden. Die Prüfstelle muss ebenfalls vertraulich, nicht diskriminierend und unparteilich arbeiten und auch tatsächlich über die notwendigen Ressourcen verfügen.

Auch für Prüfstellen gibt es entsprechende Akkreditierungsprozesse, die, soweit irgend möglich, die Unabhängigkeit der Prüfer und der Prüfungsstelle sicherstellen.

Vergleichbarkeit: Wenn beispielsweise zwei Cloud-Dienste dasselbe Datenschutz-Zertifikat für dieselbe Schutzklasse[5] vorweisen können, müssen die Cloud-Nutzer davon ausgehen können, dass die beiden Dienste auch ungefähr das selbe Schutzniveau bieten. Sollten Fälle bekannt werden, bei denen auch näherungsweise keine Vergleichbarkeit des Schutzniveaus beim selben Prüfungsergebnis besteht, entstünden zum einen eine Verunsicherung bei den Cloud-Nutzern, aber auch Wettbewerbsverzerrungen, welche die Anwendbarkeit des Zertifikats grundsätzlich in Frage stellten. Es entstünde eine Schutzklasseninflation.

Um Vergleichbarkeit bezüglich des Sicherheits- und Datenschutzniveaus herzustellen, müssen in erster Linie die Kriterien konkret genug formuliert sein. Dies ist nicht einfach, denn die Kataloge der Kriterien müssen unparteiisch sein und deshalb möglichst technikneutral formuliert werden. Die Kataloge sollen die Wirkungen der Technik, nicht jedoch eine Beispielimplementierung beschreiben. Daher fallen Kriterienkataloge oft wenig konkret und damit weit offen für unterschiedliche Interpretationen aus. Gelingt eine implementierungsneutrale und dennoch sehr konkrete Formulierung der Kriterien, können auch vergleichbare und damit unparteiische Zertifikate in Bezug auf die Konformität mit den Kriterien ausgestellt werden.

Es besteht in Teilen der Expertengemeinde die Hoffnung, dass durch die Erfordernis der Genehmigung eines Anforderungskatalogs für eine Zertifizierung im Sinne des Artikels 42 DSGVO durch eine nationale Aufsichtsbehörde oder den Europäischen Datenschutzausschuss („der Ausschuss" oder engl. „the board"), bei der Entstehung des Katalogs ein hohes Maß an Sorgfalt waltet und dass dadurch das erforderliche Maß an Aktualität und Konkretisierung erreicht werden kann.

Kontinuierliche Überwachung: Wenn sich die technischen und organisatorischen Maßnahmen des Cloud-Anbieters nach der Prüfung verändern, kann sich auch das Schutzniveau verändern. Oft wird für das Audit alles besonders vorteilhaft aufbereitet und dargestellt, und sobald die Prüfer aus dem Hause sind „tanzen die Mäuse", d. h. die Prozesse werden nicht mehr so sorgfältig gelebt wie zuvor.

---

[5]Der Cloud-Nutzer muss einen Dienst auswählen, der einen für seine Zwecke angemessenen Schutz gewährleistet. Dazu muss er zunächst seinen konkreten Schutzbedarf kennen. Dieser hängt unter anderem von der Art der verarbeiteten Daten, der Menge der verarbeiteten Datensätze und dem Verwendungszweck der Daten ab. Dann wählt er einen Cloud-Dienst aus, dessen technisch-organisatorische Maßnahmen den Schutzbedarf risikoangemessen abdecken. Um diese Bedarfsermittlungs- und Cloud-Auswahl-Prozesse zu vereinfachen, wurden in den Datenschutzzertifizierungsverfahren (TCDP bzw. AUDITOR) so genannte Schutzklassen eingeführt, in denen jeweils ähnliche Schutzbedarfe und ähnliche Schutzanforderungen zusammengefasst sind.

Hiergegen helfen periodische oder kontinuierliche Prüfungen. Periodische Prüfungen werden mit denselben Mitteln wie die initiale Prüfung durchgeführt, ggf. mit verschobenen Schwerpunkten. Kontinuierliche Prüfungen sind technisch schwer zu realisieren, da die Sensoren bzw. Messnehmer für solche Prüfungen ja im Herrschaftsbereich der geprüften Organisationen unbeobachtet von den Prüfern betrieben werden, und daher von den geprüften Organisationen relativ leicht getäuscht werden könnten [6]. Die Entwicklung von sicheren, kontinuierlichen Prüfungsmethoden steht noch am Anfang.

> Wenn die Anforderungen auch bei den hohen und höchsten Schutzklassen weich formuliert sind, d. h. den Prüfern große Ermessensspielräume überlassen werden, erhalten Anbieter mit großem politischem Gewicht immer Zertifikate in den hohen Schutzklassen, auch wenn deren Maßnahmen nicht dem Stand der Technik entsprechen. Wenn diese Inflation nicht, etwa durch hohe Hürden zur Genehmigung eines Kriterienkatalogs, verhindert wird, relativiert dies den Sinn der Zertifikate entsprechend.

1.2.3 Das Problem der Erschwinglichkeit

Die Herausforderung der Vertrauenswürdigkeit der Zertifizierung stellt hohe Anforderungen an die Zertifizierungsprogramme. Aber damit nicht genug. Um diese Anforderungen zu erfüllen muss der Detailierungsgrad der Dokumentation hoch sein und es müssen aufwändige Prüfprozesse umgesetzt werden. Dies bringt hohe Kosten für den Cloud-Anbieter mit sich. Junge Unternehmen oder „Start-ups" können sich diese hohen Kosten oftmals nicht leisten. Gerade diese Unternehmen sind aber oft die Innovationstreiber im Cloud-Computing.

Andererseits erfordert die Ökonomie des Cloud-Computings auch eine gewisse Mindestskalierung der Cloud-Dienste, sodass die Prüfungskosten, die sich fast unabhängig von der Skalierung des Dienstes bemessen, nicht wirklich die Profitabilität bestimmen.

Insgesamt bedeutet jedoch die Anforderung der „Erschwinglichkeit", die sogar in Artikel 42 (1) DSGVO festgelegt ist – *„Den besonderen Bedürfnissen von Kleinstunternehmen sowie kleinen und mittleren Unternehmen wird Rechnung getragen."* – dass die Kriterienkataloge sowie das Zertifizierungsverfahren nicht zu anspruchsvoll gestaltet sein dürfen.

> Wenn nur große und finanzstarke Cloud-Betreiber sich eine Zertifizierung ihres Angebots leisten könnten, würde dies die Innovation und den Wettbewerb hemmen, der oft gerade durch kleine und mittelgroße Cloud-Anbieter getrieben wird. Daher müssen Zertifizierungsprogramme so aufgebaut sein, dass sie auch für kleine Unternehmen erschwinglich bleiben.

1.3 Die Herausforderung der Insider-Attacken

Da beim Cloud-Computing die Datenverarbeitung zum Teil nicht auf den Endgeräten des Nutzers ausgeführt wird, ist sie im Vergleich zur Verarbeitung auf den eigenen Geräten einer Fülle von zusätzlichen Angriffsmöglichkeiten ausgesetzt. In Kap. 4 wird detailliert ausgeführt, dass externe Angreifer mit geringer Erfolgswahrscheinlichkeit die Datenübertragung zwischen den Endgeräten und der Cloud attackieren können. Mit schon höherer Erfolgswahrscheinlichkeit können die Daten während der Verarbeitung innerhalb der Cloud oder während der Verwahrung im Speicher von außen angegriffen werden. Die zur Bereitstellung des Cloud-Dienstes erforderlichen Komponenten können mit nicht zu vernachlässigender Wahrscheinlichkeit „Backdoors" und andere Sicherheitslücken enthalten. Für staatliche Akteure ist es wesentlich einfacher auf Daten in der Cloud als auf Geräte im privaten Bereich zuzugreifen. Schließlich ist der Missbrauch der Informationen und Daten, auf die das Personal des Cloud-Anbieters Zugriff hat, mit relativ hoher Wahrscheinlichkeit zu befürchten. Diese werden „Insider"-Attacken, d. h. Angriffe von innen genannt.

Gegen die meisten Angriffe konnten in den letzten drei Dekaden gute technische Maßnahmen etabliert werden: Transportverschlüsselung, sichere Multi-Faktor-Authentifizierung der Nutzer, Firewalls, Intrusion-Detection & -Prevention-Systeme, Anti-Viren-Scanner, Verschlüsselung der Dateisysteme und Datenbanken, Application-Firewalls, etc. Dies reduziert die Erfolgswahrscheinlichkeit von externen Angriffen[6] signifikant.

Gegen die Insider-Angriffe konnte jedoch bislang nur mit organisatorischen Maßnahmen vorgegangen werden: Sorgfältige Rollen- und Rechtekonzepte, Abschreckung der potentiellen Täter durch lückenlose Überwachung und Aufzeichnung aller Administratortätigkeiten, etc. Auch damit kann die Erfolgswahrscheinlichkeit von Angriffen reduziert, jedoch nicht unter ein empfindlich hohes Maß gesenkt werden. Das ist nur mit präventiven technischen Schutzmaßnahmen gegen Manipulationen möglich. Die Verarbeitung von Informationen erfolgt heute noch ausschließlich mit unverschlüsselten Daten. Insider mit privilegiertem Zugriff haben prinzipiell Zugang zu diesen Daten. Ein technischer Schutz vor Insider-Angriffen ist somit das letzte große ungelöste Problem des Cloud-Computing.

1.3.1 Das Vertrauens-Dilemma

Einerseits ist Cloud-Computing gerade dadurch definiert, dass ein Nutzer seine Datenverarbeitung einem Cloud-Anbieter und seinem Personal anvertraut. Andererseits ist es dieses Personal, das potentiell dieses Vertrauen verletzt und die Daten abweichend von

---

[6]Die genannten Maßnahmen reduzieren zu einem kleinen Teil auch die Wahrscheinlichkeit erfolgreicher Insider-Angriffe. Primär sind diese Maßnahmen jedoch zum Schutz gegen Angriffe von außen konzipiert.

Insider-Angriffe durch
• den Missbrauch von befugten,
  privilegierten Zugriffen,
• fahrlässige Verluste von
  privilegierten Zugangsdaten oder
• vorsätzliche unbefugte Zugriffe
sind vergleichsweise wahrscheinlich.

Verzicht auf das Cloud-Angebot bedeutet
• eigene Recheninfrastruktur,
• weniger Flexibilität und
• geringere Produktivitätssteigerung,
also Verzicht auf signifikante Kosteneinsparungen und womöglich Verzicht
auf neue Geschäftsmodelle.

Abb. 1.7 Das Vertauens-Dilemma – eine Zwickmühle für die Cloud-Nutzer

den Weisungen durch den Cloud-Nutzer verwendet. Die Zwickmühle für den Cloud-Nutzer ist, dass er entweder den Vertrauenssprung gegenüber dem Cloud-Anbieter wagen oder auf die Auslagerung der Verarbeitung in die Cloud verzichten muss. In Abb. 1.7 sind die beiden Sätze des Dilemmas einander gegenüber gestellt. Wenn ein Rollen- und Berechtigungskonzept vorliegt, können die privilegierten Administratoren ihren berechtigten und befugten Zugriff fahrlässig, vorsätzlich und arglistig missbrauchen. Im Rahmen von gewöhnlichen Zugriffen, die zum Zweck der Nachvollziehbarkeit vollständig aufgezeichnet und protokolliert werden, können diese Administratoren dennoch die Daten, die vom Cloud-Nutzer in der Cloud verarbeitet werden, mitlesen oder kopieren und/oder veruntreuen – und das, ohne dass dies im Rahmen von internen oder externen Audits auffiele. Zusätzlich gilt: Wenn es internen oder externen Angreifern, beispielsweise durch „social engineering" gelingt, fahrlässig handelnden Personal mit privilegiertem Zugriffsrecht die Zugangsdaten zu entwenden, so kann in gleicher Weise eine Kenntnisnahme und ein Missbrauch von Nutzerdaten stattfinden. Und schließlich ist das Personal des Cloud-Anbieters mit oder ohne privilegierten Zugriff in einer für einen Angriff vorteilhaften Position, um unbefugten Zugriff auf die vom Cloud-Nutzer in der Cloud verarbeiteten Daten zu erlangen. Diese Angriffe sind auf allen funktionalen technischen Ebenen, die beim Cloud-Anbieter betrieben werden, möglich. In Abb. 1.8 sind die vertikalen Module stark vereinfacht skizziert und Beispiele für privilegierten oder unbefugten Zugriff dargestellt. Auf der Anwendungsebene kann in vielen Implementierungen beispielsweise der Prozess zum Zurücksetzen des Passworts genutzt werden, wenn der Administrator sich als Cloud-Nutzer ausgibt (auf engl. „impersonate") und den Zugang des Nutzers übernimmt. So sind auf jeder funktionalen Ebene kritische Daten lesbar. Selbst auf der untersten physikalischen Ebene des Rechenzentrums kann ein so genannter „core dump" ausgelöst werden. Dabei werden Daten, die sich gerade im Arbeitsspeicher befanden, auf die Festplatte geschrieben. Wenn der Angreifer gleich die ganze Platte nach Hause mitnimmt, kann er diese in Ruhe nach verwertbaren Informationen durchsuchen.

Auf der anderen Seite bedeutet die Alternative zum Vertrauenssprung trotz dieser Bedrohungen, auf die Nutzung des Cloud-Angebots zu verzichten. Das fällt schwer, denn Cloud-Lösungen vermitteln signifikante Kosteneinsparungen, da eigene Recheninfrastruktur eingespart, Flexibilität gewonnen und durch die oft Organisationsgrenzen überschreitende Funktion Produktivität gesteigert werden kann. Der Verzicht auf Cloud-

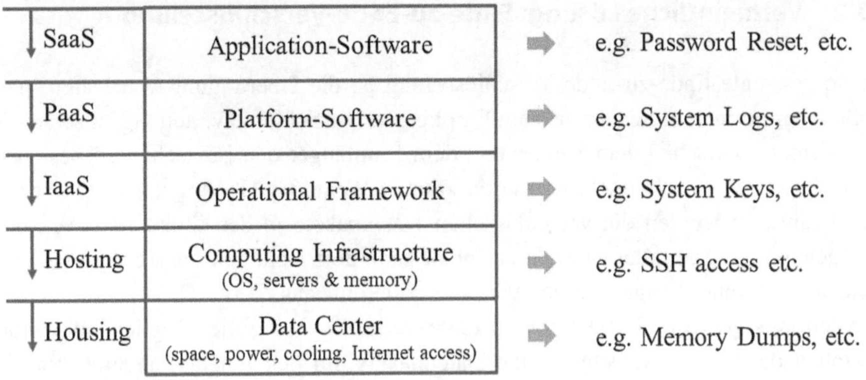

↓ SaaS	Application-Software	⇒	e.g. Password Reset, etc.
↓ PaaS	Platform-Software	⇒	e.g. System Logs, etc.
↓ IaaS	Operational Framework	⇒	e.g. System Keys, etc.
↓ Hosting	Computing Infrastructure (OS, servers & memory)	⇒	e.g. SSH access etc.
↓ Housing	Data Center (space, power, cooling, Internet access)	⇒	e.g. Memory Dumps, etc.

Abb. 1.8 Die vertikalen technischen Module einer Cloud-Infrastruktur und Beispiele für befugte und unbefugte Zugriffsmöglichkeiten

Lösungen kann sogar einen Verzicht auf neue Geschäftsmodelle bedeuten, was nicht nur die Kostenstruktur und die Profitabilität, sondern ebenso die wirtschaftliche Entwicklung als Ganzes betrifft.

Es gibt keine belastbaren Statistiken darüber, welcher Anteil der Datenvorfälle, also Vorfälle, bei denen Daten veruntreut werden, jeweils auf externe Angreifer, Hintertüren in den Komponenten oder auf Insider-Attacken zurück zu führen ist. Lediglich Umfragen zu subjektiven Einschätzungen der Bedrohung werden immer wieder vorgelegt. Diese beziehen sich i. d. R. auf Datenvorfälle in Unternehmen aller Wirtschaftszweige, die durch Mitarbeiter bewusst oder unbewusst ausgelöst werden. Solche Umfragen, in denen die Insider-Angriffe meist als die dominante Bedrohung identifiziert werden, beziehen sich also nicht speziell auf Cloud-Anbieter.

Bei Organisationen, die Cloud-Dienste anbieten, darf von einer höheren Sorgfalt in den Prozessen und von einem klarer strukturierten Rollen- und Berechtigungskonzept ausgegangen werden als in anderen Branchen. Jedoch kann ein arglistig agierender Mitarbeiter eines Cloud-Anbieters (engl. „malicious insider") durch den Zugriff auf die Daten einer Vielzahl von Cloud-Nutzern i. d. R. Daten veruntreuen, mit denen er wesentlich größere Erträge aus seinem kriminellen Handeln erzielen kann.

> Der Cloud-Nutzer steht durch die beim Cloud-Computing relativ einfachen Insider-Angriffe in dem Dilemma, entweder trotz der Bedrohung den Dienst zu nutzen, oder auf die wirtschaftlichen Vorteile der Cloud-Angebote zu verzichten.

1.3.2   Vermeintliche Lösung: Ende-zu-Ende-Verschlüsselung

Die so genannte Ende-zu-Ende-Verschlüsselung ist die Übertragung von Daten in verschlüsselter Form vom Sender bis zum Empfänger. Die Schlüsselverteilung ist so gewählt, dass niemand zwischen dem Sender und dem Empfänger den Leseschlüssel besitzt und damit die Daten entschlüsseln und lesen könnte. Wenn der Übertragungsweg über eine Cloud führt, so werden die verschlüsselten Datenpakete in der Cloud zwar vermittelt, d. h. gelenkt bzw. geroutet, aber deren Inhalt kann dort nicht gelesen werden. Dies sieht zunächst nach einer Lösung für das Vertrauensdilemma aus.

Allerdings geht durch die Ende-zu-Ende-Verschlüsselung die Möglichkeit verloren, die Inhaltsdaten eines verschlüsselten Datenpakets mit den Inhalten anderer Pakete zu verknüpfen, mithin Datenverarbeitung zu betreiben. Bei den meisten Cloud-Anwendungen sind die nützlichen Funktionen aber nur durch Verarbeitung in der Cloud zu haben. In anderen Szenarien kann mit so genanntem „edge-computing" die Datenverarbeitung tatsächlich mit den Geräten am Rand der Cloud (engl. „edge") bewältigt werden, und die Cloud wird lediglich zur Vernetzung benötigt. Am erfolgreichsten wird die Idee des Edge-Computing aber verwendet, wenn die Übertragungskapazität in die Cloud begrenzt ist und daher die Datenverarbeitung geschickt zwischen dem Edge und der Cloud aufgeteilt wird [7].

Außerdem liegen dem Cloud-Anbieter bei einer Ende-zu-Ende-Verschlüsselung die Informationen wer mit wem, wann wie viel kommuniziert (Verkehrs-, Verbindungs- bzw. Metadaten) nach wie vor offen vor. Ohne diese Information könnte das verschlüsselte Datenpaket nicht vom Sender zum Empfänger vermittelt werden. Es gibt nun Anwendungen – wie beispielsweise die Anbindung eines Onkologen als Belegarzt an die IT des Krankenhauses, in dem er Belegbetten hat – bei denen die Verbindungsdaten, die besagen, dass dieser Belegarzt viel Datenaustausch mit diesem Krankenhaus hat, keine nennenswerte Information tragen. Insofern ist in diesem Anwendungsfall tatsächlich Ende-zu-Ende-Verschlüsselung mit Ende-zu-Ende-Sicherheit gleichzusetzen. Wenn nun allerdings über ein Leck beim Cloud-Anbieter bekannt wird, welche Privatperson wann wie viel Daten mit demselben Arzt elektronisch austauscht, dann können schon aus wenigen dieser Verbindungsdaten sehr sensible Informationen gewonnen werden. Hier steht Ende-zu-Ende-Verschlüsselung keinesfalls gleichzeitig für Ende-zu-Ende-Sicherheit.

> Die sogenannte Ende-zu-Ende-Verschlüsselung ist aus zweierlei Hinsicht keine Lösung für das Vertrauensdilemma: (1.) können dann in der Cloud keine Daten mehr verarbeitet werden und (2.) liegen die Daten, die bestimmen wohin ein verschlüsseltes Paket gelenkt werden soll, immer noch offen vor.

1.3.3 Definition der Betreiber- bzw. Manipulationssicherheit

Ende-zu-Ende-Sicherheit ist beim Cloud-Computing allgemein nur gegeben, wenn niemand aus dem Personal des Betreibers befugt oder unbefugt auf die Daten zugreifen kann, die von den Cloud-Nutzern in der Cloud verarbeitet werden. Diese Eigenschaft sei hier als „Betreiber- bzw. Manipulationssicherheit" also Sicherheit gegen die Angriffe durch den Betreiber oder den Administrator bezeichnet. Als erste Definition darf also gelten:

> Eine Cloud ist betreibersicher, wenn weder das Personal des Cloud-Dienst-Anbieters, darunter insbesondere das Management, die Software-Administratoren und die Rechenzentrumsbetreiber, noch andere, gegebenenfalls vom Cloud-Dienst-Anbieter beauftragte Personen, eine Möglichkeit zur Kenntnisnahme oder Verfälschung von Nutzer-Daten haben.

In Abb. 1.9 ist die Abwehr der möglichen Angriffe durch Insider mit einem einfachen stark gezeichneten Balken angedeutet. Die für diesen einfachen schwarzen Strich in Realität notwendigen technischen und organisatorischen Maßnahmen sind detailliert in Kap. 2 beschrieben. Zuvor sind in Abschn. 1.4 die technikneutralen Anforderungen an eine solche Cloud formuliert. Bevor jedoch dieses Unterkapitel beendet wird, sei auf eine weitere Definition der Betreibersicherheit aus einer mehr praktischen Perspektive eingegangen:

In Kap. 4 wird die probabilistische Vertraulichkeit C analog zu der gängigen Definition der Verfügbarkeit als $C = (1 - p_{breach})$ definiert, wobei p_{breach} die Wahrscheinlichkeit für einen erfolgreichen Angriff innerhalb eines Zeitabschnitts, z. B. eines Jahres, und den damit verbundenen Datenvorfall (engl. „breach") repräsentiert. Dies bedeutet, dass die Vertraulichkeit nicht einfach als gegeben ($C = 1$ $p.a.$) bzw. ($C = 100\%$ $p.a.$) oder abwesend ($C = 0$) sondern differenziert für verschiedene Wahrscheinlichkeiten der Verletzung der Vertraulichkeit mit der Anzahl der „Neunen" also z. B. 99 % $p.a.$ oder 99,99 % $p.a.$, charakterisiert werden kann. Auf Basis einer solchen Definition der Vertraulichkeit kann nun praktisch relevanter definiert werden:

> „In betreiber- bzw. manipulationssicheren Cloud-Systemen sollte die probabilistische Vertraulichkeit mindestens 99,9999 % p.a. betragen. Betreiber- bzw. Manipulationssicherheit kann i. d. R. nur durch eine „malicious coalition" von mehreren voneinander unabhängig

Abb. 1.9 Betreibersichere Systeme verwehren den Betreibern des Rechenzentrums und den Administratoren der Software sowohl den privilegiert befugten, als auch den unbefugten Zugriff

agierenden Beteiligten gebrochen werden (z. B. Entwicklern gemeinsam mit den Auditoren der Cloud)."[7]

Die Sicherheit der meisten nicht betreibersicheren Cloud-Lösungen sind dadurch charakterisiert, dass einzelne Personen einen „data breach" ohne weitere Beteiligte herbeiführen können. Meistens ist das möglich, ohne dass dies bemerkt werden kann, da der missbräuchliche privilegierte Zugriff wie ein gewöhnlicher vermeintlich betriebsnotwendiger Zugriff aussieht, selbst wenn er von externen Angreifern ausgeführt wird, die die Zugangsdaten eines internen Mitarbeiter erbeutet haben. Die Wahrscheinlichkeit für solche Vorfälle liegt je nach situativem Kontext und kulturellem Hintergrund der Akteure geschätzt zwischen 0,1 *p.a.* und 0,0001 *p.a.* und entsprechenden Werten für die probabilistische Vertraulichkeit von 90 % *p.a.* bzw. 99,99 % *p.a.* Solche Größenordnungen sind jedoch völlig unzureichend, da die schützenswerten Daten nicht nur in diesem einen, sondern noch vielen weiteren, oft zig weiteren, Prozessen verarbeitet werden. Datenmissbrauch über all diese Prozesse hinweg betrachtet ist durch die vielfache Verwendung der Daten trotz sorgfältig angewandter organisatorischer Sicherheitsmaßnahmen mindestens alle paar Jahre zu beklagen. Perfiderweise bleiben viele Vorfälle zudem unentdeckt. Diese Überlegungen begründen die Notwendigkeit von betreibersicheren Cloud-Systemen, mit denen ein Missbrauch statistisch hinreichend selten zu erwarten ist.

> Wenn weder die Rechenzentrumsbetreiber noch die Software-Administratoren noch anderes Personal des Cloud-Anbieters befugt oder unbefugt auf die Daten, die von den Cloud-Nutzern in der Cloud verarbeitet werden, zugreifen können, sprechen die Autoren dieses Buches von Betreibersicherheit bzw. manipulationssicherer Zugriffskontrolle. Wenn es gelingt, ein betreiber- bzw. manipulationssicheres Cloud-System zu bauen, dann ist das Vertrauensdilemma des Cloud-Computing gelöst.

1.4 Sicherheits- und Datenschutzanforderungen im Cloud-Computing

Bevor in Kap. 2 die Sealed Cloud als betreiber- und manipulationssicheres Cloud-System eingeführt wird, sollen zunächst die Anforderungen an ein solches System präziser formuliert werden. Zunächst werden die bestehenden Anforderungskataloge für Cloud-Sicherheit im Bereich der internationalen Standardisierung und dann in Deutschland im

---

[7]Der zweite Satz dieser Definition wurde inzwischen in den Kriterienkatalog der DIN Spec 27557 zur Datenschutzzertifizierung übernommen (Projekt „AUDITOR"). Dort wird in den Erläuterungen zum Kriterium Nr. 2.4 – Zugriffskontrolle, der Begriff „manipulationsicher" folgendermaßen definiert: „Technische Maßnahmen sind manipulationssicher, wenn sie nur durch das Zusammenwirken von mehreren unabhängigen Parteien verändert werden können." [8].

Überblick dargestellt. Anschließend werden die notwendigen Präzisierungen für betriebersichere Cloud-Systeme hinzugefügt. Dem schnellen oder eher technisch interessierten Leser sei empfohlen, dieses Unterkapitel vorerst zu überspringen und bei vertieftem Interesse nach Lektüre des Prinzips der Sealed Cloud, i.e. Kap. 2, zu studieren.

1.4.1 Bestehende Kataloge

Im Folgenden wird im Überblick auf die folgenden Kataloge eingegangen:

- ISO/IEC 27001:2013,
- ISO/IEC 27002:2013,
- ISO/IEC 27017:2015,
- ISO/IEC 27018:2014,
- BSI IT-Grundschutz (BSI-100-x, BSI-200-x),
- ISO/IEC 154081-3:2008, 2009 (Common Criteria),
- CSA CCM (Cloud Security Alliance, Cloud Controls Matrix)
- BSI C5 (Cloud Computing Compliance Controls Catalogue),
- TCDP (Trusted Cloud Datenschutzprofil),
- AUDITOR (European Cloud Service Data Protection Certification),
- DIN Spec 27557/Ergebnisse des Projekts AUDITOR
- Normenreihe IEC 62443 und
- DIN Spec 27070/Standards der International Data Space Association.

Der bekannteste Katalog im Bereich der IT-Sicherheit ist die Reihe 27000 [9] der Internationalen Standardisierungsorganisation (ISO), gemeinsam erstellt mit der Internationalen Elektrotechnischen Kommission (IEC). Da bei der IT-Sicherheit nicht von den Eigenschaften eines einzelnen technischen Systems gesprochen werden kann, sondern immer ein oder mehrere Systeme im Zusammenhang mit organisatorischen Maßnahmen betrachtet werden müssen, spricht man von einem „Managementsystem" für Informationssicherheit. Der Anforderungskatalog, der in der Reihe 27000 die harten Muss-Anforderungen enthält, nach denen geprüft und zertifiziert werden kann, ist in ISO/IEC 27001:2013 definiert und die Anforderungen zur IT-Sicherheit sind insbesondere im normativen Anhang Annex A enthalten. Die Umsetzungsempfehlungen (engl. „Code of Conduct"), die z. B. in ISO/IEC 27002:2013 enthalten sind, stellen Hinweise an die Prüfer und Zertifizierer dar, die diese bei der Konformitätsbewertung abhängig vom Kontext berücksichtigen müssen. Speziell für die Informationssicherheit beim Cloud-Computing wurden Umsetzungshinweise in ISO/IEC 27017:2015 und speziell in Bezug auf den Datenschutz beim Cloud-Computing in ISO/IEC 27018:2014 formuliert. Um Redundanzen zu vermeiden, sind bei ISO die Standards stets so aufgebaut, dass sie aufeinander verweisen. Auch ist die Nummerierung in allen Dokumenten der Familie 27000 einheitlich, so dass unter einer Ziffer immer derselbe Kontext zu finden ist.

Zusätzlich finden sich in ISO/IEC 27018:2014 auch Verweise auf den Datenschutzstandard ISO/IEC 29100:2011. Gelegentlich findet man Referenzen mit dem Wortlaut „zertifiziert nach ISO 27018". Dies ist insofern nicht präzise, da die Gruppe von Standards, die lediglich Umsetzungsempfehlungen beinhalten, nur weiche Soll-Anforderungen formuliert, nach denen kein Prüfer eine klare Konformitätsaussage treffen kann. Die Prüfer können lediglich eine Aussage zur Erfüllung der Anforderungen nach ISO/IEC 27001:2013 machen und müssen je nach konkretem Informationssicherheits-Managementsystem z. B. die Empfehlungen aus 27017 und 27018 bei der Beurteilung mit berücksichtigen.

Die ISO/IEC-Standards können als die „allgemein anerkannten Regeln der Technik" (siehe Abschn. 3.4.3) angesehen werden. Der „Stand der Technik" (ebd.) kann darin nicht enthalten sein, da der Standardisierungsprozess mit der dazu notwendigen Konsensfindung zu langsam ist. Der Stand der Technik wandelt sich gegenwärtig im Bereich Cloud-Computing zu schnell, als dass die Standardisierungsprozesse damit Schritt halten könnten. Mehr noch, die internationalen Standards werden häufig so lasch ausgelegt, dass es das Deutsche Bundesamt für Sicherheit in der Informationstechnik (BSI) als notwendig ansah, ein konkretisierendes Profil für Informationssicherheits-Managementsysteme zu entwickeln. Dies ist in den so genannten „IT-Grundschutz"-Katalogen, aktuell den BSI-Standard 200-1 bis 3 [10] niedergelegt. Dabei handelt es sich, wie der Begriff „Grundschutz" treffend vermittelt, um eine Basis- und Standardabsicherung. Für die Grundschutzkataloge wurden auch Module für das Cloud-Computing entwickelt. Jedoch richten sich diese so genannten Cloud-Bausteine an die Cloud-Nutzer – nicht an den Cloud-Anbieter. Für die Hard- und Softwareentwicklung und die unterstützenden Betriebs- und Serviceprozesse kann sich der Cloud-Anbieter aber sehr gut an die Konkretisierungen des BSI IT-Grundschutzes halten.

Eine ganze Reihe von Anforderungskatalogen für die Daten- und Informationssicherheit der technischen und organisatorischen Einrichtungen, die notwendig sind, um einen Cloud-Dienst anzubieten, wurden von der amerikanischen „Cloud Security Alliance" (CSA) in der so genannten „Cloud Controls Matrix" (CCM) tabellarisch zusammen- und einander gegenübergestellt [11]. An den „best practices" dieser Zusammenstellung hat sich das BSI orientiert, als es speziell den „Cloud Computing Compliance Controls Catalogue" (BSI-C5) entwickelte [12]. Dieser Anforderungskatalog ist vorgesehen für Konformitätsprüfungen im Kontext von Wirtschaftsprüfungen gemäß dem Standard ISAE 3000/3402 [13] der „International Federation of Accountants" bzw. dem mit diesem in Einklang stehende deutsche Prüfungsstandard (PS) 860 „IT-Prüfung außerhalb der Abschlussprüfung" des Instituts der Wirtschaftsprüfer (IDW). Der Katalog unterscheidet zwischen Grundanforderungen und Anforderungen für erhöhten Sicherheitsbedarf. Wie wir in Abschn. 1.4.2 zeigen werden, enthält der BSI-C5 nicht alle notwendigen Anforderungen für hohen Schutzbedarf. Der BSI-C5-Katalog stellt nicht nur Anforderungen an die Maßnahmen des Cloud-Anbieters, sondern gemäß ISAE auch an die Auditoren und das Prüfungsverfahren und gemäß dem Standard „Service Organization Control" (SOC) des amerikanischen Instituts für Wirtschaftsprüfer „American Institute of Certified Public Accountants" (AICPA) [14] an den Prüfbericht. Dies bedeutet, dass nicht die Einhaltung der eigentlichen Anforderungen abgeprüft wird, sondern ob hinreichende Maßnahmen vorgesehen und tatsächlich umgesetzt sind, mit denen die Einhaltung der Anforderungen betiebsintern überprüft wird und so die Konformität sichergestellt ist. Der Katalog BSI-C5 kann von den Vertragsparteien eines Cloud-Vertrages auch sehr gut außerhalb eines formalen Audits für Selbstauskünfte und -verpflichtungen sowie bilaterale Vereinbarungen verwendet werden.

Innerhalb der „Trusted Cloud"-Initiative des Deutschen Bundesministeriums für Wirtschaft und Energie (BMWi), die 2011 gestartet wurde, bildete sich eine Arbeitsgruppe zu Themen des Rechtsrahmens beim Cloud-Computing. Diese Arbeitsgruppe entwickelte ein Konzept zur Datenschutzzertifizierung von Cloud-Diensten, das später vom Europäischen Parlament im Gesetzgebungsverfahren für die DSGVO bei der Formulierung des Artikels 42 berücksichtigt wurde. Nach diesem Konzept soll die datenschutzrechtliche Kontrollpflicht der Cloud-Nutzer erfüllt sein, wenn ein Dienst ausgewählt wird, der von einer unabhängigen und kompetenten Stelle geprüft wurde. Die Ergebnisse dieser Prüfung sollen durch ein Prüfzeichen allen Nutzern dieses Dienstes zugute kommen. Um dieses Konzept zu erproben, wurde ein Pilotprojekt, „Trusted Cloud Datenschutzprofil" (TCDP), durchgeführt, an dem neben Vertretern aus dem akademischen Bereich, aus etablierten Prüforganisationen und der Cloud-Industrie fast alle Deutschen Datenschutzaufsichtsbehörden der Länder und des Bundes beteiligt waren. In diesem Pilotprojekt wurden eine Prüfungsordnung und ein Anforderungskatalog entwickelt [15]. Das resultierende Verfahren führte zu einem Konformitätszertifikat (engl. „compliance certificate") bezüglich des Bundesdatenschutzgesetzes (alt). Ein Dienst, der dieses Zertifikat trägt, erfüllt die Anforderungen des Bundesdatenschutzgesetzes (alt). Dabei stützt sich der Anforungskatalog – zur Vermeidung von Redundanz – auf die eingangs genannten ISO/IEC-Standards 27002, 27017 sowie 27018 und wandelt einige darin genannte Empfehlungen in harte Muss-Anforderungen. Um die Erfüllung des Gesetzes bestätigen zu können, mussten über die ISO-Standards hinaus weitere formelle und materielle Anforderungen aufgenommen werden. Um den Vorbehalt der Verhältnismäßigkeit der Schutzmaßnahmen gemessen am Risiko für die Betroffenen abzubilden, wurde das Konzept der Schutzbedarfsklassen und der korrespondierenden Schutzanforderungsklassen entwickelt [16]. Um das passende TCDP-Zertifikat zur Erfüllung der Kontrollpflicht zu identifizieren, bestimmt der Cloud-Nutzer zunächst seinen Schutzbedarf. Dies kann er recht komfortabel und schnell mit dem Online-Schutzbedarfsrechner [17] der am Projekt beteiligten Uniscon GmbH bewerkstelligen. Anschließend wählt der Nutzer einen Cloud-Dienst mit einem TCDP-Zertifikat der entsprechenden Schutzklasse aus. Es ist die Intention des Artikels 42 DSGVO u. a. in Verbindung mit Artikel 25 Abs. 3, Artikel 28 Abs.5 und Artikel 32 Abs.3 DSGVO, dass mit der treffenden Auswahl eines Cloud-Dienstes der passenden Schutzklasse die Kontrollpflichten des Cloud-Nutzers als erfüllt gelten.

Dazu muss allerdings der Katalog der Anforderungen von nationalen Datenschutzaufsichtsbehörden oder europaweit vom Europäischen Datenschutzausschuss (dem „Ausschuss", engl. „European Data Protection Board" (EDPB), oder im Jargon „das Board") genehmigt werden. Zu diesem Zweck hat das BMWi das TCDP-Nachfolgeprojekt AU-

DITOR aufgesetzt, mit dem das bereits auf die DSGVO ausgerichtete TCDP zu einem Prüfungsverfahren und einem Kriterienkatalog für eine Konformitätsaussage bezüglich der DSGVO erweitert wird. Eine erste Entwurfsfassung, die für Rückmeldungen aus der Öffentlichkeit freigegeben wurde, ist am 6. Juni 2018 veröffentlicht worden [18]. Inzwischen liegt eine am 15. März 2019 veröffentliche zweite und dritte Entwurfsfassung vor [19] und [8]. Das Schutzklassenkonzept des TCDP wurde in AUDITOR übernommen. Auch wurden viele Formulierungen der Anforderungen aus dem TCDP fortgeführt und teilweise erweitert. Die zusätzlichen Anforderungen der DSGVO gegenüber dem Bundesdatenschutzgesetz (alt) wurden neu aufgenommen. Die Verschärfungen der DSGVO gegenüber dem Bundesdatenschutzgesetz (alt) wurden verwendet, um die aus dem TCDP übernommenen Anforderungen entsprechend zu schärfen. Die Ergebnisse des Projekts AUDITOR werden u. a. in der DIN Spec 27557 dokumentiert.

Im Zusammenhang mit dem „Internet der Dinge" (engl. „Internet of Things", IoT) und den Anwendungen im industriellen Umfeld (Industrie 4.0), etabliert sich die Normenreihe IEC 62443. Die Sicherheit betreffend sind insbesondere die Teile IEC 62443-3-3 „Systemanforderungen zur IT-Sicherheit und Security-Level" und IEC 62443-4-2 „Technische IT-Sicherheitsanforderungen an Komponenten" dieser Reihe wichtig. Eine gute Übersicht über die verschiedenen Teile der Normenreihe wird mit dem als „Bild 1" bezeichneten Abbildung in der Norm EN IEC 62443-4-1:2018 vermittelt.

In der DIN Spec 27070 werden aufbauend auf IEC 62443 die Anforderungen an ein Sicherheits-Gateway im Sinne der „International Data Space Association" konkretisiert. Dieses Gateway kann lokal im Netz eines Nutzers des „Data Spaces" oder in einer entsprechend gesicherten Cloud, die diesen „Data Space" implementiert, betrieben werden. Es sind dort drei unterschiedliche Sicherheitsniveaus (Basic, Trusted und Trusted Plus) definiert.

Das Niveau „Trusted Plus" in DIN Spec 27070 und die Anforderungen an die Zugriffskontrolle bei der Schutzanforderungsklasse 3 des AUDITOR-Katalogs (DIN Spec 27557), kommen, verglichen mit den anderen in diesem Abschnitt genannten Anforderungskatalogen, bislang an die notwendigen Anforderungen zur Betreiber- und Manipulationssicherheit am nächsten heran.

Die bestehenden Kriterienkataloge, von denen die wichtigsten die ISO-Standards, der BSI IT-Grundschutz, BSI-C5 und TCDP sind, formulieren entweder keine Anforderungen für hohen Schutzbedarf oder sind in verschiedener Hinsicht zu wenig konkret um Vergleichbarkeit zwischen Angeboten in der höchsten Schutzklasse zu erlauben. Der neue Kriterienkatalog für die Datenschutz-Zertifizierung von Cloud-Dienstes des Projekts AUDITOR, verspricht eine solche Konkretisierung. Zertifizierungen nach diesem Katalog werden voraussichtlich im Verlauf des Jahres 2020 möglich.

1.4.2   Weitere Anforderungen für eine nachhaltige Digitalisierung

Die in den bestehenden Katalogen formulierten Anforderungen wurden alle in dem veralteten Kontext entwickelt, in welchem dem Personal der Rechenzentren und den Software-Administratoren seitens der Anwender ein hohes Maß an Vertrauen entgegen gebracht werden muss – nicht weil diese an sich besonders vertrauenswürdig wären, sondern weil Zugriffe durch die Administratoren auf die verarbeiteten Daten nicht präventiv ausgeschlossen sind. Die dort beschriebenen technischen Maßnahmen dienen allenfalls zur Erkennung ungeplanter, unbefugter Zugriffe. Ein unbefugtes Kopieren von Daten während geplanter und befugter Zugriffe kann jedoch nicht erkannt werden. In diesem Kontext muss den Administratoren einfach vertraut werden.

Durch die in den Katalogen geforderten Rollen und Berechtigungskonzepte kann zwar die Wahrscheinlichkeit unbefugter Zugriffe durch Insider auf personenbezogene oder anderweitig sensible Daten und möglicher Missbrauch der Daten reduziert werden, jedoch nicht auf ein Maß, das einem hohen oder sehr hohen Schutzbedarf von Verarbeitungsvorgängen entspräche.

Hierfür muss sichergestellt werden, dass die in Abschn. 1.3.3 definierte Betreiber- bzw. Manipulationssicherheit der Zugriffskontrolle für die hohen oder sehr hohen Schutzbedarfe als Anforderung in den Katalogen enthalten ist. Dabei liegt die Herausforderung im Detail der Formulierungen, damit der Auslegungsspielraum klein bleibt und die für den Zweck der Zertifizierung notwendige Vergleichbarkeit von Prüfungsergebnissen erlangt werden kann: In TCDP und AUDITOR wird z. B. in den Abschnitten zur Zugriffskontrolle gefordert, dass „unbefugter" Zugriff gemessen am Risiko hinreichend sicher ausgeschlossen wird. Es darf davon ausgegangen werden, dass dort „befugt" synonym zu „berechtigt" bzw. „unbefugt" synonym zu „nicht-berechtigt" verwendet wird, wobei die Berechtigung im Rollen- und Berechtigungskonzept definiert wird. Wenn auch nur wenige Personen zu einem Zugriff berechtigt sind, liegt synonym zu „berechtigt" ein „privilegierter" Zugriff vor. Der etwas ältere TCDP-Katalog sieht keine Anforderung dafür vor, dass auch der privilegierte Zugriff ausgeschlossen werden muss, da er im veralteten Kontext als betriebsnotwendig angesehen wurde. Im aktuellen AUDITOR-Katalog ist diese Angleichung an den Stand der Technik vorgesehen.

Hierzu wird das Prinzips der Datensparsamkeit bzw. der Datenminimierung in Verbindung mit dem Gebot des Datenschutzes durch Technikgestaltung (engl. „privacy by design") unter Berücksichtigung des Standes der Technik angewendet. Wenn nach dem Prinzip der Datensparsamkeit das Personal des Betreibers oder vom Betreiber beauftragtes Personal keinen privilegierten Zugriff benötigt, und das ist bei modernen, skalierenden

Cloud-Anwendungen i. d. R. der Fall,[8] dann muss entsprechend dem in Artikel 25 DSGVO normierten Datenschutz durch Technikgestaltung, verbunden mit den Prinzipien der Erforderlichkeit und der Datenminimierung (auch gemäß Artikel 25 aber auch Artikel 5 DSGVO), ebenso wie der unbefugte auch der privilegierte Zugriff gemessen am Risiko hinreichend sicher ausgeschlossen werden.

Es kann nun eingewendet werden, dass es ja Anwendungen geben könne, bei denen ein privilegierter Zugriff auch heute noch betriebsnotwendig sei. Jedoch ist das Rollen- und Rechtekonzept klarer, wenn diesen betriebsnotwendigen Zugriffen eine eigene Rolle mit den entsprechenden Rechten zugeordnet wird, sodass die Rollen der Software-Administratoren und der Rechenzentrumbetreiber von solchen betriebsnotwendigen Zugriffen auf die im Auftrag des Nutzers verarbeiteten Daten abgegrenzt sind.

Eine Abstufung entsprechend des Konzepts der Schutzklassen ist ein Vorschlag zur Aufnahme der Betreiber- bzw. Manipulationssicherheit als eine weitere Anforderung bzw. Umsetzungsempfehlung in die relevanten Kataloge. Dabei soll der Begriff der Betreibersicherheit nicht explizit genannt werden, damit für den Text die Definition dieses Begriffs nicht vorausgesetzt werden muss. Außerdem soll der Typ von Anwendungen, bei dem zur Erfüllung der Weisungen des Cloud-Nutzers betriebsbedingt Zugriffe durch natürliche Personen des Betreibers notwendig sind, mit berücksichtigt sein:

- **Schutzklasse 1:** Die Zuweisung eines privilegierten Zugriffs muss eindeutig geregelt und dokumentiert sein. Die Zuweisung der Zugriffsberechtigung darf nur datensparsam, d. h. nach dem „need to know"-Prinzip erfolgen. Die privilegierten Zugänge müssen eine andere Nutzer-Identität aufweisen als die Zugänge für die tägliche Arbeit.
- **Schutzklasse 2:** Zusätzlich darf privilegierter Zugriff nur in von der Softwareadministration und dem Rechenzentrumsbetrieb unabhängigen Rollen möglich und vorgesehen sein, wenn Verarbeitungstätigkeiten durch natürliche Personen für die Erbringung des Cloud-Dienstes nicht vermeidbar sind. Die Anzahl der Personen mit privilegiertem Zugriff muss so klein gehalten werden wie aus betrieblichen Gründen irgend möglich. Die privilegierten Zugänge sind mit Zweifaktor-Authentifizierung abgesichert.
- **Schutzklasse 3:** Diese mit der Schutzklasse 3 verbundene Anforderung kann nur von Diensten erfüllt werden, für die zur Diensterbringung prinzipiell kein Zugriff durch dem Cloud-Anbieter unterstellte natürliche Personen erforderlich ist. Technisch darf mit hinreichender Sicherheit kein privilegierter Zugriff vorgesehen und möglich sein. Organisatorische Maßnahmen genügen nicht. Die präventiven sicherheitstechnischen Maßnahmen sollen manipulationssicher ausgeführt sein, d. h. dass diese nur durch das

---

[8]Alleine durch die Personalkostenstruktur kann bei skalierenden Cloud-Anwendungen kein manueller, privilegierter Eingriff auf Weisung des Cloud-Nutzers erfolgen. Solche Eingriffe sind bei üblichen Nutzungsentgelten für die Cloud-Dienste nicht wirtschaftlich. Des Weiteren erfolgen solche Eingriffe zeitlich verzögert, ein Umstand, den der moderne Cloud-Nutzer nicht mehr geneigt ist zu akzeptieren, da er inzwischen an automatisch in Sekundenschnelle umgesetzte Ausführung von Computerbefehlen gewöhnt ist.

Zusammenwirken von mehreren unabhängigen Parteien, beispielsweise durch System-Entwickler zusammen mit deren unabhängigen Auditoren, oder beispielsweise durch System-Administratoren zusammen mit deren unabhängigen Auditoren, verändert werden können. Idealisierende Vertrauensmodelle, in denen das Personal des Betreibers als ideal vertrauenswürdig angenommen wird, sind als Grundlage des Sicherheitskonzepts in dieser Schutzklasse nicht zulässig.

Zur Umsetzung sind im „Sealed Computing" bzw. „Confidential Computing" genutzte, besonders geschützte Verarbeitungseinheiten (auch Versiegelte Ausführungsumgebung, „Data Clean-Up Area" (DCUA) oder „Trusted Executtion Environment" (TEE)[9] genannt), notwendig. Nur in diesen Einheiten dürfen Daten unverschlüsselt verarbeitet werden.

Wissenschaftlich betrachtet können für diese besonders geschützten Verarbeitungseinheiten vier sehr konkrete, jedoch von der Technik vollständig abstrahierte Anforderungen formuliert werden [20]. Diese Abstraktion der Anforderung von konkreten technischen Implementierungen ist für die Verwendung in standardisierten Anforderungskatalogen wichtig, da nur so die Neutralität gewahrt werden kann, und kein Anbieter von Technologie durch den Standard bevorzugt wird. In Abb. 1.10 sind diese zusätzlichen technologieun-

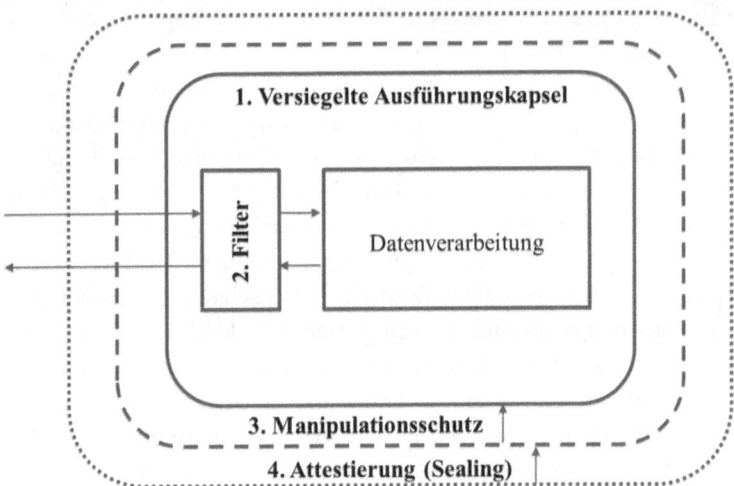

Abb. 1.10 Die vier abstrakten, technologieunabhängigen Anforderungen, um die Eigenschaft der Betreibersicherheit erlangen zu können

---

[9]Der Begriff „Trusted Execution Environment" (TEE) steht für eine sichere bzw. vertrauenswürdige Laufzeitumgebung im Allgemeinen und wurde schon früh im Bereich der Prozessortechnik verwendet. Allerdings entsprachen TEEs keineswegs von Anbeginn den hier formulierten Sicherheitsanforderungen. Daher wurde der Begriff von den Autoren anfangs vermieden. In der Zwischenzeit gewinnt der Begriff TEE, vor allem im Bereich der Intel-Technologie „Software Guard Extensions" (SGX) an Bedeutung und kann auch für die hier beschriebenen besonders geschützten Verarbeitungseinheiten verwendet werden.

abhängigen Anforderungen illustriert. Die Anforderungen beschreiben sowohl geforderte Eigenschaften der technischen Systeme als auch automatische Prozesse sowie Prozesse, die der Mitwirkung natürlicher Personen bedürfen (siehe Tab. 1.1).

1. **Versiegelte Ausführungsumgebung:** Die besonders geschützte Verarbeitungsumgebung (engl. „Sealed Computing Environment" oder „Trusted Execution Environment") muss technisch-physisch wie technisch-logisch gekapselt sein, sodass weder die Softwareadministratoren noch die Rechenzentrumsbetreiber die in der Ausführungsumgebung ablaufende Software oder die durch diese Software verarbeitete Daten lesen oder verändern können.

2. **Datenfilter an den Schnittstellen:** Die betriebsnotwendigen Informationen der Infrastruktur (z. B. der Gesundheitszustand der Server) sowie die Daten, die im Auftrag der Nutzer verarbeitet werden sollen, gelangen ausschließlich über eindeutig definierte und implementierte Schnittstellen in die und aus der gekapselten Ausführungsumgebung, sodass die Informationen für die Softwareadministratoren und die Rechenzentrumsbetreiber keinerlei Informationen über die verarbeiteten Daten beinhalten und die Daten, die ein Nutzer in die gekapselte Ausführungsumgebung eingibt, die Datenverarbeitung unabhängiger anderer Nutzer nicht beeinflusst sowie keine Ergebnisse der Datenverarbeitung anderer Nutzer an diesen Nutzer fließen können (engl. „black-box"-Verhalten oder Verhalten einer „Datendiode"[10]).

3. **Manipulationsschutz:** Sollte durch eigens dafür vorgesehene Sensoren, die ein möglichst engmaschiges Netz um die gekapselte Ausführungsumgebung legen, ein Manipulationsversuch detektiert werden, führt dies zu einer Beendigung der Verarbeitungstätigkeiten und zur vorsorglichen Löschung der unverschlüsselt in der Ausführungsumgebung vorliegenden Daten. Diese Anforderung steht selbstverständlich nicht im Widerspruch zu Systemdesigns in denen mehrere Ausführungsumgebungen vorgesehen sind, sodass trotz einer vorsorglichen Löschung in einer der Umgebungen, der Datenverarbeitungsvorgang – für den Nutzer unmerklich – in anderen Umgebungen fortgesetzt werden kann. Wenn die Grenzen der Ausführungsumgebung bzw. -kapsel auf der Chip- bzw. Prozessorebene zu finden sind, kann der Manipulationsschutz auch dadurch gegeben sein, dass kein Zugriff zu Signalen der Ausführungsumgebung erlangt werden kann, ohne die Ausführungumgebung selbst zu zerstören.

4. **Attestierfähigkeit und Attestierung (Sealing):** Die versiegelte Ausführungsumgebung, die Datenfilter an den Schnittstellen, sowie die Vorrichtungen zur Manipulationssicherheit müssen so gestaltet sein, dass diese von unabhängigen Auditoren geprüft und als konform zu den Spezifikationen attestiert werden können. Ein Attestierungs-

---

[10]Ein Begriff, der beispielsweise vom BSI im Anforderungskatalog nach § 113f TKG verwendet wird und bezeichnet, dass schützenswerte Daten nur in eine Richtung fließen können sollen.

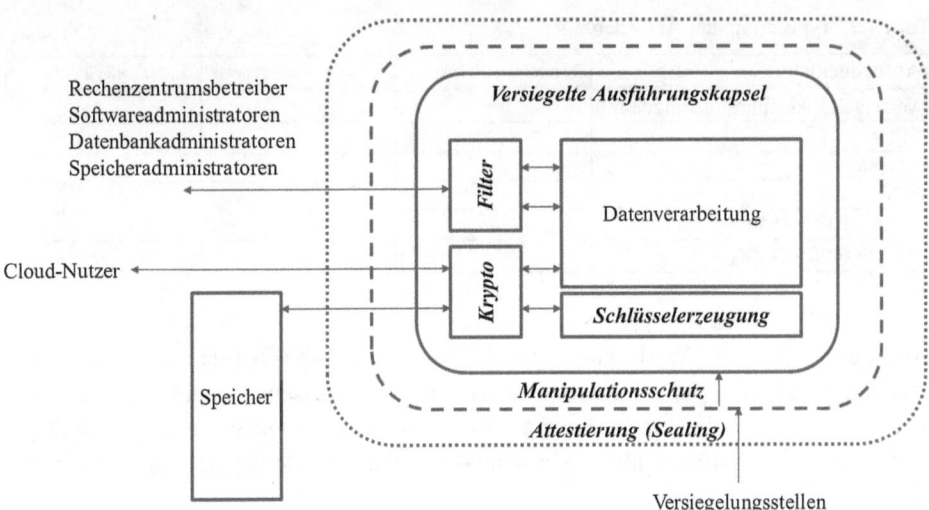

Abb. 1.11 Die abstrakten, technologieunabhängigen Anforderungen, um die um die Konkretisierung der Verschlüsselung erweitert

prozess, d. h. ein Prozess, der mit dem „Versiegelungsakt" (engl. „Sealing") endet, muss erfolgreich durchgeführt werden, damit die gekapselte Ausführungsumgebung in Betrieb gehen kann.

In [20] ist formal gezeigt, dass technische Implementierungen, die diesen Anforderungen genügen, der Anforderung der Betreiber- bzw. Manipulationssicherheit entsprechen. In Abb. 1.11 ist die Erweiterung dieser vier Anforderungen durch die Differenzierung der Filterung in Filter für die Softwareadministratoren und die Rechenzentrumsbetreiber einerseits und die Transportverschlüsselung zu den Cloud-Nutzern und zu den Speichermedien andererseits illustriert.[11] Damit die auf den Medien außerhalb der versiegelten Ausführungsumgebung gespeicherten Daten von niemandem entschlüsselt und gelesen werden können, muss die Schlüsselerzeugung innerhalb der Versiegelten Ausführungsumgebung stattfinden und die Schlüssel dürfen diese Umgebung nicht verlassen können.

In Tab. 1.1 sind die Anforderungen nach deren Typ differenziert. Die versiegelte Ausführungsumgebung muss die in der Definition der Anforderungen genannten Eigenschaften aufweisen. Die Filter, die Anwendung der Kryptografie (Krypto), die Schlüsselerzeugung und der Manipulationsschutz sind automatisierte Prozesse. Lediglich die

---

[11]Die Einführung von Verschlüsselung und deren Qualität als Anforderung ist eine technologieabhängige Aussage. Wegen der hervorragenden Rolle und dem hohen Grad an Transparenz und Standardisierung im Bereich der Kryptografie darf davon ausgegangen werden, dass durch diese technologische Festlegung keine Benachteiligung von Anbietern stattfindet. Die ISO-Kataloge, TCDP und AUDITOR enthalten bereits Anforderungen zur Kryptografie.

Tab. 1.1 Typisierung der Anforderungen

Anforderung	Technische Eigenschaft	Automatischer Prozess	Manueller Prozess
Versiegelte Ausführungsumgebung	√		
Filter		√	
Krypto		√	
Schlüsselerzeugung		√	
Manipulationsschutz		√	
Attestierung (Sealing)			√

Attestierung bzw. die Versiegelung (Sealing) ist ein Prozess, bei dem die Mitwirkung von natürlichen Personen erforderlich ist. Von der Verschlüsselung abgesehen, sind diese Anforderungen von der technischen und organisatorischen Implementierung unabhängig und daher für die Berücksichtigung in standardisierten Anforderungskatalogen geeignet.

> Wenn Datenminimierung bzw. das Prinzip der Datensparsamkeit korrekt angewendet wird, sind i. d. R. gar keine betriebsbedingten Zugriffe durch den Cloud-Anbieter notwendig. Die Anforderung der Betreiber- bzw. Manipulationssicherheit ist eine, die bestehende Kataloge erweiternde, Forderung für hohen und sehr hohen Schutzbedarf. Diese ist in Verbindung mit dem Gebot des Datenschutzes durch Technikgestaltung (Privacy by Design) unter Berücksichtigung des Standes der Technik gerechtfertigt.
>
> Eine weitere Konkretisierung von implementierungs- und damit anbieterunabhängigen Anforderungen ist möglich und es kann formal die Erfüllung der Anforderung der Beteiber- bzw. Manipulationssicherheit nachgewiesen werden.

Literatur

1. Deutsche Akkreditierungsstelle. (2018). Auslegungsentscheidung des DAkkS-Horizontal-Komitees zur Unzulässigkeit von bestimmten Vertragskonstellationen zwischen KBS und Evaluatoren. https://www.dakks.de/content/auslegungsentscheidung-des-dakks-horizontal-komitees-zur-unzul%C3%A4ssigkeit-von-bestimmten, abgerufen am 31. März 2019.
2. Louisa Specht, Wolfgang Kerber (2018) DATENRECHTE – EINE RECHTS- UND SOZIALWISSENSCHAFTLICHE ANALYSE IM VERGLEICH DEUTSCHLAND - USA. Gutachten 01IS15016A des Förderprojekts ABIDA des Bundesministeriums für Bildung und Forschung. http://www.abida.de/sites/default/files/ABIDA_Gutachten_Datenrechte.pdf, abgerufen am 8. Juni 2018.
3. Kroschwald, Wicker (2012). Zulässigkeit von Cloud-Computing für Berufsgeheimnisträger. in Taeger, IT und Internet – mit Recht gestalten. S. 733 ff.
4. Bundesrepublik Deutschland. Gesetz zum Schutz von Geschäftsgeheimnissen (GeschGehG) http://www.gesetze-im-internet.de/geschgehg/BJNR046610019.html. abgerufen am 26. Juni 2020.

5. DAS EUROPÄISCHE PARLAMENT UND DER RAT DER EUROPÄISCHEN UNION (2016). Verordnung zum Schutz natürlicher Personen bei der Verarbeitung personenbezogener Daten, zum freien Datenverkehr und zur Aufhebung der Richtlinie 95/46/EG (Datenschutz-Grundverordnung) https://eur-lex.europa.eu/legal-content/DE/TXT/HTML/?uri=CELEX:320-16R0679&from=DE, abgerufen am 7. Juni 2018.

6. I. Kunz and P. Stephanow. (2017). A process model to support continuous certification of cloud services. In: 31th International Conference on Advanced Information Networking and Applications (AINA).

7. W Shi, J Cao, Q Zhang, Y Li und L Xu. (2016). Edge computing: Vision and challenges. IEEE Internet of Things Journal. Vol 3. Pages 637–646.

8. Projekt AUDITOR-Cert. (2020). AUDITOR-Kriterienkatalog v.0,99. https://www.auditor-cert.de/wp-content/uploads/2020/06/Kriterienkatalog-v0.99.pdf, abgerufen am 29. Juni 2020.

9. International Organization for Standardization. (2013). ISO/IEC 27000 family - Information security management systems. https://www.iso.org/isoiec-27001-information-security.html, abgerufen am 15. Juni 2018.

10. Deutsches Bundesamt für Sicherheit in der Informationstechnik. (2017). BSI-Standards IT-Grundschutz. https://www.bsi.bund.de/DE/Themen/ITGrundschutz/ITGrundschutzStandards/ITGrundschutzStandards_node.html, abgerufen am 15. Juni 2018.

11. Cloud Security Alliance. (20xx). Cloud Controls Mantrix. https://cloudsecurityalliance.org/download/cloud-controls-matrix-v3-0-1/, abgerufen am 15. Juni 2018.

12. Deutsches Bundesamt für Sicherheit in der Informationstechnik. (2016). The Cloud Computing Compliance Controls Catalogue. https://www.bsi.bund.de/EN/Topics/CloudComputing/Compliance_Controls_Catalogue/Compliance_Controls_Catalogue_node.html, abgerufen am 19. Juni 2018.

13. International Federation of Accountants. (2011). International Standards for Assurance Engagements (ISAE). http://isae3402.com/, abgerufen am 19. Juni 2018.

14. American Institute of Certified Public Accountants. (2017). System and Organization Controls: SOC Suite of Services. https://www.aicpa.org/interestareas/frc/assuranceadvisoryservices/sorhome.html, abgerufen am 19. Juni 2018.

15. Projekt TCDP. (2016). Trusted Cloud Datenschutz-Profil für Cloud-Dienste (TCDP). https://tcdp.de/, abgerufen am 18. Juni 2018.

16. Projekt TCDP. (2016). Schutzklassenkonzept für die Datenschutz-Zertifizierung nach TCDP Version 1.0. https://tcdp.de/data/pdf/Schutzklassenkonzept-fuer-die-Datenschutz-Zertifizierung-nach.-TCDP-Version-1-0.pdf, abgerufen am 19. Juni 2018.

17. Uniscon GmbH. (2016). TCDP-Schutzbedarfsrechner. https://www.idgard.de/schutzbedarf-check/, abgerufen am 18. Juni 2018.

18. Projekt AUDITOR-Cert. (2018). AUDITOR-Kriterienkatalog v.0,8. http://www.auditor-cert.de/, abgerufen am 18. Juni 2018.

19. Projekt AUDITOR-Cert. (2019). AUDITOR-Kriterienkatalog v.0,9. http://www.auditor-cert.de/, abgerufen am 21. März 2019.

20. L. Abdullah, F. Freiling, J. Quintero, and Z. Benenson. (2018). Sealed Computation: Abstract Requirements for Mechanisms to Support Trustworthy Cloud Computing. 2nd International Workshop on SECurity and Privacy Requirements Engineering-SECPRE 2018 in conjunction with ESORICS2018.

Grundprinzip der Sealed Cloud

2

Hubert A. Jäger, Ralf O. G. Rieken, Edmund Ernst, Arnold Monitzer, Dau Khiem Nguyen, Jaymin Modi, Sibi Antony, Christos Karatzas, Franz Stark, Jaro Fietz und Lamya Abdullah

Zusammenfassung

In diesem Kapitel wird das Prinzip der Sealed-Cloud-Technologie vorgestellt. Es wird gezeigt, wie eine zentrale Anforderung an sicheres Cloud-Computing, nämlich den Betreiber der Cloud vom Zugriff und jeder Kenntnisnahme von verarbeiteten Daten auszuschließen, mit einem Satz an technischen und organisatorischen Maßnahmen erfüllt werden kann. Das Grundprinzip wird anhand von Beispielimplementierungen anschaulich erklärt. Unter dem Oberbegriff „Sealed Computing" bzw. „Confidential Computing" wird schließlich die Sealed Cloud mit alternativen und ergänzenden technischen Ansätzen verglichen, mit denen ebenfalls der privilegierte Zugriff des Betreibers ausgeschlossen bzw. der Schutz gegen Missbrauch verbessert werden kann.

2.1 Überblick

Bei allen Cloud-Anwendungen ist es selbstverständlich, dass die Daten auf ihrem Weg von den Geräten der Cloud-Nutzer zur Cloud-Infrastruktur verschlüsselt übertragen werden. Die Absicherung der Daten gegen Diebstahl aus den Speichermedien durch Verschlüsselung ist ebenfalls gute Geschäftspraxis. Die Daten sind also während der Übertragung („data on the move") und während der Speicherung („data at rest") abgesichert. Jedoch müssen die Daten bei der Verarbeitung in den Cloud-Servern („data in use")

H. A. Jäger (✉) · R. O. G. Rieken (✉) · E. Ernst · A. Monitzer · D. K. Nguyen · J. Modi ·
S. Antony · C. Karatzas · F. Stark · J. Fietz · L. Abdullah
Uniscon GmbH, München, Deutschland
E-Mail: hubert.a.jaeger@web.de; ralf@rieken.de

© Der/die Herausgeber bzw. der/die Autor(en), exklusiv lizenziert durch Springer Fachmedien Wiesbaden GmbH, ein Teil von Springer Nature 2020
H. A. Jäger, R. O. G. Rieken (Hrsg.), *Manipulationssichere Cloud-Infrastrukturen*,
https://doi.org/10.1007/978-3-658-31849-9_2

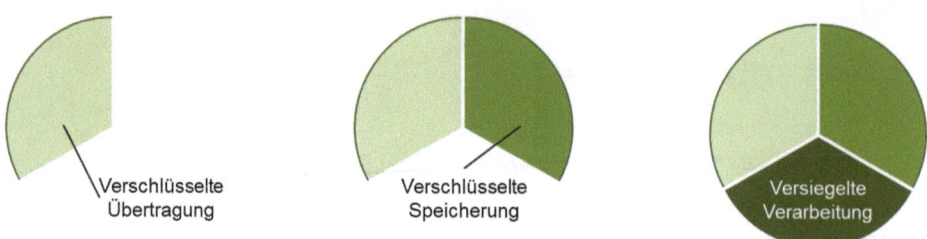

Abb. 2.1 Schutz ist während der Übertragung, Speicherung und der Verarbeitung notwendig

unverschlüsselt vorliegen,[1] und sind dort, wie in Abschn. 1.3.1 bereits ausgeführt wurde, ungeschützt dem Zugriff von Softwareadministratoren und Rechenzentrumsbetreibern ausgesetzt. Bei Sealed Cloud [1] werden die Cloud-Server in einer „Kapsel" betrieben, wodurch sichergestellt wird, dass während der Verarbeitung keine Zugriffe auf die Daten stattfinden können. In Abgrenzung zu herkömmlichen, organisatorischen Maßnahmen zum Schutz der Daten während der Verarbeitung ist bei der Sealed Cloud die Kapsel rein technisch realisiert. Bei herkömmlichen Cloud-Lösungen kann einfach, durch einen Verstoß gegen eine organisatorische Vorschrift, ein unbefugter Zugriff oder ein Missbrauch eines befugten Zugriffs erfolgen. Nicht so bei Sealed Cloud. Wie in Abb. 2.1 dargestellt, ist der Schutz der Daten, die der Nutzer in der Cloud verarbeitet, erst komplett, wenn potentiell missbräuchlicher Zugriff nicht nur während der Übertragung und Speicherung, sondern auch bei der Verarbeitung der Daten ausgeschlossen ist.

In Abb. 2.2 ist in durch die vier Säulen eines „griechischen Tempels" veranschaulicht, auf welchen Maßnahmenpaketen das Leistungsversprechen der Sealed Cloud ruht. Damit soll ein Überblick vermittelt werden, wie die Anforderungen aus den im Abschn. 1.4.1 referenzierten Katalogen und die in Abschn. 1.4.2 eingeführten weiteren, zusätzlich erforderlichen Anforderungen erfüllt werden können.

Die vier Maßnahmenpakete sind:

- **Data Clean-up Areas:** Im Kern einer Sealed Cloud befinden sich die so genannten „Data Clean-up Areas" (DCUA). Diese sind realisiert durch gekapselte Zonen bzw. Segmente eines Rechenzentrums, die jeweils mit mehreren Anwendungsservern bestückt sind. Jede DCUA ist sowohl mechanisch (u. a. mit Blechen, Lochblechen, Deckeln, Böden, Wänden und Türen, etc.), als auch elektro-mechanisch (u. a. mit einem Netz von Sensoren) so gesichert, dass kein Zugriff – weder physisch vor Ort, noch logisch über eine der elektronischen Schnittstellen – möglich ist, ohne einen Alarm auszulösen. Sobald das Eindringen eines Angreifers in eine dieser Zonen durch diese

---

[1]Dies gilt nicht für Verfahren mit homomorpher Verschlüsselung, „zero-trust-proof", „multi-party-computing", etc., bei denen die Datenverarbeitung durch Operationen mit hierfür speziell verschlüsselten Daten erfolgt. Diese Verfahren sind aufgrund funktionaler Einschränkungen und/oder eines enormen Rechenaufwands für die praktische Anwendung im Allgemeinen bislang ungeeignet.

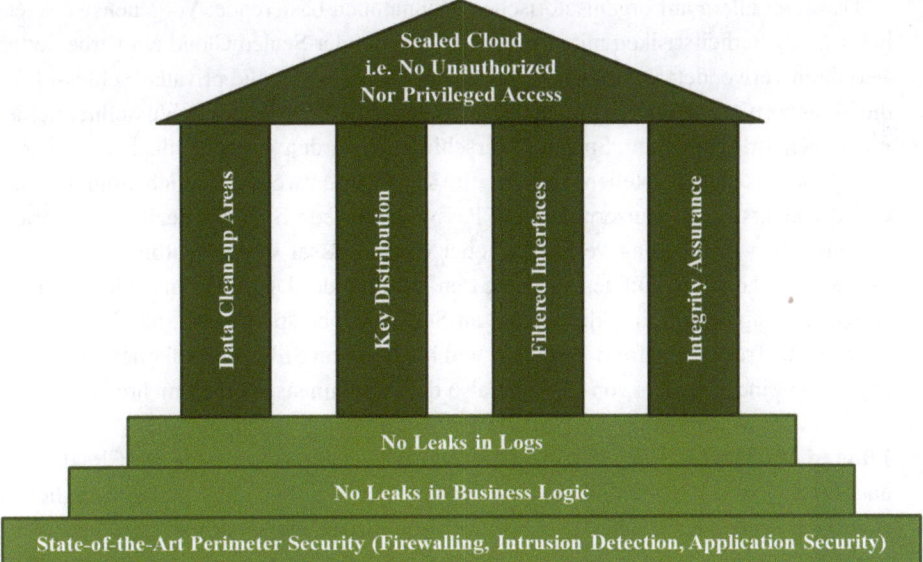

Abb. 2.2 Überblick zum Satz der Maßnahmen, mit dem nicht nur unbefugte Zugriffe, sondern auch jeder privilegierte Zugriff und jede Möglichkeit zur Kenntnisnahme von verarbeiteten Daten ausgeschlossen werden können

> Sensoren detektiert und ein Alarm ausgelöst wird, beginnt sofort der Data-Clean-up-Prozess. Dabei werden alle in der jeweiligen Verarbeitungseinheit befindlichen Daten unmittelbar gelöscht, so dass sichergestellt ist, dass kein Zugriff auf unverschlüsselte Daten möglich ist. Der Data-Clean-up-Prozess wird auch dann ausgelöst,wenn im Rahmen von Wartungsaktivitäten ein geplanter und autorisierter Zutritt zur Hardware erforderlich ist. In beiden Fällen werden die zwischen den Cloud-Nutzern und der Sealed Cloud bestehenden Sitzungen auf andere, nicht betroffene DCUA verschoben und in der vom Clean-up betroffenen DCUA werden alle Daten, die sich zu diesem Zeitpunkt darin zur Verarbeitung befanden, gelöscht und so rechtzeitig einem potenziellen Angreifer entzogen bzw. dem Wartungspersonal vorsorglich vorenthalten.

- **Key Distribution:** Wie eingangs bereits erwähnt ist es selbstverständlich, dass die Daten bei der Übertragung vom Endgerät bzw. Client des Cloud-Nutzers zur Cloud-Infrastruktur verschlüsselt übertragen werden. Außerdem ist es „good practice", dass die Daten auch verschlüsselt gespeichert werden. Jedoch liegen bei herkömmlichen Systemen die Schlüssel zur Entschlüsselung der übertragenen sowie der gespeicherten Daten beim Betreiber des Rechenzentrums und/oder bei den Software- bzw. Datenbankadministratoren. Durch ein durchdacht erstelltes und sorgfältig gelebtes Rollen- und Rechtekonzept kann allenfalls die Anzahl der Berechtigten klein gehalten werden, die Zugriff auf die Schlüssel haben, mit denen mittel- oder unmittelbar die übertragenen und gespeicherten Daten gelesen werden können. Jedoch ist es für einen zuverlässigen Betrieb auch zweckmäßig, diese Zahl nicht zu klein zu halten.

Da diese, allein auf organisatorischen Maßnahmen basierende, Vorgehensweise erhebliche Sicherheitsrisiken mit sich bringt, wird bei der Sealed Cloud ein verbessertes Verfahren verwendet: Bei einer Sealed Cloud dürfen weder die privaten Schlüssel für die Transportverschlüsselung noch die Schlüssel an der Spitze der Schlüsselhierarchie, mit denen die Daten im Speicher verschlüsselt werden, irgendjemandem bekannt sein. Um dies sicherzustellen, werden die Schlüssel entweder aus Geheimnissen des Cloud-Nutzers, z. B. Nutzername und Passwort für jede Sitzung spezifisch generiert und am Ende der Sitzung verworfen, oder die Schlüssel werden automatisch in der Sealed Cloud erzeugt und verlassen nie den Verbund der DCUAs. Eine solche sichere Aufbewahrung ist für eine kleine Zahl an Schlüsseln beispielsweise mit Hilfe von so genannten „Trusted Platform Modules" und im größeren Stil in den volatilen Speichern der Server eines Clusters von DCUAs, also der Zusammenschaltung mehrerer DCUAs zu einem Netz, möglich.

- **Filtered Interfaces:** Nur bei ganz einfachen Anwendungen, die für die Cloud überhaupt nicht typisch sind, sind keine Wartungszugriffe notwendig.[2] Bei gewöhnlichen Cloud-Anwendungen spielen die Softwareadministratoren mehrmals pro Jahr Software-Updates ein, stoppen gelegentlich einzelne Prozesse geordnet und starten diese wieder oder müssen beispielsweise die Versionsnummern der laufenden Software überprüfen. Bei Software-Updates müssen die Datenbankadministratoren gelegentlich neue Tabellen anlegen oder bestehende neu ordnen. Die Rechenzentrumsbetreiber beobachten regelmäßig z. B. Meldungen der Cloud-Server bezüglich ihres „Gesundheitszustandes", die Statistiken des Datenverkehrs, der Speicherbelegung, der Transaktionsfrequenz, etc.

Die Schnittstellen, über welche die Sealed Cloud Betriebsdaten aus der Sealed Cloud exportiert und über die Software- und Datenbankadministratoren und Rechenzentrumsbetreiber Befehle an Komponenten in der Sealed Cloud absetzen, müssen so als „Filter" gestaltet sein, dass nur eine „white list", also eine positiv definierte Liste von Befehlen, von der Sealed Cloud angenommen wird. Für diese Befehle ist sichergestellt, dass kein Export von Daten, die in der Sealed Cloud verarbeitet werden, stattfinden kann. Auch dürfen die Statusmeldungen und Log-Dateien keine Daten von Cloud-Nutzern oder Informationen enthalten, die Rückschlüsse auf Cloud-Nutzer oder deren Nutzungsverhalten ermöglichen könnten. Auf Grund dessen sind bei Sealed Cloud herkömmliche Wartungszugänge, beispielsweise über „Secure Shell" (SSH) nicht zulässig und abgeschaltet. Die notwendigen Funktionen werden über eine „Operations and Maintenance Access Module" (OMA) genannte Filterkomponente zur Verfügung gestellt.

---

[2]Beispielsweise sind bei Einmal-Passwort-Generatoren in Scheckkartenformat, wie etwa jenen der Firma Rempartec [2], bei denen auch das Prinzip des Data Clean-up angewendet wird, keine Wartungszugriffe notwendig. Die dort verwendete hardwarenahe Software benötigt keine Updates, es gibt keine Datenbank, die zu warten wäre, oder Ähnliches. In einem solchen „embedded" System sind keine Wartungszugriffe notwendig und möglich.

- **Integrity Assurance:** Die ersten drei Maßnahmenpakete, auf denen das Leistungs-versprechen der Sealed Cloud beruht, beinhalten die Vorrichtungen und Verfahren, die sicherstellen, dass weder das Personal des Cloud-Anbieters noch andere Personen Zugriff auf die Daten erlangen können, die durch die Nutzer in der Cloud verarbeitet werden. Hierfür ist erforderlich, dass diese in Hardware und Software umgesetzten Vorrichtungen und Verfahren auch tatsächlich so funktionieren wie vorgesehen. Ist dieser beabsichtigte Zustand des Systems einmal hergestellt, dann ist der Schutz der Datenverarbeitung auch gewährleistet. Doch wie wird dieser Zustand auf besonders vertrauenswürdige Weise hergestellt?

  Hierfür kommen unabhängige Auditoren und Zertifizierungsstellen – hier „Versie-gelungsstellen" (engl. „Sealing Trustees") genannt – zum Einsatz. Nach Abschluss einer gründlichen Prüfung, ob alle Komponenten der DCUAs, die Komponenten zur Schlüsselverteilung und Kryptografie sowie die Filterfunktionen an den Schnittstellen wie spezifiziert und erforderlich arbeiten, wird ein „Versiegelung" (engl. „Sealing") genannter Vorgang in Gang gesetzt.

  Zunächst wird die begutachtete DCUA geschlossen. Aus mehreren, jeweils nur den Versiegelungsstellen bekannten Geheimnissen, die an einer eigens dafür eingerichteten Schnittstelle der „Sealing Software" eingegeben werden, wird ein asymmetrisches Schlüsselpaar erzeugt. Der private Anteil dieses Schlüsselpaars wird durch die Sealing Software in einem TPM der DCUA verankert. Damit kann sichergestellt werden, dass dieser Schlüssel ausschließlich durch die Sealing Software, jedoch durch kei-ne natürliche Person, ausgelesen werden kann. Mit diesem privaten Schlüssel als Anker funktioniert die Transportverschlüsselung (nach Signierung des öffentlichen Schlüssels durch eine etablierte Zertifizierungsautorität) und es werden auch diejenigen Schlüssel eines „Key Service" verankert, mit welchen die Anwendungssoftware die Daten verschlüsselt, die sie auf die Speichermedien schreibt. Außerdem werden die Zugangsdaten zu den Komponenten des Sensor- und Aktuatorennetzes der DCUA automatisch auf aus diesem Geheimnis abgeleitete Zugangsdaten geändert. Auch von diesen Zugängen müssen die Rechenzentrumsbetreiber im versiegelten Zustand ausgeschlossen sein. Die Versiegelung können mehrere „Sealing Trustees" gemeinsam vornehmen. Je mehr Stellen beteiligt sind, und je unabhängiger voneinander diese handeln können, desto höher ist die Vertrauenswürdigkeit der Versiegelung.

Neben diesen vier Maßnahmenpaketen, die das Leistungsversprechen der Sealed Cloud vermitteln, sind in Abb. 2.2 drei Treppenstufen angedeutet. Die durch diese Stufen repräsentierten Eigenschaften sind zwar notwendig, um einen sinnvollen Betrieb der Sealed Cloud zu gewährleisten, jedoch sind diese Eigenschaften nicht kennzeichnend für die Sealed Cloud und betreffen alle Cloud-Anwendungen mit einem Mindestanspruch an die Informationssicherheit.

Keine in einer Sealed Cloud betriebene Software darf, um die Schutzfunktion der Sealed Cloud nicht zu unterlaufen, Lecks in den Log-Dateien („No Leaks in Logs") und Lecks in der Anwendungslogik („No Leaks in Business Logic") enthalten. Dies bedeutet, dass die Konfiguration der Log-Funktion so festgelegt und überwacht werden muss, dass keine Daten, die von den Cloud-Nutzern in der Cloud verarbeitet werden und keine Daten, die Rückschlüsse darauf ermöglichen, enthalten sind.

Außerdem darf kein fahrlässig oder vorsätzlich in der Anwendungslogik verankerter Code existieren, der solche Daten aus der Sealed Cloud exportiert. Dies setzt die softwaretechnische Umsetzung eines Rechte- und Rollenkonzeptes auf der Ebene der Anwendungslogik voraus. Nur die für jede Anwenderrolle zweckgemäß erforderlichen Daten sollen durch die Software auch zugänglich sein.

Schließlich könnte die durch die Sealed Cloud vermittelte Sicherheit unterlaufen werden, wenn bekannte Sicherheitslücken bzw. Angriffsmöglichkeiten in der Anwendungslogik enthalten wären. Daher muss der Stand der Technik in Bezug auf die Anwendungssicherheit (engl. „State-of-the-Art Application Security") und der Stand der Technik gegen Angriffe von externen Angreifern im Allgemeinen (engl. „State-of-the-Art Perimeter Security") eingehalten, regelmäßig überprüft und gegebenenfalls nachgeführt werden.

Ob die in diesem Kapitel vorgestellten Maßnahmen tatsächlich die in Abschn. 1.4 formulierten Anforderungen erfüllen können, wird in den Kap. 4 und 5 detailliert untersucht. In den folgenden Unterkapiteln wird auf diese Maßnahmen weniger kompakt, und damit ggf. leichter verständlich, eingegangen. Dabei sollen auch praktische Implementierungsbeispiele helfen.

Das Grundprinzip der Sealed Cloud besteht darin, gegen Manipulation sichere „Data Clean-Up Areas" zu schaffen, in denen die verarbeiteten Daten – bildlich gesprochen – vor einem Angreifer oder Wartungsingenieur zurückweichen und so ein potentiell missbräuchlicher Zugriff ausgeschlossen wird.

Damit auch die verschlüsselt gespeicherten Daten nicht von den Administratoren oder Rechenzentrumsbetreibern gelesen werden können werden die Schlüssel aus Geheimnissen der Cloud-Nutzer, wie z. B. deren Zugangsdaten, oder ganz automatisch innerhalb der Data Clean-Up Areas erzeugt. So sind diese zu keinem Zeitpunkt einer natürlichen Person zugänglich.

Ein weiteres Charakteristikum der Sealed Cloud sind die Schnittstellenfilter, mit denen die Wartungs- und Betriebstätigkeiten so gestaltet werden können, dass den Administratoren oder anderem Betreiberpersonal auch über diese Prozesse keine Daten, die durch die Cloud-Nutzer in der Cloud verarbeitet werden, bekannt werden können.

Schließlich stellt ein Attestierungsprozess, die so genannte Versiegelung (engl. „Sealing"), durch eine fachgerechte Prüfung, Schließung der Data Clean-up Areas und der abschließenden Eingabe von allen, jeweils nur den unabhängigen Versiegelungsstellen bekannten Geheimnissen den sicheren Betriebszustand der Sealed Cloud her. Je mehr Stellen beteiligt sind und je unabhängiger voneinander diese Stellen handeln können, desto höher ist die Vertrauenswürdigkeit der Versiegelung.

2.2   Data Clean-up

In diesem Unterkapitel wird das erste der in Abschn. 2.1 vorgestellten Maßnahmenpakete näher erläutert. Insbesondere wird auf Beispielimplementierungen der Kapselung und Sensorik, sowie auf die Sicherheit gegen Manipulation eingegangen.

2.2.1   Physikalische und logische Kapselung

Die physikalische und logische Einkapselung der Anwendungsserver verfolgt nicht den Zweck, einen gegen Einbruch sicheren Tresor oder Panzerschrank zu schaffen. Vielmehr soll erreicht werden, dass kein Zutritts-, Zugangs- oder Zugriffsversuch unentdeckt bleibt und ein Alarm ausgelöst wird. Dieser Alarm bewirkt dann die in Abschn. 2.2.2 erläuterte vorsorgliche Datenlöschung. Die Kapsel muss so gestaltet sein, dass die Barrieren für den Angreifer ausreichend hoch sind, damit nachdem ein Alarm ausgelöst wird, noch genügend Zeit für die vorsorgliche Datenlöschung bleibt, bevor der detektierte Zugriffsversuch gelingen kann.

Die physischen Barrieren müssen also nicht unüberwindbar, aber so schwer zu überwinden sein, dass dadurch der Angreifer gebremst wird und sofort nach Beginn des Angriffsversuchs Alarm ausgelöst wird. In Abb. 2.3 sind die verschiedenen Verteidigungsringe der physischen Kapselung in einem Rechenzentrum dargestellt.

Zunächst sind da – und diese Maßnahmen sind völlig unabhängig von den typischen Merkmalen der Sealed Cloud – die Schutzbarrieren um das Rechenzentrum, wie Bremspoller, damit keine schweren Fahrzeuge die Wände des Rechenzentrums durchbrechen können, ebenso Panzertüren und -fenster. Die Personen, die das Rechenzentrum betreten wollen, müssen Kontrollen über sich ergehen lassen. Über Vereinzelungs-

Physische Kapselung

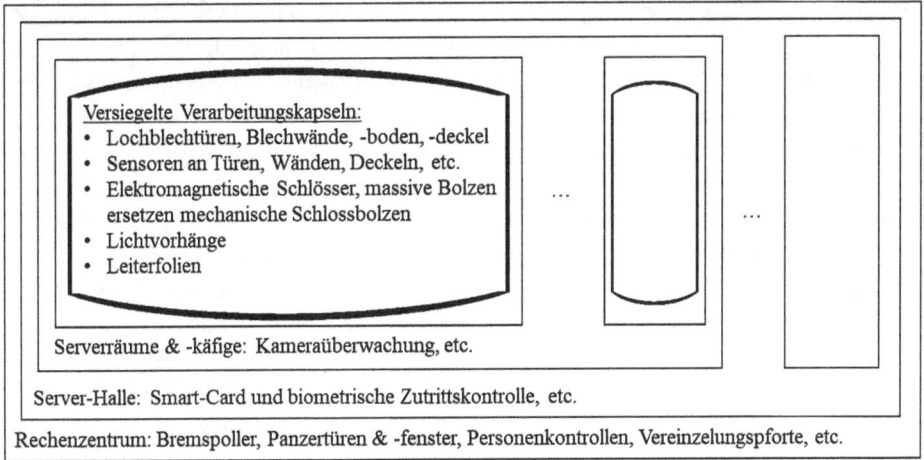

Abb. 2.3 Physische Kapselung einer „Data Clean-up Area"

pforten wird sichergestellt, dass bei Personengruppen, die das Rechenzentrum betreten, den kontrollierenden Personen der Überblick nicht verloren geht, mit Personenwaagen in diesen Vereinzelungspforten, dass keine Gerätschaften für das Wachpersonal unbemerkt in das Rechenzentrum hinein oder von dort heraus geschafft werden können. Als zweites können die Server-Hallen beispielsweise nur mit personalisierten Smart-Cards oder nach Kontrollen von biometrischen Merkmalen, wie etwa Fingerabdruck, Iris- oder Handvenenscan, betreten werden. Als drittes sind die Server-Räume bzw. -käfige durch Kameras überwacht. Einerseits um Alarm auszulösen, wenn dort unangemeldete Personen oder Geräte registriert werden, zum anderen, um nachträglich Bewegungen nachvollziehen zu können.

Erst dann kommen die für Sealed Cloud charakteristischen Maßnahmen zum Tragen. Diese anschließend dargestellten Maßnahmen sind für die Schutzfunktion von Sealed Cloud entscheidend. Wenn die für Sealed Cloud typischen Maßnahmen umgesetzt werden können theoretisch die zuvor genannten, allgemein gängigen Maßnahmen, auch schwächer gestaltet sein. In Abb. 2.3 sind die Kaspeln im innersten Bereich des Rechenzentrums graphisch mit schwarzen Bögen und Linien angedeutet. Jede Kaspel entspricht einer „Data Clean-up Area" (DCUA). Die Ausgestaltung der physischen Kapsel kann beispielsweise mit Blechen, Lochblechen, Deckeln, Böden, Wänden und Türen eines Racks erfolgen. An diesen werden Sensoren angebracht, die dann Alarm auslösen, wenn eine Türe des Server-Racks geöffnet, eine Wand abgenommen oder ein Deckel angehoben wird. Die Türen können natürlich nicht einfach geöffnet werden, sondern sind mit elektro-magnetischen Schlössern versehen. Dort wo gewöhnlich Schließzylinder an solchen Schlössern eine mechanische Bedienung ermöglichen können diese beispielsweise durch massive Bolzen ersetzt werden. Auch die Wände, Deckel und Böden können so gestaltet werden, dass sie nicht einfach abgenommen oder abgehoben werden können. Die mechanische Konstruktion kann so gewählt werden, dass die Teile nur von innerhalb des Racks abgetrennt werden können.

Entscheidend ist nicht, dass diese Barrieren nicht mit roher Gewalt überwunden werden könnten, sondern dass zuverlässig ein Alarm ausgelöst wird, sobald versucht wird, dies zu tun. Hierfür müssen die Schlupflöcher, die es ermöglichen könnten doch einen Zugriff zu den Servern in der Kapsel zu erlangen, ausreichend klein gemacht werden. Sind beispielsweise die Löcher einer Lochblechtüre zu groß um den Eingriff mit Spezialwerkzeugen (beispielsweise Instrumente aus der mikroinvasiven Medizin) zu verhindern, so kann innerhalb des Lochblechs ein Lichtvorhang [3] angebracht werden. Genügen die Sensoren an den Seitenblechen, Deckeln und Böden nicht um ein Eindringen durch Bohrlöcher zuverlässig zu erkennen, dann können Leiterfolien [4] zum Einsatz kommen, mit denen jede Veränderung des Leitwertes eines in engen Schlangenlinien durch die Folie verlegten Leiters durch eine mechanische Verletzung sofort von der Sensorelektronik bemerkt wird. Manche Ausgestaltungen solcher Folien mit einem Kondensatoraufbau reagieren auch auf kleinste Kapazitätsänderungen bei mechanischen Verletzungen der Folien [5].

In Abb. 2.4 sind in vergleichbarer Weise die Maßnahmen zur logischen Verkapselung angedeutet. Wieder sind zuerst die üblichen Maßnahmen zu nennen, die in jedem

Logische Kapselung

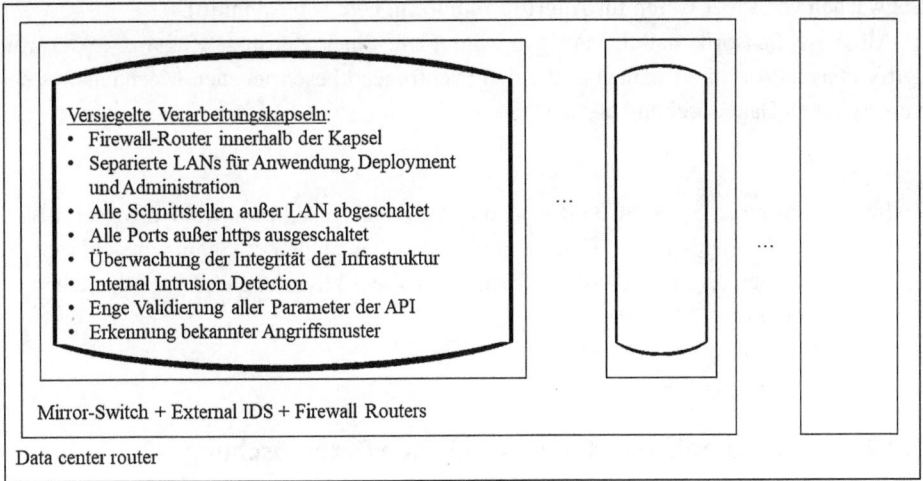

Versiegelte Verarbeitungskapseln:
- Firewall-Router innerhalb der Kapsel
- Separierte LANs für Anwendung, Deployment und Administration
- Alle Schnittstellen außer LAN abgeschaltet
- Alle Ports außer https ausgeschaltet
- Überwachung der Integrität der Infrastruktur
- Internal Intrusion Detection
- Enge Validierung aller Parameter der API
- Erkennung bekannter Angriffsmuster

Mirror-Switch + External IDS + Firewall Routers

Data center router

Abb. 2.4 Logische Kapselung einer „Data Clean-up Area"

Rechenzentrum vorhanden sind. Dies ist auf dem logischen Weg in das Rechenzentrum zunächst der Router des Rechenzentrums. Dieser wehrt mit seiner „Firewall" einen Teil von einfach erkennbaren Angriffen ab. Eine Schicht tiefer wird der Verkehr über Switches gelenkt, die ein Spiegelbild des Verkehrs erzeugen, damit ein „Intrusion Detection System" (IDS) Verkehrsmuster von Angreifern erkennen kann.

Zum System der Sealed Cloud gehörende Firewalls liegen innerhalb der DCUA, damit deren Konfiguration nicht nachträglich vom Administrator geändert werden kann. Die lokalen Netze (engl. „Local Area Networks", LAN) für die Anwendungen, für das Einspielen der Software und für die Administration sind voneinander getrennt. Alle Schnittstellen zu den Servern, außer jenen für das LAN, sind abgeschaltet. Alle Ports auf diesen Schnittstellen, außer dem für den verschlüsselten Web-Zugriff mit der „hypertext transfer protocol secure" (https), sind deaktiviert. Insbesondere sind alle „remote access"-Zugänge, wie z. B. die „secure shell" (SSH) abgeschaltet. Auf keinen Anwendungsserver sind SSH-Zugriffe möglich. Die komplette Netzinfrastruktur wird automatisch daraufhin überwacht, dass es zu keinen Veränderungen kommt (Integritätsprüfung). Innerhalb der DCUA wird mit einem zweiten, inneren IDS versucht, mögliche logische Attacken zu erkennen. Eine weitere Maßnahme zur logischen Kapselung ist die Validierung aller Parameterwerte an den Schnittstellen der innerhalb der DCUA ablaufenden Software in engen Grenzen. Dies bedeutet, dass, wenn Eingaben der Nutzer nicht zu der Funktion passen, diese erst gar nicht angenommen werden. So werden Angriffsversuche erkannt, bei denen versucht wird, Computerbefehle über gewöhnliche Eingabefelder zu platzieren. Solche Angriffe werden unter anderem „cross site scripting" (XSS) genannt. Schließlich sei hier als letztes Beispiel für diese Maßnahmenkategorie die Erkennung bekannnter Angriffsmuster im Verhalten der Software erwähnt. Beispielsweise sind einige der Muster der Angriffe „Meltdown" oder „Spectre" bei denen versucht wird, architektonische Schwächen von Prozessoren für Angriffe zu nutzen, bereits bekannt [6].

All diese Sensorik hat die Aufgabe, im Falle eines Zutritts-, Zugangs- oder Zugriffsversuchs Alarm zu schlagen, der den nachfolgend beschriebenen Mechanismus der vorsorglichen Datenlöschung auslöst.

> Im Inneren einer Sealed Cloud sind die Anwendungsserver sowohl physisch als auch logisch eingekapselt. Entscheidend ist dabei nicht der Schutz gegen rohe Gewalt, sondern die zuverlässige Alarmierung mit Aktivierung einer vorsorglichen Datenlöschung.

2.2.2   Der Mechanismus der vorsorglichen Datenlöschung

Wenn die Sensoren der physischen oder logischen Kapsel, wie in Abschn. 2.2.1 beschrieben, einen Zutritts-, Zugangs- oder Zugriffsversuch detektieren, senden sie einen Alarm an ein „Sealing Software" genanntes Modul, das sich innerhalb der DCUA befindet. Bei einem solchen Alarm löst die Sealing Software einen als „Data Clean-up" bezeichneten Vorgang aus. Dabei wird eine vorsorgliche Löschung aller in der betroffenen DCUA befindlichen Daten vorgenommen.

Wenn die Anwendungsserver keine Festplatten oder andere nichtflüchtige bzw. persistente Speicher, wie etwa „solid-state-disks" (SSD), enthalten,[3] die auch strom- oder spannungslos die gespeicherte Information halten können, kann ein solcher „data clean-up" zum Beispiel dadurch erreicht werden, dass ein Steuersignal an die Stromversorgung[4] der Anwendungsserver gesendet wird, das die Stromversorgung für diese Server abschaltet.[5] Sobald die Stromversorgung für die Server deaktiviert ist, werden alle Daten, die in der DCUA vorliegen, innerhalb von wenigen Sekunden zuverlässig gelöscht. Alle flüchtigen Speicher verlieren die darin enthaltenen Daten.

In Abb. 2.5 ist eine DCUA abgebildet. Wieder symbolisieren die schwarze Umrahmung mit den Bögen oben und unten sowie die senkrechten Wände die physische und logische Kapsel. Zur Kapsel gehören die am unteren Bogen ebenfalls mit schwarzem Strich

---

[3]Hier sei abgesehen vom Start-Lesespeicher (engl. „Boot-Read-Only-Memory", Boot-ROM), von dem nur gelesen werden kann.

[4]Die Stromversorgung ist zu diesem Zweck um ein spezifisches Gerät erweitert, das diese Steuersignale empfangen und auswerten kann.

[5]Wären in einer DCUA auch persistente Schreib- und Lesespeicher verbaut, müssten diese bei einem „data clean-up" erst zuverlässig gelöscht werden, was i. d. R. nur durch langwierige mehrfache Überschreibungen möglich ist. Auf Grund der erheblichen Löschzeiten, die im Minuten- oder Stundenbereich liegen, wird daher auf persistente Speicher in der DCUA verzichtet.

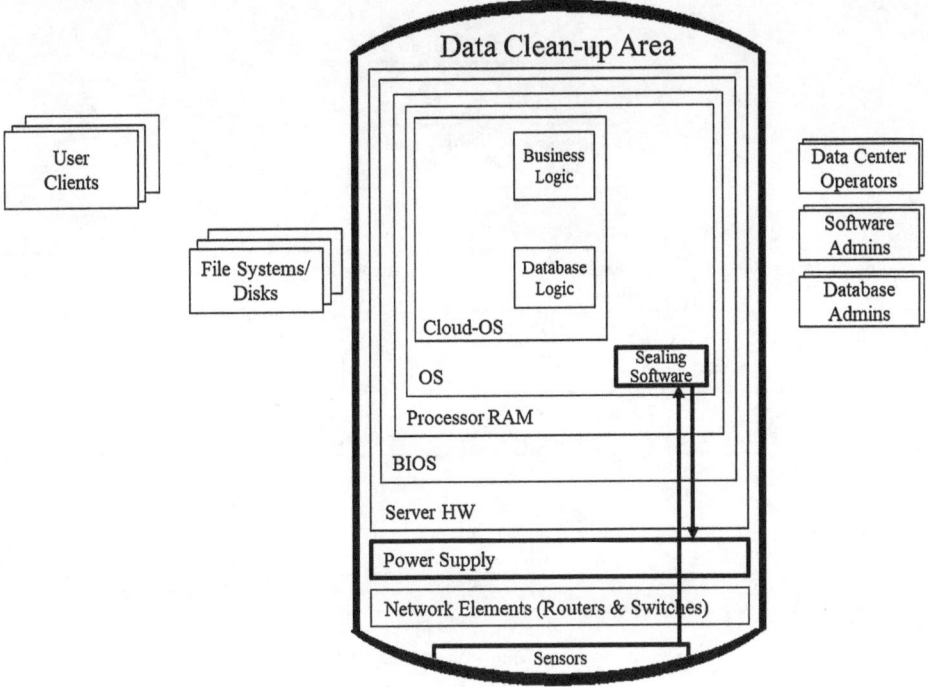

Abb. 2.5 Komponenten und Umfeld einer „Data Clean-up Area"

angedeuteten Sensoren. Innerhalb der DCUA befinden sich die Anwendungsserver mit deren Stromversorgung (engl. „power supply"). Innerhalb der Server sind die unteren Hard- und Softwareschichten dargestellt (engl. „basic input/output system", BIOS). Der Arbeitsspeicher (engl. „random access memory", RAM) enthält das Betriebssystem (engl. „operating system", OS) und ggf. darauf aufbauende Cloud-Betriebssysteme (Cloud-OS). Mittels des OS, bzw. des Cloud-OS, werden die bereits erwähnte Sealing Software und die den Cloud-Dienst konstituierende Anwendungssoftware (Business Logic) mit den dazu gehörigen Datenbanken (Database Logic) betrieben.

Im Umfeld der DCUA sind am linken Rand der Abbildung die Nutzer des Cloud-Dienstes bzw. deren Softwareagenten (engl. „User Clients") abgebildet, die über das Internet auf die Business Logic zugreifen. Da innerhalb der DCUA keine persistenten Speicher vorhanden sind, befinden sich die Dateisysteme bzw. die Festplattenspeicher außerhalb der DCUA, aber im Regelfall in direkter physischer Nähe zu den DCUA. Schließlich gehören zum Umfeld der DCUA die zur Pflege und Verwaltung einge-setzten Rechenzentrums-Betreiber (Data Center Operator), Software-, Datenbank- und Speicheradministratoren (Admins).

In Abb. 2.5 deuten die Signalpfeile von den Sensoren zur Sealing Software und von dort zur Stromverorgung den Signalweg des Alarms an, der bei einem detektierten Angriffsversuch in der Sealing Software in einen Steuerbefehl an die Stromversorgung

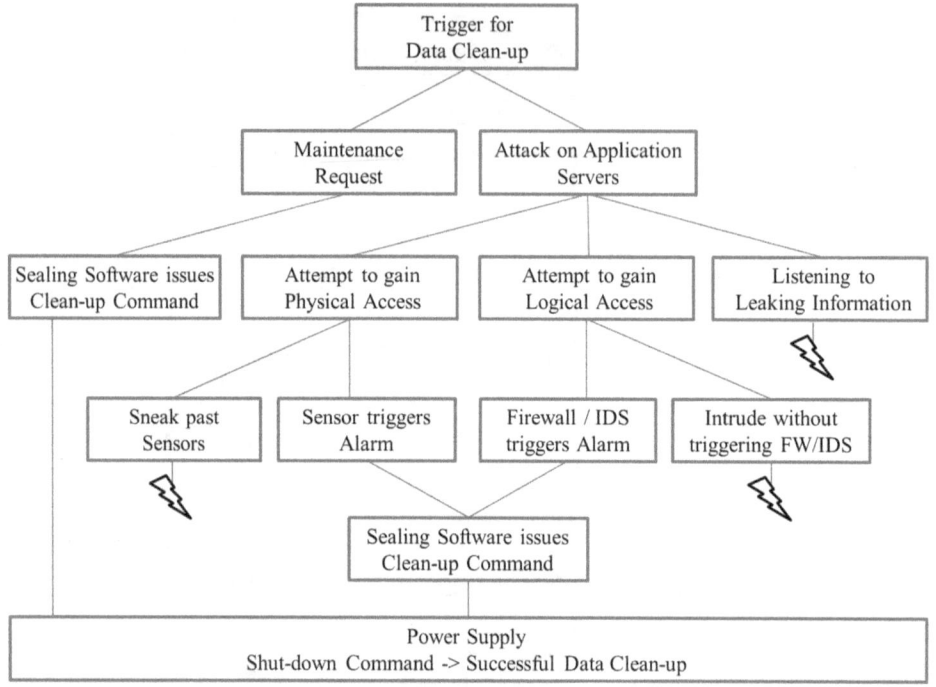

Abb. 2.6 Auslöser eines „data clean-up"

umgesetzt wird. In Abb. 2.6 ist dieser Signalweg etwas detaillierter dargestellt. Neben einem ungeplanten, jedoch durch die Kapsel detektierten Zugriffsversuch durch externe oder interne Angreifer auf die Anwendungsserver, kann auch ein „data clean-up"-Befehl eines Wartungsingenieurs einen „data clean-up" auslösen. Dafür bietet die Sealing Software eine externe Web-Schnittstelle, zu der nur die Rechenzentrums-Betreiber die erforderlichen Zugangsdaten (Mehrfaktor-Authentifizierung) haben.

Im Falle eines physischen Angriffs gelingt es entweder dem Angreifer in die Kapsel einzudringen, ohne dass ein Sensor den Alarm auslöst („Sneak past Sensors"), oder der Alarm führt dazu, dass die Sealing Software ordnungsgemäß die Stromversorgung abschaltet. Eine DCUA ist dann gut gestaltet, wenn die Wahrscheinlichkeit für eine Umgehung der Sensoren praktisch ausgeschlossen ist.

Im Falle eines logischen Angriffs ergibt sich ein entsprechendes Szenario: Wenn es dem Angreifer gelänge, Zugriff zu erlangen, ohne einen Sensor der logischen Kapsel wie etwa Firewalls oder IDS auszulösen, dann würde der „Data Clean-up" nicht ordnungsgemäß durchgeführt werden. Wieder ist eine gute DCUA dadurch charakterisiert, dass praktisch kein Eindringen möglich ist, ohne einen „Data Clean-up" auszulösen.

Schließlich ist zu erwähnen, dass Signale, die von den datenverarbeitenden Servern und ggf. Leitungen abgestrahlt werden, von Angreifern aufgefangen und interpretiert werden könnten (engl. „Side Channel Attacks"). Um auch dieses potentielle Leck zu schließen, werden die Signale zwischen den verschiedenen Server und Netzelementen einer DCUA nur verschlüsselt übertragen. Außerdem ist bei der Systemgestaltung auf ausreichende elektro-magnetische Abschirmung der Prozessoren, Arbeitsspeicher und Busse zu achten.

Bevor nach einem „data clean-up" die elektro-mechanischen Schlösser durch Steuerbefehle der Sealing Software die Türen einer DCUA öffnen, wartet die Sealing Software zunächst ca. 10 Sekunden ab, damit sogar Angriffe unterbunden werden, bei denen durch Kühlung der flüchtigen Speicher, etwa mit einem Kältespray, die darin vor Auslösung des „data clean-up" enthaltenen Daten nicht konserviert werden können.

> Der eigentliche „Data Clean-up", d. h. die vorsorgliche Datenlöschung bei Alarm, entzieht die in der Kapsel enthaltenen Daten den Wartungsingenieuren oder Angreifern, bevor diese darauf zugreifen können. Aus diesem Grund enthalten die Kapseln nur flüchtige Speicher und die Öffnung der Türen wird verzögert, damit genügend Zeit für eine vollständige Löschung der Daten bleibt.

2.2.3 Robustheit gegen Manipulation oder Ausfälle

Der „data clean-up" beinhaltet die Löschung der Daten, falls der physische oder logische Perimeterschutz einen Alarm auslöst. Diese Löschung muss möglichst zuverlässig, also „ausfallsicher" erfolgen. Ausfallsicher oder versagenssicher (engl. „fail-safe") bezeichnet jene Eigenschaft eines Systems, die im Fall eines Fehlers zu möglichst geringen Abweichungen von dem vorgesehenen Verhalten führt. Um einen Überblick zu möglichen Faktoren zu gewinnen, welche die sicherheitstechnisch notwendige Löschung behindern könnten, können diese in einer Baumstruktur, wie in Abb. 2.7 gezeigt, dargestellt werden. Auslöser für diese Bedrohungen des ordentlichen Betriebs können sowohl menschlich intendierte Manipulation oder Sabotage als auch nicht intendierte Vorfälle, wie gewöhnliche Alterung oder Unfälle, sein.

Die erste Bedrohung, die einen ordentlichen „data clean-up" behindern könnte, ist ein Stromausfall (Power Outage). Davon könnte entweder nur der Server der Sealing Software, jedoch nicht die anderen Anwendungsserver der DCUA betroffen sein. Oder es sind alle Server einer DCUA betroffen. Im letzteren Fall ist durch den Stromausfall bereits ein ordentlicher „Data Clean-up" erfolgt. Um auch den Fall abzudecken, in dem nur die Sealing Software ausfällt, ist ein periodisches Überwachungssignal zwischen der Sealing Software und der Stromversorgung eingerichtet (engl. „heartbeat"). Wenn dieses ausbleibt,

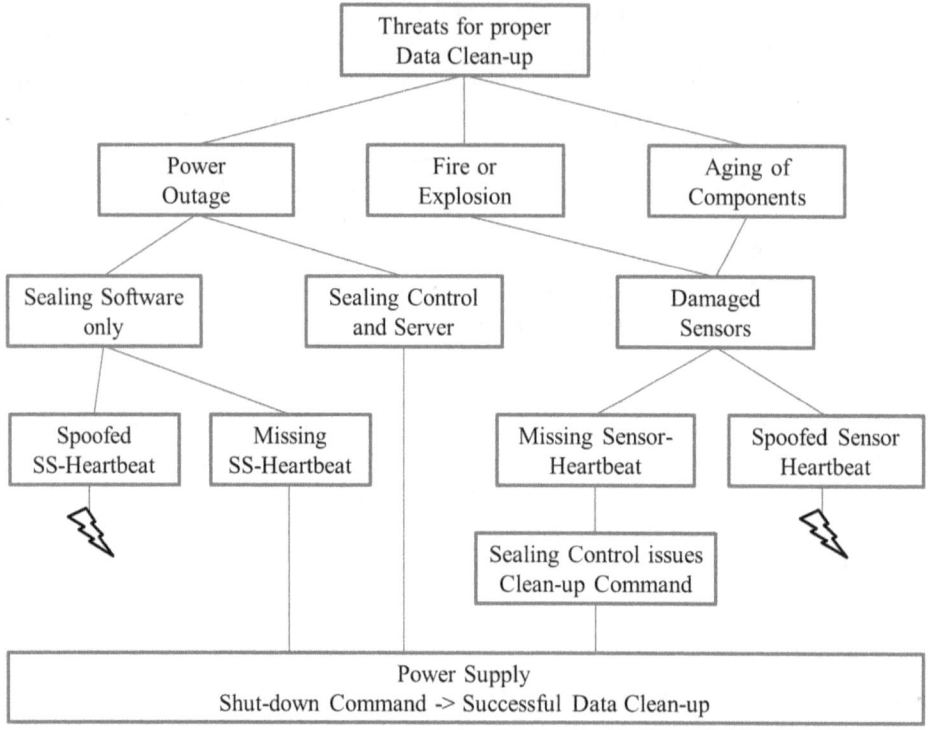

Abb. 2.7 Bedrohungen eines zuverlässigen „Data Clean-up"

schaltet sich die Stromversorgung vorsorglich ab.[6] Ein Versagen des „Data Clean-up"
läge nur dann vor, wenn es einem Angreifer gelänge, das Überwachungssignal erfolgreich
vorzutäuschen (engl. „spoofed heartbeat").

Weitere Bedrohungen für einen ordentlichen „Data Clean-up" sind Feuer, Explosion
oder der alterungsbedingte Ausfall von Komponenten. Diese Störungen des Systems
können gleichermaßen Ursachen für beschädigte Sensoren sein. Auch zwischen den
Sensoren und der Sealing Software ist ein periodisches Überwachungssignal eingerichtet
(engl. „Sensor Heartbeat"). Wenn die Sealing Software diesen „Herzschlag" eines Sensors
vermisst, löst sie vorsorglich den „Data Clean-up" aus. Wiederum wäre ein Ausschalten
des Sicherheitsmechanismus nur dadurch möglich, wenn es einem Angreifer gelänge, das
Überwachungssignal erfolgreich vorzutäuschen.

---

[6]Für dieses Verhalten müssen gewöhnliche steuerbare Stromversorgungen „umgepolt" werden (von
„normally closed" (NC) auf „normally open" (NO)), da für gewöhnlich der ausfallsichere Zustand
eine eingeschaltete Stromversorgung ist.

Der Zugriffsschutz, den die DCUA vermittelt, kann nur dann nicht umgangen oder ausgeschaltet werden, wenn durch manipulations- bzw. ausfallsichere Gestaltung des Systems in jedem vom Normalzustand abweichenden Betriebszustand ein „Data Clean-up" ausgelöst wird. Periodisch ausgetauschte Überwachungssignale (engl. „heartbeats") leisten dazu einen wichtigen Beitrag.

2.3   Schlüsselverteilung

In diesem Unterkapitel wird das zweite, der in Abschn. 2.1 vorgestellten Maßnahmenpakete, nämlich die Verteilung der Schlüssel, näher erläutert. Die dafür relevanten Komponenten in der DCUA sind in Abb. 2.8 hervorgehoben. Als erstes ist die Absicherung der Übertragung der Daten vom Nutzer und dessen Client-Software zur Cloud zu betrachten. Die sogenannte Transportverschlüsselung wird innerhalb der DCUA mit den Komponenten „Transport Crypto", die i. d. R. Bestandteil der Web-Server-Komponenten sind, terminiert. Zum Aufbau der verschlüsselten Verbindung wird der geheime Schlüssel

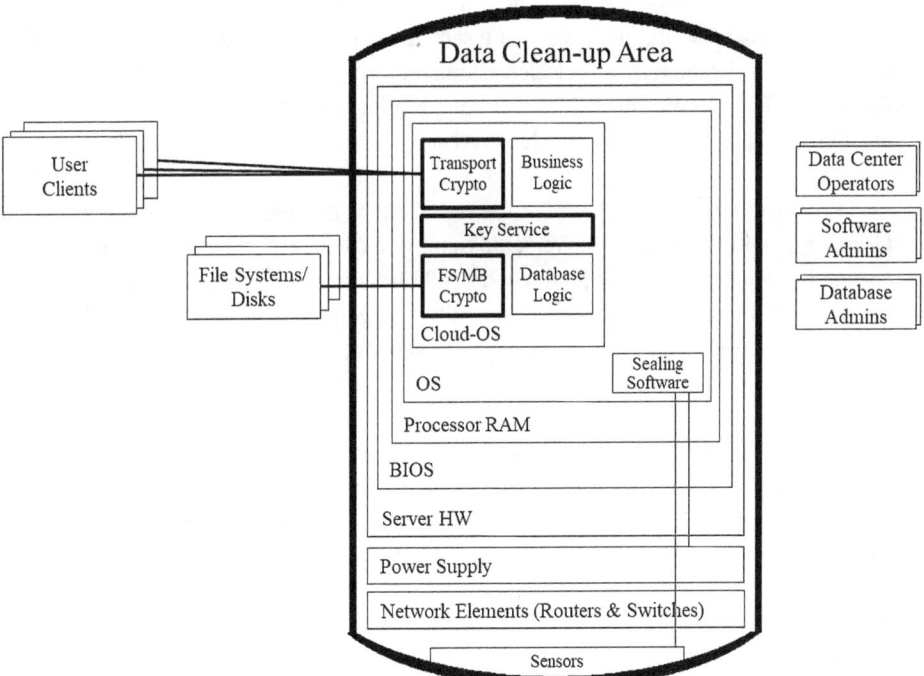

Abb. 2.8 Die für die Verschlüsselung relevanten Komponenten einer „Data Clean-up Area"

eines asymmetrischen Schlüsselpaares benötigt, der vom „Key Service" zur Verfügung gestellt wird. Derselbe Key Service hält auch die symmetrischen Schlüssel für die Ver- und Entschlüsselung der Daten bereit, die in den Dateisystemen und Festplatten (File Systems/Disks) gespeichert werden.

2.3.1 Auf die Verteilung der Schlüsssel kommt es an

In Abschn. 2.2 wurde dargestellt, dass innerhalb einer DCUA nur flüchtige Speicher enthalten sind, d. h. keine Speicher verwendet werden, die ohne Spannungs- oder Stromversorgung die Daten dauerhaft beibehalten könnten. Derartige, so genannte persistente Speicher, also Halbleiterspeicher (engl. „solid state disks", SSD) oder Festplatten (engl. „hard disks", HD), befinden sich ausschließlich außerhalb der DCUA in Bereichen, zu denen Personal des Cloud-Dienst-Anbieters gewöhnlichen Zutritt und Zugang hat. Daher müssen die gespeicherten Daten dort in verschlüsselter Form abgelegt werden, so dass kein unbefugter Zugriff auf die Daten erfolgen kann.

Die Verschlüsselung der Daten schützt aber nur vor unbefugtem Zugriff, so lange Unbefugte nicht über die Schlüssel verfügen, mit denen die verschlüsselten Daten wieder in Klartext übersetzt werden können. Dies ist keine Selbstverständlichkeit. Bei Cloud-Systemen herkömmlicher Architektur werden diese Schlüssel vom Cloud-Betreiber verwaltet. In diesem Sinne ist in solchen, nicht-betreibersicheren Systemen der Cloud-Betreiber zwar nicht befugt die Daten zu lesen, aber die Daten sind durch die Verschlüsselung vor einem Lesezugriff durch den Cloud-Betreiber nicht geschützt. Die Standards der ISO/IEC 27000-Reihe sprechen daher von „privilegierten" Zugriffsmöglichkeiten des Cloud-Betreibers. Daraus ergibt sich das in Abschn. 1.3.1 bereits aufgezeigte Dilemma:

- Zur Verarbeitung der Daten werden die Schlüssel vom Cloud-Betreiber aus zweierlei Gründen benötigt: Erstens zur Verschlüsselung der Daten vor der Ablage in den persistenten Speichern und zweitens zur Entschlüsslung der Daten, wenn diese für die weitere Verarbeitung wieder unverschlüsselt vorliegen müssen.
- Der Cloud-Betreiber darf die Schlüssel nicht kennen, sonst kann er die verschlüsselten Daten jederzeit entschlüsseln und lesen.

Den Ausweg aus dem Dilemma bietet die DCUA wie in Abschn. 2.2 beschrieben. In dieser können die Vorgänge der Ver- und Entschlüsselung vorgenommen werde, ohne dass der Cloud-Betreiber die Schlüssel zur Kenntnis nehmen kann. Doch ein Problem bleibt: Wo und wie werden die Schlüssel erzeugt und wo werden sie aufbewahrt?

> Wenn der Cloud-Betreiber die Schlüssel verwaltet, kann er die verschlüsselten Daten jederzeit entschlüsseln und lesen. Die Verschlüsselung soll jedoch gegen unbefugten Zugriff durch Externe wie Interne schützen.

2.3.2 Schlüsselerzeugung und -verwahrung

Innerhalb einer DCUA können die benötigten geheimen Schlüssel automatisch erzeugt werden. Die zu diesem Zweck verwendeten Pseudo-Zufallsgeneratoren der Anwendungsserver müssen mit einem hohen Grad an Quasi-Zufälligkeit arbeiten, damit die Schlüssel von Angreifern nicht algorithmisch erraten werden können. Mit dem informationstheoretischen Maß der Entropie kann diese Güte der Schlüsselerzeugung gemessen werden.[7] Dies muss aus Gründen der Qualitätssicherung auch regelmäßig erfolgen, da die hoch standardisierten Anwendungsserver eine hoch uniforme Peripherie aufweisen. Normalerweise dient die für jeden Server unterschiedliche Peripherie als Entropiequelle für die Pseudo-Zufallsgeneratoren. Durch echt zufällig arbeitende Entropiequellen, beispielsweise einen thermischen Prozess oder durch einen radioaktiven Zerfall stimulierte Quelle, kann die Qualität der Schlüssel weiter gesteigert werden.

In Abb. 2.9 ist ein Zufallsgenerator zur Schlüsselerzeugung (Random Key Generator) dargestellt. Er erzeugt sowohl die asymmetrischen Schlüsselpaare für die Transportverschlüsselung als auch die symmetrischen Schlüssel für die dauerhafte Speicherung der Daten.

Für die Transportverschlüsselung wird der öffentliche Teil des asymmetrischen Schlüsselpaares an den Cloud-Dienst-Betreiber ausgegeben, damit er diesen bei einer Internet-Zertifizierungsautorität (engl. „certification authority", CA) signieren lassen kann. Mit dieser Signatur akzeptieren übliche Browser und Client-Software den Cloud-Dienst als Gegenstelle. Der private, geheime, Schlüssel verbleibt im flüchtigen Schlüsselspeicher (engl. „volatile key memory") der DCUA, damit niemand, auch nicht das Personal

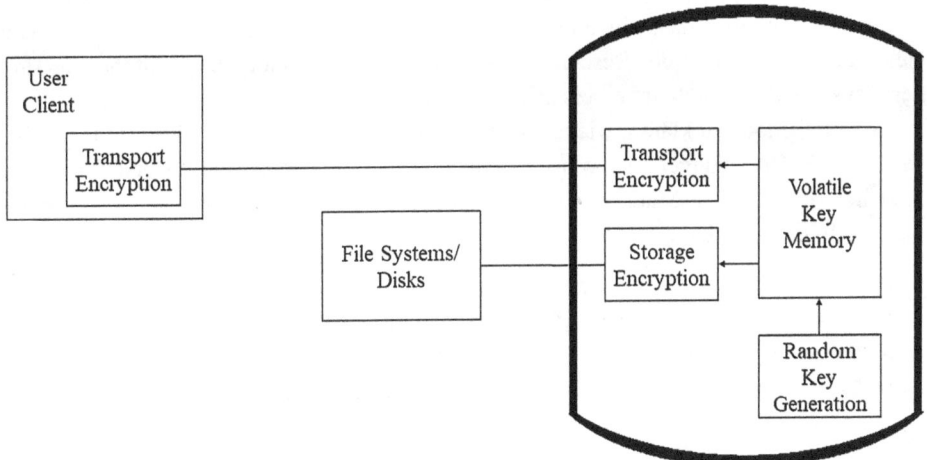

Abb. 2.9 Schema zur Erklärung der zufälligen Schlüsselgenerierung

---

[7]Zur Messung der informationstheoretischem Entropie der automatisch erzeugten Schlüssel kann das Werkzeug „ent" eingesetzt werden.

des Cloud-Betreibers, diesen kennen kann. Dies ist wichtig, denn mit diesem privaten Schlüssel kann man verschiedene Angriffe auf die Transportverschlüsselung ausführen:

- Der Datenverkehr zwischen den Cloud-Nutzern und der Cloud müsste durch einen Angreifer, der im Besitz des privaten Schlüssels wäre, lediglich kopiert werden. Aus den darin enthaltenen Startsequenzen der Datenverbindungen, bei denen die symmetrischen Schlüssel für die eigentliche oder innere Transportverschlüsselung[8] ausgetauscht werden, könnte der Besitzer des privaten Schlüssels die zur Entschlüsselung notwendigen symmetrischen Schlüssel dechiffrieren. Dieser Angriff kann allerdings durch das so genannte „perfect forward secrecy", das ein ständig neues „Auswürfeln"von asymmetrischen Schlüsselpaaren für den Austausch der symmetrischen Schlüssel durchführt, abgewehrt werden.
- Wenn das Personal des Cloud-Anbieters in Besitz des privaten Schlüssels wäre, könnte stets eine so genannte „Man-in-the-Middle"-Attacke ausgeführt werden. Dabei würde in die Leitung zwischen den Cloud-Nutzern und der Cloud ein mit dem selben privaten Schlüssel unversiegelt betriebener Server zwischengeschaltet. Dort könnte die Transportverschlüsselung terminiert werden, und so alle transportierten Daten gelesen werden, ohne dass dies für die Cloud-Nutzer erkennbar wäre.

Die privaten Transportschlüssel müssen also unbedingt geheim bleiben. Daher müssen sie innerhalb der DCUA erzeugt werden und dürfen diese DCUA oder ein angeschlossenes Cluster oder Netz aus DCUAs nie verlassen. Gleiches gilt für die symmetrischen Schlüssel, die zur Ver- und Entschlüsslung der auf dem Dateisystemen bzw. auf Disks gespeicherten Daten benötigt werden. Auch diese Schlüssel müssen innerhalb der DCUA erzeugt werden und dürfen die DCUA oder ein Netz aus DCUAs nie verlassen. Da alle geheimen Schlüssel lediglich in volatilen, d. h. flüchtigen, Speichern vorliegen, werden sie bei einem „data clean-up" entsprechend der Beschreibung in Abschn. 2.2 vorsorglich gelöscht. Sie sind dem Personal des Cloud-Betreibers also nicht zugänglich.

Es bleibt jedoch zu klären, wie nach einem solchen „data clean-up" die Schlüssel wieder in die DCUA gelangen? Sie wurden ja in dieser DCUA vorsorglich aus dem flüchtigen Speicher gelöscht. Die Maßnahmen zur robusten Gestaltung der Schlüsselverfügbarkeit werden im nächsten Unterkapitel vorgestellt.

> Wenn alle geheimen Schlüssel in der „Data Clean-up Area" erzeugt werden und diese nie verlassen können, können weder das Personal des Cloud-Betreibers noch andere Unbefugte die verschlüsselten Daten entschlüsseln und lesen.

---

[8]Bei gängigen Transportverschlüsselungen werden die zu übertragenden Daten mit symmetrischen Schlüsseln verschlüsselt, die zu Beginn der Übertragung ausgetauscht werden. Für diesen Austausch werden die symmetrischen Schlüssel nach dem Diffie-Hellman-Verfahren [7] jeweils mit den öffentlichen Schlüsseln eines asymmetrischen Schlüsselpaares der Gegenstelle verschlüsselt und an die Gegenstelle gesendet.

2.3.3   Robuste Gestaltung der Schlüsselverfügbarkeit

Eine bewährte Technik zur sicheren Aufbewahrung von sensiblem Schlüsselmaterial ist in Abb. 2.10a dargestellt: Der Schlüssel wird in einem vertrauenswürdigen Speichermodul (engl. „Trusted Platform Module", TPM) gespeichert. Das TPM ist mit dem Prozessor einer Smartcard, also einem separaten, hochintegrierten Mikroprozessor vergleichbar, der nicht an eine menschliche Person sondern an eine bestimmte Hardware gebunden ist.[9] Solche TPM sind nach den Spezifikationen der Trusted Computing Group [8] implementiert. Die darauf gespeicherten Schlüssel können nur durch Software des mit dem TPM ausgestatteten Anwendungsservers ausgelesen werden. Mit dieser Funktion können die ansonsten nur im flüchtigen Speicher der DCUA gespeicherten Schlüssel in

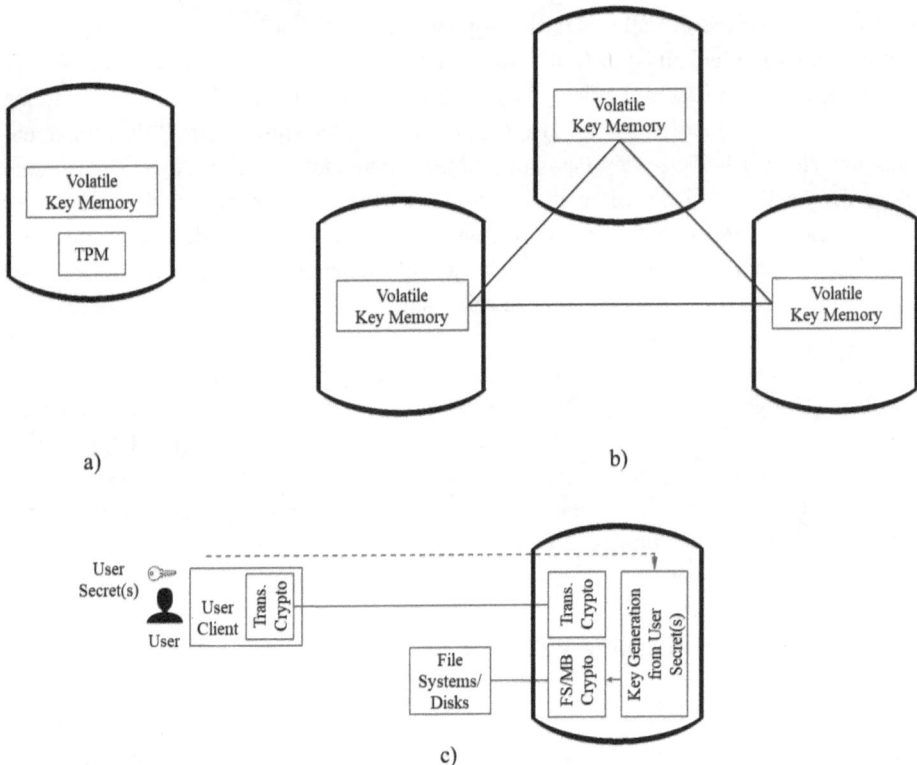

Abb. 2.10 Schema zur Erklärung der Schlüsselaufbewahrung

---

[9]Vor dem Start des TPM wird der „elektronische Fingerabdruck" errechnet und mit einem gespeicherten Wert verglichen. Bei hoch standardisierten Cloud-Infrastrukturen, wie sie auch hier bei der Sealed Cloud vorliegt, wird von einigen Sicherheitstechnikern eingewendet, dass das „Spoofing", d. h. das Fälschen des elektronischen Fingerabdrucks zu einfach sei, als dass das TPM als sicherer Speicher angesehen werden dürfe [9].

einem TPM gesichert werden, um beim Wiederanlauf nach einem „data clean-up" von dort wieder gelesen zu werden.

Eine zweite Möglichkeit ist in Abb. 2.10b dargestellt: Die geheimen Schlüssel werden in einer auf die flüchtigen Speicher mehrerer DCUAs verteilten Datenbank gespeichert. Durch die kontinuierliche Replikation der Schlüssel in alle an das Cluster bzw. Netz angeschlossene n DCUAs sind diese nach einem „Data Clean-up" in einer DCUA des Clusters noch in $(n-1)$ DCUAs vorhanden. Nach einem Wiederanlauf der abgeschalteten DCUA, werden die Schlüssel wieder dorthin kopiert. Voraussetzung zur Realisierung eines solches Clusters bzw. Netzes ist ein vertrauenswürdiges Verfahren zur Verbindung der Knoten. In Abschn. 2.5 ist hierfür ein Beispiel gegeben. Nur in dem sehr unwahrscheinlichen Fall, dass bei allen n DCUAs gleichzeitig ein „Data Clean-up" ausgelöst wird, gingen die geheimen Schlüssel verloren. Durch eine geeignete Ausgestaltung der Struktur des DCUA-Clusters, etwa durch einen geo-redundanten Aufbau einer genügend großen Zahl von DCUAs, kann dieser Fall praktisch ausgeschlossen werden.

Eine dritte Möglichkeit ist in Abb. 2.10c dargestellt: Die Schlüssel zur Verschlüsselung der zu speichernden Daten werden aus vom Cloud-Nutzer eingegebenen Geheimnissen abgeleitet. Dies können beispielsweise die Verkettung der Hash-Werte[10] des Nutzernamens und der Hash-Werte des Passworts bei der Anmeldung beim Cloud-Dienst sein. So werden zu Beginn jeder Sitzung die Schlüssel jeweils neu erzeugt und am Ende der Sitzung gelöscht. Bei dem in Kap. 6 vorgestellten Cloud-Dienst „iDGARD" wird diese Methode mit dem Ziel angewendet, für jeden Mandanten und sogar für jeden Nutzer jedes Mandanten unterschiedliche Schlüssel zu erzeugen.

> Die durch die rein flüchtige Aufbewahrung der Schlüssel fragile Verfügbarkeit, kann (a) durch eine Sicherung in vertrauenswürdigen Speichermodulen (TPM), oder (b) durch Speicherung der Schlüssel, in einer auf mehrere „Data Clena-up areas" verteilten „In-Memory"-Datenbank, oder (c) durch immer wieder neue Erzeugung der Schlüssel aus Geheimnissen der Nutzer robust und zuverlässig gemacht werden.

2.3.4   Gezielte Schlüsselvernichtung

Kryptographische Schlüssel müssen nicht nur robust aufbewahrt, sondern für eine Reihe von Anwendungsfällen auch gezielt vernichtet werden können. Diese Anforderung stammt

---

[10]Mit Hash-Wert ist die Abbildung einer kryptographischen Hashfunktion oder Streuwertfunktion gemeint. Das hier wichtigste Merkmal einer Hashfunktion ist, dass sie nur in einer Richtung ausführbar ist. Das heißt, aus den Eingabewerten kann einfach das Ergebnis, der Hash-Wert, errechnet, jedoch umgekehrt können aus dem Hash-Wert die Eingabewerte praktisch nicht ermittelt werden. In gängigen Implementierungen wird die Hash-Funktion tausend Mal nacheinander angewendet.

zum einen aus dem Datenschutz und ist verbunden mit der Notwendigkeit, Daten löschen bzw. unlesbar machen zu können:

- Gemäß Artikel 5 Abs. 1 lit. e) DSGVO dürfen personenbezogene Daten nur solange gespeichert werden, wie dies für den Verarbeitungszweck erforderlich ist. Es muss also je Verarbeitungszweck eine Speicherdauer festgelegt werden, nach deren Ablauf die personenbezogenen Daten zuverlässig gelöscht werden.
- Entsprechend Artikel 17 DSGVO (Recht auf Vergessen) besteht die Verpflichtung das System so zu gestalten, dass auf Verlangen der betroffenen Personen die entsprechenden Daten zuverlässig gelöscht werden können.

Am besten erfolgen solche Datenlöschungen durch das zuverlässige Löschen der Leseschlüssel, so dass auch Datensätze, die als „Backup" mehrfach an verschiedenen Orten gespeichert sind, vollständig gelöscht sind, wenn die zugehörigen Leseschlüssel nicht mehr existieren. Sofern eine „starke Verschlüsselung" (siehe Kap. 4) verwendet wird, ist die Wahrscheinlichkeit den kryptographischen Schutz brechen zu können so unwahrscheinlich, dass mindestens von einer mit der Stufe 3 des Datenträgervernichtungsstandards DIN 66399 vergleichbaren Nichtwiederherstellbarkeit ausgegangen werden darf [10].

Zum anderen stammt die Anforderung, Schlüssel gezielt vernichten zu können, auch aus Erwägungen zur Absicherung der Integrität und Manipulationssicherheit von Systemen:

- Sofern ein Überwachungssystem, sei es im Bereich Videoüberwachung, Speicherung von Verbindungsdaten in der Telekommunikation, Speicherung von IT-Nutzungsdaten in Unternehmen (Security Incident and Event Management, SIEM) o. a., Daten auf Vorrat[11] speichert, so dürfen diese i. d. R. nur in eng definierten Grenzen, nämlich wenn ein in seiner Verhältnismäßigkeit berechtigender Anlass vorliegt, gelesen werden. Sicherheitstechnisch vorteilhaft ist es, wenn die Einhaltung dieser engen Grenzen durch manipulationssichere technische und nicht nur organisatorische Maßnahmen erzwungen wird.
- Im industriellen Umfeld sollen über Unternehmensgrenzen hinweg Datenanalysen mit Daten vorgenommen werden können, die u. a. aus Gründen des Kartellrechts nicht ohne Weiteres zwischen den Unternehmen geteilt werden können. Es dürfen die Rohdaten für die Analyse nicht geteilt, wohl aber anonymisierte Ergebnisse der Analyse miteinander ausgetauscht werden. Die Unternehmen sind auf eine manipulationssichere, in Kap. 5 definierte, „Data Usage Control" angewiesen, die sicherstellt, dass nicht die Rohdaten,

---

[11]Mit einer Speicherung auf Vorrat ist gemeint, dass Daten unabhängig davon gespeichert werden, ob sie für eine bestimmte Analyse tatsächlich benötigt werden oder nicht, da diese Entscheidung zum Zeitpunkt der Datenerhebung mangels eines Anlasses noch nicht getroffen werden kann. Die Speicherung erfolgt vorsorglich für den Fall, dass die Überwachungsaufgabe ggf. nur mit diesen Daten wahrgenommen werden kann.

sondern nur die anonymisierten Ergebnisse der Analyse anderer Unternehmen zur Kenntnis gelangen können.

Die für derartige Anwendungsfälle geforderte Manipulationssicherheit kann ebenfalls durch das Löschen von Leseschlüsseln herbeigeführt werden, indem alle Daten, die durch das System bis zu dem Zeitpunkt gesammelt und verschlüsselt gespeichert wurden, bei denen eine Manipulation, z. B. durch Änderung der relevanten „Policy", technisch möglich wäre, automatisch gelöscht werden. Zur Veranschaulichung sind in Abb. 2.11 eine DCUA mit dem „Key Service" und eine DCUA mit der „Policy"-implementierenden Komponente, ggf. einer Analysesoftware und einer den Speicher steuernde Systemkomponente dargestellt, die genau dann Löschkommandos sowohl an den Speicher als auch an den Schlüsseldienst sendet, wenn das Triggersignal von der „Policy"-implementierenden Komponente empfangen wird. Im einfachsten Fall führt jede Änderung der „Policy" (also z. B. bereits ein Neustart des Containers) zu einem Triggersignal.

Dieses rigorose Vorgehen ist erforderlich um einen Überwachungsdienst oder eine „Usage Control"-Software tatsächlich manipulationssicher zu gestalten. Das Ergebnis einer solchen Systemgestaltung ist, dass zwar die Policy geändert werden kann, aber nur „nach vorne" also auf die Zukunft hin gerichtet. Daten, die in der Vergangenheit erhoben und gespeichert wurden, stehen der Analyse nach ihrer vorsorglichen Löschung nicht zur Verfügung. Das Verfahren kann selbstverständlich auch verfeinert angewendet werden, d. h. es können anstatt die alten Daten zu löschen, z. B. neue, erweiterte Einwilligungen von den betroffenen Personen eingeholt werden, die dann eine geänderte „Policy" auf „alten" Daten zu verwenden erlauben könnte.

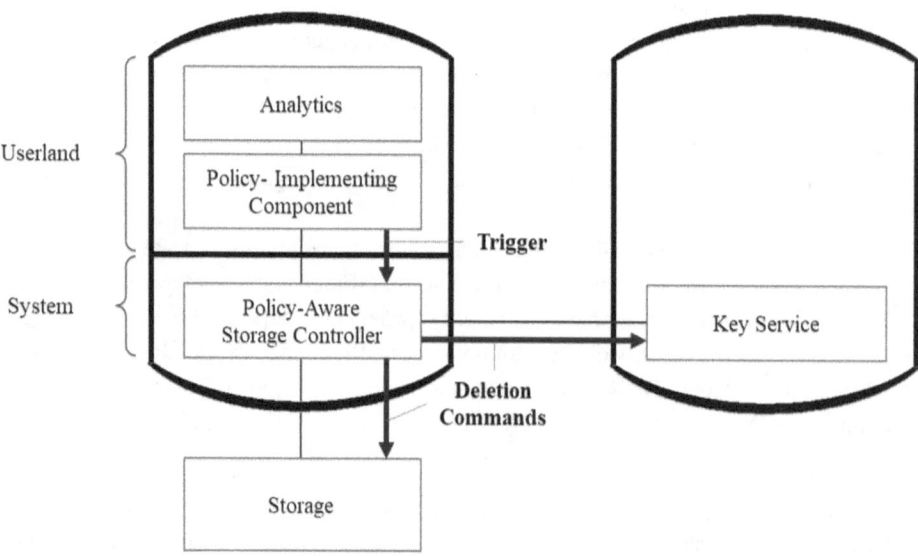

Abb. 2.11 Schema zur Erklärung der Manipulationssicherheit infolge Schlüssellöschung

Zum einen kann durch die zuverlässige Löschung von Schlüsseln sichergestellt werden, dass keine Replika von zu löschenden Daten in Backups oder Ähnlichem vergessen werden, zum anderen kann mit einer vorsorglichen Löschung von Schlüsseln einer für die betroffenen Personen nachteiligen, nachträglichen Änderung von Zugriffsrechten vorgebeugt werden.

2.4 Wartung über gefilterte Schnittstellen

In diesem Unterkapitel betrachten wir das dritte Maßnahmenpaket aus Abschn. 2.1: Die Wartung über gefilterte Schnittstellen. Die Komplexität der Cloud erfordert laufende betriebstechnische Aktivitäten, etwa, dass Administratoren die Infrastruktur steuern und an verschiedene Betriebsanforderungen anpassen können. Allerdings dürfen über die Mittel für diese Tätigkeiten keine Zugriffsmöglichkeiten auf die von den Cloud-Nutzern in der Sealed Cloud verarbeiteten Daten entstehen.

Als erstes werden in Abschn. 2.4.1 der versiegelte (sealed) und der unversiegelte (unsealed) Betriebszustand der Sealed Cloud sowie die Übergänge von einem zum anderen Zustand betrachtet. Anschließend werden in Abschn. 2.4.2 die Zugänge zum System und die Filterung der nach außen fließenden Daten detailliert diskutiert.

2.4.1 Versiegelte und unversiegelte Betriebszustände

In Abb. 2.12 sind die beiden Betriebszustände „sealed" und „unsealed" in einem Zustandsdiagramm dargestellt. Die beiden Zustände sind durch das linke Oval mit der Bezeichnung „Infrastructure Status ‚unsealed'" und dem rechten Oval mit der Bezeichnung „Infrastructure Status ‚sealed'" bezeichnet. Es gibt nur zwei Möglichkeiten (mit Pfeilen unterhalb der Ovale dargestellt), wie eine DCUA vom versiegelten in den unversiegelten Zustand übergehen kann:

- Der „Data Center Operator", der die Rolle des Systemadministrators der Infrastruktur im Rechenzentrum wahrnimmt, plant die Öffnung einer DCUA und sendet die entsprechenden Befehle an die DCUA, die einen „data clean-up" und das daran anschließende Öffnen der Schlösser auslösen.
- Ein Angriff durch einen internen oder externen Täter wird von einem der Sensoren nach Abschn. 2.2 erkannt und löst den „Data Clean-up" aus.

Danach ist die DCUA im unversiegelten Zustand. In diesem Betriebszustand können die am linken Rand der Abb. 2.12 aufgelisteten Wartungstätigkeiten wie zum Beispie Aufbau, Reparatur, Erweiterungen (engl. „Augmentation"), Inventur (engl. „Asset Management")

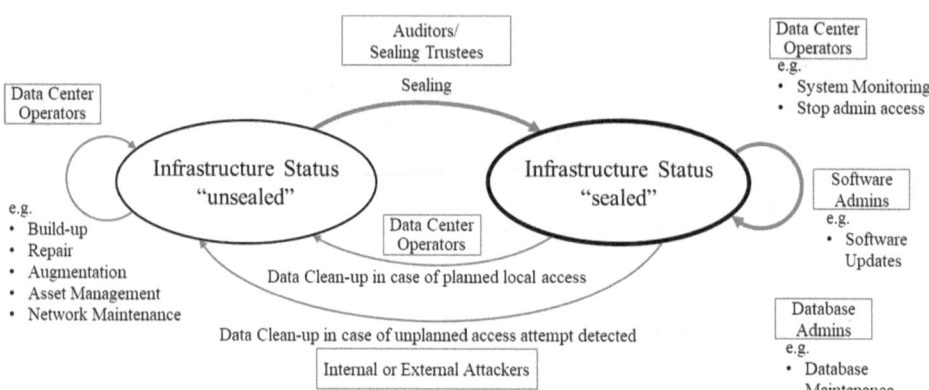

Abb. 2.12 Zustandsdiagramm der unversiegelten und versiegelten Statii der Sealed Cloud

oder Netzwartung (engl. „Network Maintenance"), wie allgemein üblich, durchgeführt werden. Währenddessen bleibt die DCUA im unversiegelten Zustand.

Sind diese Arbeiten abgeschlossen kann die DCUA wieder versiegelt werden. Dieser Vorgang wird „Versiegelung" (engl. „Sealing") genannt. Die Versiegelung wird von den Versiegelungsstellen (engl. „Sealing Trustees") vorgenommen. Diese sind technische Prüfer bzw. Auditoren, die für solche Versiegelungen von Sealed Cloud speziell qualifiziert sind und möglichst unabhängig agieren können. In Abschn. 2.5 wird auf diesen wichtigen Prozess im Detail eingegangen. Hier nehme der Leser nur zur Kenntnis, dass nach einer sorgfältigen Begutachtung der physischen und logischen Integrität der DCUA diese geschlossen und durch Eingabe von kryptographischen Geheimnissen, die nur den Versiegelungsstellen bekannt sind, sozusagen „scharf" geschaltet wird. Danach befindet sich die DCUA im versiegelten Zustand.

Im versiegelten Zustand können die Administratoren in den Rollen des Rechenzentrumsbetreibers (Data Center Operators), der Softwareadministratoren (Software Admins) und der Datenbankadministratoren (Database Admins) nur Befehle einer so genannten „Positivliste" ausführen. Dabei haben sie keinerlei Möglichkeit zur Ausführung von nicht in der Positivliste enthaltenen Operationen. Die Funktionen der Positivliste decken alle wirklich notwendigen Aufgaben dieser Administratoren ab. In Abschn. 2.4.2 wird diese Positivliste detailliert besprochen.

Das Systems ist so gestaltet, dass die einen unversiegelten Zustand erfordernden Wartungssituationen so selten wie nur irgend möglich auftreten. Dazu wird die Infrastruktur in größeren Tranchen installiert (IT-Packs) und die Zuordnung der Ressourcen zu bestimmten Modulen und Softwarepaketen flexibel per Software vorgenommen.

> Die Pflege und Instandhaltung umfasst Wartungstätigkeiten an der unversiegelten „Data Clean-up Area" und Wartungstätigkeiten an der versiegelten „Data Clean-up Area".

2.4.2 Zugänge im versiegelten Zustand

Damit bei Wartungstätigkeiten an einer versiegelten DCUA keine im Auftrag der Cloud-Nutzer in der Sealed Cloud verarbeiteten Daten lesbar sind, verhindern entsprechende Filter das Abfließen dieser Daten nach außen. Die dafür relevanten Komponenten in der DCUA sind in Abb. 2.13 mit schwarzem Strich hervorgehoben. Die Verwalter bzw. Administratoren der Sealed Cloud sind hier in drei Rollen eingeteilt:

- Die Systemadministratoren der Anlagen im Rechenzentrum (engl. „Data Center Operators") haben die Aufgabe, die Netzkomponenten wie Router und Switches zu konfigurieren und zu pflegen, die Anwendungsserver sowie alle anderen für den Betrieb der Sealed Cloud notwendigen Server und Komponenten bereitzustellen, einzurichten und im Betrieb zu pflegen. Dazu gehören auch die außerhalb der DCUA befindlichen Dateisysteme und Speichermedien.
- Die Softwareadministratoren (engl. „Software Admins") halten die Software zum Betrieb der DCUA und die Anwendungssoftware immer auf dem neuesten, freigegebenen Stand. Die Softwareadministratoren unterstützen auch die Software-Entwicklung mit der Bereitstellung von Log-Dateien, die gegebenenfalls zur Fehlerdiagnose herangezogen werden.

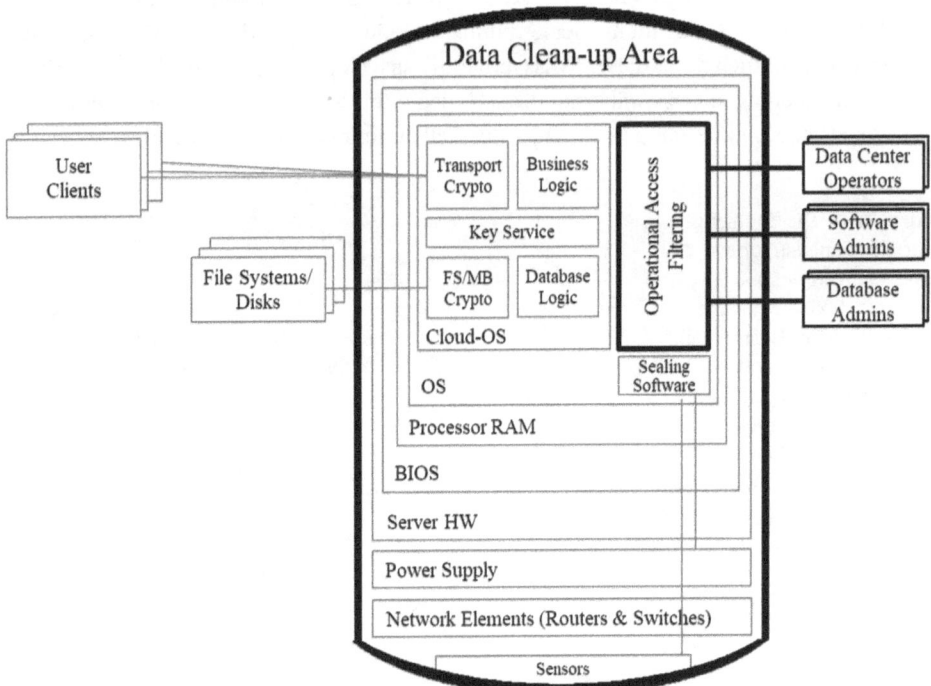

Abb. 2.13 Die Module zum gefilterten Zugriff der Administratoren einer „Data Clean-up Area"

- Die Datenbankadministratoren (engl. „Database Admins") richten die Datenbanken ein und kümmern sich um deren Pflege. Außerdem unterstützen sie gegebenenfalls die Software-Entwicklung mit der Bereitstellung von Informationen zur Fehlerdiagnose.

Keiner dieser Administratoren kann bei Sealed Cloud mit gewöhnlichem „remote access", z. B. SSH, auf die Netzelemente oder Anwendungsserver zugreifen. Der Zugriff auf die Server erfolgt ausschließlich über die in Abb. 2.13 mit „Operation Access Filtering" oder „Operational and Maintenance Access Unit" (OMA) bezeichneten Komponente. Diese OMA-Komponente ersetzt beispielsweise den SSH-Zugang mit einem https-Webserver-Zugriff. Dazu werden eigens implementierte Dienste installiert, die mit einer Positivliste (engl. „white list") von Befehlen konfiguriert sind, die durch die Administratoren aufgerufen werden können. Die Integrität dieser Konfiguration ist bei der Versiegelung im Fokus der Versiegelungsstellen. Alle Befehle, mit denen ein Zugriff auf die im Auftrag verarbeitenden Daten möglich wäre, können dieser Liste nicht angehören und sind so durch die Administratoren nicht ausführbar. Gleiches gilt für Befehle, welche die Konfiguration oder die Wirkung von für das Sicherheitskonzept wichtigen Komponenten betreffen könnten. Auch diese Befehle dürfen der Positivliste nicht angehören und können so von den Admninistratoren nicht ausgeführt werden.

Die Notwendigkeit für diese Filterung ist aus dem Kuchendiagramm in Abb. 2.14 ersichtlich. Der vollständige Kuchen steht für die Gesamtheit der über einen gewöhnlichen SSH-Zugriff möglichen Befehle. Das schmale Kuchenstück repräsentiert die Teilmenge der Befehle, die zur Erfüllung der Administratortätigkeiten lediglich erforderlich ist. Datenschutzrechtlich fällt dieses Missverhältnis ins Gewicht, stellt doch in Systemen ohne Versiegelung die Gewährung des privilegierten Zugriffs eine grobe Verletzung des im Datenschutz wichtigen Prinzips der Datenminimierung dar. Mit den folgenden

Abb. 2.14 Die Teilmenge der für die Administration notwendigen Befehle ist wesentlich kleiner als die Gesamtheit der Befehle bei einem gängigen, vollen Administratorzugriff. Letzterer stellt in herkömmlichen Systemen ohne Versiegelung daher eine grobe Verletzung des Datenschutz-Prinzips der Datenminimierung dar

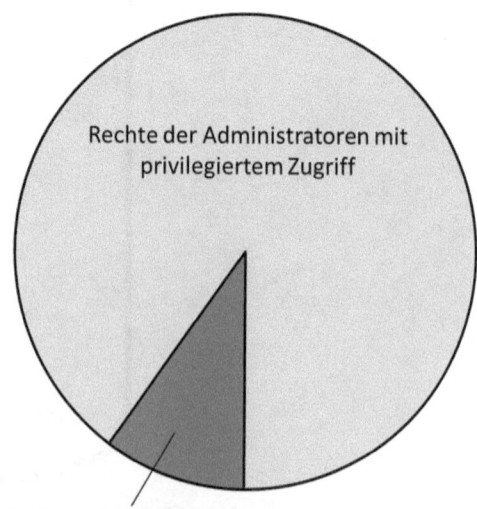

Rechte der Administratoren mit privilegiertem Zugriff

Notwendige Rechte zur Erledigung der Aufgaben der Administratoren

Beispielen von Administratortätigkeiten sei dieses Missverhältnis illustriert. Für Data Center Operators sind beispielsweise folgende Tätigkeiten wichtig:

- Die Beobachtung des „Gesundheitszustandes" der Anlage.
  - In jedem beobachteten Server läuft eine Komponente des „Network Management Systems" (NMS) die Betriebsparameter an eine zentrale Komponente außerhalb der DCUA sendet.
  - Der Administrator modifiziert bei Bedarf die Schwellwerte, bei deren Überschreitung Alarme ausgelöst werden.
  - Wichtige Betriebsparameter wie beispielsweise Belegung des flüchtigen Speichers, die Rechenleistung oder die Verkehrskapazität auf den Schnittstellen können beobachtet und durch geeignete Tools, wie z. B. Nagios, graphisch angezeigt werden.
- Es kann gezielt eine DCUA aus dem Betrieb genommen werden.
  - Für Wartungstätigkeiten, die nur im unversiegelten Zustand möglich sind, kann der „Data Clean-up" geplant ausgelöst werden.
  - Der Verkehr kann auf andere DCUA gelenkt werden.
  - Die Zugriffsmöglichkeiten für die anderen Administratoren (Software- und Datenbankadministratoren) kann man vor dem „Data Clean-up" abschalten.
- Abrufen von Informationen über aktuelle Verarbeitungsprozesse für Zwecke der Fehlerdiagnose.
- Verwaltung der Dateisysteme außerhalb der DCUA.
- Verwaltung der Zeitbasis (engl. „Network Time Protocol", NTP).

Diese Tätigkeiten werden bei Sealed Cloud-Systemen durch die Positivliste der OMA-Komponente definiert.

Im versiegelten Zustand einer DCUA können dagegen folgende Tätigkeiten nicht erfolgen, die ansonsten in herkömmlichen Systemen von Administratoren über SSH jederzeit ausgeführt werden können. Sie werden von der OMA-Komponente blockiert:

- Die Erstellung einer Kopie des gegenwärtigen Inhalts des Arbeitsspeichers (engl. „memory dump").
- Das Erstellen von eigenen Skripts und ausführbarem Code.
- Das Lesen von Dateien.
- Das Kopieren von Dateien.
- u.v.m.

Für Softwareadministratoren sind beispielsweise, folgende Tätigkeiten wichtig und durch die OMA-Komponente erlaubt:

- Die Software starten oder stoppen.
- Neustart der Software, sofern im Software-Repository neue Versionen vorliegen. Dazu lädt der Anwendungsserver die neuen Versionen herunter und startet mit diesen (engl. „Network Boot").

- Das Konfigurieren, wohin Log-Files geschrieben werden.
- Unterstützung der Entwicklung bei der Analyse der Log-Dateien zur Fehlerfindung.

Jedoch können die Softwareadministratoren beispielsweise keine Veränderungen des Log-Levels auf zu feine Stufen (z. B. „debug") vornehmen. Solche Befehle werden vom Filter der OMA-Komponente unterdrückt. Ebenso haben Softwareadministratoren bei Sealed Cloud genau wie die Rechenzentrumsadministratoren keinen „remote access" mit den zuvor genannten unnötigen Privilegien.

Die Datenbankadministratoren müssen die folgenden Tätigkeiten ausüben können, die ihnen von der OMA-Komponente erlaubt werden:

- Die Anzeige von langsam ausgeführten Datenbankanfragen (engl. „queries"), ohne dass die Antwort der Datenbank ersichtlich ist.
- Die Anzeige eines Ausführungsplans einer Datenbankanfrage (u. a. welche Indizes verwendet werden, Schätzungen wie viele Datensätze abgefragt werden müssen, etc.).
- Initiierung von Tabellenoptimierungen
- Modifikation der Konfigurationen, wie z. B. Schwellenwerteinstellungen oder Block-größen bei Übertragungen aus der Datenbank zur Anwendung
- Das An- und Abschalten von Komponenten der Datenbank

> Bei im versiegelten Zustand durchgeführten Wartungstätigkeiten sind die herkömm-lichen Zugänge für Administratoren gesperrt. Nur die Befehle einer Positivliste (engl. „white list") sind ausführbar. Die Möglichkeiten der Administratoren sind auf das notwendige Maß reduziert. Dadurch wird das Datenschutzprinzip der Datensparsamkeit auch im Administratorbereich umgesetzt.

2.5   Sicherung der Integrität der Sealed Cloud

In diesem Unterkapitel betrachten wir das vierte Maßnahmenpaket aus der Darstellung in Abschn. 2.1: Die Sicherung der Integrität der Sealed Cloud. Dieses Maßnahmenpaket besteht zum einen aus einer vertrauenswürdigen Initialisierung des gesamten Systems (engl. „Bootstrapping") und aus Audits, die durch technisches Prüfpersonal vorgenommen werden. Spezielle technische Vorrichtungen stellen sicher, dass nur für den Betrieb vorgesehene, signierte Software geladen werden kann (engl. „Trusted Boot"). Die Audits sind Bestandteil des als „Sealing" bezeichneten Prozesses. In Abb. 2.15 sind die beteiligten Komponenten und Akteure mit schwarzem Strich hervorgehoben. Dazu gehören der Speicher für die signierte Software (engl. „repository of signed software"), die Kompo-nenten des vertrauenswürdigen Startprozesses (engl. „Trusted Boot"), ggf. das „Trusted Platform Module" (TPM), die Versiegelungssoftware (engl. „Sealing Software") und die

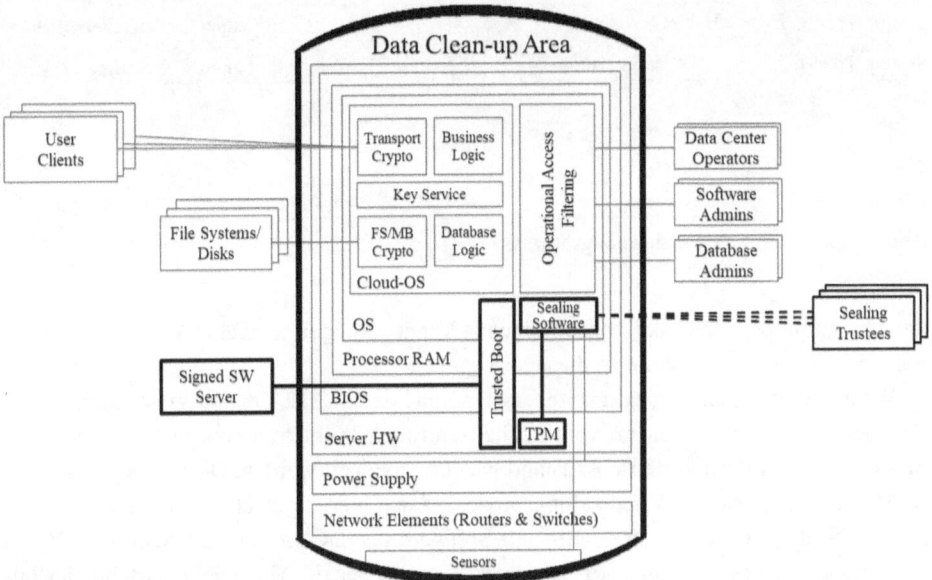

Abb. 2.15 Komponenten und Akteure zur Sicherung der Integrität einer „Data Clean-up Area"

Versiegelungsstellen (engl. „Sealing Trustees"). Zunächst wird auf den Initialisierungs-
und den damit verbunden Versiegelungsprozess eingegangen. Danach werden die Integritätsüberprüfung der Software und schließlich die Maßnahmen zur Bestätigung der
Vertrauenswürdigkeit der Software erläutert.

2.5.1 Initialisierungs-, Audit und Versiegelungsprozesse

Das Grundkonzept der Integritätssicherung bei Sealed Cloud besteht aus einer Integritätsprüfung durch menschliche Prüfer und Auditoren. Es wird davon ausgegangen, dass es
auf absehbare Zeit immer der Überprüfung der Technik durch Experten aus Fleisch und
Blut bedarf. Zur Verbesserung des Ergebnisses des Prüfungsprozesses wird bei Sealed
Cloud das parallele Wirken mehrerer unabhängiger Prüfungsorganisationen eingesetzt. In
Abb. 2.16 ist der Ablauf des initialen Versiegelungsprozesses dargestellt. Die Versiegelungsstellen (engl. „Sealing Trustees") 1 bis n führen die Hard- und Softwareprüfung,
möglichst entsprechend der Auditierungsgrundsätze nach DIN EN ISO/IEC 17024, durch.
Wenn nach dem Sachverstand und der Meinung aller n Versiegelungsstellen die Integrität
der DCUA nach der Spezifikation gegeben ist, wird die DCUA geschlossen. Die DCUA ist

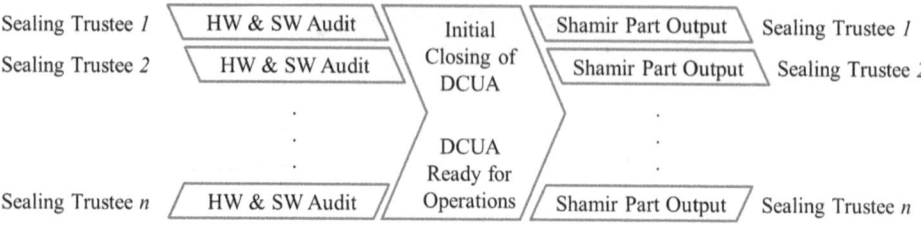

Abb. 2.16 Der initiale Versiegelungsprozess

dann bereit für den Betrieb. Für nachfolgende Versiegelungen wird ein Geheimnis (Shamir Part)[12] je Versiegelungsstelle an diese ausgegeben.

Wenn für die Wartungstätigkeiten, die gemäß Abb. 2.12 den unversiegelten Status erfordern, der „Data Clean-up" vom Rechenzentrumsadministrator ausgelöst worden war, muss die DCUA für den Betriebszustand wieder versiegelt werden. Dies erfolgt nach dem in Abb. 2.17 illustrierten Versiegelungsprozess. Auch hier begutachten die Versiegelungsstellen (Sealing Trustees) die Hard- und Software der DCUA. Danach wird die DCUA geschlossen. Als Bestätigung, sozusagen als Testat, geben die Versiegelungsstellen jeweils ihren Shamir-Teil ein. Je nachdem, wie bei der initialen Versiegelung die Shamir-Teilung des Geheimnisses konfiguriert wurde, ist nur eine Untermenge aus $m < n$ Shamir-Teilen für den Versiegelungsprozess notwendig. Sobald m Shamir-Teile eingegeben worden sind, ist die DCUA wieder versiegelt und betriebsbereit. Dies entspricht dem versiegelten Zustand in Abb. 2.12.

Die Güte der Sicherung der Integrität durch den Versiegelungsprozess hängt von folgenden Faktoren ab:

1. Die Gründlichkeit des Hard- und Software-Audits. Die sogenannte *Prüftiefe* ist vom eingesetzten Aufwand und insbesondere von der Sach- und Fachkunde[13] der Versiegelungsstellen (Sealing Trustees) abhängig.

---

[12]Mit „Shamir Part" wird ein durch das Verfahren „Shamir Secret Sharing" [11] erzeugter Teil eines nur gemeinschaftlich zusammensetzbaren Geheimnisses bezeichnet. Der folgende Vergleich zeigt, dass diese Art ein Geheimnis zu teilen besonders sicher und gut operationalisierbar ist: Wenn ein geheimes Wort einfach an mehreren Stellen aufgetrennt und so zerteilt wird, so ergibt sich das Problem, dass zur Rekombination alle Teile wieder zusammen kommen müssen. Wenn nur ein Teil fehlt, ist die Rekombination unmöglich. Außerdem kann das Geheimnis leichter erraten werden, je mehr Teile davon bekannt sind. Anders beim „Shamir Secret Sharing", das diese Probleme nicht hat. Dort kann ein Geheimnis auf $n > m$ Versiegelungsstellen aufgeteilt und aus m Teilen von m Stellen wieder rekombiniert werden. Dabei kann aus $m - 1$ Teilen kryptografisch genauso wenig auf das Geheimnis geschlossen werden wie, wenn gar keine Shamir-Teile vorlägen.

[13]Hierfür sind vor allem Kenntnisse und Erfahrungen im Bereich der Elektrotechnik, Informatik und der IT-Sicherheit notwendig. Spezielle Aus- und Fortbildungsprogramme für Versiegelungsstellen werden von der Uniscon GmbH und der TÜV SÜD Akademie GmbH angeboten.

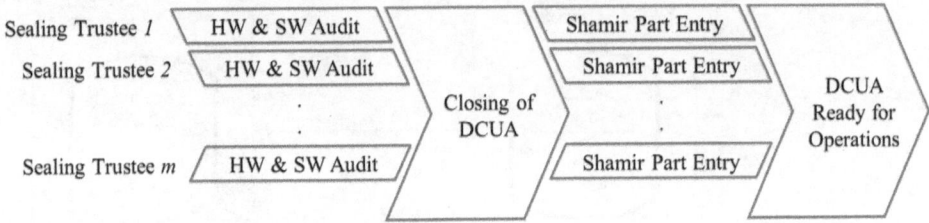

Abb. 2.17 Der reguläre Versiegelungsprozess

2. Wenn mehrere Versiegelungsstellen *parallel auditieren*,[14] bleiben weniger Fehler unentdeckt. Der zweite Einflussfaktor ist also die Anzahl der verschiedene, Versiegelungsstellen für eine Prüfung.
3. Der dritte Einflussfaktor ist die *Unabhängigkeit* der Versiegelungsstellen untereinander. Die Wahrscheinlichkeit einer ungenügenden Integritätssicherung durch mangelnde Sorgfalt oder gar durch arglistige Absprache (engl. „malicious coalition") und damit einer Schwächung der Wirkung der in Abschn. 2.2, 2.3 und 2.4 beschriebenen Maßnahmenpakete ist umso kleiner, je unabhängiger voneinander die Versiegelungsstellen agieren können. Der Grad der Unabhängigkeit, mit dem Auditoren Urteile fällen und Entscheidungen treffen können, hängt von den Beziehungen zwischen den verschiedenen Versiegelungsstellen ab. Ungüstig sind enge Beziehungen mit vielfältigen Abhängigkeiten, z. B. langjährige Freundschaft, gemeinsame Vorgesetzte, gemeinsame Anteilseigner, oder eine Umgebung, in der keine klare Rechenschaft abgelegt werden muss. Günstig sind Verhältnisse in denen sich die Auditoren gegenseitig kontrollieren, z. B. wenn diese am freien Markt im Wettbewerb miteinander stehen.

Das Sealed-Cloud-System kann besonders vertrauenswürdig gestaltet werden, wenn entsprechend Abb. 2.18 mehrere DCUA miteinander zu einem Netz verbunden werden. In diesem Beispiel werden vier Knoten eines solchen Netzes von vier verschiedenen Organisationen betrieben. Diese operieren wirtschaftlich weitgehend unabhängig voneinander. Zur initialen Versiegelung entsendet jeder Knotenbetreiber drei „Sealing Trustees". Beispielsweise stammen die „Trustees" 1, 5 und 9 vom Betreiber des Knotens 1 (Node 1), die „Trustees" 2, 6 und 10 vom Betreiber des Knotens 2 (Node 2), die „Trustees" 3, 7 und 11 vom Betreiber des Knotens 3 (Node 3) und die „Trustees" 4, 8 und 12 vom Betreiber des Knotens 4.

Bei der initialen Versiegelung des Knotens 1 überprüfen alle Auditoren, i.e. „Sealing Trustees", das System und insbesondere die DCUA eingehend. Dann wird entsprechend des oben erläuterten Prozesses die DCUA geschlossen. Die „Sealing Software" des Knotens 1 erzeugt ein asymmetrisches Schlüsselpaar. Der private Schlüssel des

---

[14]Ein streng sequenzielles Vorgehen mehrerer Versiegelungsstellen ist nicht möglich, da die DCUA unmittelbar nach der Prüfung geschlossen wird. Die Versiegelungsstellen müssen abschnittsweise sequenziell nebeneinander arbeiten.

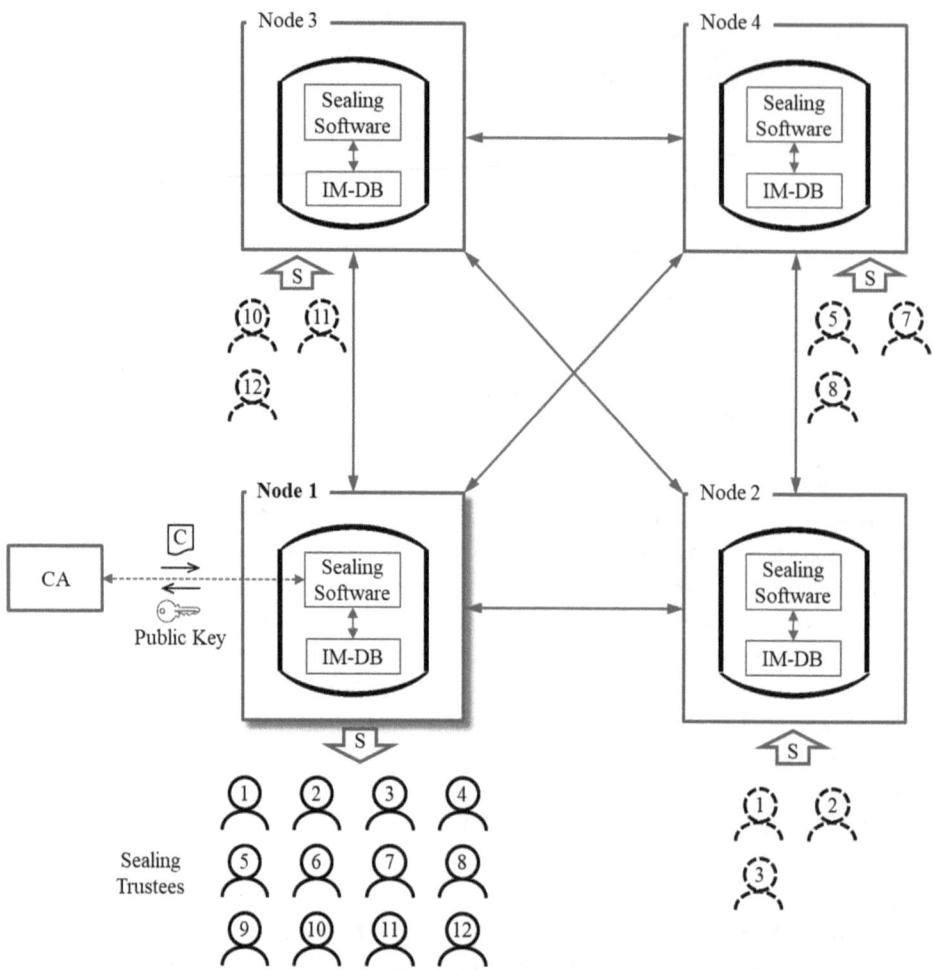

Abb. 2.18 Schema zur Erklärung des „Sealed Trust Anchor Networks" (STAN)

Schlüsselpaares wird rein volatil in einer ausschließlich im Arbeitsspeicher betriebenen Datenbank (engl. „In-Memory Database", IM-DB) gespeichert. Der öffentliche Schlüssel wird als „Certification Request" formatiert ausgegeben und an eine Zertifizierungsautorität (engl. „Certification Authority", CA) weitergeleitet. Die CA signiert den öffentlichen Schlüssel und leitet das so erstellte Zertifikat (C) zurück zum Betreiber des Knotens 1. Die „Sealing Software" leitet nach dem Shamir-Verfahren aus dem privaten Schlüssel die Teilgeheimnisse (S) für die „Sealing Trustees" 1 bis 12 ab. Die Ausgabe erfolgt so, dass jeder „Trustee" nur das für ihn bestimmte Teilgeheimnis lesen kann.[15]

---

[15]Praktisch wird das Teilgeheimnis mit dem öffentlichen Schlüssel eines Personenzertifikats des „Trustees" verschlüsselt und per E-Mail an diesen übermittelt. Mit seinem privaten Schlüssel kann nur der „Trustee" den Shamir-Teil entschlüsseln.

Die Versiegelungen der Knoten 2 bis 4 des Netzes werden nun nicht als initiale Versiegelung nach Abb. 2.16 dargestellt, sondern als wiederholte Versiegelung nach 2.17 durchgeführt. Das Shamir-Verfahren ist so hierarchisch gestuft konfiguriert, dass von mindestens drei verschiedenen Knotenbetreibern je ein „Sealing Trustee" den Versiegelungsprozess mit ausführen muss. Beim Knoten 2 sind das in Abb. 2.18 beispielsweise die drei[16] „Trustees" 1, 2 und 3. Bei Knoten 3 die „Trustees" 10, 11 und 12, sowie bei Knoten 4 die „Trustees" 5, 7 und 8. Nach der Prüfung der Soft- und Hardware wird die DCUA geschlossen und die „Trustees" geben jeweils ihre Shamir-Teilgeheimnisse ein. Durch die wiederholte Anwendung der Versiegelung entsteht in jeder DCUA der exakt gleiche private Schlüssel, der in die jeweilige IM-DB geschrieben wird. Dadurch können

1. die vier Netzknoten 1 bis 4 sicher miteinander kommunizieren. Niemand kann die privaten Schlüssel der verschlüsselten Verbindungen zwischen den Netzknoten kennen, und
2. die Knoten können immer wieder neu versiegelt werden, ohne dass das ausschließlich in den IM-DB der jeweiligen Knoten geschriebene Geheimnis einem Menschen zugänglich und bekannt sein müsste.

Weil ein solches Netz durch die Unabhängigkeit der Knotenbetreiber besonders vertrauenswürdig ist, wird es engl. als „Sealed Trust Anchor Network" (STAN) bezeichnet. Es kann als Vertrauensanker für die in Abschn. 2.3 genannte Schlüsselquelle (Key Service) dienen. Ein STAN kann den Schlüsselbedarf vieler DCUA bedienen. Vielfältige weitere Systeme, wie z. B. verteilte Datenbanken zur nicht abstreitbaren Speicherung von Daten, können das STAN als Vertrauensanker nutzen.

> Ein als „Versiegelung" bezeichneter Prozess knüpft die Betriebsfähigkeit einer „Data Clean-up area" technisch an ein positives Ergebnis der technischen Auditierung des Systems. So wird sichergestellt, dass die Maßnahmenpakete der Kapselung, der Schlüsselverteilung und der gefilterten Schnittstellen tatsächlich so funktionieren wie sie müssen, um die Schutzwirkung der Sealed Cloud zu leisten.
>
> Durch ein „Sealed Trust Anchor Network", (STAN) genanntes Netz von versiegelten Kapseln kann ein besonders vertrauenswürdiger Verbund von „Data Clean-up Areas" geschaffen werden, der als Vertrauensanker für eine Vielzahl von Anwendungen dienen kann.

---

[16]Die notwendige Anzahl an „Sealing Trustees" kann entsprechend dem erforderlichen Niveau der Vertrauenswürdigkeit (engl. „assurance level") eingestellt werden. Sogar eine Einteilung der „Sealing Trustees" in Gruppen, etwa entsprechend der Zugehörigkeit zu einer Prüfungs- oder Betreiberorganisation, ist möglich.

2.5.2   Überprüfung der Softwareintegrität beim Boot

Ein weiterer Teil des Maßnahmenpakets zur Integritätssicherung ist die Überprüfung der Softwareidentität und -integrität beim Boot.[17] In Abb. 2.15 sind die dafür benötigten Komponenten, nämlich das Repository für die signierte Software (engl. „Signed Software Server"), das Modul zur vertrauenswürdigen Verifikation der Software beim Start (engl. „Trusted Boot") und das TPM, hervorgehoben. Beim Systemstart lädt die „Trusted Boot"-Komponente den Softwarecode vom „Signed Software Server" herunter, überprüft dessen Identität und Integrität – z. B. mit Hilfe von im TPM gespeicherten Werten – und startet die Software. Es sind verschiedene Implementierungen der Überprüfung der Softwareintegrität mit unterschiedlichen Härtegraden möglich. Ihnen gemeinsam ist, dass, solange die Sicherungsmaßnahmen nicht umgangen oder ausgehebelt werden können, nur Software in der DCUA starten kann, die von dazu Berechtigten elektronisch signiert wurde.

Bei „Software" wird hier zwischen Systemsoftware für Basis- und Hilfsfunktionen (engl. „system space" oder „kernel space") und Anwendungssoftware, welche die Funktionen des Systems zur Umsetzung der Anwendungslogik nutzt (engl. „user space" oder „userland"), unterschieden. Die Software aus dem „system space" darf nicht im versiegelten Zustand verändert oder aktualisiert werden können. Die Software im „userland" muss jedoch im versiegelten Zustand aktualisiert werden können.

Eine Methode für die Überprüfung der Integrität der Systemsoftware ist das in einer „Measured Launch Environment" (MLE) genannten Umgebung anwendbare Verfahren, wie es beispielsweise von Intel mit der so genannten „Trusted Execution Technology" (TXT) vorgesehen ist. Dabei wird mit „Unified Extensible Firmeware" (UEFI) genannten Erweiterungen zum BIOS und einer „tboot" genannten Erweiterung der Komponente zur Steuerung des Softwarestarts („bootloader") eine Vertrauenskette (engl. „Chain of Trust") aufgebaut. Diese Vertrauenskette beginnt mit der Überprüfung der Integrität der untersten Firmwareschicht. Dazu wird ein „Hash"-Wert des gesamten Codes dieser Firmwarekomponente gebildet, der wie ein Fingerabdruck (engl. „finger print", FP) für einen bestimmten Softwarecode steht,[18] und mit einem erwarteten Wert in einem Register des TPM verglichen. Errechnet „tboot" den erwarteten Wert, dann erfolgt der Start der Komponente und die Überprüfung der nächsten Softwarekomponente beginnt. Wieder bildet „tboot" den „Hash"-Wert über den gesamten Code der nächsten Komponente und

---

[17]Mit „Identität" ist die Zuordnung einer Software zu einer bestimmten Bezeichnung, e.g. Name, Version, etc. gemeint, wohingegen mit „Integrität" bezeichnet ist, ob der konkrete Softwarecode keinen unbekannten und/oder unerwünschten Zusatzcode enthält.

[18]Wenn Teile des Codes verändert wären, würde sich bei einer solchen mathematischen „Hash"-Wertbildung (deutsch „Streufunktion") ein anderer als der erwartete Wert ergeben. Die für solche Anwendungen verwandten Streufunktionen bilden unterschiedliche und unterschiedlich lange Eingabewerte (der verschiedenen Software-Codes) auf gleich lange, jedoch jeweils unterschiedliche Ausgangswerte ab.

vergleicht ihn mit im TPM gespeicherten Erwartungswerten. In Abb. 2.19 ist der Ablauf als Flussdiagramm dargestellt. Der gesamte Softwarestapel (engl. „Software Stack") kann nur starten, wenn die Überprüfung aller Komponenten positiv ausfällt. Liegt auf dem Software-Server nicht-vorgesehener Code, so schlägt der Prozess des Ladens und Starts fehl. Man spricht von einer Vertrauenskette, weil die jeweils nächste Komponente nur geladen und gestartet werden kann, wenn auch die Integrität der in der Startsequenz vorangehenden Komponente erfolgreich verifiziert werden konnte. Kann die Integrität auch nur einer Komponente der Kette nicht bestätigt werden, bricht der gesamte Startvorgang ab. Das System kann nicht in Betrieb gehen.

Eine solche Integritätsüberprüfung bedingt eine geeignete Konfiguration der dafür relevanten Kontrollkomponenten, also beispielsweise das TPM oder „tboot" vor dem Systemstart. Dies ist nur mit eigens für diese Komponenten vorgesehener Authentifizierung mit Nutzername und Passwort möglich. Nach der Versiegelung einer DCUA ist die übliche Administrationsschnittstelle zum Vornehmen von Veränderungen an diesen Komponenten nicht mehr zugänglich. So machen sowohl die Maßnahmenpakete der Kapselung der Server (Abschn. 2.2) und der Filterung der Schnittstellen (Abschn. 2.4), die diesen Zugang verwehren, als auch der in Abschn. 2.5.1 beschriebene Versiegelungsprozess, solche integritätssichernde Verfahren vor Manipulation durch Administratoren sicher und heben entsprechend die Schutzwirkung auf das erforderliche Niveau. Für die Integritätssicherung der Systemsoftware sind somit die Versiegelungsstellen (Sealing Trustees) verantwortlich.

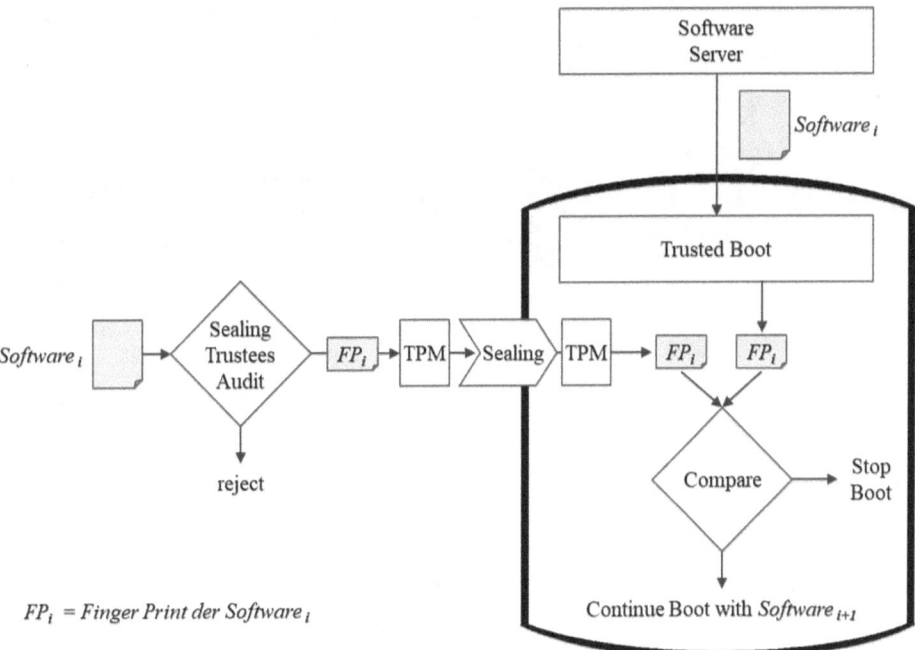

Abb. 2.19 Ablauf der Überprüfung der Integrität von Systemsoftware

Wenn das System erfolgreich mit vollständig verifizierter Systemsoftware gestartet ist, erfolgt der Start der Software des „Userland". Für diese Software sind i. d. R. andere Stellen als für die Systemsoftware verantwortlich. In Abb. 2.20 ist der entsprechende Ablauf der Überprüfung der Integrität dargestellt. Da die Aktualisierung solcher Software auch im versiegelten Zustand möglich sein muss, ist der Abgleich mit beispielsweise im TPM gespeicherten „Hash"-Werten analog zur Systemsoftware für „Userland"-Software nicht möglich. Dafür wäre ein Öffnen der DCUA, also das Überführen in den unversiegelten Zustand, ein Einspeichern der neuen Signaturen der Software und eine erneute Versiegelung entsprechend Abschn. 2.5.1 erforderlich. Daher ist ein anderer Mechanismus zur Integritätsüberprüfung für „Userland"-Software unvermeidlich.

Die Komponente „Trusted Boot" führt eine Liste der für eine bestimmte DCUA zugelassenen Integritätsverantwortlichen und der diesen zugehörigen öffentlichen Signaturschlüssel. Nach dem Start des Systems werden die dem „Userland" zugehörigen Komponenten nur dann gestartet, wenn diese mit dem entsprechenden privaten Schlüssel der Integritätsverantwortlichen signiert wurden. Dies kann mit den öffentlichen Signaturschlüsseln von „Trusted Boot" überprüft und entsprechend gesteuert werden.

Je nach Schutzbedarf und dem entsprechend geforderten Härtegrad der Integritätssicherung kann die digitale Signierung der Software den Bereitstellern bzw. den Entwicklern der Software überlassen werden oder bedarf einer unabhängigen Überprüfung und Bewertung

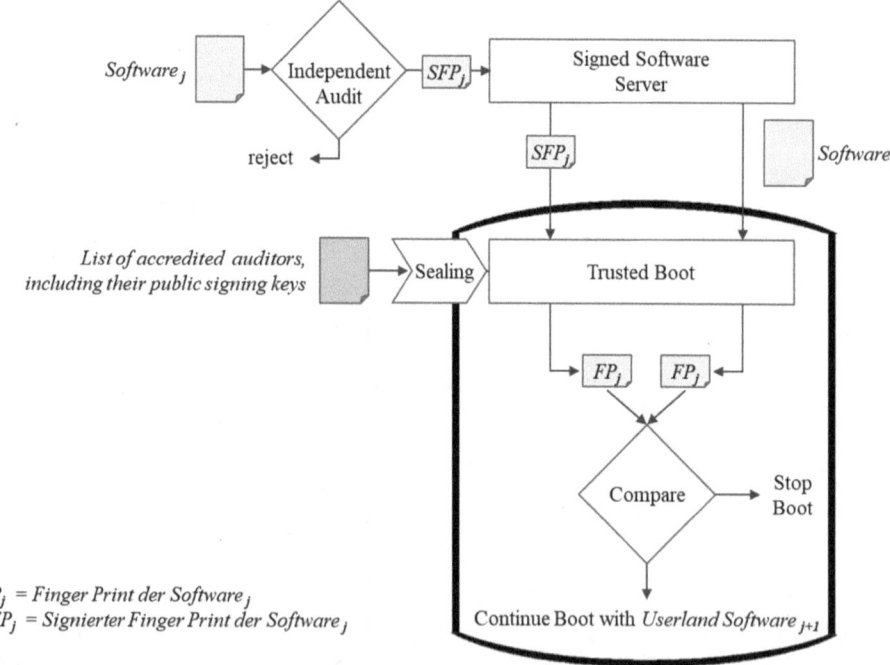

FP_j = Finger Print der Software$_j$
SFP_j = Signierter Finger Print der Software$_j$

Abb. 2.20 Ablauf der Überprüfung der Integrität von „Userland"-Software

des Codes, bei der die unabhängigen Auditoren den aktuellen Stand der Software nur bei einem positiven Prüfungsergebnis signieren.

Zur Sicherung der Identität und Integrität der in die Sealed Cloud geladenen Software kommen Software Audits und digitale Signaturen zum Einsatz. Die Methoden aus dem sogenannten „Trusted Computing" zur Sicherung der Integrität entfalten ihre volle Schutzwirkung erst in Kombination mit den Maßnahmenpaketen des „Data Clean-up" und der gefilterten Schnittstellen.

2.5.3 Produktion vertrauenswürdiger Software

Die in Abschn. 2.5.2 ausgeführte Überprüfung der Integrität des Codes ist von der Prüfung der Vertrauenswürdigkeit des Codes zu unterscheiden.

- Die *Integrität des Codes* bezieht sich darauf, dass die in der Sealed Cloud gestartete Software auf jedes einzelne Bit genau der Software entspricht, die der Integritätsverantwortliche bei der Signierung bzw. die Versiegelungsstellen bei der Versiegelung überprüften und freigaben.
- Mit *vertrauenswürdiger Software* ist Code gemeint, in dem keine Komponenten oder Code-Abschnitte enthalten sind, die nicht dem spezifizierten Zweck der Software entsprechen und die Sicherheit der Daten dieser Software oder anderer auf derselben Recheninfrastruktur ausgeführten Software gefährden könnten. Solche nicht-vertrauenswürdige Teile des Codes können aus Versehen oder in arglistiger Absicht eingebracht werden.

Wie die Wahrscheinlichkeit für solchen nicht-vertrauenswürdigen Code in der Software minimiert werden kann, wird in diesem Unterkapitel behandelt. Grundsätzlich bieten sich zur Sicherung der Vertrauenswürdigkeit der Software zwei Herangehensweisen an.

1. **Sicherung der Vertrauenswürdigkeit bereits bei der Erstellung des Codes:** Die einfachste und gleichzeitig wichtigste Methode zur Sicherung der Vertrauenswürdigkeit ist die Sensibilisierung und Ausbildung der Software-Entwickler, beim Schreiben des Codes bereits auf die Sicherheit zu achten. Die nicht-gewinnorientierte Stiftung „Open Web Application Security Project" (OWASP), hat sich der kontinuierlichen Verbesserung der Anwendungssicherheit verschrieben. Für diesen Zweck betreibt OWASP verschiedene Initiativen, wie beispielsweise die Zusammenstellung der zehn wichtigsten Regeln, die Softwareentwickler beachten sollten („The Top Ten") [12], oder einen kompletten Führer mit Handlungsanweisungen für Entwickler („The Gui-

de") [13]. Dieses Grundwissen bewahrt die Entwickler davor, versehentlich oder durch Unkenntnis Sicherheitsprobleme in den Code einzubauen.

Eine weitere Methode zur Sicherung der Vertrauenswürdigkeit ist die so genannte „Paarprogrammierung" (engl. „pair programming"). Hier arbeiten jeweils zwei Programmierer bei der Erstellung des Quellcodes gemeinsam an einem Computer. Einer davon schreibt den Code, während der andere über die Aufgabenstellungen nachdenkt, den geschriebenen Code kontrolliert, sowie ihm dabei auffallende Probleme sofort anspricht. Diese können sofort im Gespräch der beiden Partner gelöst werden. Es ist günstig, wenn sich die beiden Entwickler bezüglich dieser Rollen häufig abwechseln. Auch die Zusammensetzung der Paare sollte sich häufig ändern. Diese Vorgehensweise fördert die Akkuratesse und Gewissenhaftigkeit mit der gearbeitet wird. Arglistiges Vorgehen wird durch die Kontrolle des Partners ebenfalls erschwert. Die Produktivitätsauswirkungen der Paarprogrammierung sind umstritten [14], da bei ungleichen Paaren ggf. der Partner in der kontrollierenden Rolle gelangweilt oder überfordert sein kann. Bei gut harmonierenden Paaren jedoch kann die Produktivität geradezu explodieren, da wegen der höheren Code-Qualität viel weniger Fehler auftreten, die ansonsten anschließend gesucht und repariert werden müssten.

Besonders bei der Erstellung von quelloffener (engl. „open source") Software hat sich ein Prozess mit Autoren und „Committer" etabliert. Die „Committer" sind diejenigen Entwickler, die berechtigt sind, Änderungen am publizierten Code vorzunehmen. Diese werden durch die am Open-Source-Projekt Beteiligten gewählt. Dieses Modell kann auch auf nicht offen erstellte Software angewendet werden, indem weniger erfahrene Entwickler den von ihnen erstellten Code den erfahrenen „Committern" zur Durchsicht vorlegen. Diese pflegen dann, falls sie mit dem Code einverstanden sind, die Beiträge in den Produktionscode ein.

In Abb. 2.21 ist ein für Sealed Cloud spezifisches Verfahren skizziert, mit dem automatisch und nicht abstreitbar dokumentiert wird, welcher Entwickler für welchen Code verantwortlich ist. Damit können eine Durchsicht und Bestätigung der Vertrauenswürdigkeit durch Kollegen sowie das „Committer"-Modell als Prozess erzwungen werden. Hierfür werden die Entwickler registriert und zur Entwicklung der Software akkreditiert. Die so entstehende Liste der Entwickler (engl. „list of accredited software authors") wird vor der Versiegelung der DCUA mitsamt der zugehörigen öffentlichen Signaturschlüssel aller akkreditierter Entwickler eingepflegt. Die Entwickler signieren alle ihre Beiträge – beim Paarprogrammieren signieren beide Entwickler die gemeinsam erarbeiteten Beiträge – bevor diese von den „Committern" begutachtet, ebenfalls signiert und dann eingepflegt werden. Bei Paarprogrammierung kann ggf. auf die Begutachtung durch „Committer" verzichtet werden. So entsteht der gesamte signierte Quellcode auf dem Quellcodeserver (engl. „Signed Source Code", oder „Source Code Repository"). Die „Sealed Software Production"-Einheit in der DCUA lädt diesen Quellcode, überprüft mit den öffentlichen Signaturschlüsseln der Entwickler die Zulässigkeit aller Komponenten und produziert, falls alle Komponenten zugelassen werden können, die Software als Binärcode. Als Ergebnis wird diese,

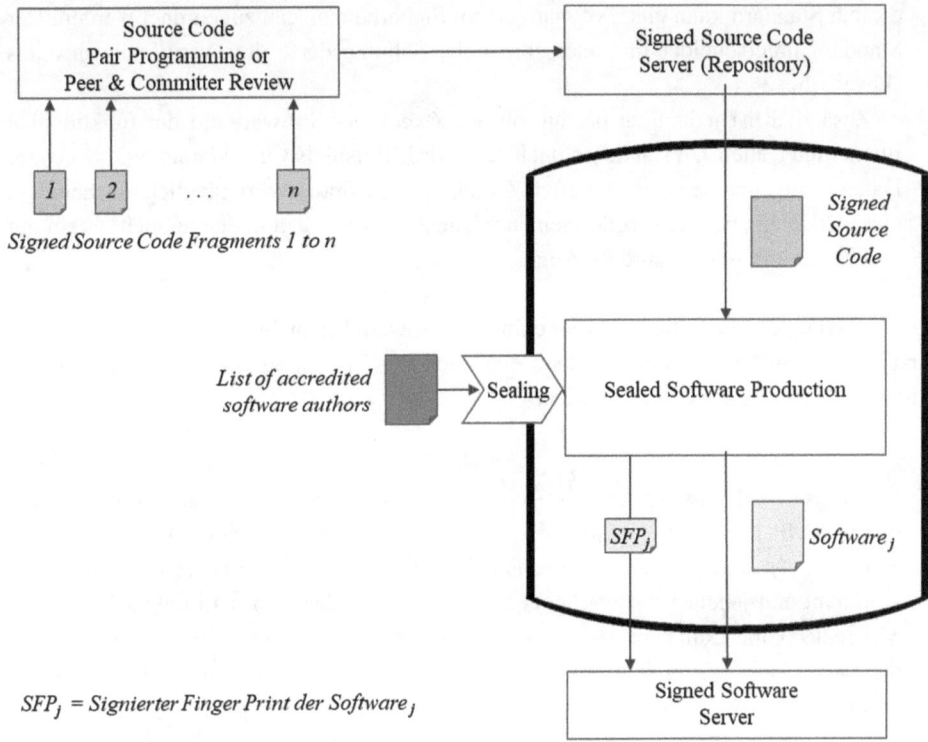

Abb. 2.21 Ablauf der Überprüfung der Integrität von „Userland"-Software

durch den geschilderten Prozess besonders hoch vertrauenswürdige *Software_j* auf dem
„Signed Software Server" zusammen mit einer für die versiegelte Produktion stehende
Signatur (*SFP_j*), abgelegt.

2. **Nachträgliche Überprüfung eines bereits geschriebenen Codes:** Wenn Code bereits
erstellt ist, kann ebenfalls eine Überprüfung der Vertrauenswürdigkeit des Codes vorgenommen werden. Dies ist allerdings sehr aufwändig und erfordert sehr hohe Qualifikation und Erfahrung bei den Prüfern. Es muss zwischen den Ursachen für ggf.
nicht-vertrauenswürdige Software unterschieden werden.

Zum einen sind da nicht-sichere Implementierungen von Software, die durch
Prüfkataloge wie beispielsweise den „Application Security Verification Standard"
(ASVS) [15] der OWASP aufgedeckt werden können. Die Erfüllung eines Teils der
in ASVS enthaltenen Anforderungen kann durch so genannte Penetrationstests (Pen-
Test)[19] teilweise sogar automatisch erfolgen. Durch mangelhafte Implementierung
können Einfallstore für Angreifer versehentlich offen gelassen werden. Entsprechend

---

[19]Bei Penetrationstests versuchen die Ingenieure, die auch als „White Hat Hacker", also als gutartige
„Hacker", bezeichnet werden, gleichsam „in" die Server „einzudringen".

diesem Standard kann eine Software einem Sicherheitsniveau zugeordnet werden. Der Standard unterscheidet für unterschiedliche Schutzbedarfe drei Verifikationsniveaus (Level 1 bis 3).

Zusätzlich ist jedoch zu prüfen, ob der Zweck der Software auf der funktionalen Ebene unter allen Umständen eingehalten wird. Beispielsweise könnte eine Software Daten – entgegen dem spezifizierten Zweck – Nicht-Befugten zugänglich machen. Um diese Codeteile bei der sorgfältigen Durchsicht des Codes zu finden, braucht es ein gut geschultes und sehr erfahrenes Auge.

Zur Sicherung der Vertrauenswürdigkeit müssen sowohl Maßnahmenbündel bezüglich der Erstellung sicherer Software als auch erst nach der Erstellung der Software greifende Maßnahmenbündel eingesetzt werden.

> Das vierte Maßnahmenpaket der Sicherung der Integrität der Sealed Cloud, wird durch die Sicherung der Vertrauenswürdigkeit der Software abgerundet. Dabei ist zwischen den Maßnahmen, die bereits bei der Erstellung der Software zum Einsatz kommen, und jenen der nachträglichen Überprüfung des Codes zu unterscheiden. Mit Sealed Cloud kann ein Ansatz, bei dem alle Komponenten des Quellcodes durch die Entwickler einzeln signiert werden, manipulationssicher und die Softwareproduktion dadurch besonders vertrauenswürdig implementiert werden.

2.6 Verzahnung der Maßnahmenpakete

Dieses Unterkapitel fasst die Wirkung der vier vorgestellten Maßnahmenpakete zusammen. Es könnte angenommen werden, dass die Maßnahmenpakete im Wesentlichen unabhängig voneinander wirken. Dies ist jedoch nicht der Fall. Die Pakete sind untereinander eng verzahnt. Jedes Paket bedarf der Ergänzung durch die jeweils drei anderen Pakete. So bilden die Maßnahmenpakete zusammen eine abgeschlossene und doch verwaltbare Kapsel. In Abb. 2.22 ist diese Verzahnung visualisiert. Im Folgenden werden die in Abb. 2.22 nummerierten Abhängigkeiten im Einzelnen besprochen:

1. Die physische und logische Kapsel, bei deren Verletzung der „Data Clean-up" ausgelöst wird, wäre unvollständig, wenn nicht folgende Maßnahmenpakete die Kapsel ergänzen würden:
   a. Die spezielle Schlüsselverteilung verhindert den Zugriff von Administratoren auf zentrale Schlüssel.
   b. Die gefilterten Schnittstellen verhindern den unbegrenzten Zugriff der Administratoren auf die Anwendungsserver in der DCUA.
   c. Die Sicherung der Integrität verhindert unbefugte Änderungen der Hardware oder Software der DCUA.

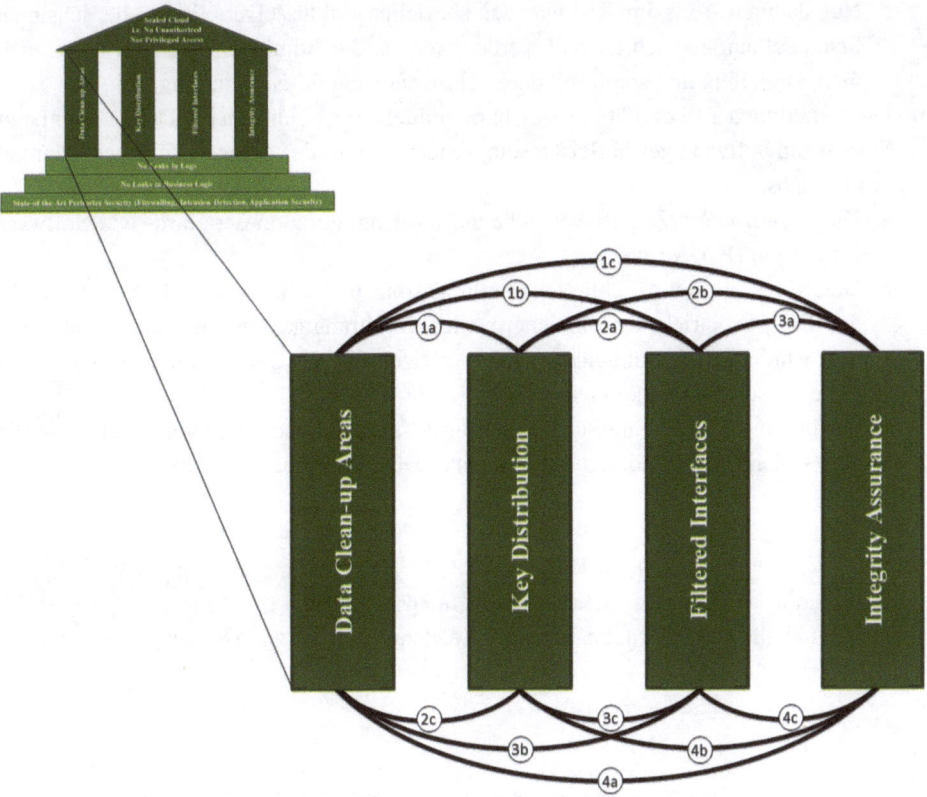

Abb. 2.22 Die Verzahnung der vier Maßnahmenpakete

2. Die spezielle Schlüsselverteilung ist auf die Ergänzung durch die anderen Maßnahmenpakete angewiesen, da sonst das geheime Schlüsselmaterial von Administratoren ausgelesen werden könnte.

   a. Wenn die Filter den Zugriff der Administratoren nicht einschränken würden, wären die Schlüssel über „remote access" lesbar.

   b. Die Mechanismen, nach denen die Schlüssel nach Benutzung verworfen und während des Betriebs sicher nicht exportiert werden, können nur durch mehrere voneinander unabhängige Audits, wie sie durch das Maßnahmenpaket der Sicherung der Integrität vorgesehen sind, nachgewiesen werden.

   c. Ohne „Data Clean-up" könnten die Schlüssel nach dem Öffnen der DCUA ausgelesen werden.

3. Die Einstellungen und Festlegungen der Filterung der Administratorzugänge dürfen nicht durch die Administratoren verändert werden können.

   a. Die Audits bei der Sicherung der Integrität stellen sicher, dass die initiale Konfiguration der Filter den Spezifikationen und Anforderungen entspricht.

   b. Die Kapsel wehrt Zugriffsversuche auf die Konfiguration der Filter rigoros ab.

   c. Nur dadurch, dass im Rahmen der speziellen Schlüsselverteilung alle sensiblen Schlüssel automatisch erzeugt werden, können die Administratoren auf diese auch nicht zugreifen, und somit mit deren Hilfe auch die Filter nicht umgehen.

4. Die Sicherung der Integrität muss nicht nur initial beim Schließen der DCUA oder beim Starten von Software gewährleistet sein, sondern bedarf der Absicherung auch während des Betriebs.

   a. Die Kapsel wehrt Zugriffsversuche auf die Konfiguration der Hard- und Software der ganzen DCUA rigoros ab.

   b. Durch das spezielle Schlüsselverteilungskonzept ist die Integrität der außerhalb der DCUA betriebenen Speichermedien zweitrangig. Ein Mangel an Integrität dort würde die Vertraulichkeit nicht verletzen, da die Daten nicht missbräuchlich entschlüsselt werden können.

   c. Der durch die Filter eingeschränkte Zugriff für Administratoren verhindert, dass die Netz- oder Softwarekonfiguration in einer DCUA geändert werden kann.

> Jedes der vier Maßnahmenpakete der Sealed Cloud, „Data Clean-up Areas", „Key Distribution", „Filtered Interfaces" und „Integrity Assurance", braucht die Ergänzung durch die anderen Maßnahmenpakete, damit sich die volle Schutzwirkung von Sealed Cloud entfaltet.

2.7 Alternative & ergänzende Ansätze für Sealed Computing

Die Technologie Sealed Cloud ist nicht der einzige Ansatz, Administratoren von privilegierten Zugriffen auszuschließen. Weitere Ansätze für betriebersichere Technologie stammen von niemand geringerem als den großen Prozessorherstellern Intel und AMD. Es sind dies Intels „Software Guard Extensions" (SGX) [16] und AMDs „Secure Encrypted Virtualization" (SEV) [17].

Die Konzepte sehen vor, dass die schützenswerten Daten innerhalb der Prozessorkerne unverschlüsselt verarbeitet werden, und außerhalb dieser, also bereits auf dem Systembus und dem Arbeitsspeicher (RAM) nur verschlüsselt vorliegen. Die Daten aus den so genannten Speicherenklaven werden für jeden Befehl, zu dem sie wieder in den Prozessor übertragen werden müssen, entschlüsselt und bei Verlassen des Prozessors sofort wieder verschlüsselt.

Im Folgenden soll die Funktionsweise von SGX etwas näher erläutert werden: Die Anwendungsteile, die sich nicht dieser Versiegelung bedienen, kommunizieren mit den Anwendungsteilen, die gemäß SGX ausgeführt werden, über Schnittstellen, die von den Anwendungsentwicklern mit der so genannten „Enclave Definition Language" (EDL) definiert werden. Eine solche Aufteilung der Software-Anwendung in Teile, die innerhalb bzw. außerhalb von SGX ausgeführt werden, ist notwendig, da die benötigten Speicher-Enklaven dedizierte Teile des Arbeitsspeichers sein müssen, die über gesonderte Chip-

Strukturen mit der dedizierten Verschlüsselungshardware verbunden sind. Die Größen dieses „Enclave Page Cache" (EPC) genannten Teile des Arbeitsspeichers umfassen bislang nur wenige 100 MB Speichervolumen. Die zur Verschlüsselung genutzten Schlüssel können entweder von extern importiert, oder intern erzeugt werden. Das Schutzniveau von SGX wird nur entfaltet, wenn die Schlüssel intern erzeugt werden. Dazu wird während dem Herstellungsprozess ein individueller Schlüssel des Chipherstellers als auch ein individueller Schlüssel eines unabhängigen Dienstleisters in das so genannte „fuse array" eingeschrieben. Der Schlüssel des unabhängigen Dienstleisters ist Intel nicht bekannt. Aus beiden Schlüsseln werden die für jede einzelne Enklave benutzten „Seal Keys" abgeleitet. Da die Zuordnung der abgeleiteten Schlüssel zu den Speicherenklaven durch die Software-Entwickler vorgenommen wird, müssen Implementierungen in diesem Bereich jeweils von unabhängigen Prüfern auditiert werden.

Wenn alle Definitionen und Konfiguration korrekt vorgenommen werden, dann fungieren die Enklaven, die Übertragungsbusse, die Entschlüsselungshardware, der Prozessorkern, die Verschlüsselungshardware und wieder die Busse und die Enklaven als eine versiegelte Kapsel in dessen Kern die zu verarbeitenden Daten für jeden einzelnen CPU-Befehl unverschlüsselt vorliegen und entsprechend miteinander verknüpft werden. Sofort nach Ausführung des Befehls werden die Daten wieder verschlüsselt und sind so für alle Administratoren, die auf den Arbeitsspeicher und die Busse Zugriff haben, unlesbar.

Zwei frühe Implementierungen von Sealed Computing mit SGX sind die Datenbankimplementierung „Haven" [18] und die Analytics-Anwendung „VC3" [19]. Microsoft Azure vermarktet unter dem Begriff „Azure Confidential Computing" Lösungen mit SGX seit 2017 [20]. Im Juli 2020 annoncierte auch Google „Google Cloud Confidential Computing" basierend auf der AMD SEV-Technologie [21].

Vergleicht man nun das Sealed Computing durch Sealed Cloud mit Sealed Computing mit SGX bzw. SEV anhand der für eine wirtschaftliche Anwendung von Cloud-Computing relevanten Kriterien, so ergibt sich das in Tab. 2.1 wiedergegebene Bild:

- **Skalierbarkeit** Die Maßnahmen der Sealed Cloud bedeuten für die Skalierbarkeit einer Cloud-Infrastruktur keine Einschränkungen. Gegenwärtig ist bei SGX und SEV nur eine kleine Anzahl von „Enclaves" limitierter Größe möglich. Sobald diese Limitierungen durch technische Verbesserungen überwunden werden, verhält es sich bei diesen Chip-basierten Versiegelungsmethoden wie bei der Sealed Cloud. Dass dieser Nachteil perspektivisch wegfallen könnte, ist mit den kleinen runden Klammern (- -) in der ersten Zeile der rechten Spalte der Tab. 2.1 angedeutet.
- **Performance** Ver- und Entschlüsselung ist bei Sealed Cloud ein vergleichsweise seltener Vorgang. Nur wenn Daten in eine DCUA hinein übertragen werden, müssen diese entschlüsselt, oder wenn diese wieder aus der DCUA heraus übertragen werden, müssen diese zuvor verschlüsselt werden. Anders bei SGX und SEV. Hier müssen die Daten für die Ausführung eines jeden CPU-Befehls entschlüsselt und nach Ausführung sofort wieder verschlüsselt werden. Intel und AMD lösen diese Anforderung durch spezielle Ver- und Entschlüsselungs-Hardware, die in wenigen Takten des Prozessors

Tab. 2.1 Vergleich von Sealed Cloud mit Sealed Computing auf Basis von SGX bzw. SEV

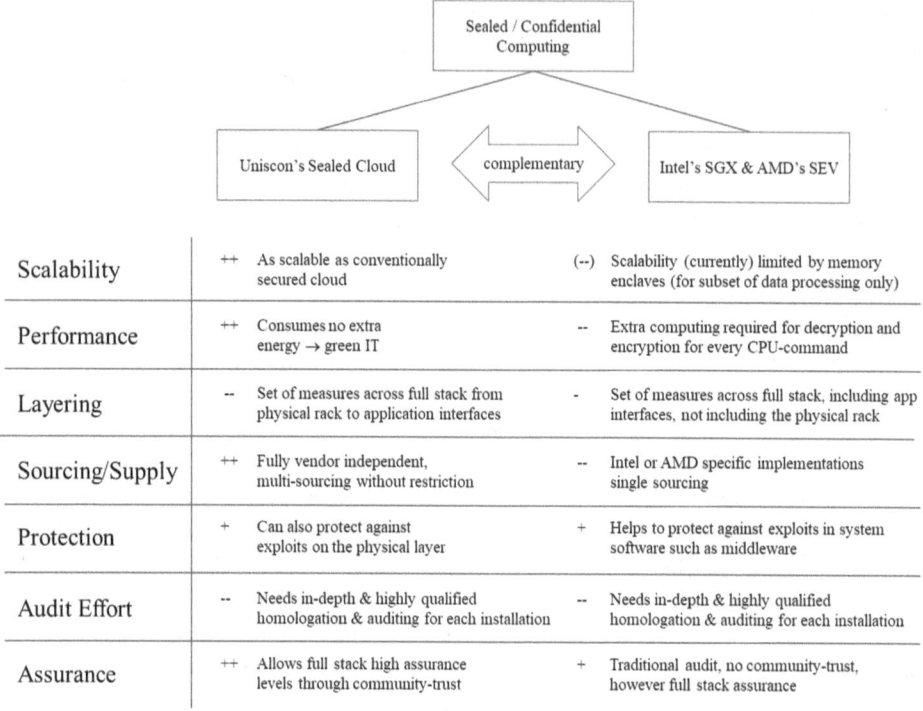

	Uniscon's Sealed Cloud		Intel's SGX & AMD's SEV
Scalability	++	As scalable as conventionally secured cloud	(--) Scalability (currently) limited by memory enclaves (for subset of data processing only)
Performance	++	Consumes no extra energy → green IT	-- Extra computing required for decryption and encryption for every CPU-command
Layering	--	Set of measures across full stack from physical rack to application interfaces	- Set of measures across full stack, including app interfaces, not including the physical rack
Sourcing/Supply	++	Fully vendor independent, multi-sourcing without restriction	-- Intel or AMD specific implementations single sourcing
Protection	+	Can also protect against exploits on the physical layer	+ Helps to protect against exploits in system software such as middleware
Audit Effort	--	Needs in-depth & highly qualified homologation & auditing for each installation	-- Needs in-depth & highly qualified homologation & auditing for each installation
Assurance	++	Allows full stack high assurance levels through community-trust	+ Traditional audit, no community-trust, however full stack assurance

diese komplexe Aufgabe erledigt. Dennoch ist ein mindestens doppelter Rechenaufwand und linear hierzu der benötigte Energieaufwand zu erwarten [11]. Sealed Cloud kann daher im Vergleich hierzu langfristig als „green IT" bezeichnet werden.

- **Layering** Der große Vorteil von Chip-basierten Versiegelungen gegenüber der in den Unterkapiteln 2.1 bis 2.6 vorgestellten Sealed Cloud jedoch ist, dass die sicherheitstechnische Gestaltung der physikalische Racks in denen die Server, die mit SGX oder SEV ausgerüstet sind, betrieben werden, keine Rolle spielen. Zwar sind auch SGX und SEV keine technischen Methoden, die nur einfach dem Gesamtsystem hinzugefügt werden müssten, und schon sei das Problem der Betreibersicherheit gelöst, sondern vielmehr ist auch bei dieser Technik eine konsistente Einhaltung der Gestaltungsvorschriften von den Schittstellen der Software angefangen bis zum Chip hin für die Schutzfunktion notwendig. Bei Sealed Platform umfasst der Vorschriftenkatalog allerdings zusätzlich die Ummantelung der Server durch die Kapsel der DCUA, bestehend aus den logischen Alarmgebern, den Rackelementen wie Türen, Wände, Decken und Böden sowie Sensoren und elektromagnetisch gesteuerten Schlössern.
- **Sourcing & Supply** Die Gestaltungsvorschriften der Sealed Cloud können völlig unabhängig von den Lieferanten der notwendigen Komponenten umgesetzt werden. Für alle Komponenten gibt es mehrere Lieferanten, sodass eine Lieferkette mit meh-

reren Quellen ohne Weiteres aufgebaut werden kann. Mit den von Intel und AMD entwickelten Techniken bindet sich der Anwender an diese Produkte und muss die Risiken einer hohen Abhängigkeit vom Chip-Hersteller in seinem Geschäftsmodell berücksichtigen.

- **Protection** Das wesentliche gemeinsame Merkmal der hier verglichenen Technologien ist die Betreibersicherheit, also dass der privilegierte Zugriff der Administratoren auf die verarbeiteten Daten technisch ausgeschlossen wird. Allerdings unterscheiden sich die beiden Technologien in ihrer Schutzwirkung so, dass eine sich gegenseitige ergänzende Anwendung für höchsten Schutz geboten sein kann: Die Chip-basierten Ansätze schützen besser gegen Schadsoftware (engl. „exploits") in der Systemsoftware, wohingegen Sealed Cloud besser gegen „Side Channel Attacks" auf der physikalischen Ebene schützen kann.
- **Audit Effort** Wie Freiling und Abdullah mit ihrer formalen Arbeit [22] bestätigen, kann auf eine menschliche Prüfung bzw. einen Audit für Sealed Computing, egal ob per Sealed Cloud oder durch die Chip-basierten Verfahren, nicht verzichtet werden. In beiden Fällen ist das eine schwierige und wegen der notwendigen Gründlichkeit auf-wändige Arbeit, die eine hohe Qualifikation bei den Auditoren voraussetzt. Zusätzlich ist bei den Chip-basierten Ansätzen noch eine Typenprüfung bzw. Homologierung des Chips erforderlich.
- **Assurance Level** Das Sicherheitsniveau und die Zuverlässigkeit mit der dieses in An-spruch genommen werden kann (engl. „assurance level") ist bei beiden Ausprägungen der Versiegelung hoch. Das in Abschn. 2.5.1 beschriebene besonders vertrauenswür-dige Initialisieren der Sealed Cloud durch eine Gemeinschaft von Auditoren (Sealing Trustees) ist das „Assurance Level" der Sealed Cloud besonders hoch (engl. „commu-nity trust"). Jedoch ist auch unter diesem Aspekt die gegenseitige Ergänzung der beiden Technologien für Szenarien mit dem entsprechenden Schutzbedarf angezeigt.

Die Chip-basierten Versiegelungsmethoden, im Speziellen die „Software Guard Extensions" (SGX) von Intel und die „Secure Encrypted Virtualization" (SEV) von AMD, die Daten in entschlüsselter Form nur in der zentralen Verarbeitungs-einheit (CPU) verarbeiten, können Sealed Cloud sehr gut ergänzen. Zwar ist de-ren Anwendung bislang auf kleine Rechenaufgaben beschränkt und sobald diese Limitierung überwunden ist, der Rechenaufwand ungefähr doppelt so aufwändig als bei Sealed Cloud, jedoch ist die so versiegelte Datenverarbeitung zusätzlich gegen Schadsoftware im Bereich der Systemsoftware geschützt.

Literatur

1. Hubert A. Jäger, Arnold Monitzer, Ralf O. Rieken, Edmund Ernst, Dau-Khiem Nguyen. (2014). Sealed Cloud – A Novel Approach to Safeguard against Insider Attacks, in: H. Kremar, R. Reussner and B. Rumpe, Trusted Cloud Computing, pp. 15–34. Springer, Heidelberg.
2. Kalman Cinkler. (2018). One-time passcode card. http://www.rempartec.com/, abgerufen am 5. Okt 2018.
3. Keferstein C.P., Marxer M., Bach C. (2018) Berührungslose Messverfahren. In: Fertigungsmesstechnik. Springer Vieweg, Wiesbaden
4. Hering E. (2014) Sensoren. In: Elektronik für Ingenieure und Naturwissenschaftler. Springer-Lehrbuch. Springer Vieweg, Berlin, Heidelberg
5. Samuel K. Moore. (2018) The Unhackable Envelope. IEEE Spectrum. https://spectrum.ieee.org/tech-talk/computing/hardware/the-unhackable-envelope, abgerufen am 5. Okt. 2018.
6. J. Depoix and P. Altmeyer. (2018). Detecting Spectre Attacks by identifying Cache Side-ChannelAttacks using Machine Learning. WAMOS2018, Wiesbaden, https://www.betriebssysteme.org/wp-content/uploads/2018/10/WAMOS_2018_paper_12.pdf, abgerufen am 28. April 2019.
7. Whitfield Diffie und Martin E. Hellman. (1976). New Directions in Cryptography. In IEEE Transactions on Information Theory 22, Nr. 6, S. 644–654.
8. The Trusted Computing Group. (2003). https://trustedcomputinggroup.org, abgerufen am 3. Oktober 2018.
9. Uniscon-interne Kommunikation. September 2018.
10. Bundesnetzagentur. (2016). Anforderungskatalog nach § 113f TKG. https://www.bundesnetz-agentur.de/SharedDocs/Downloads/DE/Sachgebiete/Telekommunikation/Unternehmen_Institutionen/Anbieterpflichten/OeffentlicheSicherheit/TechnUmsetzung110/Downloads/Anforderungskatalog.pdf?__blob=publicationFile&v=1, abgerufen am 29. Juni 2020.
11. Adi Shamir (1979). How to Share a Secret. Programming Techniques. Editor R. Rivest. Communications of the ACM. Vol. 22 Nr. 11. November 1979.
12. Open Web Application Security Project (OWASP). (2017). OWASP Top 10, The Ten Most Critical Web Application Security Risks. https://www.owasp.org/images/7/72/OWASP_Top_10-2017_%28en%29.pdf.pdf, abgerufen am 23. Oktober 2018.
13. Open Web Application Security Project (OWASP). (2014). The OWASP Guide Project. https://www.owasp.org/index.php/OWASP_Guide_Project, abgerufen am 23. Oktober 2018.
14. Alistair Cockburn and Laurie Williams. (2001). The Costs and Benefits of Pair Programming. In: University of Utah Computer Science (Hrsg.): Extreme programming examined. Addison-Wesley, pp. 223–243.
15. Open Web Application Security Project (OWASP). (2016). Application Security Verification Standard. https://www.owasp.org/index.php/ASVS, abgerufen am 23. Oktober 2018.
16. Anati, I. et al., (2013). Innovative Technology for CPU Based Attestation and Sealing. In Workshop on Hardware and Architectural Support for Security and Privacy (HASP'13). pp. 1–7.
17. Kaplan, D., Powell, J. and Woller, T. (2016). AMD memory encryption. White paper. http://developer.amd.com/wordpress/media/2013/12/AMD_Memory_Encryption_Whitepaper_v7-Public.pdf, abgerufen am 17. Oktober 2017.
18. Baumann, A., Peinado, M., Hunt, G. (2014) Shielding applications from an untrusted cloud with haven. In: 11th USENIX Symposium on Operating Systems Design and Implementation. OSDI 2014, Broomfield, CO, USA. October 6–8. pp. 267–283.
19. Schuster, F., et al. (2015) VC3: trustworthy data analytics in the cloud using SGX. In: Symposium on Security and Privacy. SP 2015, San Jose, CA, USA. 17–21 May 2015. pp. 38–54.

20. Mark Russinovich. (2017). Introducing Azure confidential computing. https://azure.microsoft.com/en-us/blog/introducing-azure-confidential-computing/, abgerufen am 20. Oktober 2017.
21. Porter, N., Golanand, G. and Lugani, S. (2020). Introducing Google Cloud Confidential Computing with Confidential VMs. https://cloud.google.com/blog/products/identity-security/introducing-google-cloud-confidential-computing-with-confidential-vms, abgerufen am 19. Juli 2020.
22. L. Abdullah, F. Freiling, J. Quintero, and Z. Benenson. (2018). Sealed Computation: Abstract Requirements for Mechanisms to Support Trustworthy Cloud Computing. 2nd International Workshop on SECurity and Privacy Requirements Engineering-SECPRE 2018 in conjunction with ESORICS2018.

Teil II

Sicherheit im Cloud-Computing

Welche Kategorien von Maßnahmen existieren überhaupt, um die Sicherheit von informationstechnischen Systemen zu gewährleisten, die sich außerhalb des Herrschaftsbereichs des Nutzers befinden? Die fremden Betreiber und Systemadministratoren haben in herkömmlich gesicherten Systemen weitreichende Zugriffs- und Manipulationsmöglichkeiten, die nur schwer zu kontrollieren sind. In diesem Teil werden generell Maßnahmen, die sicherheitstechnischen Systemen zur Auswahl stehen, erörtert und speziell die Cloud-Sicherheit modelliert. Das Modell wird zur Schwachstellen- und Sensitivitätsanalyse sowie zum Vergleich von herkömmlich gesicherten Clouds mit der Sealed Cloud verwendet. Diese Analyse führt zu Kriterien, die Auskunft darüber geben, wann Lösungen ultra-hohe Sicherheit benötigen, und der Einsatz einer Sealed Cloud angezeigt ist.

Grundsätzliches zu Sicherheit und Datenschutz

3

Hubert A. Jäger, Ralf O. G. Rieken, Edmund Ernst, Arnold Monitzer, Claudia Seidl, Wilhelm Würmseer und Daniel Kammerer

Zusammenfassung

Zwar scheinen den meisten Menschen die Bedeutungen des Begriffspaars Sicherheit und Datenschutz im täglichen Umgang klar zu sein. Dennoch ist es lohnend, sich etwas tiefer und grundsätzlicher mit der Abgrenzung der Begriffe und den grundsätzlichen technischen Herausforderungen und Optionen auseinander zu setzen. Dies geschieht in diesem Kapitel. Zunächst wird das teilweise antagonistische Verhältnis von Sicherheit und Datenschutz beleuchtet. Das Spannungsverhältnis wird über das gemeinsame Ziel „Freiheit von Angst und Zwang" aufgelöst. Daran anschließend werden die grundsätzlichen Möglichkeiten, Sicherheit und Datenschutz technisch herzustellen, erörtert. Schließlich wird auf Vertrauensmodelle eingegangen, die immer dann den Rahmen abstecken, wenn Ingenieure Sicherheitssysteme analysieren.

3.1 Was steckt hinter dem Begriff Sicherheit?

Der Begriff „Sicherheit" kann als Risikominimierung und Gefahrenvermeidung, aber auch als Gewissheit im mathematischen oder logischen Kontext verstanden werden. Dabei kann das *Risiko* etwa als das Produkt der Eintrittswahrscheinlichkeit eines Schadens und der Schwere des Schadens bzw. der Schadenshöhe bemessen werden. Das Risiko ist also dann klein, wenn entweder der zu befürchtende Schaden klein ist oder die Wahrscheinlichkeit

---

H. A. Jäger (✉) · R. O. G. Rieken (✉) · E. Ernst · A. Monitzer · C. Seidl · W. Würmseer · D. Kammerer
Uniscon GmbH, München, Deutschland
E-Mail: hubert.a.jaeger@web.de; ralf@rieken.de

© Der/die Herausgeber bzw. der/die Autor(en), exklusiv lizenziert durch Springer Fachmedien Wiesbaden GmbH, ein Teil von Springer Nature 2020
H. A. Jäger, R. O. G. Rieken (Hrsg.), *Manipulationssichere Cloud-Infrastrukturen*, https://doi.org/10.1007/978-3-658-31849-9_3

des Schadenfalls so klein ist, dass auch ein größerer Schaden nur sehr selten eintritt. Mit *Gewissheit* ist hier nicht eine subjektive Einschätzung, sondern eine logische Konsequenz bezeichnet, die sich zwingend aus bestimmten Gegebenheiten ergibt. In diesem Kapitel wird auf die Bedeutung des Begriffs „Sicherheit" im Sinne von Risikominimierung und Gefahrenvermeidung eingegangen. Bei sehr kleinen Eintrittswahrscheinlichkeiten eines Schadens fällt allerdings der Grenzwert der Risikominimierung mit der Gewissheit, gegen eine Bedrohung gefeit zu sein, zusammen.

In Abschn. 3.7 wird argumentiert, dass es bei Sicherheitssystemen nicht ratsam ist, von 100 Prozent Sicherheit, d. h. von einer Gewissheit, vor einer Bedrohung geschützt zu sein, auszugehen, sondern ein – wenn auch sehr kleines – Schadensrisiko dennoch aufzuzeigen und nach Möglichkeit zu quantifizieren. Nur so können verschiedene Sicherheitssysteme bezüglich des durch sie vermittelten Schutzes miteinander verglichen werden. Wenn Systeme nur nach „sicher" oder „unsicher" klassifiziert werden, ist ein Vergleich zwischen unterschiedlich gut abgesicherten Systemen nicht möglich. Wünschenswert für klare Vergleiche wäre eine Darstellung der Güte der Sicherheit in Form einer Schutzklasse oder als Eintrittswahrscheinlichkeit eines Sicherheitsvorfalls. Mehr dazu in Kap. 4 dieses Buches.

Anders als im englischsprachigen Raum wird im Deutschen normalerweise nicht zwischen den beiden Aspekten „security" im Sinne von Sicherheit vor Angriffen und „safety" im Sinne von Sicherheit vor Unfällen unterschieden. Stattdessen werden beide Bedeutungen undifferenziert als „Sicherheit" bezeichnet. Das fällt in diesem Zusammenhang jedoch nicht sehr ins Gewicht. In Systemen der Informationssicherheit sind sowohl security als auch safety in Bezug auf die Grundwerte Vertraulichkeit, Integrität und Verfügbarkeit von Informationen von Interesse. Durch Mängel der Betriebssicherheit kann Angreifern Tür und Tor geöffnet werden. Wenn beispielsweise durch Teilausfälle eines Sicherheitssystems wesentliche Schutzmechanismen gegen Angriffe ebenfalls ausfallen, betrifft die Betriebssicherheit ebenso die Angriffssicherheit. Auch die Bedienungsfreundlichkeit gehört zur Betriebssicherheit. Ist beispielsweise die Bedienung einer Sicherheitsfunktion so kompliziert, dass Nutzer dieser Funktion verzweifelt ausweichen, besteht die Gefahr, dass das System in einem unsicheren Modus betrieben wird. Auch umgekehrt können erfolgreiche Angriffe auf ein System dessen Betriebssicherheit erheblich beeinträchtigen. Das klassische Beispiel hierfür ist Sabotage. Im Falle eines erfolgreichen Angriffs wird mit der Verfügbarkeit ein zentraler Wert der Betriebssicherheit verletzt.

Im Folgenden wird insbesondere auf die Sicherheitsaspekte des Datenschutzes eingegangen.

3.1.1 Der junge Begriff des Datenschutzes

Obwohl bereits 1890 an der Harvard Law School über *Privacy* und das *Right to be Alone* geschrieben [1] wurde, verabschiedete das bundesdeutsche Land Hessen das weltweit erste Datenschutzgesetz erst 80 Jahre später im Jahr 1970 [2].[1] Mit dem Aufkommen der „maschinellen Datenverarbeitung" [ebd.] wurden Normen notwendig, die vor möglichen missbräuchlichen Folgen der Datenverarbeitung schützen. Das ist auch die Definition des Begriffes „Datenschutz": der Schutz, der Sicherheit vor missbräuchlicher Nutzung von personenbezogenen Informationen bietet. Es werden also letztlich nicht die Daten, sondern die Menschen geschützt.

Da sich der Datenschutz ausdrücklich auf personenbezogene Daten und daraus ableitbare Informationen bezieht, gehört er zu den Grundrechten. In Deutschland hat das Bundesverfassungsgericht die *informationelle Selbstbestimmung* und den damit verbundenen Datenschutz als Folgerung aus den Grundrechten *Unantastbarkeit der Menschenwürde*, *Freie Entfaltung der Persönlichkeit* und *Fernmeldegeheimnis* formuliert, also in den Artikeln 1, 2 und 10 des Grundgesetzes der Bundesrepublik Deutschland. Gemäß des Artikels 8 der Charta der Grundrechte der Europäischen Union hat jede Person das Recht auf Schutz der sie betreffenden personenbezogenen Daten. Andere schützenswerte Daten, die im Allgemeinen nicht personenbezogene Informationen beinhalten, wie etwa geistiges Eigentum oder Betriebsgeheimnisse, sind durch andere Normen geschützt.

Mit dem Begriff „personenbezogen" sind Daten gemeint, die direkt eine Person betreffen, oder verkettet mit anderen Daten einen Bezug zu einer Person herstellen. Für die letztere, etwas weitere Form des Begriffs wird gelegentlich auch „personenbeziehbar" verwendet. Ein sehr großer Anteil der Daten in modernen Datenverarbeitungssystemen ist demnach personenbezogen. Jedes kleine Datenpaket, beispielsweise aus einem Mobiltelefon, aus einem vernetzten Auto oder beim Surfen im Internet mit dem PC ist personenbezogen, auch wenn es nur technische Parameter betrifft, sofern und weil es eine Identifikationsnummer des Telefons, des Autos bzw. des PC enthält und diese wiederum in der Regel mit Personen verknüpft werden kann.

Die gedankliche Brücke von vielen kleinen, in der Mehrheit durchaus banalen, personenbezogenen Daten, hin zu Informationen die durch eine missbräuchliche Nutzung die Würde von Personen verletzen oder sie ihrer Möglichkeiten der freien Entfaltung berauben, ist oft nicht leicht zu schlagen. Der Missbrauch von Informationen, die aus personenbezogenen Daten gewonnen werden können, beginnt bei Verletzungen der Intim- und Privatsphäre, dem damit einhergehenden Schamgefühl, falls die Verletzungen dem Betroffenen bekannt sind, und der Gefahr der Übervorteilung, wenn diese für den Betroffenen verdeckt bleiben. Der Missbrauch geht weiter über das weite Feld der missbräuchlichen Beeinflussung und Manipulation und der damit einhergehenden unbewusst oder bewusst erlebten Einschränkung der Freiheit bis hin zu kriminellen Handlungen, wie etwa Identitätsdiebstahl und damit möglichen Folgen wie beispielsweise die Kon-

---

[1]Noch früher datieren freilich der Eid des Hippokrates 440 v. Chr., der Ärzte seit der Antike u. a. zur Geheimhaltung verpflichtet, sowie die Normen zur Geheimhaltung im deutschen Strafgesetzbuch von 1872. Doch ist genau genommen zwischen Verschwiegenheitspflicht und Datenschutz zu unterscheiden.

tenfälschung. Was hat nun die Möglichkeit der Sammlung und Verarbeitung der täglich anfallenden kleinen Datenschnipsel mit diesen Missbrauchsfällen zu tun?

Die Wichtigkeit einer umfassenden Auffassung von *Personenbezug* wird dann offensichtlich, wenn man sich die neuen Möglichkeiten von „Big Data" vor Augen führt. Damit sind Datenverarbeitungs-Vorgänge gemeint, bei denen sehr große Mengen von teilweise strukturierten und teilweise unstrukturierten Daten gesammelt, gefiltert verglichen, korreliert und neu strukturiert werden. Die nach wie vor rasant wachsende Leistung der Datenverarbeitung[2] macht auch rechentechnisch aufwändige Analysen und sogar selbstlernende Systeme schon heute möglich [5]. Dabei werden, basierend auf statistischen Korrelationen, Kausalitätsvermutungen angestellt und Prognosen getroffen, die so oft und gut zutreffen, dass sie mehr und mehr wie Fakten behandelt werden. Diese Entwicklung steht noch ganz am Anfang. Gesteigerte Rechenleistung wird noch wesentlich mehr ermöglichen als heute bereits sichtbar ist. Welche Möglichkeiten sich daraus am Ende ergeben, ist noch gar nicht absehbar.

Viele Zeitgenossen können jedoch die Gefahren, vor denen Datenschutz bewahren möchte, dennoch nicht als ernstes Risiko erkennen. Für nicht wenige erschöpfen sich die persönlichen Erfahrungen in der Kenntnisnahme von personalisierter Werbung und Marketingansprache und in einzelnen Fällen von Identitätsdiebstahl. Häufig wird personalisierte Werbung teils als lästig und teils als passend und willkommen wahrgenommen. Die wenigen Fälle von Identitätsdiebstahl können im Einzelfall zwar beklagenswert viel bürokratischen Aufwand machen, kommen aber selten genug vor, um diesen Personenkreis wirklich aufzurütteln. Zudem meinen viele Menschen zu spüren, dass in der überwachungskritischen Debatte, in der unablässig ein totalitärer Staat beschworen wird, die Privatheit überhöht und das Potential neuer Technologien mit ihrem konkreten sozialen Einsatz verwechselt werden [6].

Beeinflussungen, wie sie beispielsweise durch Werbung und Marketing beabsichtigt sind, widersprechen im Allgemeinen nicht dem Gedanken des Datenschutzes. Auch in der zwischenmenschlichen Kommunikation ist es völlig normal, auf die Wahrnehmung und die Meinungsbildung der Kommunikationspartner Einfluss nehmen zu wollen. Missbräuchlich sind diese Beeinflussungen erst dann, wenn sie verdeckte und arglistige Manipulation hervorrufen. Diese liegt dann vor, wenn die betroffenen Personen über die Nutzung der sie betreffenden Daten nicht Bescheid wissen können,[3] und wenn die Ziele der Beeinflussung zu Nachteilen für die Betroffenen führen. Solche Manipulationen können geringe Missbräuche und schwere Beeinträchtigungen der Möglichkeiten der

---

[2]Das Wachstum der Rechenleistung wird gerne durch das *Mooresche Gesetz* beschrieben, das empirisch eine Verdopplung der ökonomisch sinnvollen Transistorendichte in 12 bis 24 Monaten bereits seit 1971 belegt. Eine Fortsetzung dieses Wachstums ist noch für ein bis zwei weitere Dekaden vorausgesagt [3]. Wenn dann ein Rückgang des Leistungswachstums bei der Hardware eintritt, werden weitere Leistungssteigerungen durch Optimierung der Software erwartet, die signifikante Entwicklungsleistung erfordern werden, und sich durchaus über mindestens eine weitere Dekade erstrecken könnten [4].

[3]Dies ist beispielsweise bei fehlenden oder nicht wirksamen Einwilligungen der Fall.

freien Entfaltung für die Betroffenen sowohl zwischen verschiedenen privaten Parteien als auch zwischen dem Staat und den Bürgern sein. Im letzteren Fall stellen die Manipulationen eine reale Gefahr für die freiheitliche demokratische Grundordnung dar [7]. Eine besondere Tücke der Manipulation liegt in der schleichenden Gewöhnung der Betroffenen daran. Diese merken unter Umständen zunächst gar nichts davon und werden entweder nie oder erst dann, wenn sie schon ihre Freiheit in signifikantem Umfang eingebüßt haben, darauf aufmerksam.

Der Begriff *Datenschutz* wird meist im exklusiv juristischen Sinn gebraucht. Demgemäß ist das grundsätzliche Verbot der Datenverarbeitung nur durch einen Erlaubnistatbestand, z. B. einer (wirksamen) Einwilligung, zu durchbrechen. In diesem Falle ist die Verarbeitung entsprechend des Prinzips der Verhältnismäßigkeit gegen Missbrauch mit personellen bzw. organisatorischen und technischen Maßnahmen zu schützen. Schon die Begrifflichkeit „Maßnahmen" dieses traditionellen Datenschutzes zeigt auf, dass der Datenschutz der Datenverarbeitung bislang nachträglich auferlegt wurde. Mit der EU-Datenschutzgrundverordnung [8] wird nun auch technischer Datenschutz, d. h. vorausgedachte technische Gestaltung des Systems nach Gesichtspunkten des Datenschutzes, etwas klarer als bislang im Bundesdatenschutzgesetz vorgeschrieben und neu dessen Nachweis gefordert. Im Angelsächsischen wird von „Privacy by Design" gesprochen.

> Datenschutz ist nicht nur ein juristischer Begriff sondern auch eine Philosophie der Technikgestaltung. Die Sealed-Cloud-Technologie ist ein Musterbeispiel für „Privacy by Design".

3.1.2 Datenschutz als Antagonist der Sicherheit

Im Abschn. 3.1.1 wurde Datenschutz als der Schutz definiert, der Sicherheit vor Missbrauch von personenbezogenen Daten bietet, also Datenschutz als ein Aspekt der Sicherheit. Dennoch beobachtet man im Spektrum der politischen Diskussion, dass die Verfechter von Datenschutz ganz andere Forderungen stellen als die Verfechter hoher Sicherheit. Woran liegt das?

Sicherheit benötigt unter anderem hohe Transparenz, Aufzeichnungen und Nachvollziehbarkeit, während diese Maßnahmen gerade dem Datenschutz zuwider laufen. Um Datenschutz wirksam umzusetzen, wird die Anwendung folgender traditioneller Prinzipien für notwendig erachtet:

- Verbot der Datenverarbeitung mit Erlaubnisvorbehalt,[4]
- Erforderlichkeit,

---

[4]wonach Daten ohne eine Rechtsgrundlage nicht verarbeitet werden dürfen.

- Zweckbindung,
- Datensparsamkeit und Datenvermeidung

Dies bedeutet, dass eben Aufzeichnungen (Logs) der technischen Parameter der Prozesse, die in den informationstechnischen Systemen ablaufen, auf das absolut notwendige Minimum reduziert sein müssen. Dies ist auch folgerichtig, denn diese Daten und die darin verborgenen Informationen stehen – einmal gespeichert – durch geeignete Suchalgorithmen und Big Data für den Kreis derjeniger Personen mit der Möglichkeit zur Kenntnisnahme für lange Zeiträume zur Verfügung. Daher ist die Wahrscheinlichkeit von Missbrauch dieser Daten durch die Personen mit der Möglichkeit zur Kenntnisnahme oder durch Hacker, die sich unbefugt Zugriff verschaffen, relativ hoch. Datensparsamkeit und Datenvermeidung behindern die Nachvollziehbarkeit sicherheitsrelevanter Vorgänge erheblich. Ebenso bedeuten die Prinzipien, dass keine Daten auf Vorrat für zukünftige Anwendungen gespeichert werden können. Dies würde der Erforderlichkeit und Zweckbindung sowie der Datenvermeidung in gleicher Weise widersprechen. Die Sicherheit ließe sich aber gerade durch solche Aufzeichnungen steigern. Im Nachgang zu Sicherheitsvorfällen könnte dann recherchiert und analysiert werden, um Verantwortliche zu identifizieren und Schwachstellen aufzudecken. Dies wäre dann Bestandteil der kontinuierlichen Verbesserung der Sicherheitsmaßnahmen des Systems. Aber auch proaktiv, also bevor Sicherheitsvorfälle auftreten, könnten Analysen mit Hilfe der Daten bereits Schwachstellen aufdecken und es könnte für Abhilfe gesorgt werden.

Eine Möglichkeit, mit diesem Antagonismus umzugehen, ist, die Sicherheit zum Zweck und die Sammlung der Daten als erforderlich zu deklarieren. Damit konnte in der Vergangenheit in vielen Fällen „Datenschutz-Compliance" für die notwendigen Sicherheitsmaßnahmen hergestellt werden. Aber die Kontroversen zu Themen wie Speicherung von Telekommunikationsverkehrsdaten auf Vorrat, von Videoüberwachung im öffentlichen Raum oder Betriebsdatenschutz zeigen, dass man ohne grundsätzliche Änderungen bei der Art der Absicherung der Datenverarbeitung darauf angewiesen bleibt, abzuwägen und naturgemäß immer schlechte Kompromisse finden zu müssen.

Wie in Kap. 7 gezeigt, kann, vermittelt durch die Eigenschaften der Sealed-Cloud-Technologie, auf eine andere Weise mit diesem Antagonismus umgegangen werden. Es können gleichzeitig der Datenschutz verbessert sowie die Freiheitsgrade der Digitalisierung – auch zu Zwecken der Sicherheit – ausgeweitet werden, indem

- relativer Personenbezug erst gar nicht aufleben kann,[5]

---

[5]Es wird zwischen relativem und absolutem bzw. subjektivem und objektivem Personenbezug unterschieden [9]. Entpersonalisierte, anonymisierte oder pseudonymisierte Daten, d. h. Daten deren Personenbezug entfernt wurde, etwa durch Entfernung eines Identifikationsmerkmals, Verschlüsselung oder durch ein anderes Verfahren, können ggf. durch Hinzufügen von anderen Daten oder Umkehrung der angewendeten Operation wieder personenbezogen gemacht werden. Wenn dies von den Personen, die Zugriff zu den entpersonalisierten Daten haben, nicht mit realistischem Aufwand

- die Erforderlichkeit nur für die Ergebnisse der Verarbeitung gerechtfertigt werden muss,
- neue Zwecke vereinbart werden können, und
- Datensparsamkeit und Datenvermeidung dabei nur auf Ergebnisse von Verarbeitung und nicht auf Rohdaten für die Verarbeitung angewendet werden müssen (wie bei der Erforderlichkeit).

Damit ist es nicht mehr nötig, (schlechte) Kompromisse einzugehen, sondern Sicherheit und Datenschutz sind wesentlich besser miteinander vereinbar. Für hohe Sicherheit muss nicht der Datenschutz verletzt und für Datenschutz muss nicht auf Sicherheit verzichtet werden.

Mit Hilfe der Sealed-Cloud-Technologie kann der Antagonismus zwischen Sicherheit und Datenschutz überwunden werden. Gleichzeitig werden der Datenschutz verbessert sowie die Möglichkeiten der Digitalisierung durch Verbesserung der Sicherheit erweitert.

3.1.3 Wir sagen Sicherheit und meinen Freiheit von Angst

Umgangssprachlich wissen wir im Allgemeinen was wir meinen, wenn wir erleichtert sagen „Jetzt sind wir in Sicherheit!" Wir meinen, dass wir uns vor einer Gefahr, der wir zuvor ausgesetzt waren, nicht mehr zu fürchten brauchen.

Wenn das Internet und mit ihm die digitalisierte Welt ein unregulierter, geradezu gesetzloser Raum werden würde, in dem die Akteure ungehindert anonym handeln könnten, herrschte Anarchie; es gälte nur das Faustrecht. Die Freiheit vor äußerem Zwang existierte nur für die Starken und Mächtigen. Die weniger starken Akteure müssten sich dem Diktat der Mächtigen beugen. In diesem fiktiven Szenario ist die Sicherheit minimal und die Angst groß.

Wenn jedoch umgekehrt in einer digitalisierten Welt höchste Sicherheit auch gleichzeitig vollständige Transparenz bedeutete, dann würde aus der höchsten Sicherheit zwar ein Zustand höchster Gewissheit, aber auch ein Zustand trauriger Gewissheit, dass das freie Handeln einer Fremdbestimmung und einer fatalen Fügung in das „System" gewichen

---

vorgenommen werden kann, dann spricht man von der Abwesenheit des relativen Personenbezugs. Wenn dies auch objektiv, d. h. durch niemanden und auch nicht mit sehr großem Aufwand erfolgen kann, spricht man von der Abwesenheit des absoluten Personenbezugs. Anonymisierte Daten haben objektiv keinen Personenbezug. Pseudonymisierte Daten haben für diejenigen Personen, die das Pseudonym aufdecken können, subjektiv Personenbezug, für alle anderen Akteure keinen relativen Personenbezug.

ist. Jede Tat würde sofort registriert, mit den Regeln und Normen verglichen und bei Abweichung geahndet. Unser Leben gliche mehr und mehr einem reinen Vegetieren, da alles reguliert und vorherbestimmt erscheinen würde. Kreatives, Exploratives, Individuelles wäre einfach zu riskant. Lediglich der freie Wille verbliebe. Das entspricht nicht den menschlichen Bedürfnissen [10] und führte zu Aufruhr und bei dessen Unterdrückung zu größerer und schrecklicherer Angst als der, wovon die gewisse Sicherheit befreien sollte. In Abb. 3.1 ist das *Pendel der Freiheit* in einer digitalisierten Gesellschaft illustriert [11]. Wird der Anspruch auf Anonymität überzogen, sozusagen ein „Wild West" -Szenario betrachtet, so herrschen genauso Angst und Zwang wie wenn überzogene Transparenz in die Diktatur führt, bzw. eine Diktatur stützt. Die Menschen sind in einer Diktatur nur durch „Brot und Spiele", das heißt durch eine ausreichende Befriedigung der in der Hierarchie der Bedürfnisse „unteren" Bedürfnisse (physiologische, Sicherheits- und soziale Bedürfnisse), für eine gewisse Dauer von Aufruhr abzuhalten.

Nur wenn Transparenz und Anonymität ausgewogen sind und gleichermaßen Sicherheit und Datenschutz (Privacy) maximiert werden, herrscht kultivierte Freiheit nicht nur des Willens, sondern auch der Rede und des Handelns. Das beinhaltet freilich, dass diese Freiheit ihre gesunden Grenzen in der Freiheit der anderen findet.

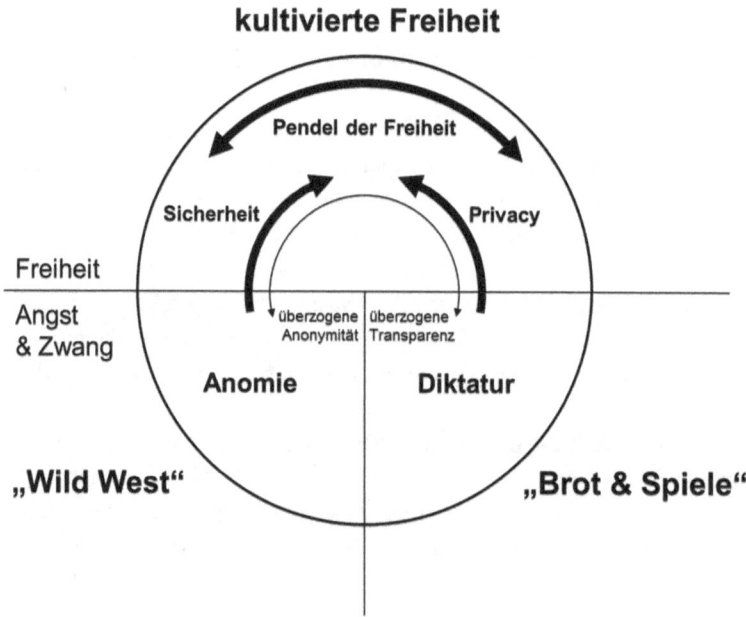

Abb. 3.1 Pendel der Freiheit in einer digitalisierten Gesellschaft

Ein „Zuviel" ist selten gut. Anonymität und Transparenz müssen in einem ausgewogenen Verhältnis zueinander stehen. Gesucht ist Technologie, die notwendige Analysen ermöglicht, ohne dass Unbefugte die Möglichkeit zur Kenntnisnahme der nicht benötigten Rohdaten haben.

3.2   Grundsätzliche technische Optionen für Sicherheit

In diesem Unterkapitel werden Kategorien der grundsätzlichen technischen Optionen vorgestellt, die Sicherheit schaffen können. Es wird zusätzlich eine anschauliche Analogie gewählt. Das Arbeiten mit Kategorien und Analogien dient dem Ingenieur dazu, Systeme tiefer zu strukturieren und daraus zu lernen, wie sie sich weiter verbessern lassen – in diesem Fall, wie Sicherheitsmerkmale weiter verbessert werden können.

Die Anwendung von technischen (dieses Unterkapitel) und organisatorischen Maßnahmen (siehe Abschn. 3.3) sind immer Prozesse (siehe Abschn. 3.5). Ungeachtet dessen sind hier einzelne Maßnahmen aufgeführt, auch wenn diese teilweise nur zusammen mit anderen Maßnahmen in einem Prozess verknüpft sinnvoll anwendbar sind.

In Abb. 3.2 wird eine Abgrenzung zwischen den Kategorien technischer Optionen *Barrieren schaffen*, *Tarnen und Täuschen*, *Überwachung* und *Modularisieren & Automatisieren* illustriert. Diese Kategorien werden in den folgenden Abschnitten jeweils einzeln behandelt. Es werden hier nur defensive Optionen betrachtet, da nur diese für die freie Wirtschaft relevant sind. Die Kategorien *Gegenangriff* oder *Vorsorglicher Angriff* werden nicht betrachtet. Diese Optionen sind, wenn überhaupt, allenfalls dem Staat vorbehalten.

Abb. 3.2 Kategorien der technischen Optionen für defensive Sicherheitsmaßnahmen

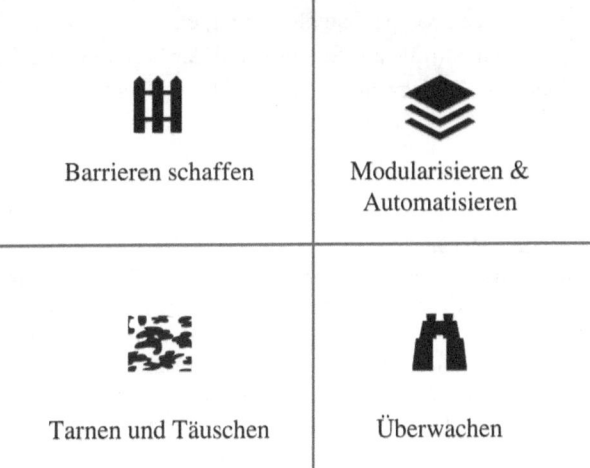

Barrieren schaffen

Modularisieren & Automatisieren

Tarnen und Täuschen

Überwachen

Es werden die grundsätzlichen Charakteristika und die informationstechnischen Möglichkeiten, die der jeweiligen defensiven Kategorie angehören, erörtert. Als anschauliche Analogie wird die Sicherung eines Fahrrads gegen Diebstahl herangezogen.

3.2.1 Hohe Barrieren

Die erste Möglichkeit, das Fahrrad gegen Diebstahl zu sichern, ist, ein Fahrradschloss anzubringen. Es schafft eine technische Barriere, wodurch ein Dieb es schwer hat, mit dem Fahrrad davon zu fahren. Er müsste mit schwerem Gerät das Schloss brechen oder das Fahrrad – ebenfalls mit größerer Mühe oder schwererem Gerät – abtransportieren. Überdies riskiert er bei seinem Versuch es zu entwenden eine Beschädigung des Rades, wodurch die Attraktivität des Angriffs weiter sinkt.

In der elektronischen Informationstechnik fallen in diese Kategorie hauptsächlich kryptografische Verfahren und physische Barrieren. Als sicher geltende Verschlüsselung macht das erfolgreiche Erraten von Schlüsseln oder Passwörtern so schwer bzw. unwahrscheinlich, dass selbst Angreifer unter Verwendung der leistungsstärksten Rechner bzw. Rechnerverbunde mit sehr hoher Wahrscheinlichkeit mehrere Dekaden für das Finden des Schlüssel benötigen würden. Dies gilt nach heutigem Kenntnisstand [12] auch wenn sogenannte Quantencomputer entwickelt würden.[6]

Zu dieser Kategorie können u. a. folgende Maßnahmen gezählt werden:

- Zutrittskontrolle bei Rechenzentren (Ausweiskontrollen, Vereinzelungsanlagen, Zäune, Käfige, Türen, Fenster, Dämme, Poller, etc.)
- Zugangskontrollen bei Servern (gute Passwörter, Limitierung der Eingabeversuche, Zwei- und Mehr-Faktor-Authentifizierung, etc.)
- Zugriffskontrollen auf Speicher (Verschlüsselung oder Hashing der gespeicherten Daten, rechtzeitige Datenlöschung, etc.)
- Zugriffskontrolle auf Server (Zahl der Schnittstellen beschränken, Firewalls, Intrusion Detection & Prevention, Sealed Cloud Data Clean-up, etc.)

---

[6]Hypothetisch bereits seit langem existierende Quantencomputer, deren Entwicklung seit ca. 10 Jahren intensiv vorangetriegen wird, können nur bestimmte Verschlüsselungen, die beispielsweise auf Primfaktorzerlegung beruhen, brechen. Hohe Effizienz bei der Lösung von algorithmischen Problemen durch Quantencomputer bedürfen einer zum Problem passenden geschickten Überlagerung der quantenmechanischen Zustände und einer effizienten Fehlerkorrektur [12]. Es gibt genügend symmetrische [13] und asymmetrische [14] Verschlüsselungsverfahren, für die bislang keine Angriffsmöglichkeit mit einem Quantencomputer bekannt ist, da die als Grundlage dazu notwendigen Algorithmen (noch) nicht entdeckt wurden. Der Zeitpunkt, zu dem ein Quantencomputer schneller rechnen können wird als ein klassischer Rechner, wird als „Quantum Supremacy" bezeichnet [15].

- Zugriffskontrolle auf Übertragungsmedien Transportverschlüsselung, (Quantenkrypto-grafie[7])

Die Summe hoher technischer Barrieren gegen Verletzungen der Vertraulichkeit, der Integrität oder der Verfügbarkeit von Daten schrecken entweder den Angreifer ab oder kosten ihn beim Angriffsversuch zu viel Aufwand an Energie und Zeit.

3.2.2 Tarnen und Täuschen

Die zweite Möglichkeit, das Fahrrad gegen Diebstahl zu sichern, ist, es im Gebüsch nebenan zu verstecken. Der Dieb wird auf das Objekt seiner Begierde erst gar nicht aufmerksam oder er weiß, dass ein Fahrrad zu finden sein müsste, findet es aber nicht mit einem für ihn vertretbaren Aufwand.

In der Informationstechnik können zu dieser Kategorie u. a. folgende Maßnahmen gezählt werden:

- Proxies, d. h. Server, über die Datenkommunikation gelenkt wird, um den Kommunikationspartnern nicht die Adressen des eigenen Servers offenbaren zu müssen.
- Mix-Networks, d. h. Netze, deren Knoten die Reihenfolge von Datenpaketen zeitlich zufällig neu ordnen und auf zufällig gewählte Pfade durch das Netz verteilen, damit der Ursprung der Datenpakete nicht zurückverfolgt werden kann.
- Honey Pots, d. h. für Angreifer scheinbar lohnende Angriffsziele, die gezielt eingerichtet werden, um die Energie der Angreifer auf falsche Fährten zu locken.
- Datensparsamkeit bei Fehlermeldungen, damit Angreifer aus Rückmeldungen des Systems nicht Hinweise für die Fokussierung ihres Angriffs erhalten.
- Einschüchterung des Angreifers durch sichtbare bzw. messbare Sicherheitsmaßnahmen. Diese Einschüchterung kann auch durch scheinbare Sicherheitsmaßnahmen erzielt werden. Stellt der Angreifer fest, dass die Angriffsfläche sehr klein ist, dann wird er nicht Energie und Kraft an aussichtsloser Stelle aufwenden und vergeuden.

Die Summe der gelungenen Maßnahmen zum Tarnen des Angriffsziels und zum Täuschen des Angreifers lassen diesen das Angriffsziel nicht finden und kosten ihn viel Energie und Zeit, die er nicht mehr schädlich einsetzen kann.

---

[7]Die Quantenkryptografie unterscheidet sich vom Quantencomputing dadurch, dass nicht wie beim Quantencomputing versucht wird, Algorithmen besonders effizient abzuarbeiten, sondern es wird mit dem Effekt der „Verschränkung" von Quantenzuständen nachgewiesen, dass kein Leseversuch bei der Übertragung einer Information vorgenommen wurde [16].

3.2.3 Überwachung

Die dritte Möglichkeit, das Fahrrad gegen Diebstahl zu sichern, ist, es sorgfältig durch Augenschein eines Wachmanns oder eine Alarmanlage zu überwachen. Der Dieb wird entweder durch sichtbare Überwachungseinrichtungen oder sichtbares Personal direkt vom Diebstahl abgehalten, denn er möchte seine Zeit und Energie nicht vergeuden, oder – falls er die Überwachungsmaßnahmen zu spät erkennt – kann er mittels der ansprechenden Alarme noch rechtzeitig vertrieben oder auf frischer Tat ertappt werden.

In der Informationstechnik können zu dieser Kategorie u. a. folgende Maßnahmen gezählt werden:

- Alarme (Sensoren, Schwellwertberechnungen, etc.)
- Monitoring (Überwachungskameras, etc.)
- Network Operating Center (NOC)
- Zutrittskontrolle in Rechenzentren durch Rechenzentrumspersonal (Begleitung durch Personal, etc.)
- Aufzeichnungen, Logs, Speicherung von Protokolldaten auf Vorrat

> Offensichtliche Überwachung kombiniert mit abschreckender Strafandrohung hält Angreifer ab.

3.2.4 Modularisierung und Automatisierung

Ein weiteres Maßnahmenpaket, um trotz der außerordentlich hohen Komplexität Sicherheit in der Informationstechnik zu schaffen, ist die Modularisierung der Systeme und die Automatisierung der Prozesse. In der Analogie der Fahrradsicherung ist es wegen der geringeren Komplexität der Aufgabe nicht leicht, eine Entsprechung zu finden. Allenfalls könnte man sich beispielsweise eine automatische Wegfahrsperre vorstellen, die die Benutzung des Fahrrads nur demjenigen erlaubt, der sich mit seinen biometrischen Daten als nutzungsberechtigt ausweisen kann. Eine solche Automatisierung würde verhindern, dass bei gelegentlicher Nachlässigkeit des Radfahrers das Fahrrad dennoch nicht ungesichert parkte.

Mit Modularisierung ist gemeint, dass die unüberschaubar komplexen informationstechnischen Systeme so in Teilsysteme gegliedert werden, dass überschaubare Teilsysteme mit abgeschlossener Aufgabe und klar definierten Schnittstellen für sich einzeln betrachtet, untersucht und geprüft werden können. Nur wenn die große Komplexität der Gesamtsysteme durch Modularisierung sowohl für Entwickler als auch Auditoren beherrschbar bleibt, können zuverlässige Aussagen zur Sicherheit gemacht werden.

Doch schon wartet die nächste Herausforderung: Durch das Herunterbrechen der Komplexität auf die Modulebene entsteht eine so große Zahl an Modulen, dass eine Überprüfung i. d. R. zu aufwändig wäre, könnte sie nicht automatisiert erfolgen. Die Automatisierung, nicht nur von Software-Audits, sondern auch anderer für den Datenschutz bzw. die Informationssicherheit wichtiger Prozesse, kann helfen, Fehler zu vermeiden und ansonsten aussichtslos aufwändige Aufgaben zu bewältigen.

Beispiele für solche Maßnahmen in der Informationstechnik sind u. a.

- Software-Entwicklung entsprechend der OWASP-Regeln [24]
- Automatisiertes Testen von Komponenten und Schnittstellenfunktionen
- Automatische Sicherheitsprüfungen im Entwicklungs- und Produktionsprozess (Continous Security) [25]

> Den Gefahren, die von der unüberschaubar hohen Komplexität der informationstechnischen Systeme ausgeht, kann durch Modularisierung in Verbindung mit Automatisierung begegnet werden.

3.3 Grundsätzliche organisatorische Optionen für Sicherheit

In diesem Abschnitt sind Kategorien der grundsätzlichen organisatorische Optionen benannt, die Sicherheit schaffen können. In Abb. 3.3 sind die Kategorien *Strafandrohung, Sorgfalt und Rechenschaftspflicht* sowie *Gewaltenteilung* aufgeführt.

Abb. 3.3 Kategorien der organisatorischen Optionen für Sicherheitsmaßnahmen

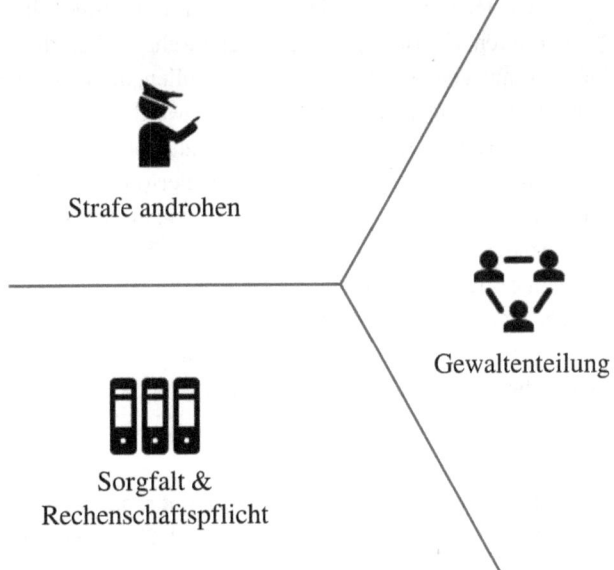

Strafe androhen

Gewaltenteilung

Sorgfalt & Rechenschaftspflicht

3.3.1 Strafandrohung

Eine weitere Möglichkeit, das Fahrrad gegen Diebstahl zu sichern, ist, es in einem Land oder einer Region zu nutzen, wo Diebstahl der Strafandrohung durch die geltenden Gesetze unterworfen ist. Der Dieb wird auf den Diebstahl verzichten, da die drohende Strafe bzw. Buße für seine Tat oder der Verlust der Selbstachtung sowie des gesellschaftlichen Ansehens schwerer wiegen als der Zugewinn durch die Diebesbeute.

In der Informationssicherheit können zu dieser Kategorie u. a. folgende Maßnahmen gezählt werden:

- Datenschutzgesetze mit hohem Buß- bzw. Strafmaß
- Informationssicherheitsgesetze mit hohem Buß- bzw. Strafmaß
- Potentielle Kläger, die bei Verstößen mit Rechtsmitteln aktiv werden[8]
- Gerichte, die ungeachtet des politischen Gewichts der Täter gerecht urteilen
- Cyber-Abwehrzentren mit Drohungen eines Gegenschlags

> Die Androhung eines hohen Strafmaßes kombiniert mit einer hohen Wahrscheinlichkeit, überführt und verurteilt zu werden, schreckt Angreifer erfolgreich ab.

3.3.2 Sorgfalt und Rechenschaftspflicht

Zum Schutz des Fahrrads, dessen Sicherung gegen Diebstahl hier als Analogie genutzt wird, gehört auch, dass man es nicht manchmal gut abschließt und manchmal unabgeschlossen stehen lässt, sondern es immer sorgfältig sichert. Auch müssen beispielsweise Kinder ihren Eltern gegenüber Rechenschaft über das stets sorgfältige Abstellen des Fahrrads ablegen, wenn sie vermeiden wollen, dass im Falle eines Diebstahls ein Ersatzrad vom eigenen, mühsam Ersparten bezahlt werden muss.

Ebenso verhält es sich beim Datenschutz und der Datensicherheit. Die hohe Komplexität der informationstechnischen Systeme erfordert ein besonders hohes Maß an Sorgfalt, um die notwendigen technischen und organisatorischen Maßnahmen auch konsequent anzuwenden.

Damit Bußen und Strafen, wie in Abschn. 3.3.1 besprochen, nicht nur bei Datenschutz- bzw. Sicherheitsvorfällen drohen, wenn also sprichwörtlich das Kind bereits in den Brunnen gefallen ist, hat auch die Durchsetzung einer Rechenschaftspflicht hohe Bedeutung. Damit die angedrohten Sanktionen ihre volle Wirksamkeit entfalten können, muss bereits

---

[8]Mit der EU-Datenschutzgrundverordnung gibt es nun neuerdings zusätzlich zur staatlichen Aufsicht und der Betroffenenklage jetzt auch die Möglichkeit der Verbandsklage.

bei fehlendem Nachweis der sorgfältigen Anwendung der notwendigen Maßnahmen geklagt werden können.

Die EU-Datenschutzgrundverordnung betont beispielsweise folgende Pflichten zur Rechenschaft bezüglich der Sorgfalt:

- Die Pflicht zur Führung eines Verzeichnisses der Verarbeitungstätigkeiten, in dem u. a. die Rechtsgrundlagen aller Verarbeitungen von personenbezogenen Daten dokumentiert werden.
- Die Pflicht zur Durchführung einer Datenschutzfolgenabschätzung mit zugehörigem Risikomanagement für alle Verarbeitungstätigkeiten, bei denen erhöhte Risiken nicht eindeutig ausgeschlossen werden können.
- Die Pflicht zur Gestaltung aller Verarbeitungstätigkeiten entsprechend des Prinzips „Privacy by Design".
- Die Pflicht zur Nutzung des „Stands der Technik" für den Schutz der Daten.

> Sorgfalt ist angesichts der Komplexität der informationstechnischen Systeme wichtig, aber erst eine Pflicht zur Rechenschaft darüber macht die Datenschutz- und Sicherheitsnormen einer vorsorglichen Sanktionierung zugänglich.

3.3.3 Gewaltenteilung

Maßnahmen zur Gewaltenteilung in Systemen der Informationstechnik bilden die dritte Kategorie der organisatorischen Schutzmöglichkeiten. Der Grundgedanke der Gewaltenteilung folgt der Idee, dass der Verstoß einer Person alleine gegen eine Vereinbarung oder Norm wahrscheinlicher ist, als dass zwei oder mehrere Personen gemeinsam die Regelverletzung begehen. Dies muss nicht immer zutreffen. Je unabhängiger voneinander die Personen agieren, auf die die Kontrolle verteilt wird, um so eher trifft jedoch die grundlegende Annahme zur Gewaltenteilung zu.

In unserem Beispielfall, in dem ein Fahrrad gegen Diebstahl gesichert werden soll, kann man sich eine Anwendung des Prinzips der Gewaltenteilung folgendermaßen vorstellen: Der Eigentümer des Fahrrads vereinbart mit zwei Treuhändern, dass diese jeweils ein Schloss in seinem Auftrag anbringen, die vereinbarungsgemäß jeweils nur auf sein Verlangen hin geöffnet werden dürfen.

In diesem Beispiel wäre die Gewaltenteilung wirkungslos, wenn die beiden Treuhänder so eng miteinander vertraut wären, dass einer dem anderen unabhängig vom Eigentümer bei einer Aufforderung zum Öffnen des Schlosses folgen würde. Wenn die Verbindung und Abhängigkeit der beiden Treuhänder voneinander entweder wirtschaftlich oder sozial so groß ist, dass eine Komplizenschaft einfach zustande kommen kann, dann ist die Umsetzung der Gewaltenteilung nicht wirksam.

Wenn allerdings die beiden Treuhänder einander nicht näher kennen, in keiner wirt-schaftlichen Verbindungen miteinander stehen, sowie nicht in gleicher Weise wirtschaft-lich oder sozial von einer gemeinsamen dritten Partei abhängig sind, so werden sich i. d. R. die Wahrscheinlichkeiten des Bruchs einer Vereinbarung bzw. eines Verstoßes gegen Normen oder Vorschriften miteinander multiplizieren. Wenn beispielsweise innerhalb eines Jahres nur bei einem aus Tausend solcher Treuhänder ein Verstoß zu erwarten wäre, so ist bei einer Vier-Augen-Regelung ein Versagen der Gewaltenteilung nur in einem von einer Million Fälle pro Jahr zu erwarten.

In der Informationstechnik kann das Prinzip der Gewaltenteilung u. a. durch folgende Maßnahmen umgesetzt werden:

- Prüfung von technischen Implementierungen durch interne und/oder externe Prüfer.
- Teilung von Schlüsseln in zwei oder mehr Teile, bzw. UND-Verknüpfung mehrerer kryptografischer Schlüssel.[9]
- Shamir Secret Sharing [27], eine kryptografisch unterstützte Form der Schlüsselteilung, bei der allerdings nicht alle Schlüsselinhaber zum Öffnen ihren Schlüssel beitragen müssen, sondern m aus n Schlüsselinhaber genügen, wobei $m < n$ ist, und die krypto-graphische Sicherheit bei $(m-1)$ vorhandenen Schlüsseln noch genauso hoch ist wie bei nur einem vorliegenden Schlüssel.
- „Pair-Programming" in der Software-Entwicklung, bei der zwei Entwickler gemeinsam den Code schreiben.
- „Comitter-Model" in der Software-Entwicklung, bei der fertig entwickelter Code zunächst von besonders erfahrenden Entwicklern begutachtet wird und erst nach deren Gutheißen in die Produktion der Software eingeht.

Allerdings ist in der Praxis sehr häufig zu beklagen, dass die Personen, die etwa in einem Prozess gemäß des Vier-Augen-Prinzips ideal unabhängig agieren sollten, entweder langjährige Kollegen im selben Betrieb mit entsprechend hoher sozialer Bindung und/oder zumindest Kollegen im selben Betrieb mit wirtschaftlicher Abhängigkeit vom selben Arbeitgeber sind. Damit wird die erforderliche Unabhängigkeit nicht erreicht. Die Wich-tigkeit der Rolle einer unabhängigen externen Prüfung und Aufsicht für die Wirksamkeit der Gewaltenteilung kann nicht hoch genug eingeschätzt werden.

---

[9]Ein anschauliches Beispiel aus der vor-elektronischen Welt ist die mittelalterliche Türe zur Reliqui-enkapelle im Kloster Andechs, für die sieben Schlüssel gefertigt wurden, die an die Honoratioren in Andechs verteilt wurden (Abt, Prior, Bürgermeister, Schulmeister, Arzt, Wirt und Pfarrer), die sich nur alle gemeinsam versammelt an der Türe Zutritt zur Kapelle verschaffen konnten. Das hierfür gefertigte Türschloss kann noch heute bei Führungen betrachtet werden.

Gewaltenteilung, wie etwa Zugriff nach dem Vier-Augen-Prinzip, ist ein entscheidendes Mittel um Missbrauch von privilegierten Rechten weniger wahrscheinlich zu machen. Allerdings muss auf eine echte Unabhängigkeit der handelnden Personen voneinander geachtet werden.

3.4 Grundsätze sicherheitstechnischer Gestaltung

Die genannten Maßnahmen, bzw. Kategorien von Maßnahmen können auf unterschiedliche Weise umgesetzt und implementiert werden. Im Folgenden sind die Grundsätze benannt, durch deren Anwendung besonders vorteilhafte Umsetzungen der Maßnahmen möglich sind. Unter anderem werden diese Grundsätze durch die EU-Datenschutzgrundverordnung (DSGVO) als Anforderungen normiert.

3.4.1 Privacy & Security by Design

Neue Technologien – darunter auch Cloud-Dienste – bergen zunächst versteckte Schwachstellen, die sich im Nachhinein, wenn das Grundkonzept erst einmal feststeht, nur schwer beseitigen lassen. Daher ist es sinnvoller, etwaige Datenschutz- und Sicherheitsprobleme schon bei der Entwicklung neuer Technologien zu identifizieren und den Datenschutz von vorne herein in die Konzeption einzubeziehen. Dieser Ansatz wird auch als „Privacy by Design" oder „Datenschutz durch Technikgestaltung", bzw. im analogen Kontext für Sicherheit als „Security by Design", bezeichnet. Bereits 2010 wurde das Konzept „Privacy by Design" von der internationalen Konferenz für Datenschutz und der Datenschutzbeauftragten in Jerusalem [28] als globaler Standard festgelegt. Die dort grundgelegten Prinzipien lauten in der Originalfassung (übersetzt aus dem Englischen):

- Proaktiv, nicht reaktiv agieren, vorsorgen nicht sanieren
- Datenschutz als Voreinstellung
- Datenschutz in das Konzept einbetten
- Keine Einbußen bei der Funktion
- Positive Gesamtergebnisse, keine Nullsummenspiele
- Schutz über den gesamten Lebenszyklus
- Sichtbarkeit und Transparenz
- Grundrechte und Datenschutz respektieren

Auch die DSGVO stellt diese Anforderung in Artikel 25 unter dem Begriff „Data Protection by Design". Es heißt darin, dass Lösungen auszuwählen sind, *die dafür ausgelegt sind, die Datenschutzgrundsätze wie etwa Datenminimierung wirksam umzusetzen und die notwendigen Garantien in die Verarbeitung aufzunehmen, um den Anforderungen dieser Verordnung zu genügen und die Rechte der betroffenen Personen zu schützen.* Diese Anforderung besteht gemäß DSGVO (Artikel 5 Abs. 2) nicht nur inhaltlich, sondern umfasst auch die Pflicht zum Nachweis, dass die gewählte Lösung den inhaltlichen Anforderungen entspricht.

> Etwaige Datenschutz- und Sicherheitsprobleme sind schon bei der Entwicklung neuer Technologien zu identifizieren und deren Bewältigung von vorne herein in die Konzeption einzubeziehen.

3.4.2   Fehlertolerantes Design & Privacy by Default

Mit Fehlertoleranz wird hier die Eigenschaft von Sicherheitssystemen bezeichnet, die Schutzfunktionen auch dann aufrecht zu erhalten, wenn Fehler in der Hard- oder Software auftreten, das Internet oder die Stromversorgung ausfällt. Fehlertolerantes Design erhöht die Zuverlässigkeit der generell in Artikel 32 DSGVO geforderten Sicherheitsmaßnahmen und damit deren Wirkung und das Sicherheitsniveau. Im angelsächsischen Sprachraum wird diese Eigenschaft auch mit dem Begriff „failsafe" bezeichnet. Dies kann mit Artikel 32 Abs. 1 lit. b DSGVO in Verbindung gebracht werden. Es geht dabei um den Umstand, dass auch bei Zwischenfällen die Funktionsfähigkeit des Systems und seine Sicherheit aufrechterhalten werden muss.

Die mit dem fehlertoleranten Design verwandte Maßnahme datenschutzfreundlicher Voreinstellungen wird als „Privacy by Default" bezeichnet. Die DSGVO formuliert diese in Artikel 25 Abs. 2 explizit als Anforderung.

Das schwere schmiedeeiserne Gitter wird beispielsweise nicht zum Schließen, sondern zum Öffnen des Tors mit großer Kraftanstrengung und unter Einsatz von Hebelwirkung hochgezogen, während es zum Schließen vergleichsweise einfach und schnell heruntergelassen werden kann.

In der IT-Sicherheitstechnik ist fehlertolerantes Design nicht einfach umzusetzen. Es bedeutet zum Beispiel, dass bei nicht eindeutigen Systemzuständen sicherheitshalber ein Angriff angenommen und die entsprechenden Prozesse vorsorglich ausgelöst werden. Vorzugsweise werden die Systeme so gestaltet, dass in den energieärmsten Systemzuständen auch die am höchsten bewerteten Grundwerte am besten geschützt sind. Wird beispielsweise die Wichtigkeit der Vertraulichkeit am höchsten bewertet, d. h. höher als die der Verfügbarkeit, dann dürfen schützenswerte Daten nach einem Stromausfall nicht lesbar sein. Steht jedoch die Verfügbarkeit als Grundwert an oberster Stelle, dann sollen die Daten auch nach dem Stromausfall lesbar sein. Weitere Beispiele für fehlertolerantes Design sind:

- Aus Software-Paketen werden nur die Komponenten installiert, die tatsächlich genutzt werden.
- Positive Auswahl von Zugriffsberechtigten („white list") anstelle von negativem Ausschluss („black list") von Unberechtigten.
- Bei verteiltem Wissen (Geheimnissen): Eine qualifizierte Teilmenge der beteiligten Personen sollte für die Durchführung des Prozesses genügen (siehe Shamir Secret Sharing).

Fehlertolerantes Design erhöht die Zuverlässigkeit der Sicherheitsmaßnahmen und damit deren Wirkung. Bei der Sealed Cloud wird beispielsweise der „Data Clean-up"-Prozess auch dann vorsorglich ausgelöst, wenn nicht notwendigerweise ein Zugriffsversuch auf die Server in der „Data Clean-up Area" vorliegt, sondern sich lediglich ein Verdacht aufdrängt, dass dies der Fall sein könnte.

3.4.3   Stand der Technik nutzen

Wenn eine Technologie ausgewählt wird, die das Risiko der Verletzung von Grundwerten der IT-Sicherheit oder mittelbar das Risiko der Verletzung von Grundrechten wie der Würde oder Freiheit von betroffenen Personen reduziert, und dies außerdem nach den Prinzipien des „Privacy by Design", und des „Privacy by Default" erfolgt, so gilt als weitere Anforderung, z. B. durch die DSGVO, dass die Maßnahme zusätzlich auch dem „Stand der Technik" zu entsprechen hat – solange dies nicht unverhältnismäßig hohe Kosten mit sich bringt.

Dieser letztgenannte, beim Datenschutz vorgesehene Vorbehalt der Verhältnismäßigkeit, existiert bei anderen Normen nicht in dieser expliziten Form. Eine zentrale Anforderung, der die Informationstechnik beispielsweise bei kritischen Infrastrukturen (KRITIS) [10] entsprechen muss, ist entsprechend dem IT-Sicherheitsgesetz [30], bzw. den durch dieses Artikelgesetz eingeführten Normen, u. a. § 8a im BSI-Gesetz [31], dass sie ohne Vorbehalt nach dem Stand der Technik zu gestalten sei, und dies auch mit regelmäßigen (zweijährlichen) Audits nachgewiesen werden müsse.

Der Begriff „Stand der Technik" wird vom Gesetzgeber immer wieder dann gewählt (z. B. im Umweltschutz, aber eben auch bei der IT-Sicherheit, bzw. dem Datenschutz), wenn er sich der Tatsache bewusst ist, dass sich technische Maßstäbe aufgrund der technischen Entwicklungen und Innovationen kontinuierlich weiterentwickeln und zwar

---

[10]Kritische Infrastrukturen sind Anlagen oder Systeme mit einer wesentlichen Bedeutung für das staatliche Gemeinwesen – dazu zählen beispielsweise Energieversorger, aber auch Banken, Kliniken und manche IT- und Telekommunikationsanbieter. Wer als KRITIS-Betreiber gilt, ist in der KRITIS-Verordnung [29] geregelt.

schneller, als dies durch die Gesetzgebungsprozesse – auch bei gut organisierter parlamentarischer Arbeit – abgebildet werden kann. Mit diesem Begriff soll der technische Maßstab dynamisiert werden, d. h. die konkrete Auslegung des Gesetzestextes, welcher Stand der Technik denn als angemessen gelten darf, soll sich parallel zum Wandel der Technik ebenfalls wandeln.

Das Ziel dieser Dynamisierung ist, dass der Gesetzgeber seiner Schutzpflicht hinreichend gut nachkommt. Der Gesetzgeber ist sich dabei bewusst, dass er keine Regelung fordern kann, die mit absoluter Sicherheit Grundrechtsgefährdungen abwendet, die aus der Zulassung technischer Anlagen und ihrem Betrieb möglicherweise entstehen können. Denn das hieße zu verkennen, dass es diese absolute Sicherheit, wie in Abschn. 3.6.1 ausgeführt, nicht geben kann. Dennoch möchte der Gesetzgeber vermeiden, dass die Gesetze zu schnell veralten und ein veralteter technischer Maßstab dann nur zu einem aktuell als zu gering zu beurteilenden Schutzniveau verpflichten würde. Im Angelsächsischen spricht man vom „state of the art" oder der „best available technique".

Leider bleibt der Begriff dabei meistens ziemlich unbestimmt. Seit dem so genannten „Kalkar-Beschluss" des Bundesverfassungsgerichts im Kontext der Beurteilung des Restrisikos in der Reaktortechnologie [32], wird der „Stand der Technik" (SdT) im Datenschutzbereich (anders als z. B. im Patentrecht) zwar nicht identisch mit dem fortschrittlichsten „Stand der Wissenschaft und Forschung" (SdWuF), insgesamt aber als fortschrittlicher bewertet als die so genannten „allgemein anerkannten Regeln der Technik" (aaRdT) [43].

Der TeleTrust - Bundesverband IT-Sicherheit e.V. versucht in seiner aktuellen „Handreichung zum Stand der Technik technischer und organisatorischer Maßnahmen" [42] Kriterien für eine Abgrenzung zwischen diesen drei Kategorien zu schaffen. Das Dokument soll Nutzern und Anbietern gleichermaßen praktische Hilfestellung zur Bestimmung des Standes der Technik geben.

Die Kriterien im Katalog des Teletrust-Verbandes beziehen sich zum einen auf den Grad der Anerkennung einer Technologie und zum anderen auf den Grad ihrer Bewährung in der Praxis. Mit den Antworten auf jeweils vier Fragen werden diese Grade auf einer Skala zwischen den Werten „1" und „5" bestimmt. In Tab. 3.1 sind die vier Fragen zum Grad der Anerkennung wiedergegeben. Die jeweils drei Beantwortungsoptionen entsprechen entweder einem, drei oder fünf Skalenpunkten. Die für Sealed Cloud zutreffenden Antworten sind jeweils markiert und aus den entsprechenden Skalenpunkten in der rechten Spalte der Tab. 3.1 der den Grad der Anerkennung charakterisierende Mittelwert errechnet.

Im Folgenden seien einige Fakten als Hintergründe für diese Antworten angeführt:

1. Bislang wird, von einzelnen Artikeln [33] und [34] bzw. Fernsehbeiträgen [35] in den Massenmedien abgesehen, über Sealed Cloud – Stand März 2019 – nur in den Fachmedien mit ca. 50 Fachbeiträgen p.a. und mehreren hundert „Clippings" p.a. in fachorientierten Onlinemedien berichtet.

Tab. 3.1 Die Fragen des Teletrust-Verbandes zum Grad der Anerkennung der Technik, nach [42], und deren Beantwortung in Bezug auf Sealed Cloud mit Stand vom März 2019

Fragen zum Grad der Anerkennung			Sealed Cloud
1. Welche Dokumentation über die Maßnahme steht öffentlich zur Verfügung?			
☐ Wiss. Publikation	☑ Fachmedien	☐ Massenmedien	3
2. Nimmt die Maßnahme Bezug auf internationale oder nationale Normen?			
☑ nein, noch nicht normiert ☐ ja, eine		☐ ja, mehr als eine	1
3. Wurde die Maßnahme von anerkannten Gremien/Verbänden empfohlen?			
☑ nein	☐ ja, führenden	☐ ja, vielen	1
4. Wird die Eignung der Maßnahme regelmäßig überprüft?			
☐ nein	☐ ja, herstellerseitig	☑ ja, unabhängige Instanz	5
Wertung:			Mittelwert
☐ 1 Skalenpunkt	☐ 3 Skalenpunkte	☐ 5 Skalenpunkte	2,5

2. Vertreter der Uniscon GmbH arbeiten regelmäßig in Gremien zur Ausarbeitung von Standards mit (z. B. bei den TCDP- bzw. AUDITOR-Katalogen, der DIN Spec 27070 bzw. den Standards der „International Data Space Association"). Diese Facharbeit führte auch schon dazu, dass die technikneutrale Anforderung der Eigenschaft der Betreibersicherheit teilweise Einzug in diese Standards gefunden hat. Allerdings kann – Stand März 2019 – von einem expliziten Bezug auf die Sealed-Cloud-Technologie in einem nationalen oder internationalen Standard noch nicht gesprochen werden.

3. Die Sealed-Cloud-Technologie wurde mehrfach prämiert [36–39] und genießt einen hervorragenden Ruf bei verschiedenen Landes- und Bundesministerien, sowie mehreren Bundesämtern bzw. -agenturen (u. a. BSI und BNetzA). Daneben sind Vertreter der Uniscon GmbH u. a. aktiv in den Verbänden bitkom, eco, Teletrust sowie Cybersicherheitsrat. Auf informeller bzw. persönlicher Ebene kam es in der Vergangenheit zu verschiedenen Empfehlungen für die Sealed Cloud. Jedoch ist die Sealed-Cloud-Technologie – Stand März 2019 – noch nicht so anerkannt, dass öffentliche Empfehlungen der Gremien oder Verbände ausgesprochen würden.

4. Wie in Kap. 2 erläutert, ist die Auditierung der implementierten Hard- und Software ein konstituierender Bestandteil des Grundprinzips der Sealed Cloud. Außerdem erfolgen regelmäßige Zertifizierungen der Informations- und Datenschutzmanagementsysteme der Dienstanbieter, die sich der Sealed Cloud bedienen. Die durch die Cloud-Dienste implementierten Datenverarbeitungsvorgänge werden regelmäßig durch Datenschutzzertifizierungen nach TCDP bzw. AUDITOR sowie gemäß der Organisations- und Komponentenzertifizierungen im Rahmen der Verfahren der „International Data Space Association" überprüft.

Als mittlerer Skalenwert des Grades der Anerkennung der Sealed Cloud ergibt sich der Wert 2,5.

Tab. 3.2 Die Fragen des Teletrust-Verbandes zum Grad der Bewährung in der Praxis, nach [42], und deren Beantwortung in Bezug auf Sealed Cloud mit Stand vom März 2019

Fragen zum Grad der Bewährung in der Praxis			Sealed Cloud
1. Wie ist der Innovationsgrad der Maßnahme einzustufen?			
☑ hoch	☐ mittel	☐ gering	1
2. Wo wurde die aktuelle Version der Maßnahme erprobt?			
☐ Laborbedingungen	☑ professioneller Einsatz	☐ Massenmarkt	3
3. Existieren vergleichbare Maßnahmen am Markt?			
☐ nein	☑ wenige	☐ viele	3
4. Wie oft wird die Maßnahme herstellerseitig konzeptionell aktualisiert?			
☐ Häufiger als ein Jahr	☐ jährlich	☑ seltener	5
Wertung:			Mittelwert
☐ 1 Skalenpunkt	☐ 3 Skalenpunkte	☐ 5 Skalenpunkte	3,0

In Tab. 3.2 sind die vier Fragen zum Grad der Bewährung in der Praxis wiedergegeben. Die für Sealed Cloud zutreffenden Antworten sind jeweils markiert und aus den entsprechenden Skalenpunkten in der rechten Spalte der Tab. 3.2 der den Grad der Bewährung in der Praxis charakterisierende Mittelwert errechnet. Im Folgenden seien einige Fakten als Hintergründe für die Antworten auf die Fragen der Bewährung in der Praxis angeführt:

1. Der Innovationsgrad der Sealed Cloud ist gemäß der üblichen Skalen [40] als sehr hoch einzustufen, da sie als eine Durchbruchinnovation (engl. „break-through innovation") gelten darf. Diese sind dadurch charakterisiert, dass sie sowohl zweck- als auch mittelgetriebene Innovationen sind. Der Zweck von Sealed Cloud ist, sowohl das Sicherheitsniveau des Cloud-Computing auf das notwendige Maß zu heben als auch gänzlich neue Geschäftsmodelle in der Cloud zu ermöglichen. Nicht nur das Sicherheitsniveau, sondern auch die Anwendungsfelder und die mit diesen beiden Zwecken verbundenen Fragestellungen an das Marketing und den Vertrieb sind bei dieser Innovation neu. Das gewählte Mittel für diese Innovation ist die neue Technologie, wie sie in Kap. 2 vorgestellt wurde. Dieses Mittel ist nicht nur neu für eine Branche, sondern eine neue Querschnitts- oder Basistechnologie.
2. Sealed Cloud wird seit mehreren Jahren erfolgreich von führenden Wirtschaftsprüfungsgesellschaften, Industrieunternehmen und dem öffentlichen Dienst professionell genutzt [41].
3. Es existieren zwei vergleichbare Maßnahmen am Markt: Es sind dies Intels „Software Guard Extensions" (SGX) und AMDs „Secure Encrypted Virtualization" (SEV), auf die in den Abschn. 2.7 und 5.3 eingegangen wird.
4. Die Grundprinzipien, wie sie in Kap. 2 eingeführt wurden, bilden ein geschlossenes System an Maßnahmen, dessen Geschlossenheit in Abschn. 2.6 illustriert ist. Konzeptionelle Änderungen finden nur in Zeitabständen weniger Jahre statt.

Abb. 3.4 Die Kategorien des „Standes der Wissenschaft und Forschung" (SdWuF, links und unten), des „Standes der Technik" (SdT, grau schraffiert), sowie die „allgemein anerkannten Regeln der Technik" (aaRdT), angelehnt an [42]. Die Einordnung von Sealed Cloud in dieses Schema repräsentiert den Stand vom März 2019

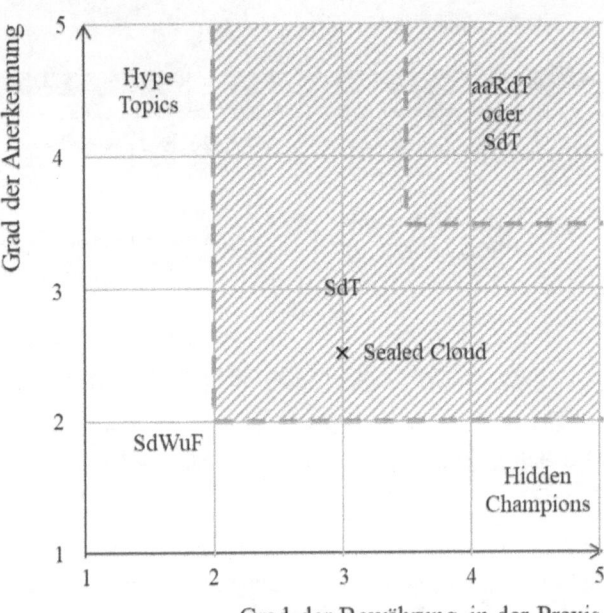

Als mittlerer Skalenwert des Grades der Bewährung in der Praxis der Sealed Cloud ergibt sich der Wert 3,0. In Abb. 3.4 sind die Kategorien SdWuF und SdT in Anlehnung an [42] voneinander abgegrenzt. Demgemäß befindet sich eine Maßnahme, wenn die Grade der Anerkennung und Bewährung in der Praxis noch klein sind, im Stande der Wissenschaft und Forschung. Bei höheren Graden der Anerkennung und Bewährung in der Praxis gehört eine Maßnahme zum Stand der Technik. Bei noch höheren Graden der Anerkennung und Bewährung gehört eine Technologie, abhängig von ihrer Fortschrittlichkeit bzw. in der IT-Sicherheit von dem mit ihr erzielbaren Schutzniveaus, entweder bereits zu den (veralteten) allgemein anerkannten Regeln der Technik oder darf immer noch zum Stand der Technik im begrifflichen Sinne des Gesetzgebers gezählt werden.

In Abb. 3.4 stellen einerseits die „Hype Topics" und andererseits die „Hidden Champions" zwei Sonderfälle dar. Bei den „Hype Topics" eilt die Anerkennung der Bewährung durch entsprechende mediale Aufmerksamkeit weit voraus. Der Gesetzgeber möchte mit dem Begriff „Stand der Technik" nicht den Einsatz unreifer Technik fordern, auch wenn diese (scheinbar) eine hohe Anerkennung genießt. Ebenso wenig, kann und möchte der Gesetzgeber Technik verpflichtend machen, die sich zwar schon lange bei den „Hidden Champions" bewährt, aber der Öffentlichkeit nicht bekannt und zugänglich ist. Daher können Maßnahmen, die diesen Sonderfällen zuzurechnen sind, nicht als „Stand der Technik" gelten.

Die Abhängigkeit der Einordnung einer technischen Maßnahme von der Fortschrittlichkeit der Technik, ist in der aus [43] entnommenen Abb. 3.5 illustriert. In den meisten Fällen sind die Grade der Anerkennung und Bewährung in der Praxis nicht stark

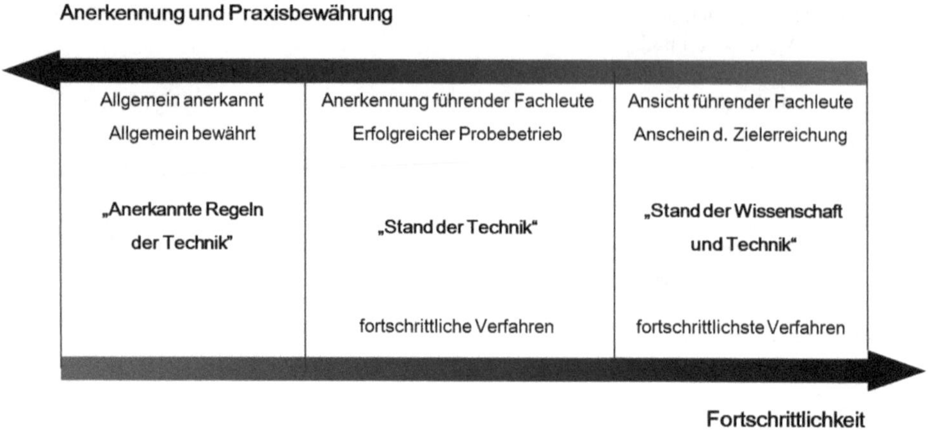

Anerkennung und Praxisbewährung

Fortschrittlichkeit

Abb. 3.5 Abgrenzung des Begriffes des „Standes der Technik" nach [43]

unabhängig voneinander ausgeprägt, und daher in Abb. 3.5 in der nach links zeigenden Achse zusammengefasst. Der „Stand der Technik" ist demgemäß im Datenschutzbereich (anders als z. B. im Patentrecht) zwar nicht identisch mit dem fortschrittlichsten „Stand der Wissenschaft und Technik", insgesamt aber fortschrittlicher zu bewerten als die so genannten „allgemein anerkannten Regeln der Technik", verlangt also im Kontext der IT-Sicherheit, dass damit ein höheres Niveau der Sicherheit erzielbar ist.

Der Artikel 32 DSGVO fordert die Umsetzung risikoangemessener Maßnahmen durch den Cloud-Anbieter. Bei der Wahl der Maßnahmen hat der Anbieter viele Faktoren zu berücksichtigen, unter anderem den Stand der Technik. Die gewählte Lösung muss dem gemäß zur Erfüllung der DSGVO nicht nur den allgemein anerkannten und in der Praxis bewährten Sicherheitsregeln entsprechen, sondern muss darüber hinaus das Sicherheitsniveau fortschrittlicher Verfahren einhalten, die in der Praxis erfolgreich erprobt wurden und von führenden Fachleuten anerkannt sind. Daraus folgt, dass die Cloud-Nutzer und -Anbieter fortschrittliche, das Datenschutz- und Sicherheitsniveau signifikant hebende Verfahren und Technologien nicht einfach ignorieren dürfen, sondern den Nachweis führen müssen, dass die von ihnen gewählten Datenschutz- und Sicherheitslösungen bezüglich des Schutzniveaus dem Stand der Technik ebenbürtig sind.

Dies ist in Abb. 3.6 illustriert, in der ebenfalls die Grade der Anerkennung und Bewährung in der Praxis in einer Achse (hier als horizontale Achse) zusammengefasst sind. Die Fortschrittlichkeit ist in dieser Darstellung wegen der relativ großen Unabhängigkeit von der Anerkennung und Bewährung mit einer zweiten Achse (hier als vertikale Achse) aufgetragen. Wenn die beiden Grade der Anerkennung und der Bewährung in der Praxis für Sealed Cloud zusammengezogen werden, d. h. deren Mittelwert errechnet wird, so ergibt sich der Wert „2,75". Wie in den Kap. 4 und 5 gezeigt, liegt das erreichbare Schutzniveau, wenn man es beispielsweise mit der probabilistischen Vertraulichkeit C oder der probabilistischen Integrität I skaliert, Werte von über 99,9999.

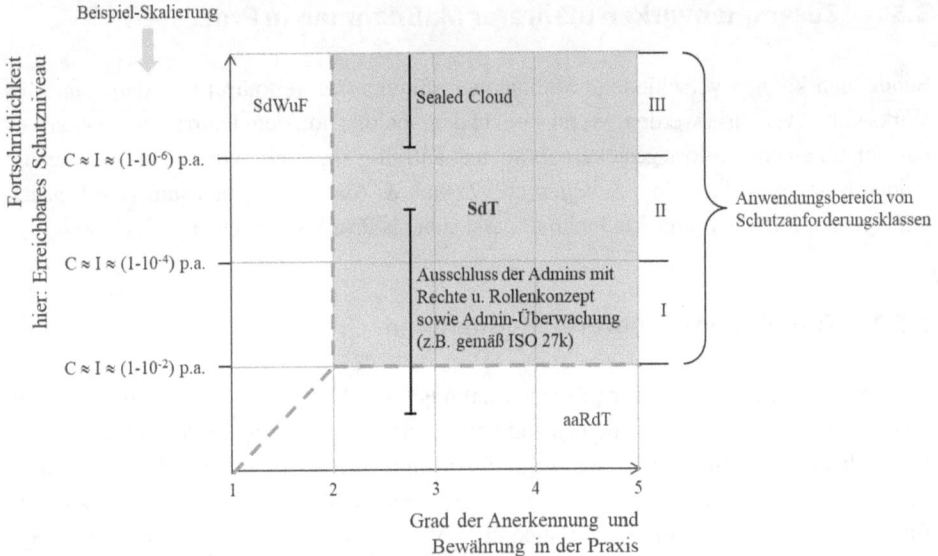

Abb. 3.6 Die Kategorien „Stand der Wissenschaft und Forschung" (links), „Stand der Technik" (grau hinterlegt) und „anerkannte Regeln der Technik" (unten). Die Einordnung von Sealed Cloud in dieses Schema repräsentiert den Stand vom März 2019

Auf den Bereich des Standes der Technik, der verschiedene Grade der Fortschrittlichkeit umfasst, können die in Kap. 1 vorgestellten Schutzanforderungsklassen, z. B. des AUDITOR-Kriterienkatalogs, angewendet werden.

Zusätzlich zu den vom Teletrust-Verband formulierten Kriterien sei hier vorgeschlagen, dass zur Erfüllung der gesetzlichen Anforderungen, in denen der Begriff „Stand der Technik" verwendet wird, folgendes zu beachten sei:

Werden zwei alternativ zur Implementierung verwendbare Maßnahmen identifiziert, die beide dem aktuellen Stand der Technik zuzurechnen sind, so ist zur Sicherstellung der vom Gesetzgeber intendierten Schutzfunktion diejenige Maßnahme auszuwählen, welche die bessere Schutzwirkung verspricht.

Sealed Cloud wird seit mehreren Jahren erfolgreich von führenden Wirtschaftsprüfungsgesellschaften, Industrieunternehmen und dem öffentlichen Dienst genutzt. Sealed Cloud repräsentiert gegenwärtig (Stand 2019) den Stand der Technik im Bereich sicheres Cloud-Computing.

3.5   Zusammenwirken mehrerer Maßnahmen in Prozessen

Schließlich können verschiedene Maßnahmen miteinander verknüpft und damit in ihrer Wirksamkeit verstärkt werden. Wenn – um in der Analogie mit dem Fahrrad zu bleiben – es sowohl mit einem Schloss gesichert als auch unauffällig abgestellt wird, dann kommen die beiden Kategorien *Barrieren Schaffen* und *Tarnen & Täuschen* gemeinsam zum Einsatz. Die Verknüpfung mehrerer Maßnahmen lässt sich als Prozess verstehen.

3.5.1   Kombination mehrerer Maßnahmen

Besteht dieser Prozess aus der „Reihenschaltung" von Maßnahmen, die sich alle gegen eine bestimmte Bedrohung richten, so addieren sich die Aufwände für den Angreifer. Die Wahrscheinlichkeit für eine für den Angreifer erfolgreiche Überwindung des kombinierten Schutzes ist das Produkt aus den Einzelwahrscheinlichkeiten. Ein anschauliches Bild für diese Form der Kombination mehrerer Maßnahmen sind die Verteidigungsringe einer mittelalterlichen Burg. Eine erste Mauer, dann ein Wassergraben, dann noch eine zweite Mauer und die Absperrungen eines innersten Bereichs der Burg müssen alle nacheinander vom Angreifer überwunden werden. Die Erfolgswahrscheinlichkeit für den Angreifer verringert sich, die Sicherheit für den Schutzsuchenden erhöht sich entsprechend signifikant.

Besteht die Kombination mehrerer Maßnahmen aus einer „Parallelschaltung" von komplementären Maßnahmen, die für die Abwehr unterschiedlicher Angriffe, jedoch i. d. R. zur Gewährleistung eines gemeinsamen Schutzziels vorgesehen sind, so kann der Angreifer mit unterschiedlichen Angriffsmethoden unterschiedlich aufwändige Angriffe führen. Wie in Kap. 4 näher ausgeführt wird, kann ein Angreifer als *idealer Angreifer* bezeichnet werden, wenn er über die volle Information bezüglich der potentiellen Aufwände der verschiedenen Angriffsmethoden verfügt und sich rational auf den wirtschaftlichsten Angriff fokussiert. Er verschwendet also keine Energie und Zeit auf weniger Erfolg versprechende Angriffe. Wenn die Angreifer so handeln, ist die Gesamterfolgswahrscheinlichkeit für die Angreifer das Maximum der Einzelwahrscheinlichkeiten der so kombinierten Maßnahmen. Die weichste Stelle bestimmt die Anfälligkeit des Gesamtsystems. Im bekannten Bild der Kette bestimmt das schwächste Glied die Stärke der gesamten Sicherungskette. Im Bild der mittelalterlichen Burg entspräche eine Parallelschaltung von Maßnahmen der Kombination zweier schützender Barrieren: Die Architekten der Burg können beispielsweise in zwei Himmelsrichtungen eine Naturfelsklippe, in den beiden anderen Richtungen eine Mauer zum Schutz vorsehen. Die Angreifer werden sich überlegen, ob sie einfacher den Fels oder die Mauer überwinden können, und entsprechend ihren Angriff planen. Die Zugänge zur Burg sind also als „Parallelschaltung" aus den Mauern und Klippen zu interpretieren, und daher so zu gestalten, dass dadurch keine Schwachstellen für die Angreifer entstehen. Die möglichen Angriffspunkte können durch gezielte weitere Maßnahmen in „Reihenschaltung" verstärkt werden – im Bild der Ritterburg ein Zugang mit zwei hintereinander angeordneten Toren.

Selbstverständlich werden auch in der Praxis der Informationssicherheit „Reihen-" und „Parallelschaltung" von Maßnahmen gemischt und kombiniert verwendet, um ein Schutzziel möglichst gut zu erreichen. Zur Verbesserung der Abwehr bestimmter Angriffe und zur möglichst vollständigen Abdeckung der Vielfalt der Angriffsmöglichkeiten sind in der Informationstechnik Kombinationen üblich, die im Folgenden an Hand eines bekannten Beispiels erläutert werden:

- Bei Anmeldeformularen sind Passwortmindestlängen und Mindestkomplexität der Passwörter mit einer Begrenzung der Eingabeversuche sowie mit einer datensparsamen unspezifischen Rückmeldung bei Fehleingaben (ob Nutzername oder Passwort falsch sind, sollte für den Angreifer offen bleiben) kombiniert. Diese Maßnahmen richten sich alle gegen das Ausprobieren bzw. Erraten von Nutzername-Passwort-Paaren. Sie betreffen alle denselben Angriff und schaffen bei geeigneter Dimensionierung und guter Implementierung durch Multiplikation der Erfolgswahrscheinlichkeiten ein genügend hohes Schutzniveau.
- Ein weitere Angriffsmethode zur Erlangung von Nutzername-Passwort-Paaren ist jedoch Spionage-Software, die auf die Endgeräte-Software eingeschleust wird. Um auch diese Angriffsmethode abzuwehren, wird ein zweiter Faktor bei der Anmeldung verwendet, der durch die Späh-Software nicht auf gleiche Weise wie Nutzername und Passwort abgegriffen werden kann. Können die Angreifer leicht Kenntnis vom zweiten Faktor erlangen, und ist das Endgerät anfällig für Spähsoftware, so nützen alle zuvor genannten Maßnahmen gegen das Ausprobieren und Erraten der Zugangsdaten wenig. Die Sicherungskette versagt an der schwächsten Stelle.
- Eine Mischung der „Reihen-" und „Parallelschaltung" von Maßnahmen ist beispielsweise die Verwendung eines aktuellen und vertrauenswürdigen Anti-Virus-Systems, das die Spähsoftware einigermaßen zuverlässig erkennt, und so eine ausgewogene Sicherheit sowohl gegen Identitätsdiebstahl als auch Erraten der Zugangsdaten schafft.

Durch die Kombination von Sicherheitsmaßnahmen kann sowohl die Erfolgswahrscheinlichkeit bestimmter Angriffe minimiert, als auch die parallele Abwehr verschiedener Angriffe erzielt werden. Die Gesamtsicherheit ist von einer gelungen ausgewogenen Kombination der Maßnahmen abhängig, sodass das schwächste Glied der Sicherungskette noch ausreichend stark ist, das gesetzte Gewährleistungsziel zu erreichen.

3.5.2 Dynamische Abläufe

Sobald mehrere Sicherheitsmaßnahmen bedingt miteinander verknüpft und durch Sensor- und Entscheidungsfunktionen in einem dynamischen Ablauf nacheinander wirksam werden, können ganz neue Schutzmechanismen entfaltet werden.

Aus der nicht-elektronischen Welt kann hier als anschauliches Beispiel die dynamische Verknüpfung von Alarm und Flucht angeführt werden. Der Alarm gehört der Kategorie *Überwachen*, die Flucht der Kategorie *Barrieren Schaffen* an. Wenn durch geeignete Überwachungsmaßnahmen ein Angreifer beobachtet und ein Alarm auslöst wird, initiiert in dieser Kombination der Alarm als eine Möglichkeit der Reaktion die Flucht. Die Flucht ist nichts anderes als die Vergrößerung eines Abstandes und damit die Verstärkung einer Barriere. Eine solche ist ja nicht nur durch ihre Höhe charakterisiert, sondern in erster Linie dadurch, wie viel Aufwand der Angreifer aufbringen muss, um die Barriere zu überwinden. Wenn Flucht einen nur durch zusätzliche Energie und Zeit überwindbaren Abstand schafft, so kann dies einen äquivalenten Schutz wie eine „hohe" Barriere bieten.

Alternativ kann der Verteidiger als Reaktion auf einen Angriffsalarm zum Gegenangriff übergehen. Dies könnte den Angreifer so viel Aufmerksamkeit und Energie kosten, dass sein initialer Angriff erfolglos bleibt. Die ethische Beurteilung, welche aggressiven Elemente einer Verteidigungsstrategie gerechtfertigt sein könnten, ist sehr schwierig. Dieses Kapitel beschränkt sich auf rein defensive Strategien.

Es fällt auf, dass eine Dynamik im Zusammenwirken von Sicherheitsmaßnahmen nur durch Beobachtung, automatisches Messen, „Monitoring", bzw. Überwachung entsteht. Zwar ist dies insbesondere bei gut gelungenen Umsetzungen von fehlertoleranten technischen Maßnahmen u. U. nicht offensichtlich, dennoch können die weitere Schutzmaßnahmen auslösenden technischen Vorgänge der Kategorie automatisches Messen im weiteren Sinne zugeordnet werden.

In der Informationstechnik finden sich beispielsweise folgende Verknüpfungen dieser Art:

- Sealed Cloud Data Clean-up, wie in Kap. 2 eingeführt.
- Eskalationsketten, bei denen abhängig von einer initialen Beobachtung weitere detaillierte Überwachungsmaßnahmen und Analysen angestoßen werden, die aus Ressourcensparsamkeit bzw. Ressourcengrenzen nicht generell angewendet werden. Beispielsweise vergrößert eine Überwachungskamera bei Verdacht einen bestimmten Bildausschnitt.

Der „Data Clean-up"-Prozess als wesentlicher Bestandteil des Konzeptes Sealed Cloud ist ein gutes Beispiel für einen dynamischen Prozess bestehend aus Überwachung, Alarmierung, Datensicherung und Datenlöschung.

3.6 Das Dilemma des Verteidigers

Die Informationssicherheit kennt Angreifer und Verteidiger. Obwohl es zusätzlich zu Angriffen Gefahren ohne feindliche Akteure gibt, vor denen es zu schützen gilt – man denke nur an Datenverlust durch technische Alterung oder Systemausfall – wird das Risiko für Vertraulichkeits- und Integritätsverletzungen von aktiven Akteuren dominiert. Diese können als Angreifer bezeichnet werden. Die Nutzer und Anbieter von Informationstechnologie sind dagegen die Verteidiger. Der Angreifer hat den Vorteil der Initiative. Der Verteidiger kann nur auf den Angriff warten und ist über die Stärke der Angreifer im Ungewissen. In diesem Abschnitt wird auf zwei Aspekte eingegangen, die ein Dilemma für den Verteidiger darstellen.

3.6.1 Sicherheit kann nicht bewiesen werden

Sicherheit, definiert als das hinreichend kleine Risiko eines erfolgreichen Angriffs, kann widerlegt, jedoch nicht bewiesen werden. Wird mit fortschreitendem Erkenntnisgewinn eine neue Angriffsmöglichkeit gefunden, muss die bestehende Risikoanalyse erweitert bzw. wiederholt werden. Weist diese dann eine nicht geringe Erfolgswahrscheinlichkeit für einen Angriff nach der neuen Methode auf, so ist die Sicherheit widerlegt. Um die Sicherheit wiederherzustellen müssen – sofern möglich – Gegenmaßnahmen getroffen werden.

Diese Eigenschaft der Sicherheit ist analog zur Falsifizierbarkeit zu interpretieren, wie sie von Karl Popper in seiner Wissenschaftstheorie formuliert ist [17]. Demnach ist nicht nur dem Versprechen von 100 % Sicherheit, sondern auch dem Versprechen einer „beweisbaren Sicherheit" im probabilistischen Sinn[11] mit Skepsis zu begegnen.

> Sicherheit und Datenschutz bedingen eine kontinuierliche Überprüfung und Nachbesserung bei Feststellung von Handlungsbedarf. Die Prüfer müssen qualifiziert sein und kontinuierlich fortgebildet werden.

3.6.2 Komplexität zwingt zur Kooperation

Der erste Aspekt des Dilemmas ist also, dass man nie abschließend davon ausgehen darf, ein informationstechnisches Sicherheitsproblem ein für allemal gelöst zu haben. Ständig muss man wach und auf der Hut sein. Damit aber nicht genug.

---

[11] zur Definition der probabilistischen Sicherheit siehe Kapitel 4

Der zweite Aspekt des Dilemmas ist, dass informationstechnische Systeme aus sehr vielen Teilkomponenten und Funktionen bestehen und sehr komplex aufgebaut sind. Diese Komplexität ist so hoch, dass es wohl keinen einzigen Menschen gibt, der von sich behaupten könnte, einen heute üblichen PC, Tablet-Computer oder ein Smart-Phone vollständig in seinen Teilkomponenten zu durchschauen. Selbst ein einzelnes Unternehmen kann das nicht von sich behaupten, auch die Internetriesen (wie Amazon, Microsoft, Apple oder Google) nicht. Ein Überblick über die grundlegenden technischen Prinzipien ist für erfahrene Systemarchitekten noch möglich zu erreichen, nicht jedoch die Kenntnis der genauen Implementierung dieser auf allen funktionalen Ebenen dieser Systeme, von der Hardware angefangen über die Firmware und schließlich über alle Schichten der Software.

Die Unternehmen, die solche Geräte – und dasselbe gilt für Cloud-Dienste – in den Verkehr bringen, müssen mit Herstellern von Teilkomponenten kooperieren, deren Produkte und Codes Teil des Angebots werden oder mit deren Produkten ein Zusammenwirken des angebotenen Dienstes möglich sein muss.

Es gibt Ansätze, die Entwurfs-, Entwicklungs- und Fertigungsprozesse trotz der hohen Komplexität zu kontrollieren. Der bekannteste zur Überprüfung und Bewertung der Sicherheit informationstechnischer Systeme ist die Methode „Common Criteria" gemäß dem internationalen Standard ISO/IEC 15408-1:2009. Allerdings kommt diese bislang nur für die Herstellung überschaubar großer Baugruppen zum Einsatz und ist mit sehr hohen Entwicklungs- und Herstellungskosten verbunden. Die Anforderungen an solche Baugruppen sind vornehmlich für eng umrissene Zwecke im militärischen oder polizeilichen Bereich definiert. Für Cloud-Dienste scheint das Verfahren bislang unpraktikabel. Den Autoren ist keine Anwendung von Common Criteria für komplette Cloud-Lösungen bekannt. Diese benötigen einfach zu viele Komponenten und Funktionen, als dass diese aus einer Hand und mit einheitlichem Prozessmanagement entwickelt werden könnten. Die Komponenten werden isoliert voneinander entwickelt.

Daher müssen die Entwickler von Cloud-Lösungen auf der Vertrauenswürdigkeit von vielen Teilkomponenten aufbauen, die von anderen Entwicklern entworfen wurden. In diesem Umfeld kommt quelloffener Software, der Open Source Software (OSS), eine überragende Bedeutung zu. Auch wenn sich immer wieder zeigt, dass auch OSS sicherheitsrelevante Fehler und sogar Hintertüren (sogenannte „Backdoors"[12]) enthält [18], stiftet alleine die Tatsache, dass OSS jederzeit uneingeschränkt überprüft werden könnte, großes Vertrauen in OSS-Komponenten. In der Praxis werden bedeutende Teile von OSS tatsächlich von unterschiedlichen Interessensvertretern gesichtet [19], sodass dieses Vertrauen auch eine rationale Grundlage hat. Doch die Vertrauensfrage hat darüber hinaus mehrere nicht-rationale Einflussfaktoren. Ergänzend sei deshalb auf die psychologischen und soziologischen Aspekte des Vertrauens eingegangen.

---

[12]Eine „Backdoor" ist eine Schwachstelle einer Software, die von einem Autor der Software mit der Intention eingebaut wird, sie gegebenenfalls später für Angriffe nutzen zu können.

Cloud-Lösungen sind aus so vielen Teilkomponenten aufgebaut, dass kein Anbieter eigenständig die Integrität aller Teilkomponenten überprüfen kann. Er muss auf deren Vertrauenswürdigkeit aufbauen.

3.6.3 Psychologische und soziologische Aspekte des Vertrauens

Der Nutzer von Informationstechnologie muss vielem vertrauen: Er muss darauf vertrauen, dass die Geräte, die er nutzt und die ihn umgeben, das tun, was die Hersteller der Geräte und der Software behaupten. Weiter muss er darauf vertrauen, dass die Cloud-Lösungen, über die er mittels dieser Geräte kommuniziert oder über welche die Geräte autonom kommunizieren, das tun, was die Anbieter der Cloud-Lösungen versprechen. Auch muss er darauf vertrauen, dass die Hersteller keine versteckte Agenda (engl. „hidden agenda") haben und ehrlich kommunizieren, was die Geräte tatsächlich leisten. Und schließlich muss er darauf vertrauen, dass die Hersteller sorgfältig genug arbeiten und Qualitätsmängel die Sicherheit nicht gefährden. Was steckt nun hinter diesem Vertrauen?

Vertrauen ist mehr als nur Glaube oder Hoffnung. Wie in Abb. 3.7 angedeutet, benötigt es immer eine Grundlage. Dies können gemachte Erfahrungen sein, aber auch das Vertrauen einer Person, der man selbst vertraut, oder institutionelle Mechanismen.

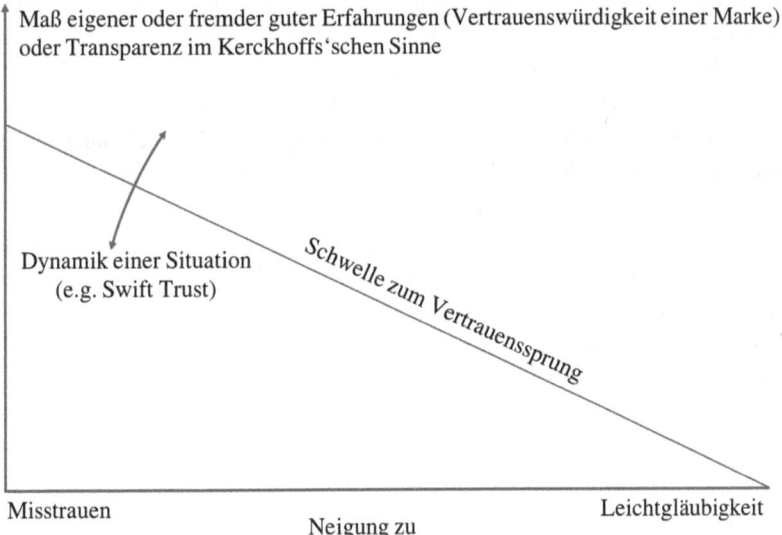

Abb. 3.7 Neben einer persönlichen Neigung bestimmen die Erfahrungen, die Marke und die Transparenz im Kerckhoffs'schen Sinne, wann zum Vertrauenssprung angesetzt wird. Diese Schwelle kann zudem durch die Dynamik der Situation gehoben oder gesenkt werden

Dieses Vertrauen ist also nicht nur die durch Erfahrungen bekräftigte Hoffnung auf Erfüllung der Leistungsversprechen. Sondern dieses Vertrauen fußt auch auf einem Vertrauen in die Marke der Anbieter. Zum einen traut der Mensch den Dingen, die er über einen längeren Zeitraum nutzt, und deren Erfüllung des Leistungsversprechens er aus eigenem Erleben kennt. Zum anderen traut der Mensch den Dingen, denen viele Mitmenschen ihr Vertrauen schenken – oder zumindest scheinbar schenken. Letzterer Aspekt steckt psychologisch hinter einer vertrauenswürdigen Marke.

Wenn weder eigene Erfahrungen noch Erfahrungen anderer im notwendigen Maße vorhanden sind, können als Vertrauensgrundlage auch transparente Informationen über die Systeme dienen. Informiert der Hersteller eines Geräts oder der Anbieter eines Cloud-Dienstes übersichtlich und angemessen gründlich, so kann eine offensichtliche Nachvollziehbarkeit ebenfalls Vertrauen bilden. Das Kerckhoffs'sche Prinzip [20] besagt, dass die Sicherheit eines Verschlüsselungsverfahrens auf der Geheimhaltung des Schlüssels anstatt auf der Geheimhaltung des Verschlüsselungsalgorithmus beruhen soll. In der Praxis haben sich schon oft Sicherheitssysteme, deren Wirkungsweise geheim gehalten werden sollte, als schwach erwiesen, sobald die Verfahren bekannt wurden. Umgekehrt werden Verfahren verbessert und gehärtet, die in der Öffentlichkeit bestehen müssen [21].

Die Bildung von Vertrauen ist immer ein langwieriger Prozess. Die zuvor genannten eigenen Erfahrungen benötigen Zeit. Um zuvor unbekannten Personen Vertrauen entgegenzubringen, muss man diese in der Regel erst näher kennen lernen. Das Vertrauen wächst mit der Zeit. Es gibt Charaktere, die schneller Vertrauen schenken und Charaktere, die zur Bildung von Vertrauen lange Zeit brauchen. Gemeinsam ist all diesen Prozessen, dass sich zu einem kritischem Zeitpunkt im Prozess der Vertrauensgeber dem Vertrauensnehmer ausliefert und zum Vertrauenssprung ansetzen muss. Es gibt viele Situationen, in denen eine vertrauensvolle Zusammenarbeit nur durch einen Vorschuss an Vertrauen entstehen kann. Dieses Vorschussvertrauen wandelt sich dann im Zuge der Zusammenarbeit in gewachsenes Vertrauen, sodass ein großes Vertrauen oft aus vielen kleinen Vertrauenssprüngen erwächst.

Wenn allerdings hohes Vertrauen ohne Umschweife und spontan geschenkt wird, spricht man von „Swift Trust" [22]. Wenn hoher Druck besteht, dass eine Interaktion oder Transaktion unverzüglich erfolgt, kommt es zu Situationen mit Swift Trust. Auch bei der Internetnutzung spielt Swift Trust oft eine große Rolle, da ein großes Maß an Vorschussvertrauen erforderlich ist, um gewisse Dienste überhaupt nutzen zu können.

Im Ergebnis macht Vertrauen das Leben wesentlich einfacher. Mehr noch, ohne Vertrauen wäre Leben gar nicht möglich. Wie Niklas Luhmann in seiner Systemtheorie der Gesellschaft darlegt [23], können Menschen sogar Vertrauen in den Mechanismus des Vertrauens bewusst entwickeln.

Grundlagen für Vertrauen können sein: Eigene Erfahrungen und Erfahrungen anderer, wie sie sich etwa in einer Marke manifestieren können, aber auch sachliche Transparenz oder die Dynamik einer Situation. In der Sicherheitstechnik allgemein und für die Sealed Cloud im Speziellen ist Transparenz entsprechend dem Kerckhoffs'schen Prinzip besonders vertrauensbildend.

Vertrauen kann die Komplexität des Lebens wohltuend senken, erfordert aber einen bewussten Umgang damit.

3.7   Vertrauensmodelle

Im folgenden werden Vertrauensmodelle aus der Perspektive eines Sicherheitsingenieurs betrachtet. Vertrauensmodelle der Psychologie und Soziologie, die dabei helfen zu beschreiben, wie interpersonales Vertrauen entsteht und verbessert werden kann, werden hier nicht behandelt. Vielmehr beschreiben Vertrauensmodelle der Ingenieure, welche Akteure in einem System welchen anderen Akteuren vertrauen können sollten, damit die Sicherheit eines Systems gewährleistet ist.

3.7.1   Idealisierende Modelle

Die meisten Analysen von Sicherheitssystemen setzen einfache und eindeutige Vertrauensverhältnisse zwischen bestimmten Akteuren im System voraus. Eindeutig bedeutet hier, dass der Vertrauensgeber dem Vertrauensnehmer voll, d. h. zu 100 %, vertraut. Dies bedeutet nicht, dass die Ersteller solcher Modelle meinen, das Vertrauen in den Vertrauensnehmer sei immer voll gerechtfertigt. Vielmehr wird diese vereinfachende Idealisierung des Modells gewählt, damit die Untersuchungen auf ein bestimmtes Angriffsszenario fokussiert werden können. In Abb. 3.8 ist das typische Vertrauensmodell für eine durch Verschlüsselung sichere Datenübertragung von Nutzer A „Alice" zu Nutzer B „Bob" dargestellt. Der Untersuchungsgegenstand in diesem Modell ist die Sicherheit der Übertragung gegen Angriffe des „schwarzen" externen Angreifers. Ganz im Fokus steht die Sicherheit der für die Übertragung genutzten kryptographischen Verfahren.

Oft wird idealisierend vorausgesetzt, dass sich sowohl Alice als auch Bob nach Gesichtspunkten der Sicherheit angemessen verhalten, d. h. nicht etwa die von ihnen genutzten geheimen Schlüssel auf einem Zettel an den Bildschirmrand heften und ihre Geräte sicherheitstechnisch pflegen (Anti-Virus, keine Speichermedien anschließen, deren Sicherheit nicht bekannt ist, etc.). Daher sind diese beiden Akteure in der Abb. 3.8 auf weißem Hintergrund gezeichnet.

Ebenso idealisierend wird oft vorausgesetzt, dass weder der Hersteller des Gerätes A noch der Hersteller des Gerätes B Schwächen auf den Geräten zulassen, die es einem

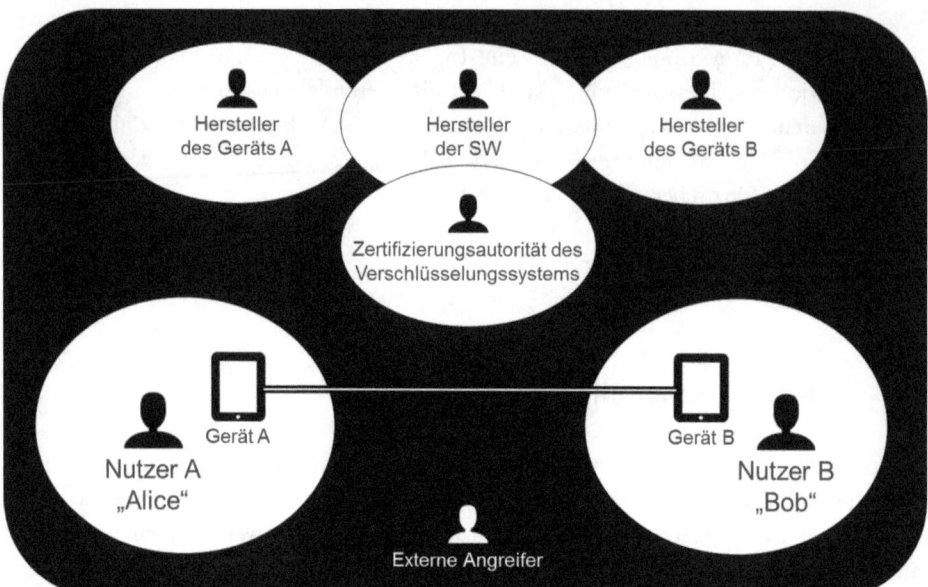

Abb. 3.8 Das gängige schwarz-weiß-idealisierende Vertrauensmodell für eine durch Verschlüsselung sichere Übertragung von Nutzer A „Alice" zu Nutzer B „Bob"

externen Angreifer erlauben würden, die dort unverschlüsselt vorliegenden Nachrichten abzugreifen. Moderne Geräte stehen oft in automatischer Verbindung mit Servern der Hersteller. Potentielle Angriffe über diese Schnittstellen werden nicht betrachtet. Daher ist auch für diese Akteure der Hintergrund weiß gezeichnet.

Schließlich wird oft idealisierend vorausgesetzt, dass die Verschlüsselungssoftware den untersuchten Algorithmus fehlerfrei umsetzt. Lediglich das Vertrauen, das der zentralen Zertifizierungsautorität entgegengebracht werden muss, ist in der Regel Gegenstand differenzierterer Betrachtungen.

Der Vorteil dieser Vereinfachungen liegt in der Fokussierung auf den Untersuchungsgegenstand. Die Problematik liegt jedoch darin, dass eine ggf. konstatierte hohe Sicherheit des untersuchten Verfahrens nur unter den Annahmen des idealisierten Modells gilt. Dies kann mitunter zu Missverständnissen führen, die im Ergebnis die Anwender an eine hohe Sicherheit glauben lassen, die jedoch tatsächlich nicht vorliegt. Ein verblüffend häufig zu beobachtendes Beispiel aus der Praxis ist, dass einer per E-Mail versandten verschlüsselten Datei in einer zweiten E-Mail der Schlüssel hinterher gesendet wird. Ebenso häufig werden sichere Systeme von unsicheren Clients aus genutzt, etc.

Den einfachen schwarz-weiß zeichnenden Modellen werden die „grauen" holistischen Modelle gegenübergestellt.

Idealisierende Vertrauensmodelle blenden bewusst andere, das Szenario ebenfalls bestimmende Angriffsvektoren, aus, um auf einen Untersuchungsgegenstand fokussieren zu können.

3.7.2 Holistische Modelle/Zero-Trust-Modelle

Die holistischen, also umfassenden Modelle gehen davon aus, dass keiner der beteiligten Akteure absolut vertrauenswürdig ist. An jeder Stelle können Fehler passieren. An jeder Stelle können Angreifer ansetzen. Zwar schenken die Vertrauensgeber unter den Akteuren den Vertrauensnehmern ihr Vertrauen, aber eben nicht zu 100 %. Daher wird diese Klasse von Vertrauensmodellen, gelegentlich etwas zugespitzt, die Klasse der „zero trust"-Modelle genannt. In Abb. 3.9 sind die verschiedenen Akteure daher in abgestuften Grautönen dargestellt. Alice und Bob hüten unter Umständen ihre geheimen Schlüssel nicht vertraulich genug. Unter Umständen pflegen sie die Sicherheit ihrer Endgeräte nicht so, wie es für eine gute Praxis ratsam ware. Die Hersteller der Endgeräte können nicht zu 100 % für die Vertrauenswurdigkeit aller Komponenten bürgen. Manche Hersteller haben sogar versteckte Ziele und exportieren unsichtbar Daten vom Endgerat in eigene Analysesysteme. Außerdem ist der sichere Algorithmus unter Umständen fehlerhaft in der Verschlüsselungssoftware implementiert. Auch ist je nach Herkunft der Software und

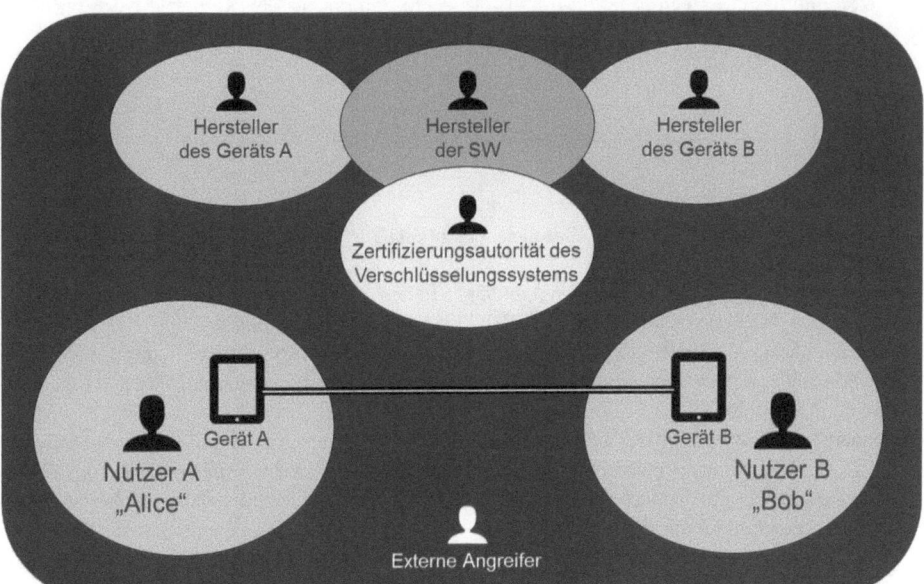

Abb. 3.9 Das selbe Szenario wie in Abb. 3.8, jedoch als differenzierendes „zero trust" genanntes Vertrauensmodell

der Geräte nicht auszuschließen, dass staatliche Zugriffsmöglichkeiten versteckt eingebaut sind.

Schließlich können auch die auf höchste Vertrauenswürdigkeit ausgelegten Prozesse der Zertifizierungsautorität untergraben sein, und Alice glaubt nur mit Bob verbunden zu sein, liefert ihre Nachrichten aber ungewollt an einen Angreifer, der sich nur als Bob ausgibt.

Der Vorteil der holistischen Modelle ist, dass bei sorgfältiger Arbeit mit diesen keine Angriffsmöglichkeiten ausgeblendet und bei der Interpretation der Ergebnisse von Sicherheitsuntersuchungen irreführend vernachlässigt werden. Dem steht der Nachteil gegenüber, dass es ungleich aufwändiger ist, mit der notwendigen Sorgfalt alle Angriffsvektoren zu erkennen und zu modellieren, als sich nur auf einen oder wenige gewichtige zu konzentrieren. Zwar können im holistischen Modell ebenfalls unwichtige Angriffsvektoren vernachlässigt werden, jedoch erst nachdem sie genau genug betrachtet wurden, um sie als unwichtig und vernachlässigbar zu klassifizieren.

Im folgenden Kap. 4 wird ein holistisches Modell für Cloud-Computing eingeführt, das in Kap. 5 zu vergleichenden Untersuchungen herangezogen wird, um den sicherheitstechnischen Nutzen von Sealed Cloud zu quantifizieren.

Holistische Modelle berücksichtigen – soweit möglich – sämtliche Angriffsmöglichkeiten auf die Grundwerte der Informationssicherheit. Keine Instanz und kein Akteur wird als absolut vertrauenswürdig angenommen (verschiedene Grautöne in der Darstellung). Daher sind diese Modelle hier auch als Zero-Trust-Modelle bezeichnet. Eine vergleichende quantitative Untersuchung der Sicherheit verschiedener Systeme ist damit auf umfassende Weise möglich.

Literatur

1. Samuel D. Warren and Louis D. Brandeis. (1890). The Right to Privacy. *Harvard Law Review* Vol. IV No. 5.
2. Informationssystem des Hessischen Landtags. Erstes Hessisches Datenschutzgesetz. (1970). http://starweb.hessen.de/cache/GVBL/1970/00041.pdf, abgerufen am 22. August 2017.
3. Dubash, Manek. (2010). "Moore's Law is dead, says Gordon Moore". http://www.techworld.com/news/tech-innovation/moores-law-is-dead-says-gordon-moore-3576581, abgerufen am 28. August 2017.
4. Robert France und Bernhard Rumpe. (2007) Model-driven Development of Complex Software: A Research Roadmap. *Future of Software Engineering 2007. IEEE Computer Society* pp. 37–54.
5. Thomas Müller. (2017). Big Data II: Selbstlernende Software erkennt Psychosegefahr. *DNP-Der Neurologe & Psychiater*. 18(1-2). 8–9.
6. Gregor Wiedemann. (2011). Is Big Brother really watching you? Defizite und Entwicklungspotenziale der liberalen Überwachungskritik. *Hamburg Review of Social Sciences*. 6(2).

7. van Ooyen R., Möllers M. (2015). Grundsatzentscheidungen zum Datenschutz im Bereich der inneren Sicherheit. In: van Ooyen R., Möllers M. (eds) Handbuch Bundesverfassungsgericht im politischen System. Springer VS, Wiesbaden.
8. Europäische Union. (2016). Verordnung zum Schutz natürlicher Personen bei der Verarbeitung personenbezogener Daten und zum freien Datenverkehr (Datenschutzgrundverordnung, DSGVO). Artikel 25 Datenschutz durch Technikgestaltung und durch datenschutzfreundliche Voreinstellungen. https://eur-lex.europa.eu/legal-content/DE/TXT/HTML/?uri=CELEX: 32016R0679&from=DE, abgerufen am 15. September 2017.
9. Steffen Kroschwald. (2013). Verschlüsseltes Cloud Computing, Anwendung des Daten- und Geheimnisschutzrechts auf „betreibersichere" Clouds am Beispiel der „Sealed Cloud". In Jürgen Taeger, *Law as a Service (LaaS)* Tagungsband DSRI-Herbstakademie 2013 (pp. 289–308). Oldenburger Verlag für Wirtschaft, Informatik und Recht.
10. Abraham H. Maslow. (1943). A Theory of Human Motivation. *Psychological Review* Vol. 50 No. 4, Seiten 370–396.
11. Hubert A. Jäger. (2012). Freiheit in der digitalen Gesellschaft. https://www.idgard.de/privacyblog/freiheit-in-der-digitalen-gesellschaft, abgerufen am 9. März 2012.
12. Bundesamt für Sicherheit in der Informationstechnik (BSI). (2018). Entwicklungsstand Quantencomputer. https://www.bsi.bund.de/SharedDocs/Downloads/DE/BSI/Publikationen/Studien/Quantencomputer/P283_QC_Studie.pdf?__blob=publicationFile&v=4, abgerufen am 3. März 2019.
13. National Institute of Standards and Technology (NIST). (2001). ADVANCED ENCRYPTION STANDARD (AES). https://nvlpubs.nist.gov/nistpubs/FIPS/NIST.FIPS.197.pdf, abgerufen am 3. März 2019
14. Robert J. McEliece. (1978). A Public-Key Cryptosystem Based on Algebraic Coding Theory. In: Deep Space Network Progress Report. Band 42, Nr. 44, S. 114–116.
15. John Preskill. (2012). Quantum computing and the entanglement frontier. arXiv:1203.5813. https://arxiv.org/abs/1203.5813, abgerufen am 23. März 2019.
16. Charles H. Bennett, Gilles Brassard. (1984). Quantum cryptography: Public-key distribution and coin tossing. In: Proceedings of IEEE International Conference on Computers, Systems and Signal Processing. IEEE Computer Society, 1984, S. 175–179.
17. Karl Popper. (1935). Die Logik der Forschung – Zur Erkenntnistheorie der modernen Naturwissenschaft. *Schriften zur wissenschaftlichen Weltauffassung*. Band 9. Springer Wien.
18. Heartbleed Documentation. (2014). http://heartbleed.com/. abgerufen am 22. April 2018.
19. Mark Aberdour. (2007). Achieving Quality in Open-Source Software. IEEE Software. Vo- lumne 24, Issue 1.
20. Auguste Kerckhoffs. (1883). La cryptographie militaire. *Journal des sciences militaires*. Band 9. Seiten 161–191.
21. Hannes Federrath. (1998). Sicherheit Mobiler Systeme. Schutz in GSM-Netzen, Mobilitätsmanagement und mehrseitige Sicherheit. 1. Auflage. Vieweg+Teubner.
22. Lionel P. Robert et. al. (2009). Individual Swift Trust and Knowledge-Based Trust in Face- to-Face and Virtual Team Members. Journal of Management Information Systems Vol. 26 , Iss. 2.
23. Niklas Luhmann. (1968). Vertrauen: Ein Mechanismus der Reduktion sozialer Komplexität. Enke Stuttgart.
24. The Open Web Application Security Project (OWASP). (2001). https://www.owasp.org abgerufen am 1. März 2018.
25. Martin Reinhardt (2017) Continues Security - Sicherheits-Checks bei der Software-Produktion http://holisticon.github.io/presentations/2017_ISD_continuous-security/. abgerufen am 2. September 2017.

26. The 32nd International Conference of Data Protection and Privacy Commissioners. (2010). Resolution on Privacy by Design. https://edps.europa.eu/sites/edp/files/publication/10-10-27_jerusalem_resolutionon_privacybydesign_en.pdf, abgerufen am 17. Oktober 2017.
27. Adi Shamir (1979). How to Share a Secret. Programming Techniques. Editor R. Rivest. Communications of the ACM. Vol. 22 Nr. 11. November 1979.
28. The 32nd International Conference of Data Protection and Privacy Commissioners. (2010), Resolution on Privacy by Design. https://edps.europa.eu/sites/edp/files/publication/10-10-27_jerusalem_resolutionon_privacybydesign_en.pdf, abgerufen am 17. Oktober 2017.
29. Bundesamt für Justiz. (2016). Verordnung zur Bestimmung Kritischer Infrastrukturen nach dem BSI-Gesetz. https://www.gesetze-im-internet.de/bsi-kritisv/BJNR095800016.html, abgerufen am 23. März 2019.
30. Bundesgesetzblatt. (2015). Gesetz zur Erhöhung der Sicherheit informationstechnischer Systeme (IT-Sicherheitsgesetz). https://www.bgbl.de/xaver/bgbl/start.xav?startbk=Bundesanzeiger_BGBl&jumpTo=bgbl115s1324.pdf#__bgbl__%2F%2F*%5B%40attr_id%3D%27bgbl115s13 24.pdf%27%5D__1553317331268, abgerufen am 23. März 2019.
31. Bundesamt für Justiz. (2015). Gesetz über das Bundesamt für Sicherheit in der Informationstechnik. https://www.gesetze-im-internet.de/bsig_2009/, abgerufen am 23. März 2019.
32. Bundesverfassungsgericht. (1978). BVerfGE 49, 89 – Kalkar I. https://dejure.org/dienste/vernetzung/rechtsprechung?Gericht=BVerfG&Datum=08.08.1978&Aktenzeichen=2%20BvL%208208/77, abgerufen am 23. März 2019.
33. Hubert A. Jäger. (2011). Global, digital wettbewerbsfähig – Datenschutz im Internet ist für Deutschland und Europa die Chance, endlich am IT-Markt mitzumischen – nicht bloß die weinerliche Kritik an US-amerikanisch dominierter Netzökonomie. Süddeutsche Zeitung, Rubrik „Außenansicht".
34. Manager Magazin. (2015). Start-ups in Berlin, Hamburg und München. Ausgabe 1/2015.
35. Zweites Deutsches Fernsehen. (2014). Morgenmagazin: Beitrag zur Cloud-Sicherheit. https://www.idgard.de/zdf-idgard-sealedcloud/, abgerufen am 25. März 2019.
36. Bundesministerium für Wirtschaft und Technologie (BMWi). (2011). Technologiewettbewerb „Trusted Cloud". „Sealed Cloud" gewinnt Wettbewerb des Bundesministeriums für Wirtschaft und Technologie. https://www.sit.fraunhofer.de/de/news/aktuelles/presse/details/news-article/sealed-cloud/, abgerufen am 25. März 2019.
37. Bundesministerium für Wirtschaft und Technologie (BMWi). (2015). Technologiewettbewerb „Smart Services Welt". „Smart Service Welt"-Gewinner des Technologiewettbewerbs stehen fest. https://www.bmwi.de/Redaktion/DE/Pressemitteilungen/2015/20150721-smart-service-welt-gewinner-technologiewettbewerb-stehen-fest.html, abgerufen am 25. März 2019.
38. EuroCloud Deutschland eco e.V. (2014). IDGARD gewinnt EuroCloud Award Deutschland. https://www.mittelstand-nachrichten.de/unternehmen/idgard-gewinnt-eurocloud-award-deutschland/, abgerufen am 25. März 2019.
39. Deutscher Rechenzentrumspreis. (2019). Sealed Cloud gewinnt in der Kategorie Ideen und Forschungen rund um das Rechenzentrum. https://www.future-thinking.de/deutscher-rechenzentrumspreis, abgerufen am 25. März 2019.
40. J. Hauschildt. (1990). Innovationsmanagement. In: Schuster H.J. (eds) Handbuch des Wissenschaftstransfers. Springer, Berlin, Heidelberg.
41. Uniscon GmbH. (2019). Öffentliche Kundenreferenzen. https://www.idgard.de/produkt/kundenreferenzen/, abgerufen am 25. März 2019.
42. Teletrust Bundesverband IT-Sicherheit. (2019). Handreichung Stand der Technik. https://www.teletrust.de/fileadmin/docs/fachgruppen/2019-02_TeleTrusT_Handreichung_Stand_der_Technik_in_der_IT-Sicherheit_DEU.pdf
43. Michaelis P. (2016). Der „Stand der Technik" im Kontext regulatorischer Anforderungen. DuD Datenschutz und Datensicherheit. Nr. 7. P. 458 ff. Springer.

Modellierung der Sicherheit im Cloud-Computing

4

Hubert A. Jäger, Ralf O. G. Rieken, Edmund Ernst und Jaro Fietz

Zusammenfassung

In diesem Kapitel wird ein probabilistisches Modell der Sicherheit im Cloud-Computing vorgestellt. Dabei steht ein Maß für die Gewährleistung der Vertraulichkeit der Daten im Fokus. Die Wahrscheinlichkeit, mit der innerhalb eines gegebenen Zeitraums keine Verletzung der Vertraulichkeit auftritt, ist als die probabilistische Vertraulichkeit definiert. In einem umfassenden Angriffsbaum steht jeder Zweig für eine Angriffsmöglichkeit. Welche Analysemöglichkeiten sich durch ein solches Modell ergeben, ist am Ende des Kapitels skizziert.

4.1 Grundwerte der Informationssicherheit

Die Modellierung der Informationssicherheit in Cloud-Systemen soll hier als Grundlage zur Quantifizierung des Sicherheitsniveaus dienen. Dies ist kein einfaches Unterfangen, da gleich mehrere Einflussgrößen nur ungenau zu bestimmen sind. Trotzdem soll eine Quantifizierung nach der Größenordnung vorgenommen werden, denn nur so können verschiedene Sicherheitssysteme bezüglich des durch sie vermittelten Schutzes miteinander verglichen werden. Vielfach zeigt sich in der Praxis, dass Systeme nur nach „sicher" oder „unsicher" klassifiziert werden. Dadurch ist ein Vergleich zwischen unterschiedlich gut abgesicherten Systemen nicht möglich.

H. A. Jäger (✉) · R. O. G. Rieken (✉) · E. Ernst · J. Fietz
Uniscon GmbH, München, Deutschland
E-Mail: hubert.a.jaeger@web.de; ralf@rieken.de

© Der/die Herausgeber bzw. der/die Autor(en), exklusiv lizenziert durch Springer Fachmedien Wiesbaden GmbH, ein Teil von Springer Nature 2020
H. A. Jäger, R. O. G. Rieken (Hrsg.), *Manipulationssichere Cloud-Infrastrukturen*,
https://doi.org/10.1007/978-3-658-31849-9_4

Die Angabe der Güte der Sicherheit in Form einer Schutzklasse oder eben als Eintrittswahrscheinlichkeit eines Sicherheitsvorfalls wäre wünschenswert für Vergleiche. Ein Sicherheitsvorfall ist eine Verletzung einer der Grundwerte der Informationssicherheit.

Die Grundwerte der Informationssicherheit sind die der bekannten Trias:

- Vertraulichkeit der Informationen
  Die Informationen dürfen nur von den hierzu berechtigten Personen gelesen bzw. zur Kenntnis genommen werden können. Dies gilt für für alle Bereiche der Datenverarbeitung, also die Erhebung, Verarbeitung i.S.v. Berechnungen, Übertragung und Speicherung.
- Integrität der Informationen
  Die Informationen dürfen nicht verändert werden können, ohne dass dies bemerkt werden kann. Der Begriff der Integrität wird oft auch auf die Vertrauenswürdigkeit bzw. die Unversehrtheit der informationstechnischen Systeme bezogen, was in vielen Fällen eine technische Voraussetzung für die Integrität der Daten und Informationen ist.[1]
- Verfügbarkeit der Informationen
  Die Informationen sollen dann zur Verfügung stehen, wenn sie benötigt werden. Mit Verfügbarkeit ist sowohl eine kontinuierliche Abrufbarkeit der Daten und Informationen als auch ein hoher Schutz gegen Datenverlust gemeint.

Zusätzlich zu dieser Trias der Grundwerte werden gelegentlich folgende weitere Grundwerte der Informationssicherheit benannt:

- Authentizität
  Der mit der Integrität verwandte Begriff bezieht sich auf die Echtheit und Vertrauenswürdigkeit eines Datums oder eines informationstechnischen Systems.
- Verbindlichkeit bzw. Nichtabstreitbarkeit
  Die Verbindlichkeit bezeichnet die Qualität einer Information, d. h. dass deren Integrität und Echtheit nicht abgestritten werden kann, da eine Überprüfbarkeit durch Dritte möglich ist.
- Zurechenbarkeit
  Eine Information kann ihrer Quelle zugeordnet werden, oder eine Veränderung einer Information kann der Person zuverlässig zugeordnet werden, die diese Veränderung veranlasste.
- Pseudonymität und Anonymität
  Je nach Zusammenhang kann die zuverlässige Abwesenheit der Zurechenbarkeit erforderlich sein. Dies wird als Anonymität bezeichnet, wenn die Zurechnenbarkeit

---

[1]Die Definition der informationssicherheitstechnischen Integrität ist in der Literatur nicht einheitlich. Die hier verwendete Definition folgt der so genannten ITSEC-Definition [1], wonach Integrität der Daten bedeutet, dass keine unautorisierte Modifikation von Information stattgefunden hat. Diese Definition wird ergänzt durch die Integrität der Systeme. Abweichende Definitionen überlappen gelegentlich mit dem Begriff der Verfügbarkeit der Daten.

für niemanden besteht, und als Pseudonymität, wenn sie für bestimmte Personenkreise nicht besteht.

Die Grundwerte der Informationssicherheit können auch als deren Schutzziele verstanden werden. Für unterschiedliche informationstechnische Systeme können die einzelnen Grundwerte oder Schutzziele unterschiedlich wichtig sein. Die Anforderungen an die technische Gestaltung der Systeme richtet sich nach der je System relevanten Priorisierung der Grundwerte.

> Mit den so genannten Grundwerten der Informationssicherheit werden die Anforderungen an die sicherheitstechnischen Systeme klar strukturiert. Bei Sealed-Cloud-Systemen steht die Vertraulichkeit an erster Stelle.

4.1.1 Gängige Modellierung der Verfügbarkeit

Bevor auf die hier verwendete Modellierung der Vertraulichkeit eingegangen wird, sei kurz auf die gängige Modellierung der Verfügbarkeit in der Zuverlässigkeitsrechnung verwiesen. Dort ist die Verfügbarkeit, engl. „Availability", A, als die Eintrittswahrscheinlichkeit bzw. der Eintrittserwartungswert des Systemzustandes definiert, in dem die Funktion des Systems den Nutzern voll zur Verfügung steht. Die Zeit, in der dies der Fall ist, wird als die „uptime", T_{up}, die Zeit, in der dies nicht der Fall ist, als die „downtime", T_{down} bezeichnet. Demnach sind, bezogen auf einen Zeitraum $\Delta T = T_{up} + T_{down}$, die Eintrittswahrscheinlichkeit für den Systemzustand, in dem das System nicht zur Verfügung steht $p_{downtime} = T_{down}/(T_{up} + T_{down})$ und die Verfügbarkeit

$$A = (1 - p_{downtime}) \, . \tag{4.1}$$

In der Praxis der Zuverlässigkeitsrechnung [2] zeigt sich, dass für die Genauigkeit der Angaben die Benennung der Zehnerpotenz der Nicht-Verfügbarkeit völlig ausreicht. Es wird beispielsweise von 99 % oder 99,99 % Verfügbarkeit per annum gesprochen, oder nur die Anzahl der „Neunen" beziffert: Zum Beispiel im Falle von $A = 99,999$ % *p.a.* wird im englischsprachigen Zuverlässigkeitsjargon nur von „five nines" gesprochen.

> Die probabilistische Modellierung der Verfügbarkeit hat sich zur Charakterisierung dieser Systemqualität in der Praxis bewährt. Analog wird hier ein Ansatz zur Vertraulichkeit gemacht.

4.1.2 Probabilistische Modellierung der Vertraulichkeit

Die Vertraulichkeit, engl. „Confidentiality", C, sei hier als Erwartungswert ihrer Unversehrtheit definiert. Dies bedeutet, dass, bezogen auf den Zeitraum ΔT, die Wahrscheinlichkeit, dass es zu keiner Verletzung der Vertraulichkeit kommt, engl. „data breach", oder kurz „breach",

$$C = (1 - p_{breach}) \qquad\qquad (4.2)$$

beträgt. Umgekehrt ist die Wahrscheinlichkeit, dass es im Zeitraum ΔT zu einem oder mehreren Verletzungen der Vertraulichkeit kommt p_{breach}. Die Grundlage zur Berechnung der probabilistischen Vertraulichkeit ist dabei also die Wahrscheinlichkeit für das Auftreten eines „breach". Es sind also nicht die Zeiträume in denen das System unversehrt, „unbreached", oder versehrt, „breached" zu betrachten. Denn bei einem Datenleck kommt es primär nicht darauf an, wie lange das Leck bestand, sondern ob Daten und Informationen, und in welchem Umfang, durch Angreifer abgegriffen werden konnten oder nicht. Zwar ist die Dauer einer Phase, in der ein System besonders verletzlich ist, eine sehr wichtige Einflussgröße für die Erfolgswahrscheinlichkeit eines Angriffs, jedoch entscheidend für die Charakterisierung des Sicherheitsmerkmals der Vertraulichkeit ist die u. a. daraus abgeleitete Wahrscheinlichkeit dafür, dass es zu einem erfolgreichen Angriff kommen kann oder nicht.

Damit kann auch die Vertraulichkeit in der Metrik der „Neunen" angegeben werden. Beispielsweise kann ein Cloud-Dienst mit der Angabe $C = 99~\%$ Vertraulichkeit p.a. charakterisiert werden, was so viel bedeutet, dass bei 100 Diensten dieser Art mit mindestens einer Verletzung der Vertraulichkeit pro Jahr zu rechnen ist, oder es bezogen auf den einen einzelnen Cloud-Dienst in hundert Jahren zu einer Verletzung der Vertraulichkeit, also einem Datenleck, käme. Da die meisten Unternehmen bereits heute i. d. R. weit mehr als 100 Cloud-Dienste parallel nutzen [23], wäre eine derart hohe Eintrittswahrscheinlichkeit für einen „breach" nicht akzeptabel, da mit mehreren Datenvorfällen pro Jahr zu rechnen wäre.

So wie hier die probabilistische Vertraulichkeit definiert ist, kann analog auch mit der Integrität verfahren werden. Die probabilistische Integrität I ist die Wahrscheinlichkeit, dass es im Zeitraum ΔT zu keiner Verletzung der Integrität kommt.

Die Vertraulichkeit kann auch als das probabilistische Maß für ihre Unversehrtheit verstanden werden. In diesem Kapitel wird eine Möglichkeit zur Berechnung der Größenordnung dieser Eintrittswahrscheinlichkeit erarbeitet.

4.2   Definition der ideal sicheren Cloud

Auch wenn klar ist, dass es keine ideal sichere Cloud geben kann, so ist es sinnvoll zu definieren, wie die ideal sichere Cloud aussähe: Für die Betreiber und Nutzer der Cloud wäre gewiss, dass die Vertraulichkeit nie verletzt werden könnte. Ebenfalls wäre die Integrität der Daten vollständig gesichert. Außerdem stünden die Funktionen der Cloud jederzeit zu Verfügung und Datenverlust wäre ausgeschlossen. Im probabilistischen Modell bedeutete dies, dass

$$C = I = A = 1 \, . \tag{4.3}$$

Für die ideal sichere Cloud würden also, wie in Abb. 4.1 illustriert, bezüglich aller Schutzziele der Informationssicherheit, nämlich der Vertraulichkeit, der Integrität und der Verfügbarkeit, die maximal möglichen Anforderungen erfüllt. Für eine solche Cloud muss des Weiteren idealisierend angenommen werden, dass sich bei perfekter Erfüllung der Grundwerte kein Paar dieser Werte gegenseitig ausschließt. Eine Abhängigkeit zwischen diesen Werten ist nämlich in der Praxis oft gegeben. Beispielsweise erfordert besonders hohe Verfügbarkeit oft, gewisse Einschränkungen bei der Vertraulichkeit hinzunehmen.[2] Bei der vorliegenden Definition der ideal sicheren Cloud schränken die Maßnahmen zur Sicherung der Verfügbarkeit die Vertraulichkeit nicht ein.

Eine Metrik für die Güte der Sicherheit kann nun, wie in Abb. 4.2 angedeutet, gewonnen werden, indem im Koordinatensystem aus der Vertraulichkeit C, der Integrität I und der Verfügbarkeit A der Abstand der real implementierten und angebotenen Cloud zur ideal sicheren Cloud angegeben wird. Gelingt es diese Werte auch nur annähernd oder zumindest der Größenordnung nach zu quantifizieren, so können verschiedene Cloud-Implementierung bezüglich deren Sicherheit miteinander verglichen werden.

- 100% Vertraulichkeit
- 100% Integrität
- 100% Verfügbarkeit

Abb. 4.1 Das hypothetische Modell einer ideal sicheren Cloud

---

[2]Beispielsweise müssen für hohe Verfügbarkeit Datensicherungen, so genannte „Backups", erstellt werden. Wenn nun aus Gründen der Vertraulichkeit eine Datenlöschung vom Nutzer vorgenommen wird, so ist es sehr schwierig diese Löschungen auch in den verschiedenen Backups umzusetzen. Die Löschung bleibt i. d. R. unvollständig. Bei Sealed Cloud wurde das Problem durch den so genannten „Sealed Backup" gelöst.

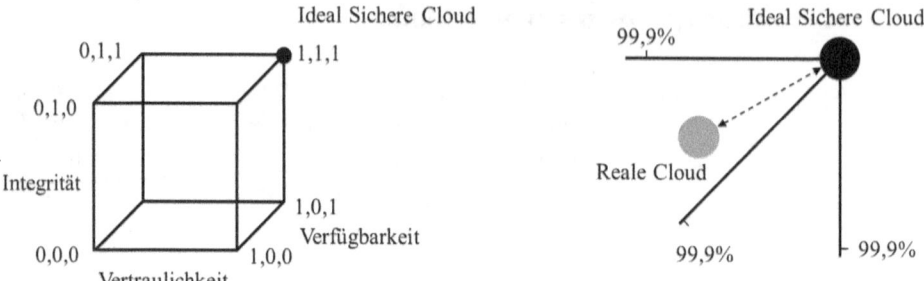

Abb. 4.2 Der Abstand zur ideal sicheren Cloud bestimmt den Grad der Sicherheit der Cloud

> Die Güte der Sicherheit einer Cloud lässt sich durch den „Abstand" des Angebots zur ideal sicheren Cloud ablesen.

4.3 Modellierung der möglichen Angriffe

In diesem Abschnitt wird die Methode beschrieben, mit der die denkbaren Angriffe auf die Cloud modelliert werden können. Dazu müssen möglichst alle Angriffsmöglichkeiten erfasst und Annahmen zu den Fähigkeiten und Kenntnissen der Angreifer gemacht werden. Wenn man zusätzlich Annahmen zur Loyalität der für den Cloud-Anbieter handelnden Personen und dem Verhalten der Nutzer der Cloud (den „Usern") macht, kann man die Erfolgswahrscheinlichkeit jeder einzelnen Angriffsoption modellieren und unter dem Vorbehalt, dass die Annahmen zum Angreifer, zur Loyalität der Mitarbeiter des Cloud-Anbieters und zum Verhalten der „User" zutreffen, die resultierende Gesamterfolgswahrscheinlichkeit eines Angriffs berechnen. Im Abschn. 4.6 sind die Grenzen und Möglichkeiten, die sich mit dieser Modellierung unter dem genannten Vorbehalt ergeben, betrachtet.

4.3.1 Angriffsbäume

Eine bewährte Methode zur Strukturierung möglichst aller Angriffsmöglichkeiten ist der so genannte Angriffsbaum [3]. Wie in Abb. 4.3 illustriert, bildet das betrachtete Angriffs- bzw. Schutzziel die Wurzel des Angriffsbaumes. Die verschiedenen Angriffsoptionen (hier als Angriffsoptionen i, j mit $i = 1$ bis $i = n$ und $j = 1$ bis $j = m_i$ bezeichnet) werden hierarchisch in (hier von $i = 1$ bis $i = n$ nummerierte) Kategorien gesammelt und sortiert. Die Kategorien bilden die Äste, die einzelnen Angriffsoptionen die Zweige des Angriffsbaumes. Wenn die Komplexität des Systems es erfordert, kann die hierarchische Gliederung natürlich auch noch mehr Ebenen umfassen.

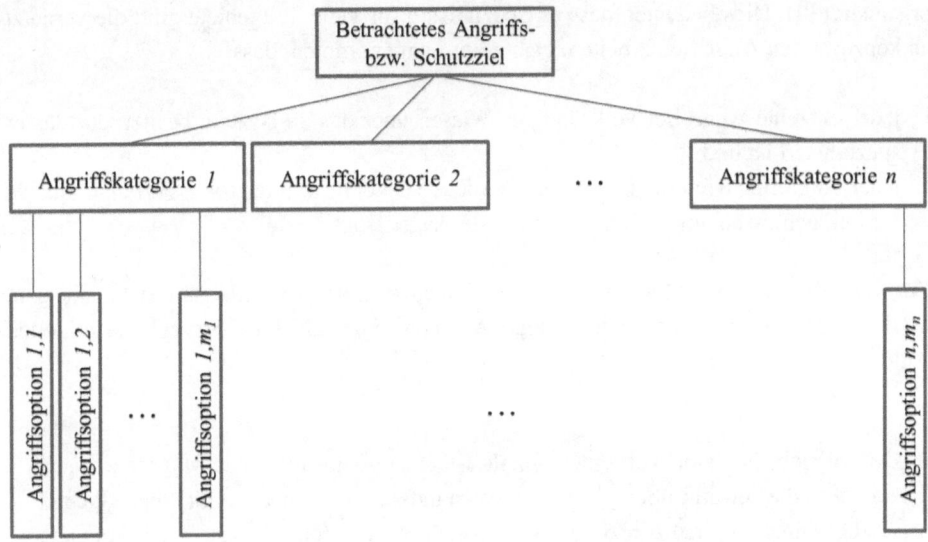

Abb. 4.3 Der Aufbau eines Angriffsbaumes

Wie in Abschn. 3.6.1 bereits begründet, gibt es prinzipiell keine Möglichkeit, die Vollständigkeit des Angriffsbaumes zu beweisen. Daher gilt es mit Umsicht und Sorgfalt alle Optionen der Angreifer zu recherchieren und sich im Austausch mit mehreren erfahrenen Experten der Vollständigkeit des Baumes so gut wie möglich zu nähern.

Wenn es im Folgenden gelingt, den einzelnen Angriffsoptionen je eine Größenordnung der Erfolgswahrscheinlichkeit des Angriffs zuzuordnen, dann kann durch eine geeignete, die Realität möglichst gut modellierende, Verknüpfung dieser Größenordnung der Einzelwahrscheinlichkeiten die Größenordnung der Gesamterfolgswahrscheinlichkeit des Angriffs berechnet werden. Dazu müssen zunächst die Eigenschaften des Angreifers beschrieben werden.

> Angriffsbäume sind ein bewährtes Schema zur Strukturierung möglichst aller Angriffsmöglichkeiten, die auf ein Angriffsziel gerichtet sein können.

4.3.2 Der ideale Angreifer

Der Angreifer wird aus Gründen der in der Informationssicherheit gebotenen Vorsicht als ein „idealer" Angreifer modelliert. Die Idealisierung des Angreifers besteht darin, anzunehmen, dass der Angreifer maximal gefährlich für das zu schützende Ziel ist. Selbstverständlich sind im Gesamtmodell eine Vielzahl parallel operierender idealer Angreifer zu berücksichtigen. Cyber-Kriminelle sind darüber hinaus hoch arbeitsteilig organisiert [4]. Dies bedeutet, dass es Spezialisten für viele Teilgebiete gibt, die vernetzt an konzertierten Angriffen arbeiten. Daher wird angenommen, dass

- jeder einzelne Angreifer vollständiges Wissen über das Teilsystem besitzt, auf das er spezialisiert ist und
- jeder Angreifer wie ein „homo oeconomicus" handelt, d. h. er fokussiert sich auf die für ihn, gemessen am Aufwand, einfachste Angriffsoption.[3]

Zur Vereinfachung des Modells werden die Kategorien des Angriffsbaumes aus Abschn. 4.3.1 so geschnitten, dass jede Kategorie einem Spezialgebiet der cyberkriminellen Angreifer entsprechen.

> Die Vorsicht gebietet, von einer arbeitsteiligen Organisation von Angreifern auszugehen, die jeweils über idealisiert vollständiges Wissen über ihr Spezialgebiet verfügen und rational die Angriffsoptionen mit dem für sie geringsten Aufwand wählen.

4.3.3 Modellierung der Erfolgswahrscheinlichkeit des Angriffs

Jede einzelne Angriffsoption kann probabilistisch modelliert werden. Damit die Erfolgswahrscheinlichkeit des Angriffs $p_{i,j}$ einer Option quantifiziert werden kann, wird der Angriff möglichst akkurat durch den Erwartungswert, seinerseits charakterisiert durch die jeweils relevanten Einflussgrößen, beschrieben. In vielen Fällen ist dies eine kombinatorische Betrachtung.

Wenn beispielsweise eine so genannte „brute-force"-Attacke[4] auf ein binär verschlüsseltes Wort betrachtet wird, ist die Erfolgswahrscheinlichkeit $p_{BruteForce}$ von der Länge des Transportschlüssels L_{Key}, dem Zeitintervall, in dem der Angreifer den Schlüssel durch Ausprobieren zu erraten sucht, hier ΔT, und der Dauer, um einen Versuch durchzuführen, δT_{Test} abhängig. Folglich kann für die Angriffsoption i, j die Erfolgswahrscheinlichkeit $p_{i,j}$

---

[3]Diese zweite Annahme trifft auf staatliche Akteure nicht immer zu. Politisch motiviert kann es vorkommen, dass aus ökonomischer Sicht unverhältnismäßig großer Aufwand in bestimmte Angriffsoptionen gesteckt wird. Auch kann es vorkommen, dass durch staatliche Akteure Angriffe durchgeführt werden, bei denen der Wert der „Beute" einen mit dem Aufwand des Angriffes vergleichsweise geringen Wert aufweist.

[4]Mit einer „brute-force"-Attacke werden Angriffe bezeichnet, bei denen versucht wird Passwörter, Schlüssel oder anderes kryptographisches Material einfach „brutal" durch Ausprobieren herauszufinden. Das geschieht natürlich nicht manuell, sondern mit Hilfe des Computers, der – falls keine Schutzmaßnahmen ihn davon abhalten – viele Millionen Versuche pro Sekunde durchführen kann.

$$\text{in diesem Beispiel als } p_{BruteForce} = 2^{-L_{Key}} \cdot \frac{\Delta T}{\delta T_{Test}} \tag{4.4}$$

modelliert werden.

So kann für jede Angriffsoption die Einzelerfolgswahrscheinlichkeit separat berechnet werden. Nicht in jedem Fall ist das so einfach und klar möglich, wie es in dem Beispiel für eine uneingeschränkte „brute-force"-Attacke hier exemplarisch gezeigt ist. Wie im nächsten Abschn. 4.5 besprochen wird, sind dafür auch Annahmen über das menschliche Verhalten als Nutzer, Betreiber, Administratoren und Komponentenlieferanten zu machen.

Innerhalb des Fachgebiets des spezialisierten, in Abschn. 4.3.2 definierten, idealen Angreifers wählt dieser den ökonomischsten Angriff. Daher ist die Erfolgswahrscheinlichkeit p_i in seinem Fachgebiet, bzw. der Angriffskategorie i das Maximum der Einzelerfolgswahrscheinlichkeiten für den Angriff

$$p_i = \max_{j \in \{1...m_i\}} \{p_{i,j}\}. \tag{4.5}$$

Schließlich wird die Betrachtung auf den ganzen Kreis der Cyberkriminellen, d. h. auf alle Fachgebiete bzw. Angriffskategorien, ausgedehnt. Die Erfolgswahrscheinlichkeiten der Angriffe in den verschiedenen Kategorien sind statistisch voneinander unabhängig. Die Wahrscheinlichkeit, dass aus allen Angreifern mindestens ein Angreifer erfolgreich ist, ergibt sich also aus der Summe der Einzelwahrscheinlichkeiten abzüglich der entsprechenden Verbundwahrscheinlichkeiten.[5] Allerdings sind bei den Betrachtungen der Sicherheitstechnik für Systeme, die über einen Grundschutz verfügen, die Erfolgswahrscheinlichkeiten alle sehr viel kleiner als 10 % p.a. und damit die Verbundwahrscheinlichkeiten vernachlässigbar klein. Deshalb kann die probabilistische Vertraulichkeit

$$C = (1 - p_{breach}) \approx (1 - \sum_{i=1}^{n} p_i) \tag{4.6}$$

einfach als das Komplement zu der Summe der Wahrscheinlichkeiten je Kategorie berechnet werden. Die Summe der Wahrscheinlichkeiten, dass es in den Kategorien zu einer Verletzung der Vertraulichkeit kommt, entspricht der Gesamtwahrscheinlichkeit p_{breach}, dass es zu einer Verletzung der Vertraulichkeit kommt.

---

[5] Auch beim Werfen eines Würfels sind die einzelnen Würfe statistisch voneinander unabhängig. Die Wahrscheinlichkeit eine „Eins" zu werfen beträgt 1/6. Dennoch ist die Wahrscheinlichkeit in sechs Würfen genau eine „Eins" zu werfen nicht $6 \cdot 1/6 = 100$ %. Es muss die Wahrscheinlichkeit sechsmal keine „Eins" zu werfen $(1 - 1/6)^6$ von 100 % abgezogen werden. Solche Wahrscheinlichkeiten heißen Verbundwahrscheinlichkeiten. Die resultierende Wahrscheinlichkeit in sechs Würfen mindestens eine „Eins" zu würfeln beträgt demnach ca. 66 %.

Wenn es gelingt, die verschiedenen $p_{i,j}$ der Größenordnung nach zu quantifizieren, kann je betrachtetem System ein Wert für C errechnet und die verschiedenen Systeme bezüglich der Sicherheit miteinander verglichen werden.

Je nachdem, welcher Satz an Sicherheitsmaßnahmen bei einem Cloud-Dienst umgesetzt ist, resultieren unterschiedliche Erfolgswahrscheinlichkeiten für den Angriff. Die Gesamterfolgswahrscheinlichkeit für den Angriff ergibt sich, wenn die Wirkung aller Cyberkriminellen statistisch kombiniert betrachtet wird.

4.4   Der Angriffsbaum beim Cloud-Computing

Im Folgenden wird der konkrete Angriffsbaum für das Cloud-Computing aufgezeigt. Zunächst wird ein Überblick über die Kategorien der Angriffsoptionen präsentiert und dann je Kategorie die Angriffsoptionen gesammelt und aufgelistet. Dabei wird auf bestehende Sammlungen von Angriffen [5] zurückgegriffen, und dann die Liste der Angriffsoptionen mit den für das Cloud-Computing typischen Angriffsmöglichkeiten ergänzt.

4.4.1 Überblick

In Abb. 4.4 sind der Cloud-Nutzer mit seinem Zugriffsgerät, die Cloud, aus der der Dienst angeboten wird, dessen sich der Nutzer bedient, sowie die Hardware- und Softwarelieferanten als Beteiligte abgebildet. Neben den externen Angreifern sowie dem Personal des Cloud-Anbieters sind auch die Akteure des eigenen Staates oder fremder Staaten eingezeichnet. Aus Datenschutzsicht sind ferner die betroffenen Personen sowie die sich auf diese beziehenden Daten angedeutet. Wie in Kap. 1 bereits erläutert, ist der Cloud Nutzer i. d. R. der Verantwortliche für die Verarbeitung der auf die betroffenen Personen bezogenen Daten. Der Cloud-Anbieter handelt im Auftrag des Cloud-Nutzers.

Die Angriffsoptionen auf die personenbezogenen oder anderweitig schutzbedürftigen Daten lassen sich in folgende, in den nächsten Unterabschnitten besprochenen Kategorien, einteilen. Die Angriffe von außen durch externe Angreifer können zunächst auf die Übertragungsleitung erfolgen (A). Die externen Hacker können auch direkt die Cloud angreifen (B). Oft wird auch die Option, die Zugriffsgeräte als Schwachstelle auszunutzen, gewählt (C). Diese Angriffsoptionen sind in der Kategorie „Externe Angriffe" [I] zusammengefasst. Die zweite Kategorie [II] bilden die Angriffsoptionen durch natürliche Personen, die vom Cloud-Anbieter angestellt oder beauftragt sind. Diese teilen sich auf in Angriffe bei denen privilegierter Zugriff missbraucht wird (D) und Angriffe bei denen Insider-Wissen missbraucht wird, um Angriffe besser durchführen zu können (E). Schließlich sind die Angriffsoptionen über die Zulieferkomponenten für die Cloud-

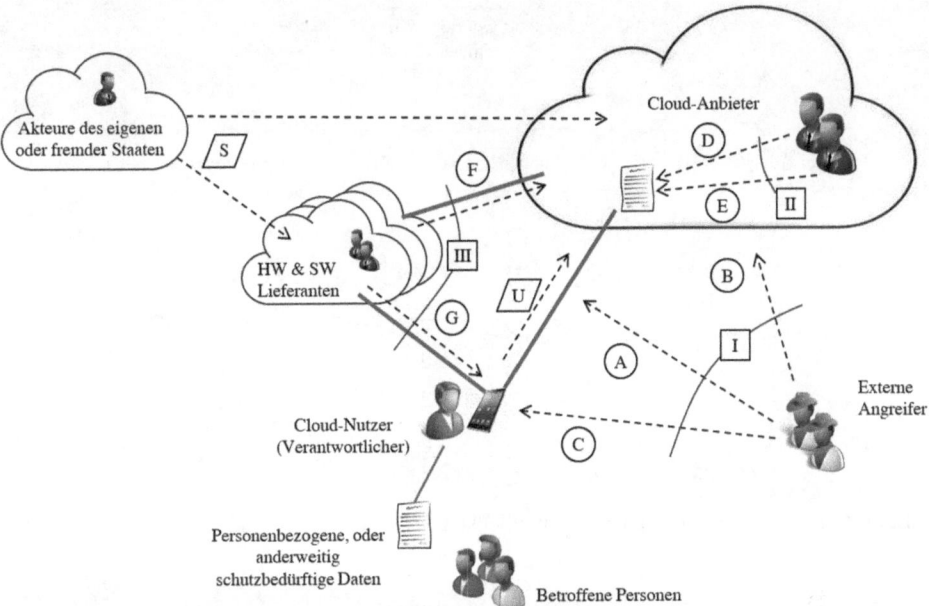

Abb. 4.4 Überblick über die Angriffsoptionen beim Cloud-Computing

Infrastruktur (F) und die in den Zugriffsgeräten verbauten Komponenten (G) zur Kategorie der Angriffe über die Hardware- und Software-Lieferanten [III] zusammengefasst. Die Wirkung der Sorgfalt der Nutzer /U/ und der Einfluss der Akteure der Staaten /S/ sind bei der Modellierung der Kategorien [I] bis [III] mit berücksichtigt. In Abb. 4.5 ist diese Kategorisierung mit dem Baumdiagramm dargestellt. Die Angriffsoptionen, die diesen Kategorien und Unterkategorien zugeordnet sind, werden in weiteren Teilbäumen in den folgenden Unterabschnitten abgebildet.

Der Angriffsbaum beim Cloud-Computing umfasst Angriffe auf die Cloud von außen und innen sowie auf die Datenübertragung vom Nutzer zur Cloud und auf das Gerät, mit dem sich der Nutzer mit dem Internet verbindet.

4.4.2 Angriffe von außen

Die externen Angreifer, in Abb. 4.6 englisch mit „External Advisories" bezeichnet, greifen entweder den Übertragungskanal („Channel"), die Cloud oder die Endgeräte („Clients") an. Entsprechend der in Abschn. 4.3 eingeführten Systematik wählen die auf Attacken auf den Übertragungskanal spezialisierten Angreifer die einfachste unter den drei in dieser

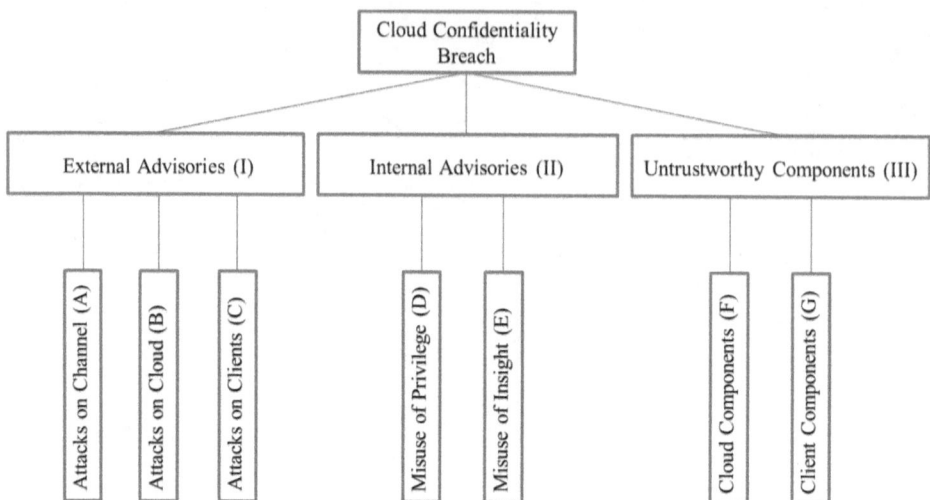

Abb. 4.5 Der Angriffsbaum auf die Vertraulichkeit der Daten eines Cloud-Dienstes

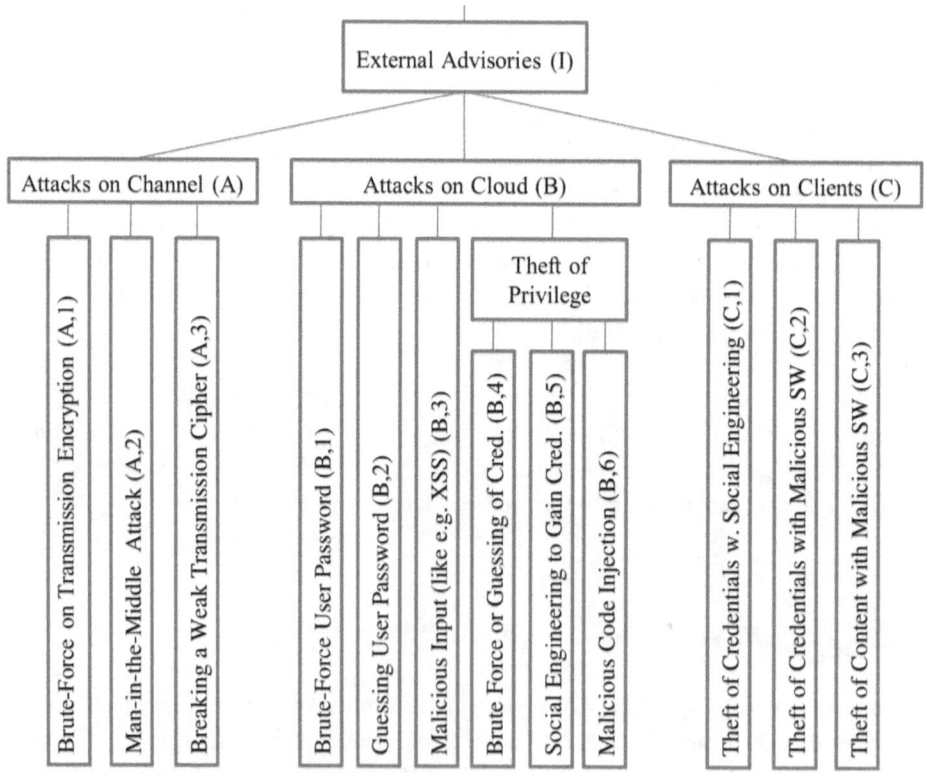

Abb. 4.6 Die Optionen der externen Angreifer

Kategorie genannten Angriffsmöglichkeiten aus. Für die auf Attacken auf die Cloud spezialisierten Angreifer sind in Abb. 4.6 sechs verschiedene Optionen aufgeführt. Unter diesen Möglichkeiten wird ebenfalls diejenige mit der höchsten Erfolgswahrscheinlichkeit ausgewählt. Schließlich sind es wieder andere Spezialisten, die sich auf die Angriffe auf die Endgeräte fokussieren.

Um die Präferenzen der jeweiligen Spezialisten zu ermitteln, müssen die einzelnen Erfolgswahrscheinlichkeiten quantifiziert werden. Dazu werden Teilmodelle für jede dieser Angriffsoptionen erstellt. Um den Rahmen dieses Kapitels und Buches nicht zu sprengen, seien hier die verschiedenen Optionen lediglich kurz beschrieben, indem die jeweilige Methode und die entsprechenden Abhängigkeiten benannt werden.

(A,1): Brute-Force-Angriff auf die Transportverschlüsselung

Wenn Daten über öffentliche Telekommunikationsnetze übertragen werden, verhält es sich ähnlich wie mit dem gesprochenen Wort: Einmal ausgesprochen, lässt es sich nicht mehr einfangen. So ist es auch mit Daten, die in ein Netz oder auf eine Übertragungsstrecke gesandt werden: Einmal abgeschickt können sie nicht mehr eingefangen werden. Schutz gegen unbeabsichtigtes Lesen bieten dann Verschlüsselungsverfahren, hier „Transportverschlüsselung" genannt. Bekannt geworden ist die hier beschriebene Angriffsoption durch den Whistleblower Edward Snowden und das System „Prism" [6]. Zwar funktionieren bei „Prism" höchstens kleine Teile des Gesamtsystems entsprechend dem einfachen Bild eines optischen Prismas, in dem ein optischer Strahl geteilt wird, wobei der eine Teilstrahl zum Weiterbetrieb des Netzes verwendet wird während der andere Teilstrahl analysiert wird und die enthaltenen Daten extrahiert werden. Doch dieses Bild hat sich wegen des Logos des Programms über die Medien einem großen Publikum eingeprägt.

Wenn es Angreifern gelingt die Übertragungssignale unbemerkt zu kopieren, können sie in aller Ruhe versuchen, anhand dieser Kopie den Code zu knacken. Das heißt, es kann versucht werden, mit sehr starken Rechnern und über lange Zeiträume einfach jede Möglichkeit auszuprobieren, wie der Schlüssel für das Entschlüsseln der Nachricht aussehen könnte. Wenn sich bei einem Entschlüsselungsversuch als Ergebnis etwas sinnvoll Leserliches ergibt, ist der richtige Schlüssel sehr wahrscheinlich gefunden.

Für die gängigen Verschlüsselung-Cipher mit Schlüssellängen von 128 oder 256 Bit kann ein erfolgreicher Brute-Force-Angriff wegen der verschwindend kleinen Erfolgswahrscheinlichkeit fast vollständig ausgeschlossen werden.

(A,2): Sogenannter „Man-in-the-Middle-Angriff"

Die zweite Angriffsoption auf den Übertragungskanal ist der sogenannte „Man-in-the-Middle-Angriff", bei dem der Angreifer sich zwischen den Sender und den Empfänger schaltet. Der Angreifer mimt dem Sender gegenüber, er sei der vorgesehene Empfänger und dem Empfänger gegenüber, er sei der vorgesehene Sender.

Bei einem gelungenen „Man-in-the-Middle-Angriff" bemerken weder der Sender noch der Empfänger, dass der Angreifer die Nachrichten abfängt und sie, je nach Ausgestaltung des Angriffs, nur mitliest und sie dann anstelle des Senders an den Empfänger weiterleitet, die Nachricht mitliest und verfälscht an den Empfänger weiterleitet oder die Nachricht gar ganz verschluckt.

Am Knoten des Angreifers, der sich zwischen die Cloud und den Client des Nutzers schaltet, wird die Transportverschlüsselung der Verbindung zur Cloud terminiert und eine neue verschlüsselte Verbindung zum Client aufgebaut. Zwischen diesen beiden verschlüsselten Verbindungen hat der Angreifer an seinem Knoten vollen Zugriff auf die unverschlüsselten Daten des Nutzers, die er mit der Cloud austauscht.

In der Regel akzeptieren die Cloud-Dienste Nutzerzugriffe über gängige Browser, ohne von den Clients ein spezifisches Zertifikat zu verlangen. Dies bedeutet, dass alle Clients für den Cloud-Dienst zunächst gleich aussehen. Daher kann ein „Man-in-the-Middle-Angriff" i. d. R. auch nur vom Nutzer bzw. dem Nutzer-Client aufgedeckt werden. Und nur dann kann der Nutzer oder die Client-Software auch entsprechende Gegenmaßnahmen ergreifen. Das Mimen gegenüber dem Client funktioniert dann besonders gut,

- wenn der Client das Zertifikat des Cloud-Anbieters nicht überprüft,
- wenn der Angreifer ein Zertifikat verwendet, das dem Client bekannt ist und insofern kein Verdacht erregt wird oder
- wenn der Angreifer über das kryptografische Geheimnis des Cloud-Anbieters verfügt und so auch technisch dem Client vollkommen identisch mit dem Cloud-Anbieter erscheint.

Wenn die client-seitige Überprüfung des Zertifikats nicht automatisch erfolgt, weisen die „Man-in-the-Middle"-Angriffe eine ungünstig hohe Erfolgswahrscheinlichkeit auf. Entsprechend dringlich ist eine solche Überprüfung. Mit dieser, die inzwischen bei gängigen Browsern erfolgt, kann die Erfolgswahrscheinlichkeit dieser „Man-in-the-Middle"-Angriffe vernachlässigt werden.

Verfügt der Angreifer allerdings über das Geheimnis des Cloud-Anbieters, so kann weder ein kundiger Nutzer noch dafür eingerichtete Software den „Man-in-the-Middle"-Angriff erkennen. Der „Man-in-the-Middle"-Angriff, bei dem das Geheimnis des Cloud-Dienstes verwendet wird, ist hier den internen Angriffen zugeordnet (Ordnungsnummer (E,1)). Bei herkömmlich gesicherten Cloud-Diensten ist dieses Geheimnis nur durch organisatorische Maßnahmen geschützt. Bei Sealed Cloud bleibt dieses Geheimnis, wie in Kap. 2 erläutert, durch technische Maßnahmen völlig unzugänglich.

(A,3): Brechen einer schwachen Transportverschlüsselung

Bei der Angriffsoption (A,1) wird von einer fehlerfreien Implementierung der Verschlüsselungssoftware und von einer ideal zufälligen Schlüsselgenerierung ausgegangen. Diese beide Annahmen treffen in der Praxis nicht zu. Das heißt, es stellt sich immer wieder heraus, dass

- in gängiger Verschlüsselungssoftware – trotz vorausgegangener akribisch genauer Überprüfung des Quellcodes – Fehler entdeckt werden, die Angriffsmöglichkeiten eröffnen und
- die in Computern quasi-zufällig erzeugten Sequenzen systematische Fehler beinhalten, durch die sich der „Suchraum" gemäß der Angriffsoption (A,1) dramatisch verkleinert.

Die erste Schwäche wird zumeist schnell ausgemerzt, indem der fehlerhafte Code durch weniger fehlerhaften Code ersetzt wird. Praktisch bedeutet das, dass die den Web-Server pflegenden Administratoren die als schwach erkannten Cipher blockieren und Cipher ohne bekannte Schwächen anbieten. Die zweite Angriffsoption basiert meistens nicht auf nicht-intendierten Schwächen der Zufallsgeneratoren, sondern werden gezielt, oft im Auftrag von fremden oder eigenen Regierungen, von den Geräte- und Softwarestellern eingebaut. Diese Option wird daher in Abschn. 4.4.4 behandelt. Allerdings können Cyberkriminelle, wenn ihnen Fehler in den Implementierungen der Verschlüsselungsalgorithmen bekannt sind und sie diese gegenüber der Öffentlichkeit geheim halten, diese Fehler für Angriffe ausnutzen, solange die Geheimhaltung aufrecht erhalten wird. Als zusätzliche technische Maßnahme gegen diese Angriffsoption kann empfohlen werden, eine doppelte Transport-verschlüsselung mit zwei unterschiedlichen Algorithmen vorzunehmen. In der Praxis ist das z.Zt. nur sinnvoll, wenn ohnehin für den Cloud-Dienst separat erstellte Client-Software zum Einsatz kommt.

> Angriffe auf die Übertragungsstrecke versprechen dann erfolgreich zu sein, wenn die Endgeräte des Nutzers das Zertifikat des Cloud-Dienstes nicht automatisch überprüfen oder Verschlüsselungs-Cipher verwendet werden, von denen Schwächen unter Cyberkriminellen über einen längeren Zeitraum bekannt sind, bevor die Öffentlichkeit davon erfährt.
>
> Die Übertragungsstrecke kann also sehr sicher gestaltet werden, wenn auf den Endgeräten die Zertifikate des Cloud-Dienstes automatisch geprüft werden und ggf. eine doppelte Verschlüsselung mit unterschiedlichen Ciphern zum Einsatz kommt.

Eine zweite Angriffskategorie bildet sich aus den Angriffsoptionen auf die Cloud von außen. Diese Angriffsoptionen sind in Abb. 4.6 mit dem Ordnungsbuchstaben „B" gekennzeichnet.

Die einfachste Methode, als Angreifer an die Daten heranzukommen, die von den Nutzern in der Cloud verarbeitet werden, ist es, dieselbe Zugangsmöglichkeit wie der gewöhnliche Cloud-Nutzer für sich zu nutzen. Dazu muss der Angreifer Kenntnis über die Zugangsdaten, wie z. B. den Nutzernamen und das zugehöriges Passwort, erlangen. Hierfür stehen ihm mehrere Möglichkeiten zur Verfügung:

- Brute-Force-Angriff auf die Zugangsdaten (B,1)
- Erraten der Zugangsdaten (B,2)
- Ausspähen der Zugangsdaten (C,1) und (C,2)

Das Erraten des Nutzernamens ist für die Angreifer i. d. R. nicht schwierig. Oft werden etwa der Familienname, eine Personalnummer oder eine E-Mail-Adresse von den Nutzern als Nutzername verwendet. Daher werden bei den Angriffsoptionen (B,1) und (B,2) lediglich die Methoden zur Bestimmung des zugehörigen Passworts behandelt.

(B,1): Brute-Force-Angriff auf das Passwort des Nutzers

Der Angreifer kann von jedem Internetanschluss aus das Anmeldeformular des Cloud-Dienstes aufrufen. In dieses Formular gibt er mit Hilfe eines kleinen Hilfsprogramms automatisch verschiedene Kombinationen von möglichen Passwörtern ein und probiert nacheinander aus, ob mit diesen ein Zugang zum System gelingt.

Solche Angriffsversuche können durch die Cloud-Dienste relativ einfach abgewehrt werden, indem beispielsweise das Anmeldeformular nach wenigen fehlgeschlagenen Anmeldeversuchen eines einzelnen Nutzernamens für eine gewisse Zeit blockiert wird. Dadurch kann das Hilfsprogramm des Angreifers nur wenige mögliche Nutzername-Passwort-Kombinationen ausprobieren, bevor das Anmeldeformular blockiert. Wenn der Umfang des Alphabets, aus dem das Passwort gebildet ist, groß genug ist und insbesondere das Passwort genügend lange gewählt ist, muss der Angreifer sehr viele Kombinationen ausprobieren, bevor er mit einer verschwindend geringen Wahrscheinlichkeit die richtige Kombination zufällig trifft.

Da solche oder ähnliche Sicherheitsmaßnahmen bei allen Cloud-Diensten Standard sind, ist die Erfolgswahrscheinlichkeit der Angriffsoption (B,1), wie mit einfachen Zahlenbeispielen gezeigt werden kann, i. d. R. vernachlässigbar.

(B,2): Erraten des Nutzerpassworts

Schon größere Gefahr geht von der Angriffsoption aus, bei der der Angreifer versucht, den Nutzernamen und das Nutzerpasswort zu erraten. Häufig verwenden die Nutzer relativ leicht zu erratende Passwörter [7]. Hilfsprogramme der Angreifer dienen dazu, aus wenigen öffentlichen Daten wie Namen und Geburtsdaten des Nutzers sowie seiner Angehörigen die 100 bis 1000 wahrscheinlichsten Passwörter vorzuschlagen. Da der Angreifer dann nicht alle möglichen Kombinationen stupide „Brute Force", sondern nur diese 100 bis 1000 wahrscheinlichsten Kombinationen durchspielen muss, kann der Angreifer die tatsächlich vom Nutzer verwendete Kombination von Nutzername und Passwort oft mit einer für ihn lohnenden Wahrscheinlichkeit finden.

Die unter (B,1) genannten Abwehrmaßnahmen machen auch für diese 100 bis 1000 oder mehr Kombination das Probieren für den Angreifer mühsam, aber nicht unmöglich. Als weitere Abwehrmaßnahmen erzwingen die Cloud-Dienste eine Mindestlänge der Passworte und verlangen, dass neben Kleinbuchstaben auch Großbuchstaben, Sonderzeichen oder Ziffern im Passwort vorkommen. Außerdem können lange Ziffernfolgen, die auf die Verwendung von Geburtsdaten oder Ähnlichem hindeuten, besonders am Anfang oder Ende des Passworts, vom Dienst abgelehnt werden. Des Weiteren kann dem Nutzer ein häufiges Austauschen des Passworts abverlangt werden.

Diese Maßnahmen erzwingen eine Mindestkomplexität, die dem Angreifer das Erraten der Nutzernamen-Passwort-Kombination i. d. R. hinreichend schwer machen. Allerdings sind solche Passwortregeln nicht unumstritten, da die hohe Passwortkomplexität die Nutzer dazu verführt, sich die Passwörter nicht zu merken, sondern elektronisch oder nicht-elektronisch zu speichern. Beides erleichtert das Ausspähen des Passworts durch Angreifer (siehe die Angriffsoptionen unter dem Ordnungsbuchstaben „C").

Als Ausweg aus diesem Dilemma wird den Nutzern empfohlen sich im Geiste ein leicht zu merkendes, jedoch geheimes Schema zurechtzulegen, mittels dessen die eigenen (hinreichend komplexen) Passwörter im Kopf gebildet werden können.[6] Auf diese Weise muss sich der Nutzer nicht eine große Zahl an komplexen Passwörtern merken, sondern erzeugt sie mit dieser Regel jeweils neu im Kopf.

Gegenwärtig befinden sich eine Reihe von technischen Alternativen zum persönlich zu merkenden Passwort in Entwicklung, die einen persönlichen Besitz und/oder ein biometrisches Merkmal als Zugangsschlüssel zu den Cloud-Diensten etablieren wollen. Bislang kommen diese vorwiegend als zweiter Faktor im Rahmen einer Mehrfaktorenau-thentifizierung (engl. „Secure Multi-Factor Authentication", SMFA), wie sie zur Abwehr eines Angriffs durch Ausspähen des Passworts benötigt wird (siehe (C,1) und (C,2)), zum Einsatz.

(B,3): Eingaben zu Angriffszwecken, z. B. XSS
An der Nutzerschnittstelle des Cloud-Dienstes können Angreifer nicht nur versuchen in die Rolle anderer Cloud-Nutzer zu schlüpfen (engl. „impersonation"), sondern auch als reguläre Nutzer des Dienstes alle Eingabefelder, die nach einer erfolgreichen Anmeldung zur Verfügung stehen, für Angriffe nutzen.

Dazu werden Computerbefehle, die i. d. R. in einer Skriptsprache[7] verfasst sind, zu den Eingaben in den Eingabefeldern des Cloud-Dienstes hinzugefügt. Da sowohl die Prozessoren der Server, mit denen der Cloud-Dienst abgewickelt wird, als auch ggf. die Prozessoren der Endgeräte anderer Nutzer des Dienstes, die vom Angreifer in die Eingabefelder eingegebenen Zeichenfolgen zugespielt bekommen, diese Zeichenfolgen lesen und verarbeiten, kann es vorkommen, dass diese Zeichenfolgen – wie vom Angreifer beabsichtigt – als Computerbefehle bzw. Maschinenkommandos interpretiert werden. In Fällen, in denen dies passieren kann, liegt natürlich eine fehlerhafte Interpretation des Inhalts des betreffenden Eingabefeldes und somit ein Softwarefehler vor, jedoch treten

---

[6]Es sind zahlreiche Tipps für solche Schemata öffentlich verfügbar. Jedoch Vorsicht! Um wirklich das Passwortraten zu erschweren, muss der Nutzer sich ein individuelles Schema selbst zurechtlegen und sollte sich nicht zu sehr an vielfach zitierten Beispielen orientieren.

[7]Die bekannteste Skiptsrache ist z.Zt. „Java Script", in der viele Webseiten programmiert sind.

solche Fehler durch mangelnde Sorgfalt immer wieder auf. Der bekannteste Angriffstyp dieser Art ist das so genannte „Cross-Site-Scripting" (XSS).

Es ist eine Frage der sorgfältigen Anwendung von Codierungsvorschriften, dass alle Eingaben, die durch Nutzer erfolgen können, in allen Fällen daraufhin validiert werden, ob Skriptbefehle oder Ähnliches darin enthalten sind. Die Werte der Eingabefelder müssen in der Software immer so behandelt werden, dass eine ungewollte Ausführung von darin enthaltenem Code ausgeschlossen werden kann.

Die Erfolgswahrscheinlichkeit eines solchen Angriffs ergibt sich aus dem Anteil der defizitär implementierten Eingabefelder, über die der Angreifer Befehle zur Ausführung bringen kann. In erster Linie durch sorgfältiges Programmieren und in zweiter Linie durch umfangreiche Penetrationstests kann man die Erfolgswahrscheinlichkeit dieser Angriffsoption vergleichsweise klein halten.

(B,4-6): Diebstahl eines privilegierten Zugangs (engl. „Theft of Privilege")

Für die im Folgenden betrachteten drei Angriffsoptionen (B,4), (B,5) und (B,6) ist es für den externen Angreifer zunächst erforderlich, in das Netz des Cloud-Betreibers einzudringen. Von dort aus haben die verantwortlichen Mitarbeiter des Cloud-Betreibers Zugang zu den Systemen, mit denen der Cloud-Dienst erbracht wird. Je nachdem, welche Privilegien mit diesen Zugängen verbunden sind, bedeutet die Erbeutung der Zugangsdaten durch einen eingedrungenen Angreifer eine wahrscheinliche oder weniger wahrscheinliche Verletzung der Vertraulichkeit der durch die Cloud-Nutzer mit dem Dienst verarbeiteten Daten.

Wie zuverlässig ein solches Eindringen verhindert werden kann, hängt vom klassischen „Perimeterschutz", d. h. dem Schutz der Betriebs-IT gegen Angreifer von außen ab, also von der Güte der Implementierung des Schutzes mit sogenannten „Firewalls", „Intrusion Detection" und „Intrusion Prevention"-Systemen, sowie organisatorischen Regeln für die Mitarbeiter und Weiterem ab.

Wenn der Cloud-Dienst nach den Grundregeln der Sealed Cloud gemäß Kap. 2 betrieben wird, kann die Vertraulichkeit auch beim Eindringen in das Netz des Cloud-Betreibers nur mit verschwindend geringer Wahrscheinlichkeit verletzt werden, da gar keine privilegierten Zugänge existieren und entsprechend keine Zugangsdaten erbeutet werden können.

(B,4): Brute-Force-Angriff oder Erraten der Zugangsdaten des Administrators

Gesetzt den Fall, der Angreifer ist in das Netz des Cloud-Betreibers eingedrungen, ähnelt der weitere Angriff dem Vorgehen bei (B,1), (B,2) und (C,2), nur dass nun nicht die Zugangsdaten eines Cloud-Nutzers, sondern die Zugangsdaten eines Administrators das Ziel des Angreifers darstellen.

(B,5): Erbeutung eines privilegierten Zugangs mit „Social Engineering"

Wieder gesetzt den Fall, der Angreifer ist in das Netz des Cloud-Betreibers eingedrungen, kann er die Zugangsdaten eines Administrators nutzen, wenn er sie mit den Methoden des so genannten „Social Engineering" gewonnen hat. Dieser englische Begriff steht in etwa für „angewandte Sozialwissenschaft", d. h. für eine gezielte Manipulation von Personen, um ein bestimmtes Verhalten dieser hervorzurufen. Die Angreifer spionieren beispielsweise das Umfeld eines Administrators aus, täuschen oft die Identität einer Autorität vor, und nutzen übliche Verhaltensweisen, wie zum Beispiel das Weglassen von Vorsichtsmaßnahmen unter Zeitdruck aus, um ihr Ziel – die Preisgabe der geheimen Zugangsdaten – zu erreichen. Trotz der scheinbaren Banalität des „Social Engineering" gelingen mit dieser Methode viele Angriffe.

Als Gegenmaßnahme dient im Wesentlichen die Sensibilisierung und Ausbildung der potenziellen Opfer und eine Authentifizierung der Administratorzugänge mit mehreren Faktoren (engl. „Secure Multi-Factor Authentication", SMFA). Die Wahrscheinlichkeit, dass neben dem Nutzernamen und dem Passwort auch ein zweiter Faktor vom übertölpelten Administrator weitergegeben wird, ist deutlich reduziert.

Ansonsten kann nur der Schaden, der mit der Erbeutung eines privilegierten Zugangs verbunden ist, durch die Sealed-Cloud-Technologie minimiert werden. Wie in Abb. 2.14 bereits gezeigt wurde, sind dann die Rechte der Administratoren auf das zur Erledigung ihrer Aufgaben notwendige Maß reduziert, und entsprechend ist der mit diesem Zugang mögliche Missbrauch auf die Verletzung der Verfügbarkeit, z. B. durch Sabotage, begrenzt. Eine Verletzung der Vertraulichkeit und der Integrität ist mit hoher Wahrscheinlichkeit ausgeschlossen.

(B,6): Injektion von Schadcode
Wenn ein Angreifer bereits in das Netz des Cloud-Betreibers eingedrungen ist, dann kann er unter Umständen auch den Zugang zu den Systemen erlangen, mit denen für Software-Updates bei den Systemen gesorgt wird. Dadurch versetzt sich der Angreifer in die Lage, auch schädliche Software zu deponieren bzw. zu injizieren, d. h. Software einzubringen, mit der die Vertraulichkeit der Daten, die von den Cloud-Nutzern in der Cloud verarbeitet werden, verletzt werden kann.

In den meisten Fällen, in denen es Angreifern gelingt, schädliche Software in das System einzubringen, erfolgt der initiale Schritt des Einbringens via E-Mail, indem Administratoren leichtsinnig angehängte Dateien öffnen, oder mit Speicherelementen, wie z. B. „USB-Sticks", die leichtsinnigerweise an Computer im Netz des Cloud-Betreibers angeschlossen werden.

Glücklicherweise werden diese Einfallstore durch Sicherheitsvorschriften oder technische Systeme mehr und mehr geschlossen; die Anzahl dieser Vorfälle ist statistisch rückläufig [11]. Unter der Anwendergruppe der Administratoren und insbesondere bei Cloud-Software-Anbietern, die sich an Arbeitsweisen nach einem Informationssicherheits-Managementsystem richten und die entsprechenden Schutzmaßnahmen des Perimeterschutzes ergreifen, kann die Erfolgswahrscheinlichkeit der Code-Injektion durch externe Angreifer auf ein mittleres Maß verringert werden.

Allerdings reagieren die Angreifer, indem sie so genannte „fileless"-Attacken entwerfen. Mit diesen „dateilosen" Angriffen wird versucht, ohne die Injektion von Dateien auszukommen. Dazu werden Schwächen der bereits auf den Computern vorhandenen Software ausgenutzt. Diese Schwächen bzw. Einfallstore entstehen entweder durch kriminelle Software-Ingenieure oder durch mangelnde Sorgfalt bei der Softwareerstellung. In beiden Fällen ist die Software nicht vertrauenswürdig. Diese Angriffe sind im Abschn. 4.4.4 behandelt.

Nur wenn durch technische Maßnahmen der privilegierte Zugang eliminiert ist (Versiegelung), kann die Erfolgswahrscheinlichkeit eines herkömmlichen Injektionsangriffs oder einer dateilosen Attacke auf das notwendige geringe Maß gesenkt werden.

Der Angreifer auf die Cloud von außen nutzt entweder dieselbe Zugangsmöglichkeit wie der gewöhnliche Nutzer, oder er erschleicht sich die Privilegien des für den Cloud-Anbieter arbeitenden Personals.

- Die Erfolgswahrscheinlichkeit, in der Rolle eines gewöhnlichen Nutzers einen Angriff zum Erfolg zu führen, ist bei sorgfältiger Auswahl herkömmlicher Standardmaßnahmen hinreichend klein.
- Die Erfolgswahrscheinlichkeit, die Zugangsdaten eines Administrators zu erbeuten, kann mit herkömmlichen Standardmaßnahmen nur auf ein mittleres Niveau gesenkt werden. Die in diesem Buch behandelte Versiegelung der Cloud-Infrastruktur schützt nicht nur gegen Innentäter, sondern auch gegen eine feindliche Erbeutung der privilegierten Zugänge der Administratoren.

Die dritte Angriffskategorie wird von den Angriffsoptionen auf die Clients von außen gebildet:

(C,1): Erbeutung der Zugangsdaten mit „Social Engineering"

Diese Angriffsoption ist im Wesentlichen analog zur Option (B,5) zu betrachten. Die Angreifer erbeuten in der dort geschilderten Art und Weise Nutzernamen und Passwort und können sich an Stelle des Nutzers beim Cloud-Dienst anmelden. Somit erlangt der Angreifer Zugriff auf die Inhalte des Nutzers und kann in dessen Namen und zu seinem Schaden agieren.

Allerdings können bei den Nutzern der Cloud leider die organisatorischen Maßnahmen zur Vermeidung der Erbeutung der Zugangsdaten mit „social engineering" oder mit Schadsoftware noch weniger gut durchgesetzt werden als bei der Anwendergruppe der Administratoren. Daraus folgt, dass das Schutzniveau ohne weitere Maßnahmen als unzureichend beurteilt werden muss.

Als wichtigste Maßnahme zur Behebung dieses unzureichenden Schutzes ist die Authentifizierung der Nutzerzugänge mit mehreren Faktoren (engl. „Secure Multi-Factor Authentication", SMFA) zu nennen. Damit ist gemeint, dass der Angreifer, selbst wenn es ihm gelingt, eine gültige Nutzernamen-Passwort-Kombination zu erbeuten, aufgrund des

Fehlens eines zweiten notwendigen Faktors dennoch keinen Zugriff zum Cloud-Dienst erhält. Beispiele für einen solchen zweiten Faktor sind:

- Ein Passcode, der per SMS über das Telekommunikationsnetz an den Nutzer übertragen wird. Er trägt diesen Passcode dann manuell in ein Formular des Cloud-Dienstes ein. Damit das funktionieren kann, muss dem Cloud-Dienst bei der Registrierung des Cloud-Nutzers eine zum Nutzer gehörende Mobilnummer angegeben werden.
- Ein Passcode, der durch einen Einmal-Passwort-Generator (engl. „one-time password generator", OTP) erzeugt und vom Nutzer manuell in ein Formular des Cloud-Dienstes eingegeben wird. Damit das funktionieren kann, muss bei der Registrierung des Cloud-Nutzers eine geheime „Saat", ein geheimes Wort, zwischen dem Einmal-Passwort-Generator und der authentifizierenden Stelle des Cloud-Dienstes geteilt werden (z. B. bei der gängigen Implementierung mit Software auf dem Smartphone durch das Lesen eines auf dem Bildschirm des für den Cloud-Zugang benutzten Gerätes dargestellten QR-Codes mit der Kamera des Smartphones).

  Es gibt unterschiedliche Implementierungen von Einmal-Passwort-Generatoren: Schlüsselanhänger, Smart-Cards in Scheckkartenformat [8], als Software auf Smartphones [9], etc. Immer ist für die Sicherheit der Implementierung entscheidend, ob das geteilte Geheimnis sicher im OTP verwahrt werden kann.
- Eine App auf einem Smartphone, die bei einem Einwahlversuch vom Cloud-Dienst angesprochen wird und vom Cloud-Nutzer eine Bestätigung per Click erwartet. Diese Bestätigung wird dann an den Cloud-Dienst gesandt, der daraufhin den Zugang für den Cloud-Nutzer öffnet [10].

Die Eingabe eines Passcodes als zweitem Faktor wird oft genug noch als zu unbequem und benutzerunfreundlich empfunden, um weite Verbreitung gefunden zu haben. Als Weiterentwicklung, die dann wegen der größeren Benutzerfreundlichkeit höhere Akzeptanz finden soll, befindet sich passwortlose Zugänge in Entwicklung, die jedoch sicherer als die Nutzernamen-Passwort-Kombination sind. Eine versiegelte Verarbeitungsumgebung, wie sie Sealed Cloud bietet, eröffnet hier mehr Optionen als herkömmliche Verarbeitung.[8]

Wenn zur Nutzernamen-Passwort-Kombination weitere Schutzmaßnahmen hinzu genommen werden, kann die Erfolgswahrscheinlichkeit für einen Identitätsdiebstahl auf hinreichend kleine Werte gedrückt werden.

---

[8]Durch die Versiegelung kann eine sichere Dreiteilung eines Geheimnisses zwischen einem Authentitäts-Provider, einem personalisierten Endgerät und der Sealed Cloud vorgenommen werden. Bei einem passwortlosen Anmeldevorgang werden diese drei Teilgeheimnisse eingesammelt und damit der Zugang zum Cloud-Dienst vermittelt. Mit einem solchen Verfahren kann ein Zugang bei höherer Sicherheit ohne Passwort gewährt werden.

(C,2): Erbeutung der Zugangsdaten mit Schadsoftware

Diese Angriffsoption ist weitgehend analog zur Option (B,6) zu betrachten. Auch dabei erbeuten die Angreifer in der dort geschilderten Art und Weise Nutzernamen und Passwort und können sich an Stelle des Nutzers beim Cloud-Dienst anmelden. Auch in diesem Fall erlangt der Angreifer dadurch Zugriff auf die Inhalte des Nutzers und kann in dessen Namen und zu seinem Schaden agieren. Auch gegen diese Angriffsoption ist SMFA die am besten geeignete Methode zur hinreichenden Senkung der Erfolgswahrscheinlichkeit der Angreifer.

(C,3): Erbeutung von Inhaltsdaten mit Schadsoftware

Es muss nicht Ziel der Angreifer sein, die Zugangsdaten des Cloud-Nutzers zu erbeuten. Der Angreifer kann sich auch auf das Erbeuten von Inhaltsdaten fokussieren, die auf dem Endgerät bzw. dem Client gespeichert werden.

Die zuvor genannten Schutzmaßnahmen, wie etwa die SMFA, taugt zur Absicherung gegen diese Angriffsoption nicht. Gegen eine Infektion durch Schadsoftware, mit der ein Export von Inhalten vom Endgerät organisiert werden kann, helfen nur die gängigen Vorsichtsmaßnahmen: keine USB-Sticks aus nicht vertrauenswürdigen Quellen verwenden, keine nicht-vertrauenswürdigen E-Mail-Anhänge öffnen, ein aktuelles Anti-Malware-Programm betreiben, etc.

> Die Angriffe auf die Zugangsdaten des Cloud-Nutzers versprechen den Angreifern eine hohe Erfolgswahrscheinlichkeit. Neben den klassisch empfohlenen Sicherheitsmaßnahmen, keine unbekannten Anhänge in E-Mails zu öffnen, keine nicht-vertrauenswürdige „Memory Sticks" an den Computer anzuschließen, hilft am besten die so genannte Zwei-Faktoren-Authentifizierung, bei der zur erfolgreichen Anmeldung neben der Nutzernamen-Passwort-Kombination ein weiterer Faktor, meist ein Einmal-Passwort, angegeben werden muss. Mit der versiegelten Verarbeitung sind neue, innovative passwortlose Zugänge einfacher als ohne Versiegelung implementierbar.

4.4.3 Angriffe von innen

Die zweite Kategorie der Angriffe bilden die Angriffsoptionen durch Personen, die vom Cloud-Anbieter angestellt oder beauftragt sind – so genannte „Insider". Wie in Abb. 4.7 dargestellt, teilt sich die Gesamtheit der Angriffe von innen auf in Angriffe, bei denen privilegierter Zugriff missbraucht wird – hier unter den Ordnungsnummern „D" geführt, und Angriffe bei dem Insider-Wissen missbraucht wird, um Angriffe besser durchführen zu können, hier unter den Ordnungsnummern „E" geführt.

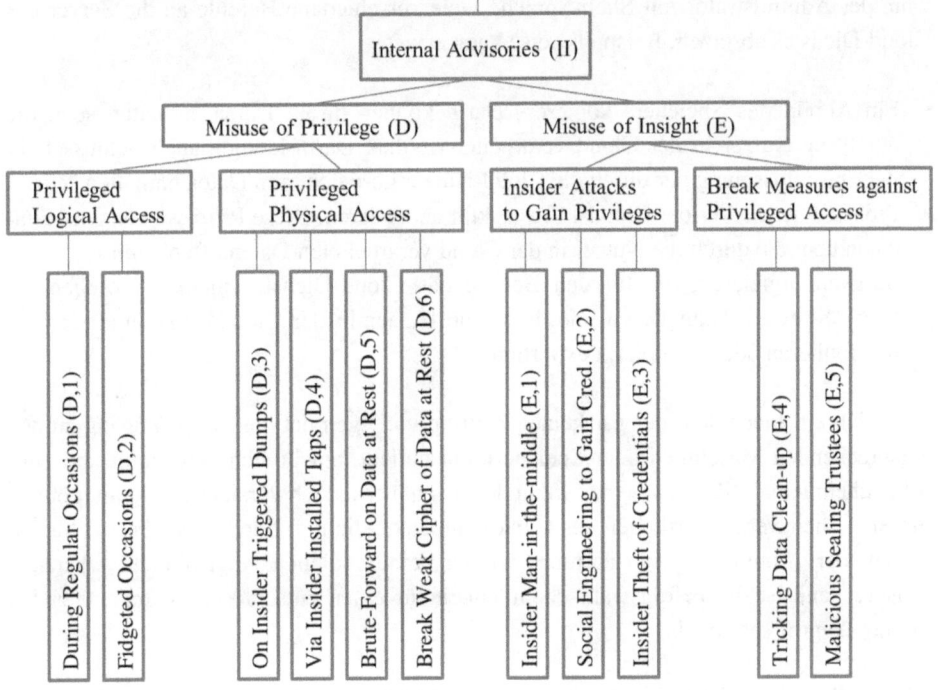

Abb. 4.7 Die Optionen der internen Angreifer

Die Angriffe, bei denen privilegierter Zugriff missbraucht wird, sind nur relevant, wenn diese privilegierten Zugriffsmöglichkeiten auch tatsächlich bestehen. Entsprechend sind bei Sealed-Cloud-Implementierungen die Angriffe (D,1) bis (E,3) obsolet. Die Angriffe (E,4) und (E,5) behandeln die bei Vorliegen einer Sealed-Cloud-Implementierung verbleibenden Angriffsoptionen.

(D,1): Missbräuchliches Kopieren während eines regulären Anlasses

Wenn ein Innentäter sich überlegt, wie er sein Privileg missbrauchen soll, um dabei unentdeckt zu bleiben, dann wählt er eine Gelegenheit und einen Zeitpunkt für den Zugriff aus, bei dem er aufgrund seiner regulären Tätigkeit den privilegierten Zugang ohnehin wahrnehmen muss. Je nachdem wie sorgfältig das Rollen- und Rechtekonzept des Cloud-Anbieters gestaltet ist und wie lückenlos die Überwachung der Aktivitäten des als Administratoren tätigen Personals an der Cloud-Infrastruktur ausgeführt ist, ist es wichtig für den Erfolg des Innentäters, den missbräuchlichen Zugriff im Rahmen der für seine regulären Tätigkeiten geplanten Aktivitäten auszuführen.

In mangelhaft oder lediglich mit herkömmlichen Maßnahmen abgesicherten Cloud-Infrastrukturen ohne Versiegelungsmaßnahmen erfolgt ein solcher Zugriff üblicherweise über einen „remote access", z. B. „secure shell" (SSH). Auf einem solchen Shell-Zugang kann der Administrator mit Shell-Sprache viele verschiedene Befehle an die Server des Cloud-Dienstes absetzen. Beispielsweise kann er:

- Ein Abbild des Speichers kopieren. Darin können direkt Daten enthalten sein, die durch die Nutzer in der Cloud verarbeitet werden. Darin können auch Schlüssel für die Entschlüsselung der durch die Cloud-Nutzer gespeicherten Daten enthalten sein.
- Prozesse der Server der Cloud-Infrastruktur analysieren. Diese Prozesse können Metadaten über die durch die Nutzer in der Cloud verarbeiteten Daten offenbaren.
- Software injizieren, die für den Betrieb des Cloud-Dienstes nicht vorgesehen ist. Diese Software kann Daten, die durch die Nutzer in der Cloud verarbeitet werden, manipulieren oder unbemerkt exportieren.

Lediglich ein Innentäter, der gar keinen Auftrag vorliegen hat, der einen Zugang zu den entsprechenden Maschinen oder Speichern einschließt, macht sich verdächtig und wird wahrscheinlich als Täter entdeckt. Wenn der Innentäter jedoch vorsichtig vorgeht, können die Sicherheitsverantwortlichen des Cloud-Anbieters, die ggf. durch das Überwachungssystem der Administratoren alarmiert würden, einen solchen Angriff nicht erkennen. Entsprechend ist die Erfolgswahrscheinlichkeit für einen entschlossenen Innentäter bei diesem Angriff sehr hoch.

(D,2): Missbräuchliches Kopieren während eines fingierten Anlasses
Diese Angriffsoption ist weitgehend identisch mit (D,1), außer dass der Angreifer für seinen Zugriff den Anlass erfindet und fingiert. Wenn keine Versiegelung der Infrastruktur vorgenommen ist und somit der privilegierte Zugriff möglich ist, sind auch fingierte Anlässe schwer von echten zu unterscheiden, und die Erfolgswahrscheinlichkeit dieses Angriffs ist hoch.

(D,3): Physikalisches Auslösen eines „Dumps"
Der Angriff (D,3) ist in der Abb. 4.7 in die Unterkategorie „privilegierter physikalischer Zugriff" einsortiert. Dies bedeutet, dass ein Administrator oder anderer Mitarbeiter des Cloud-Anbieters, der zu einem physikalischen Zugriff zu den Servern berechtigt ist, einen so genannten „Dump" auslöst. Dies kann beispielsweise ganz plump durch das Ziehen des Versorgungsstromkabels geschehen. Dadurch werde Teile des Inhalts des Arbeitsspeichers des Servers auf die Festplatte geschrieben. Diese kann dann vom Angreifer mitgenommen und außerhalb des Überwachungsbereiches in aller Ruhe kopiert werden. Um nicht aufzufallen, baut der Mitarbeiter die kopierte Festplatte dann an Ort und Stelle wieder ein.

Wenn also die Anwendungsserver beispielsweise mit einer Festplatte ausgestattet und entsprechend konfiguriert sind – und das ist bei einem Teil der herkömmlichen Cloud-Server der Fall – ist ein solcher „Dump" relativ einfach möglich und die Erfolgswahrscheinlichkeit dieser Angriffsoption entsprechend hoch.

(D,4): Installieren oder Nutzen einer Möglichkeit zum physikalischen Abzapfen von vertraulichen Informationen
Bei dieser Angriffsoption verändert der Angreifer die Hardware. Er schafft sich eine Möglichkeit, die Signale aus dem Inneren des Anwendungsservers heraus abzuleiten, selber zu speichern und zu analysieren. In diese Kategorie der Angriffe fallen auch die als „Side-Channel-Angriffe" bezeichneten Vorgehensweisen. Dieser Begriff deutet darauf hin, dass die Daten über einen anderen als den durch die Entwickler des Systems vorgesehenen Kanälen abfließen. Wenn der Angreifer geschickt im Rahmen einer Reparatur vorgeht, dann könnten solche Manipulationen unentdeckt bleiben.

Allerdings muss der Angreifer im Bereich Hardware gut ausgebildet und erfahren sein, um diesen Angriff erfolgreich auszuführen, d. h. nicht durch das System der Überwachung und des Audits aufzufallen, und die Details der Prozessortechnik und/oder der Physik der Signale zu beherrschen. Die Erfolgswahrscheinlichkeit eines solchen Angriffs wird deshalb als geringer als die Angriffe (D,1) bis (D,3) eingeschätzt.

(D,5): Brute-Force-Angriff auf die Daten im dauerhaften Speicher
Bei diesem Angriff benötigt der Innentäter die Zutritts- bzw. Zugangsberechtigung zu den Speichermedien, auf denen die Daten dauerhaft gespeichert werden.[9] Wenn er die verschlüsselten Daten kopieren kann, die darin abgespeichert sind, dann kann er diese auch einem maschinellen Angriff aussetzen. Dieser Angriff (D,5) kann technisch sehr gut mit dem Angriff (A,1) verglichen werden. Wieder versucht der Angreifer durch Ausprobieren verschiedener Schlüssel, den richtigen zu finden. Wegen der großen Anzahl der Möglichkeiten, die der Angreifer ausprobieren muss, ist die Erfolgswahrscheinlichkeit dieses Angriffs verschwindend klein.

(D,6): Angriff auf die Daten im dauerhaften Speicher über schwache Verschlüsselung
Vergleichbar mit Angriff (A,3) nutzt der Angreifer bei diesem Angriff (D,6) wieder die Schwächen der gewählten Verschlüsselung aus. Analog weist auch dieser Angriff nur eine sehr geringe Erfolgswahrscheinlichkeit auf.

(E,1): „Insider Man-in-the-middle"-Angriff
Diese Angriffsoption betrifft die Datenübertragung von den Cloud-Nutzern zur Infrastruktur des Cloud-Anbieters. Unter der Ordnungsnummer (A,2) wurde der „Man-in-the-middle"-Angriff durch externe Angreifer diskutiert. Der hier besprochene „Insider Man-in-the-middle"-Angriff ist wesentlich einfacher durchzuführen und stellt daher eine ernste Bedrohung für die Sicherheit der Vertraulichkeit und Integrität dar.

Der Unterschied zwischen den beiden Varianten entsteht dadurch, dass der Innentäter bei mangelhaft oder herkömmlich gesicherten Systemen über den privaten Schlüssel des

---

[9]Besitzt der Innentäter die Zugangsberechtigung zu den Speichermedien und gleichzeitig zu den Leseschlüsseln für die verschlüsselt gespeicherten Daten, dann ist der Angriff nicht der Option (D,5) sondern der Angriffsoption (D,1) oder (D,2) zuzuordnen.

Zertifikats für die Transportverschlüsselung verfügt. Wenn der Angreifer einen Server zwischen die Cloud-Infrastruktur und die Cloud-Nutzer schaltet, und das kann er als berechtigter Administrator i. d. R. tun, dann kann er mithilfe des privaten Schlüssels die Cloud-Infrastruktur perfekt mimen und sämtlichen Datenverkehr abfangen und lesen oder sogar manipulieren.

Der Innentäter benötigt für diesen Angriff keinen privilegierten Zugriff zu den durch den Cloud-Nutzer in der Cloud verarbeiteten Daten, sondern nur den Zugriff auf den privaten Schlüssel, der i. d. R. bei der Erzeugung des so genanten „Certificate Signing Request" ausgegeben wird. Daher ist diese Angriffsoption in Abb. 4.7 in der Kategorie „Missbrauch durch interne Kenntnisse" (engl. „Misuse of Insight") aufgeführt. Wenn nicht mit technischen Maßnahmen sichergestellt werden kann, dass nur die Software und kein Administrator auf diesen Schlüssel zugreifen kann, ist die Erfolgswahrscheinlichkeit dieser Angriffsoption als hoch einzuschätzen.

(E,2): „Social Engineering"-Angriff auf Zugangsdaten

Die Erbeutung der Zugangsdaten von Kollegen mit privilegiertem Angriff ist eine Angriffsoption analog zu (B,5), bei der ein externer Angreifer versucht, dies von außen zu tun. Allerdings hat der Innentäter es wesentlich leichter, da er nicht erst in das Netz des Cloud-Dienst-Anbieters eindringen muss. Durch relativ einfaches „Social Engineering" kann sich ein Mitarbeiter oder Beauftragter des Cloud-Anbieters ohne Privileg die Zugriffsmöglichkeiten eines Mitarbeiters oder Beauftragten mit Privileg beschaffen. Im Anschluss führt er den Angriff mit den Methoden der Angriffsoptionen (D,1) bis (D,6) fort. Wenn beispielsweise der Angreifer einem Kollegen mit Privileg seine Hilfe zur Erledigung einer lästigen Routinearbeit anbietet, und zur Durchführung dieser Gefälligkeit die Zugangsdaten benötigt, gewinnt er ggf. den Kollegen, diese entgegen der organisatorischen Maßnahmen der Rollen- und Rechteverteilung zu teilen.

Solange es eine Möglichkeit für privilegierten Zugriff gibt, ist die Erfolgswahrscheinlichkeit der Angriffsoption (E,2) als hoch anzunehmen.

(E,3): „Insider Theft of Credentials"-Angriff

Die Angriffsoption, die Zugangsdaten eines Kollegen mit privilegiertem Zugriff arglistig zu entwenden, ist technisch sehr ähnlich zur Option (E,2). Anstatt die Zugangsdaten dem Kollegen mit psychologisch geschickt gewählten Methoden zu entlocken, werden gröbere Methoden, etwa Einbrechen in den Rechner des Kollegen oder Ähnliches bei diesem Angriff angewendet. Das Ergebnis, dass die Erfolgswahrscheinlichkeit der Angriffsoption als hoch anzunehmen ist, bleibt gleich.

Die Angriffe, bei denen privilegierter Zugriff missbraucht wird, bzw. durch Insiderkenntnisse privilegierter Zugriff relativ einfach erlangt wird, weisen hohe oder sehr hohe Erfolgswahrscheinlichkeit auf.

Diese Angriffe sind freilich nur relevant, wenn diese privilegierten Zugriffsmöglichkeiten auch tatsächlich bestehen. Sealed Cloud schließt diese Zugriffsmöglichkeiten mit hoher Zuverlässigkeit aus. Daher sind bei Sealed Cloud die genannten Angriffsoptionen, die ansonsten durch privilegierten Zugriff entstehen, obsolet.

(E,4-5): Verbleibende Angriffsmöglichkeiten bei Sealed Cloud

Sealed Cloud schließt die Zugriffsmöglichkeiten, die auf privilegiertem Zugriff basieren, mit hoher Zuverlässigkeit aus. Dennoch seien im Folgenden die verbleibenden Angriffsmöglichkeiten bei Sealed Cloud diskutiert und die Erfolgswahrscheinlichkeiten abgeschätzt.

(E,4): Aushebeln von Maßnahmen, die privilegierten Zugriff ausschließen

Maßnahmen zum Ausschließen des privilegierten Zugriffs, die nicht dem Konzept der Sealed Cloud zugerechnet werden und leicht umgangen werden können, sind hier nicht betrachtet. Dazu zählen z. B. Zugriffsbeschränkungen, die mit Root-Zugriff leicht wieder geändert werden können. Solche oder ähnliche Maßnahmen werden gelegentlich als Maßnahmen verkauft bzw. dargestellt, die geeignet wären, privilegierten Zugriff auszuschließen. Diese Maßnahmen sind aber nur gegen unkundige Administratoren bzw. Innentäter wirksam. Aufgrund der arbeitsteilig organisierten Internetkriminalität und den Möglichkeiten, sich deren Methoden über das Internet anzueignen, werden diese Maßnahmen hier nicht betrachtet. Ihre Schutzwirkung ist praktisch nicht vorhanden. Sie werden deshalb nicht als Maßnahmen angesehen, die privilegierten Zugriff ausschließen können.

Vielmehr werden hier die Maßnahmen entsprechend dem Prinzip der Sealed Cloud betrachtet, wie sie in Kap. 2 vorgestellt sind. Um die Mechanismen des Data Clean-up, der Schlüsselverteilung, der Zugriffsfilterung oder des vertrauenswürdigen Boot auszuhebeln, ist es notwendig, dass

(a) es dem Angreifer mit Hilfe von Antennen und Empfängerstrukturen gelingt, aus abgestrahlten elektromagnetischen Signalen, Daten zu extrahieren, die die Cloud-Nutzer in der Cloud verarbeiten, oder

(b) der Innentäter in die Kapsel eindringen kann, ohne dass der Data Clean-up ausgelöst wird.

Letzteres, (b), kann nur gelingen, wenn der Innentäter

- die „heartbeat"-Signale der Versiegelungs-SW vortäuscht (engl. „spoofen"),
- er die „heartbeat"-Signale der Sensoren „spoofen" kann oder
- Abdeckungslücken der Sensoren,
- der „Firewall" oder
- des „Intrusion-Detection-Systems" kennt.

Diese Fälle wurden bereits in den Grafiken 2.6 und 2.7, jeweils mit Blitzsymbolen, hervorgehoben. Die Ausführung dieser Angriffsoptionen kann durch sorgfältiges Design der Server und Leitungen, damit diese nicht abstrahlen, durch einen engen Takt der „hartbeat"-Signale, durch sorgfältig konfigurierte „firewalls" und „intrusion detection systems" möglichst angriffsresistent gestaltet werden. Je größer der Aufwand ist, der zur Schließung dieser Lücken erbracht wird, desto kleiner ist die Erfolgswahrscheinlichkeit dieser Angriffsoptionen.

Dabei ist wichtig zu beachten, dass sich die Aufwände, die zur Umsetzung dieser Sicherheitsmaßnahmen erbracht werden müssen, asymmetrisch zu den notwendigen Aufwänden verhalten, die die Angreifer zu deren Überwindung zu erbringen haben. Mit relativ kleinen Zusatzinvestitionen in die Schutzmaßnahmen können relativ große Mehraufwände für die potentiellen Angreifer erzeugt werden. Durch diese Asymmetrie kann die Erfolgswahrscheinlichkeit der Innentäter durch die Versiegelungsmaßnahmen nahezu beliebig klein gemacht werden.

(E,5): Arglistige Koalition unter den „Sealing Trustees"
Schließlich verbleibt unter den Optionen für Insider-Angriffe auf die Sealed Cloud die arglistige Koalition (engl. „malicious coalition") unter den in Abschn. 2.5 eingeführten „Sealing Trustees". Deren Unabhängigkeit untereinander ist die Vertrauenswurzel der Sealed Cloud. Wenn diese unabhängigen Auditoren dennoch ihre Unabhängigkeit verlören und als Angreifer gemeinsame Sache machten, könnten die verschiedenen Maßnahmenpakete, die zusammen die Sealed Cloud bilden, manipuliert und unwirksam gemacht werden.

Die Sealing Trustees sind hochqualifizierte Ingenieure, die sehr gut über die gesamte Sealed-Cloud-Infrastruktur informiert sein müssen. Im Falle einer kriminellen Energie, die gleichzeitig bei einer Mindestanzahl von Sealing Trustees vorhanden sein müsste, oder im Falle einer Zwangssituation, der diese Mindestanzahl an Trustees gemeinsam ausgesetzt sein müsste, wäre tatsächlich davon auszugehen, dass die Qualifikation der Sealing Trustees ausreichen würde, die Schutzwirkung der Sealed Cloud außer Kraft zu setzen. Jedoch sind Szenarien, in denen eine Mehrzahl von Sealing Trustees tatsächlich in einer arglistigen Koalition bösartig zusammenarbeiten, wenig wahrscheinlich.

Im Abschn. 4.5 wird versucht die verbleibende Erfolgswahrscheinlichkeit dieser Angriffsoption zu quantifizieren.

Es gibt keine ideal sichere Cloud. Allerdings weisen die verbleibenden Angriffsoptionen auf die Sealed Cloud, nämlich die Umgehung des Data Clean-up oder eine
arglistige Koalition der Auditoren, kleine Erfolgswahrscheinlichkeit auf.

4.4.4 Angriffe über Zulieferkomponenten

In der dritten Angriffskategorie sind die Angriffsoptionen zusammengefasst, welche über
Komponenten erfolgen könnten, die von Zulieferern und Dritten erstellt werden und in der
Infrastruktur des Cloud-Anbieters oder der Client-Geräte verbaut werden. In Abb. 4.8 ist
diese Kategorie in eben diese beiden Unterkategorien mit den Ordnungsnummern (F), für
die in der Cloud verbauten Komponenten, und (G), für die in den Endgeräten verbauten
Komponenten, unterteilt. Diese Gliederung ist deshalb sinnvoll, weil der Cloud-Anbieter
auf die Auswahl der Cloud-Komponenten umfassend Einfluss nehmen kann, während
dies auf der Client-Seite praktisch oft nur schwer möglich ist. Grundsätzlich werden
Angriffsmöglichkeiten über nicht-vertrauenswürdige oder fehlerhafte Komponenten durch
Funktionen der Komponenten ermöglicht, die so nicht in deren Spezifikation vorgesehen

Abb. 4.8 Die
Angriffsoptionen über
Zulieferkomponenten

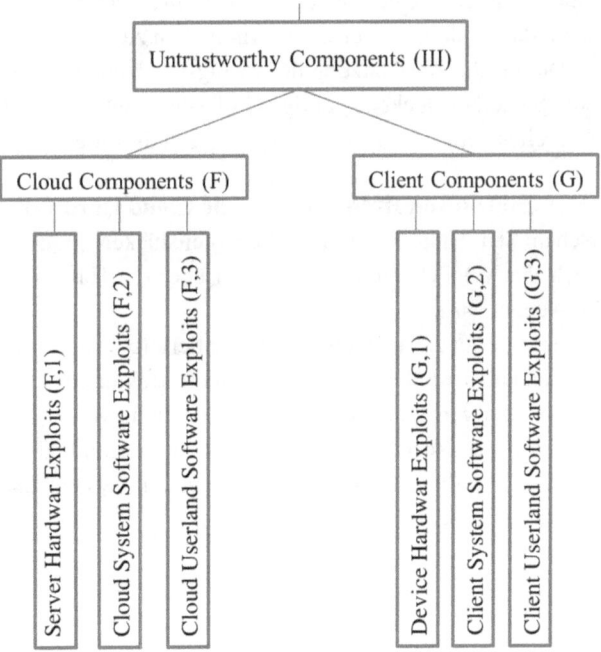

sind. Solche Abweichungen von der Spezifikation, im Englischen oft als „exploit" bezeichnet,[10] entstehen entweder

- intendiert, also absichtlich als Teil eines Angriffsplans, dann auch als Hintertür (engl. „back door") bezeichnet, oder
- nicht-intendiert, also versehentlich durch qualitativ mangelhafte Implementierung, dann als Sicherheitslücke (engl. „security flaw") bezeichnet.

Die nicht-intendierten Sicherheitslücken können entweder systematisch durch architektonische Fehler oder mehr im Detail durch inkonsequente bzw. schlampige Umsetzung des Codes entstehen.

Einerseits stellen „exploits" nur eine Bedrohung für die IT-Sicherheit dar, wenn sie potentiellen Angreifern auch bekannt sind. Die Sicherheitslücken werden von Internetkriminellen und Sicherheitsforschern teilweise systematisch gesucht, teilweise zufällig gefunden. Andererseits können „exploits" nur beseitigt werden, wenn die Entwickler davon Kenntnis erlangen. Sobald „exploits" den Entwicklern mit einer fairen Warnung direkt oder indirekt über die Öffentlichkeit bekannt werden, versuchen diese, die Sicherheitslücken so schnell wie irgend möglich durch Software-Patches oder neue Versionen der Software zu beheben. Wenn „exploits" nur den Angreifern, aber nicht den Entwicklern bekannt sind, spricht man von „zero day exploits", da die Entwickler keinen einzigen Tag Zeit haben, den Fehler zu beheben bzw. die Lücke zu schließen. Man darf vermuten, dass „zero day exploits" unter Cyberkriminellen zu hohen Preisen gehandelt werden.

Die für die Abschätzung der Erfolgswahrscheinlichkeit der Angriffe über Hintertüren oder Sicherheitslücken wichtige Größe der Häufigkeit dieser „exploits" in den Händen der Angreifer wird in den folgenden Absätzen diskutiert.

(F,1): Einbau von Hintertüren in die Cloud Hardware
Neben den Hintertüren und Sicherheitslücken in der Software besteht entsprechend auch die Möglichkeit von Angriffen über die Hardware, die in der Cloud-Infrastruktur verwendet wird.

Beim Entwurf und der Implementierung von Hardware wird, wegen der längeren Zyklen und der höheren Kosten für die Korrektur eines Fehlers, erfahrungsgemäß deutlich sorgfältiger vorgegangen als bei der Erstellung von Software. Daher ist bei der Hardware, die in Cloud-Rechenzentren zum Einsatz kommt, die Auftrittswahrscheinlichkeit von nicht-intendierten „exploits", die nicht auf systematischen architektonischen Fehlern beruhen, i. d. R. vernachlässigbar.

---

[10]Als „exploits" werden sowohl Angriffsmöglichkeiten bezeichnet, die von Angreifern bereits genutzt wurden, als auch dokumentierte Konzepte eines Angriffs, deren Erstellungszweck die Ausmerzung des konkreten „exploit" ist.

Anders verhält es sich bei den systematischen Architekturfehlern und den Hintertüren: Die prominentesten Beispiele von Sicherheitslücken in der Hardware, die auf architektonischen Fehlern bzw. Eigenschaften beruhen, sind „Meltdown" [12] und „Spectre" [13]. Genau genommen liegt bei diesen „exploits" kein Implementierungsfehler vor, sondern die in den betroffenen Prozessoren implementierte Architektur passt nicht zu den modernen Systemen, in denen Software durch mehrere verschiedene Verantwortliche („multi-tenant") ausgeführt wird.

Naturgemäß wenig transparent ist die Situation bei Hintertüren, die von den Chip- und Hardwareherstellern eingebaut sein könnten. Denn wenn dies tatsächlich stattfindet, geschieht es entweder in betrügerischer Absicht, von der nicht erwartet werden kann, dass sie öffentlich zugegeben wird, oder die Unternehmen stehen unter hohem Handlungs- und Geheimhaltungsdruck der staatlichen Akteure in diesem Bereich.

Die Erfolgswahrscheinlichkeit dafür, dass über diese Angriffsoptionen die Vertraulichkeit der durch den Cloud-Nutzer in der Cloud verarbeiteten Daten verletzt wird, ist für nicht-staatliche Akteure vermutlich als eher niedrig einzuschätzen.

(F,2): Exploits in der System-Software der Cloud-Infrastruktur

Die Wahrscheinlichkeit, dass Software-Exploits in der System-Software der Cloud-Infrastruktur enthalten sind, und somit vom idealen Angreifer gemäß Abschn. 4.3.2 ausgenutzt werden können, hängt sowohl von der Auswahl der Komponenten von Dritt-Anbietern oder Open-Source-Projekten als auch von der Qualität der Software-Entwicklung durch die Entwickler des Anbieters der Cloud-Infrastruktur ab. Die Qualität der Software wird dadurch beeinflusst,

- ob die Architektur der Software gründlich durchdacht angelegt ist,
- ob die Software nach den Grundsätzen sicherer Softwareentwicklung, z. B. den OWASP-Regeln, erstellt wird,
- ob der Code nur von einzelnen Entwicklern erstellt wird, unter Kollegen z. B. mit den Methoden der quelloffenen Entwicklung, des „pair programming" oder des „committer models" gegengelesen oder von externen Experten auditiert wird und
- ob bei der Entwicklung konsequent mit automatischen Tests gearbeitet wird.

Als Einflussfaktoren bei der Auswahl der Komponenten sind zu berücksichtigen,

- ob die Software-Komponente gepflegt wird und die Art und Weise wie dies erfolgt. Vielfach werden komplexe Software-Komponenten als Dienstleistung für die Nutzer der Komponenten gepflegt. Dies bedeutet, dass die Entwickler, oder insbesondere bei quelloffener Software zur Entwickler-Community assoziierte Entwickler, Exploits bei ihrem Bekanntwerden so zügig wie möglich schließen und die korrigierenden Software-Patches bzw. die korrigierte Version den Entwicklern der Cloud-Infrastruktur zur Verfügung stellen. Es sollten Informationen darüber vorliegen, wie häufig und wie schnell Sicherheitslücken bei der betreffenden Komponente in der Vergangenheit behoben wurden.

- wie bekannt und verbreitet diese Software-Komponente ist. Je attraktiver die Komponente als Angriffsziel ist, desto eher werden Exploits durch Hacker oder Sicherheitsforscher entdeckt.
- ob die Komponente quelloffen erstellt wurde. Open-Source-Software ist durch die Natur des Herstellungsprozesses unter den beitragenden Entwicklern mehr gegenseitiger Kontrolle ausgesetzt.
- wie lange sich diese Komponente bereits im Einsatz befindet, und wie lange sie unter Beobachtung bereits „reifen" konnte. Zu dieser Betrachtung gehört auch, ob die Komponente neu und damit potentiell unreif ist, oder, wenn eine Komponente schon älter ist, ob sie während ihrer Alterung genügend analysiert und betrachtet wurde.

Die Wahrscheinlichkeit eines erfolgreichen Angriffs über einen Exploit in der Systemsoftware der Cloud-Infrastruktur ist also im Wesentlichen durch die Sorgfalt der Entwickler bestimmt. Je nachdem, wie sehr auf diese Sorgfalt bei der Entwicklung gedrungen wird, beziehungsweise, ob diese durch technische Maßnahmen im Erstellungsprozess erzwungen wird, wie beispielsweise in Abschn. 2.5.3 beschrieben, ist die Erfolgswahrscheinlichkeit als mittelgroß, gering oder sehr gering einzuschätzen.

(F,3): Exploits in der Anwendungs-Software des Cloud-Angebots
Die Wahrscheinlichkeit, dass Exploits in der Anwendungs-Software enthalten sind, hängt im Vergleich zur System-Software weniger von der Auswahl von Fremd-Komponenten, sondern mehr von der Qualität der eigenen Software-Entwicklung ab. Entsprechend sind hier ebenfalls die unter (F,2) genannten Einflussfaktoren und analog ist die Erfolgswahrscheinlichkeit eines Angriffs mittels solcher Exploits als mittelgroß, gering bzw. sehr gering einzuschätzen.

(G,1): Exploits in der Hardware der Netzzugangsgeräte
Diese Angriffsoption ist analog zu den Angriffen auf die Hardware der Cloud-Server (F,1) zu betrachten. Bezogen auf Mobilgeräte und Personal Computer ist der Informationsstand der Öffentlichkeit bezüglich nicht-vertrauenswürdiger Hardware und der Regeltreue bei deren Entwurf und Implementierung ebenso intransparent wie bei Infrastruktur-Servern.

(G,2): Exploits in der System-Software der Endgeräte
Einerseits wird das Risiko der Existenz von Exploits in der System-Software der Endgeräte durch deren weite Verbreitung reduziert, andererseits jedoch durch die schnellen Entwicklungszyklen dieser Software eher erhöht. In jedem Fall ist sie von der Sorgfalt der Client-System-Software-Entwickler abhängig und i. d. R. außerhalb der Kontrolle des Cloud-Anbieters.

Der Markt für System-Software der Endgeräte wird gegenwärtig von den Firmen Microsoft, Apple und Google dominiert. All diese Firmen festigen ihre Marktmacht unter anderem durch die Sammlung, Auswertung und Verwendung einer großen Menge an Daten, die durch die Nutzung der Endgeräte entstehen [14–16]. Inwieweit hierdurch die Vertraulichkeit der durch den Cloud-Nutzer verarbeiteten Daten verletzt wird ist nicht einfach nachzuvollziehen. Jedenfalls kann bei allen Betriebssystemen in den so genannten „Datenschutzeinstellungen" eingestellt werden, wie viele der bei der Nutzung entstehenden Daten an den Lieferant des Betriebssystems übertragen werden sollen. Bedauerlicherweise gibt es gegenwärtig keine Einstellung, bei der zugesichert würde, dass keine derartigen Daten an die Lieferanten übertragen werden. Die Wahrung der Vertraulichkeit hängt von der Art der übertragenen Daten und der Regeltreue der Mitarbeiter der Software-Lieferanten ab.

(G,3): Exploits in der Anwendungs-Software der Endgeräte
Die öffentliche Debatte über „Cyber"-Sicherheit dreht sich meistens hauptsächlich um die Exploits entsprechend (G,2) und (G,3) und die Schadsoftware, die von Angreifern als Anwendungs-Software auf die Endgeräte eingeschleust wird, und mit der diese Exploits ausgenutzt werden können. Als Gegenmaßnahme dienen Virenscanner und Sicherheits-Software, die ihrerseits aber wieder mit weitreichenden Privilegien ausgestattet sind, was folglich ein hohes Maß an Vertrauen in den Anbieter der Sicherheits-Software erfordert.

Durch leichtsinniges Verhalten (z. B. Öffnen von unbekannten Anhängen in E-Mails, Verwendung von „Memory Sticks", etc.) kann der Nutzer der Endgeräte Schadsoftware einschleppen. Daher ist in der Hauptsache die Erfolgswahrscheinlichkeit der Angriffsoption über die Anwendungssoftware der Endgeräte durch die Sorgfalt der Nutzer limitiert und in der Regel nicht zu vernachlässigen.

> Die Vertrauenswürdigkeit sowohl der Komponenten, die für die Bereitstellung eines Cloud-Dienstes genutzt werden, als auch der Komponenten, aus denen die End- bzw. Zugriffsgeräte zusammengesetzt sind, bestimmen ebenfalls die Sicherheit der Datenverarbeitung.

4.4.5 Angriffe durch staatliche Akteure

Rechtsstaatliche Zugriffsmöglichkeiten auf Daten, die in Geräten der Nutzer, in den Telekommunikationsnetzen oder den Cloud-Systemen verarbeitet werden, können wertvolle Hinweise bei der Aufklärung von Straftaten und Terrorakten liefern. Die Daten sind wie Spuren, die das grausame Verhalten der Kriminellen oder Terroristen dokumentieren.

Die Problematik der rechtsstaatlichen Zugriffe, die der öffentlichen Sicherheit dienen sollen, liegt darin, dass nicht nur Kriminelle und Terroristen, sondern auch die lauteren, unbescholtenen Bürger ihre Spuren hinterlassen und somit durch den Staat überwacht werden können.

In Staaten mit einer freiheitlich-demokratischen Grundordnung hat sich die Rechtsauffassung etabliert, dass diesen Überwachungsmöglichkeiten enge Grenzen gesetzt werden müssen. Allerdings gestaltet sich die Umsetzung dieser Rechtsauffassung in der Praxis als sehr schwierig. Solange die Sicherheit der Endgeräte noch mangelhaft ist, die Netzbetreiber bei der Übertragung der Daten über Telekommunikationsnetze noch offen auf die Verbindungsdaten zugreifen können und Cloud-Betreibern noch sämtliche Daten zugänglich sind, kann der Staat durch Auskunftsersuchen oder Durchsuchungen Zugriff auf nahezu alle Daten erlangen.

Die Interessen der Ermittlungs- und Sicherheitsbehörden stehen hier im Konflikt mit den Interessen des Grundrechts- und Datenschutzes. Wenn diese nicht respektiert werden, ist die Freiheit des einzelnen Bürgers und damit die Stabilität der gesamten freiheitlich-demokratischen Grundordnung in Gefahr. Denn die nicht-demokratisch legitimierten Regimes bis hin zu den totalitären Systemen bedienen sich regelmäßig der elektronischen Überwachung und versuchen damit, ihre Machtstrukturen zu festigen. Glücklicherweise gelingt dies solchen Systemen historisch betrachtet immer nur eine Weile lang erfolgreich. Allerdings geschehen in diesen Perioden der Gewaltherrschaft viel zu viele Gräuel- und Unrechtstaten.

Um diesen Interessenskonflikt in einer für den Bürger vertrauenswürdigen Weise zu lösen, bedarf es technischer Systeme, die einen gesellschaftlichen Konsens darüber, unter welchen Umständen auf welche Daten zugegriffen werden darf, so umsetzen, dass kontrollierbar auch nur unter solchen Umständen auf die Daten zugegriffen kann. In Kap. 7 wird auf solche Systeme praktisch eingegangen.

In diesem Unterkapitel werden also nicht die durch einen freiheitlich-demokratischen Konsensbildungsprozess gerechtfertigten rechtsstaatlichen Zugriffsmöglichkeiten, sondern die weitergehenden, nicht gerechtfertigten Optionen betrachtet, die deshalb hier als „Angriffs"-Möglichkeiten bezeichnet sind.

Auf die Daten, die Nutzer in ihre Endgeräte eingegeben oder dort verarbeiten, kann durch unter staatlicher Verantwortung entwickelte Schadsoftware („Staatstrojaner") oder durch auf staatliche Anordnung eingebaute Hintertüren zugegriffen werden. Generell stehen dem Staat als Angreifer auf den Client alle Methoden, die in den entsprechenden Abschnitten (C und G) behandelt werden, ebenfalls zur Verfügung. Man spricht von Quellenüberwachung.

Wenn Daten über die Telekommunikationsnetze verschlüsselt übertragen werden, kann darauf nur mit sehr großem Aufwand zugegriffen werden. Allerdings liegen auch bei verschlüsselter Übertragung die Meta- oder Verbindungsdaten in vollem Umfang offen in den Systemen vor und können aus diesen, sofern ein Zugang entsprechend der in diesem Kapitel beschriebenen Angriffsoptionen besteht, gelesen werden.

Bei der Verarbeitung der Daten in Cloud-Systemen kann der Staat ebenfalls alle Methoden anwenden, die in diesem Kapitel behandelt werden. Abweichend von den in Abschn. 4.3 getroffenen Annahmen handelt der Staat jedoch nicht notwendigerweise als „homo oeconomicus", das bedeutet, er betreibt ggf. für gewisse Angriffe einen unverhältnismäßig großen Aufwand, für den die Sicherheitssysteme ggf. nicht ausgelegt sind.

Die Erfolgswahrscheinlichkeiten für die Angriffsoptionen der staatlichen Akteure sind daher schwer abzuschätzen. Sie hängen im Wesentlichen von der aufgewendeten Energie, und damit dem Funktionieren des Rechtsstaats, ab.

> In freiheitlich-demokratischen Grund- und Rechtsordnungen sind rechtsstaatliche Zugriffe auf Daten eng und streng geregelt. Mit Sealed Cloud kann in verschiedenen Szenarien die Durchsetzung dieser Regeln technisch erzwungen werden.
>
> Mit Angriffen durch staatliche Akteure sind Zugriffe gemeint, die gegen diese Regeln verstoßen. Da sich staatliche Akteure nicht notwendigerweise als „homo oeconomicus" verhalten, d. h. sehr hohen Aufwand zur Erreichung von u. U. politisch motivierten Zielen betreiben, gilt hierfür eine andere Risikobetrachtung als für Cyberkriminelle.

4.4.6   Andere Angriffe (gegen die Verfügbarkeit)

Die in den Abschn. 4.4.2 bis 4.4.5 behandelten Angriffsoptionen richten sich gegen die Vertraulichkeit der von den Cloud-Nutzern in der Cloud verarbeiteten Daten. In analoger Weise können die Angriffsvektoren gegen die Integrität betrachtet werden.

Der Vollständigkeit halber und um bekannte Angriffsbegriffe einzuordnen, seien hier weitere Angriffsoptionen aufgeführt, die sich nicht gegen die Vertraulichkeit oder Integrität dieser Daten, sondern sich vielmehr gegen die Verfügbarkeit des Cloud-Dienstes richten, also als Akte der Sabotage betrachtet werden können.

* „Denial of Service"(DoS)
  Bei den so bezeichneten Angriffen handelt es sich um eine so große Menge an maschinell erzeugten Aufrufen der Startseite oder anderer Funktionen eines Cloud-Dienstes, dass die Cloud-Infrastruktur mit der Beantwortung der Aufrufe nicht mehr nachkommt und sich die Anfragen an das System stauen.[11] Die von regulären Nutzern

---

[11] Die DoS-Angreifer verwenden häufig Pakete des verbindungslosen Protokolls „UDP", bei dem ganz einfach falsche Quelladressen eingetragen werden können (IP-Spoofing). Die echte Quelladresse wird mit der Adresse des Opfers ersetzt. Damit sind verteilte Angriffe durch die massenhafte Reflektion der Pakete zum Opfer hin möglich (Distributed-Reflected-Denial-of-Service-Angriff, DRDoS). Die Größe bzw. Länge von Angreiferpaketen kann durch bestimmte Reflektionen vergrößert, also verstärkt werden (z. B. DNS Amplification Attack). Dies ermöglicht den Angreifern mit kleineren Ressourcen einen großen Angriff zu lancieren. Abhilfe gegen DOS-Angriffe bieten neben der sorgfältigen Konfiguration aller Netzelemente letztlich nur filternde Netze, die entweder die Pakete nur aufgrund dessen Ursprung und Ziel (non-intrusive), oder aufgrund des Inhalts der Pakete (intrusive) aussortieren. Um „Intrusive Anti DoS Filtering" datenschutzkonform umzusetzen, bietet das Konzept Sealed Cloud ein hohes Innovationspotential

ohne Angriffsabsicht abgesetzten Aufrufe bleiben in diesem Stau ebenfalls stecken. Dies wird von den Cloud-Nutzern als eine Nicht-Verfügbarkeit des Dienstes wahrgenommen. Wenn die Aufrufe verteilt an verschiedenen Stellen im Internet maschinell erstellten werden, wird von „Distributed Denial of Service" (DDoS) gesprochen.

- Zerstörerische Angriffe auf Rechenzentren durch Externe
  Mit schwerem Gerät, beispielsweise mit Lastwagen o.Ä. könnten Absperrungen des Rechenzentrums durchbrochen und die Anlagen zur Stromversorgung oder Kühlung verletzt oder zerstört werden. Es könnten auch Zerstörungen durch Sprengsätze oder ähnliche Anschläge auf das Rechenzentrum mit vergleichbaren Folgen verübt werden. Rechenzentren, die beispielsweise mit hoher Verfügbarkeitsklasse (III oder IV) nach DIN EN 50600 ausgestattet sind, verfügen deshalb über Steinpoller, genügend Abstand zu öffentlichen Bereichen oder ähnliche Sicherheitsmaßnahmen.
- Zerstörerische Angriffe auf Infrastruktur durch Innentäter
  Wesentlich empfindlicher ist die Infrastruktur auf Angriffe durch Innentäter. Diese können ohne schweres Gerät mit ganz einfachen Sabotageakten die Versorgung oder die Arbeitsweise einzelner IT-Systeme auf vielfältige Weise außer Kraft setzen. Die Erfolgswahrscheinlichkeit solcher Angriffe ist leider sehr hoch. Durch Maßnahmen wie etwa der Videoüberwachung und Anwesenheitslisten, sowie hohe Strafandrohung können solche Sabotageakte unwahrscheinlich genug gehalten werden.

> Schutz gegen Sabotage wird in diesem Buch separat vom Schutz gegen Verletzungen der Vertraulichkeit oder der Integrität behandelt, ist jedoch für ein vertrauenswürdiges Cloud-Angebot unerlässlich.

4.5 Einfluss des menschlichen Verhaltens

Wie schon in Abschn. 4.3.3 angesprochen, ist die Modellierung der Erfolgswahrscheinlichkeit eines Angriffs in vielen Fällen auch von menschlichem Verhalten abhängig. Insbesondere hat das Verhalten

- der Nutzer des Cloud-Dienstes
- der Mitarbeiter des Anbieters
- der Entwickler der Anwendungs-Software
- der vom Anbieter beauftragten Personen und
- des Personals der Zulieferer von Hard- und Software

großen Einfluss auf die Erfolgswahrscheinlichkeiten der unterschiedlichen Angriffsoptionen. Im Folgenden werden diese verschiedenen Rollen und deren Einfluss auf die Optionen diskutiert. Dabei ist gesondert zu betrachten, ob

- die Sorgfalt,
- die Regeltreue oder
- die Unabhängigkeit

der Personen den dominanten Einfluss auf die Erfolgswahrscheinlichkeit ausübt. Die Verletzungen von Vertraulichkeitsverpflichtungen durch die regulären Nutzer des Cloud-Dienstes, wenn diese also bewusst und arglistig Daten veruntreuen, werden nicht hier, sondern in Kap. 5 betrachtet. Hier wird auf den Einfluss der Nutzersorgfalt eingegangen.

4.5.1 Nutzersorgfalt und benutzerfreundliche Sicherheit

Der Cloud-Nutzer gefährdet die Sicherheit, wenn er fahrlässig und nicht, wie beispielsweise durch den Cloud-Anbieter oder das Bundesamt für Sicherheit in der Informationstechnik empfohlen, handelt. Zum einen fehlt bei einem Teil der Cloud-Nutzer die Sensibilisierung dafür, dass die Sicherheit von der Sorgfalt ihres eigenen Verhaltens abhängt [17], zum anderen besteht bei einem anderen Teil der Nutzer ein Zwiespalt zwischen dem rationalen Erkennen und Wissen und dem tatsächlichen Handeln. Im Englischen wird dieser Zwiespalt gelegentlich als das „Attitude Behaviour Gap" [18] bezeichnet. Ebenso wie dieser Zwiespalt wird die Gefährdung auch durch den Grad der Nutzerfreundlichkeit der sicherheits- und datenschutzrelevanten Funktionen des Cloud-Dienstes beeinflusst. Schließlich verhält sich die Gefährdung, die von den Nutzern ausgeht, wenn man sie als die Wahrscheinlichkeit eines Datenvorfalls (engl. „breach") versteht, mehr oder weniger abhängig von der Anzahl der Nutzer.

Da die Sensibilisierung der Nutzer nur teilweise gelingen kann, und die Sicherheit der Cloud-Dienste nicht von der Anzahl der Nutzer abhängen sollte, muss es Ziel der Technikgestaltung sein, die Sicherheit bzw. Privatsphäre mit der Nutzerfreundlichkeit (engl. „security & usability") zu verbinden. Durch innovative Lösungen sollte die Sicherheit ohne Einbußen bei der Nutzerfreundlichkeit steigen. Die Forschung ist in diesem Bereich noch gefordert, wirklich gute Lösungen hervorzubringen. Es gibt ermutigende Vorstöße, z. B. für eine sichere passwortlose Methode für den Zugang zu Cloud-Diensten [19]. Jedenfalls verhält sich die Erfolgswahrscheinlichkeit der Angriffe auf die Zugangsdaten des Nutzers proportional zur Wahrscheinlichkeit, mit der gleichzeitig mehrere Faktoren einer sicheren Multi-Faktor-Authentifizierung (eng. „Secure Multi-Factor Authentication", SMFA) überwunden werden können.

Dies bedeutet, dass, wenn SMFA-Ansätze nutzerfreundlich umgesetzt werden können, die Erfolgswahrscheinlichkeit von Angriffen, für die bislang die Sorgfalt der Cloud-Nutzer im Umgang mit dem Passwort ausschlaggebend war, stark reduziert werden kann.

Außerdem hängt es von der Sorgfalt der Nutzer ab, welche Daten sie aus der Cloud entnehmen und wo sie diese abspeichern. Wenn die Daten vom Nutzer an Orten und auf Datenträgern gespeichert werden, von denen die Daten leicht entwendet oder von

Unbefugten zur Kenntnis genommen werden können, wird die Vertraulichkeit ebenfalls riskiert.

Die letztere Gefährdung nimmt glücklicherweise mit dem zu beobachtenden Trend ab, dass immer mehr Daten nicht aus der Cloud heruntergeladen, bearbeitet und dann wieder hochgeladen, sondern direkt in der Cloud bearbeitet werden.

> Für die Modellierung der Cloud-Sicherheit muss auch der Grad der Sorgfalt der Nutzer berücksichtigt werden. Das Systemdesign sollte die negativen Folgen mangelnder Sorgfalt minimieren.

4.5.2   Loyalität der Mitarbeiter des Cloud-Dienstes

Die Informationssicherheit kann, wie in Kap. 3 gezeigt, seitens des Cloud-Anbieters nur mit einem System organisatorischer und technischer Maßnahmen gewährleistet werden. Die Wirksamkeit der organisatorischen Maßnahmen hängt von der Loyalität der Personen ab, die als Mitarbeiter oder als Beauftragte für den Cloud-Anbieter arbeiten und die organisatorischen Maßnahmen Tag für Tag umsetzen. Es gehört zum Wesen organisatorischer Maßnahmen, dass sie durch Zuwiderhandlung, sei es aus Nachlässigkeit, Vorsatz, Konformitätsdruck oder Zwang, außer Kraft gesetzt werden können. In einem Teil der Fälle ist dies durch Einzelpersonen möglich, deren Zuwiderhandeln schwer zu entdecken ist, in anderen Fällen kann deren Handeln durch andere Mitarbeiter entdeckt und gemeldet werden. Bei einem dritten Teil der Fälle müssen mehrere Mitarbeiter arglistig zusammenarbeiten (engl. „malicious coalition"), um die organisatorischen oder technischen Maßnahmen außer Kraft setzen zu können.

Zwar ist es ja gerade der Gegenstand einer auf hohe Informationssicherheit ausgerichteten Systemgestaltung (engl. „Security by Design"), sowohl organisatorische als auch technische Maßnahmen zu definieren und umzusetzen, mit denen genau solche Zuwiderhandlungen wirksam unterbunden werden können, aber dennoch bleiben die Eingriffsmöglichkeiten der handelnden Personen, zumindest wenn mehrere Personen einvernehmlich als „malicious coalition" agieren, eine signifikante, wenn nicht die größte Bedrohung für die Grundwerte der Informationssicherheit. Entsprechend ist die Größenordnung der Wahrscheinlichkeit zu definieren, mit der solch vorschriftswidriges Verhalten bei der Modellierung berücksichtigt wird.

Die Wahrscheinlichkeit, dass ein Mitarbeiter des Cloud-Anbieters oder eine vom Cloud-Anbieter beauftragte Person untreu handelt, sei hier mit $p_{unfaithful}$ bezeichnet. Es hängt sehr vom kulturellen Umfeld, von den Macht- und Abhängigkeitsverhältnissen, in denen die Mitarbeiter tätig sind, und von der persönlichen Integrität und Unabhängigkeit der Personen ab, in welcher Größenordnung dieser Wert anzusetzen ist. Der Grad der Unabhängigkeit (engl. „independence") ist hier mit dem Unabhängigkeitsfaktor f_i

modelliert, und die Anzahl der für eine Angriffsoption notwendigen (engl. „necessary") Mitarbeiter ist mit n_{nec} bezeichnet. Die Parameter seien so definiert, dass der schädliche Einfluss menschlichen Handelns auf organisatorische Maßnahmen sich

$$\propto (p_{unfaithful})^{n_{nec} \cdot f_i} \tag{4.7}$$

proportional zur um den Unabhängigkeitsfaktor verminderten n_{nec}-ten Potenz der Wahrscheinlichkeit verhält, dass ein Mitarbeiter untreu handelt. Dies bedeutet, dass, wenn die n_{nec} Mitarbeiter komplett unabhängig voneinander und komplett unabhängig von Dritten sind, $f_i = 1$ ist und damit die Gewaltenteilung ideal umgesetzt wird. Wenn die Mitarbeiter unter Druck eines gemeinsamen Chefs stehen, oder gar durch Kriminelle oder ein totalitäres System gezwungen werden, vorschriftswidrig oder in einer „malicious coalition" zu handeln, ist $f_i = 0$. Erfahrungsgemäß liegen die Werte für $p_{unfaithful}$ der Größenordnung nach geschätzt zwischen 10^{-2} und 10^{-4} per annum und charakterisieren die kriminelle Energie des Mitarbeiters aus eigenem Antrieb, während f_i den Grad der Unabhängigkeit von äußeren Einflüssen beschreibt.

Bezüglich des Verhaltens der Mitarbeiter eines Cloud-Dienst-Anbieters muss sowohl die persönliche Loyalität als auch die Unabhängigkeit von äußeren Einflüssen und Zwang berücksichtigt werden. Nur wenn die Mitarbeiter loyal und unabhängig sind, funktioniert Gewaltenteilung, z. B. nach dem Vier-Augen-Prinzip.

4.5.3 Sorgfalt und Whistleblowing bei Anbietern & Lieferanten

Während in den Unterabschnitten 4.5.1 und 4.5.2 die Einflüsse des menschlichen Handelns behandelt wurden, die die Sicherheit des Cloud-Computing senken, ist in diesem Unterabschnitt die Rede von menschlichem Handeln, das die Sicherheit von Cloud-Diensten erhöhen kann. Als Wistleblower werden Personen bezeichnet, die Missstände an die Öffentlichkeit bringen. Natürlich ist die Rolle der Wistleblower nicht unumstritten, definieren sie doch als Einzelpersonen oder als kleine Gruppe von Personen, was sie als Missstand ansehen und was nicht. Ist die öffentliche Ordnung jedoch stabil, freiheitlich und demokratisch gebildet, so wird sie Meldungen von Missständen, die fälschlicherweise als solche angeprangert werden, nicht honorieren. Hinweisgeber, die Geheimnisse verraten, wenn dies weder rechtlich noch moralisch begründet ist, fallen nicht unter die Kategorie „Wistleblower". Vielmehr kann es sich dabei um Tatbestände des Geheimnisverrats oder rufschädigendes Verhalten handeln.

Die Voraussetzungen für eine gute Kultur, in der Missstände gemeldet werden, in der sich jedoch kein falsches Denunziantentum etabliert, werden nach mehreren spektakulären Whistleblower-Fällen von einem breiten Publikumn diskutiert [20]. Es ist nicht einfach, eine Balance zwischen dem Schutz für Hinweisgeber einerseits und dem Schutz vor Missbrauch durch Hinweise andererseits zu finden. Mögliche Anonymität für Whistleblower sowie die Möglichkeit, mit anonymen Hinweisgebern zu kommunizieren, sind ebenso wichtig wie Anleitungen und Klarstellungen, wann und bei welchen Tatbeständen gemeldet werden soll und bei welchen nicht.

In Bezug auf die Informationssicherheit spielen Whistleblower bei den Lieferanten der Hard- und Software sowie bei Cloud-Anbietern eine Rolle.

> Mangelnde Transparenz wird immer wieder durch Hinweisgeber oder „Whistleblower" relativiert, indem sie Missstände an die Öffentlichkeit bringen. Des Weiteren bietet quelloffene Software ein hohes Maß an Transparenz und Nachprüfbarkeit. Nachhaltige Angebote für sicheres Cloud-Computing bieten einen hohen Grad an Transparenz durch klare Modularität, gute Dokumentation und unabhängige Audits.

4.6   Anlaysemöglichkeiten durch das probabilistische Modell

Nun ist zu fragen, welche Analysemöglichkeiten sich durch das vorgestellte probabilistische Modell der Cloud-Sicherheit ergeben, und wie diese Analysen für die Verbesserung der Sicherheit des Cloud-Computing genutzt werden können.

In diesem Buch sind die einzelnen Angriffsoptionen nicht quantitativ im Detail modelliert, wie dies in Gl. 4.4 und im Anhang 1 in Gl. A.1 beispielhaft für die Option (A,1) und analog für (A,3) und (B,1) gezeigt wird. Der hohe Einfluss des Faktors „Mensch" bei vielen der Angriffsoptionen macht die Quantifizierung in diesem Modell zwar nicht unmöglich, jedoch im Detail recht aufwändig. Teilweise sind die Optionen rein technisch zu beschreiben und mit der statistisch zu erwartenden Anzahl der Täter zu gewichten. Teilweise ist zusätzlich das statistisch zu erwartende Verhalten der Menschen mit einzukalkulieren. Dennoch taugt das Modell sehr gut für

- Schwachstellenanalysen,
- Sensitivitätsanalysen und
- Systemvergleiche,

da die Annahmen über die Anzahl der Personen in einer bestimmten Rolle und die Annahmen zum Verhalten der Menschen nicht eine quantitative Genauigkeit, sondern nur eine Einordnung der Größenordnung nach relativ zu anderen Angriffsoptionen, vermitteln müssen. Im Folgenden wird auf diese Anwendungen des Modells eingegangen.

4.6.1   Schwachstellen- und Sensitivitätsanalyse

Werden die Erfolgswahrscheinlichkeiten der Größenordnung nach bestimmt, ist an Hand des Angriffsbaumes in der Übersicht klar, welche der Angriffsoptionen die höchste, die zweithöchste, usw. Wahrscheinlichkeit aufweisen und somit die ärgsten Schwachstellen des Cloud-Systems darstellen. Diese müssen dann zur Steigerung der Sicherheit als erstes ausgemerzt werden.

Beispielsweise ergibt sich für praktisch jeden Cloud-Typ und die meisten realistischen Instantiierungen der Modellparameter die klare Erkenntnis, dass wegen der auch für Fachleute immer wieder überraschend hohen Erfolgswahrscheinlichkeit des oft einfachen Erratens oder Erbeutens von Passwörtern der Cloud-Nutzer eine signifikante Gefahr eines „Data Breaches" besteht. Ein Modellierungs- und Zahlenbeispiel ist im Anhang 1 gegeben. Eine klare Handlungsempfehlung für jeden Cloud-Dienst ist somit eine Zweifaktor-Authentifizierung, die für die Nutzer einfach zu bedienen ist.

Bei der Detailanalyse und Modellierung der einzelnen Angriffsoptionen werden diese sehr genau durchdacht. Die Durchdringung des Sachverhaltes erfolgt bei dem Versuch einer möglichst akkuraten Quantifizierung wesentlich gründlicher als bei einer bloßen Aufstellung des Angriffsbaumes. Dabei fallen erfahrungsgemäß nicht nur weitere Optionen für die Angreifer auf, sondern es wird den analysierenden Ingenieuren auch deutlich, welche Größen einen schwachen und welche Größen einen starken Einfluss auf die Erfolgswahrscheinlichkeit ausüben. Auch daraus können direkt Handlungsempfehlungen zur Verbesserung der Sicherheit abgeleitet werden.

Als Beispiel hierfür seien die immer wieder entdeckten Schwächen der Verschlüsselungs-Cipher genannt. Wenn man eine quantitative Modellierung für die Häufigkeit einer Angriffsoption auf die zur Cloud hin übertragenen Daten durch fehlerhaft implementierte Verschlüsselungs-Cipher ansetzt, stellt der überraschte Sicherheitsingenieur fest, dass die Erfolgswahrscheinlichkeit am empfindlichsten von den historischen Häufigkeitsdaten für solch fehlerhaften Cipher abhängt. Wenn etwa alle zwölf Monate eine Schwäche bei bis dato als sicher geltenden Cipher bekannt werden, sind zwei ineinander geschachtelte Verschlüsselungen ratsam. Fällt diese Rate des Bekanntwerdens von Implementierungsschwächen auf ca. einen Fall je Dekade, ist dieser Schritt nicht notwendig. Eine solche Veränderung ist bei der Reifung einer Technologie nicht untypisch. Ein Modellierungs- und Zahlenbeispiel ist im Anhang 1 gegeben.

Auf diese Weise kann mit dem probabilistischen Modell für jede der in den Angriffsbäumen identifizierten Angriffsoptionen eine Sensitivitätsuntersuchung vorgenommen werden.

Das probabilistische Modell führt weiter als die Methode des Angriffsbaumes. Die analysierenden Ingenieure werden durch die Modellierungsarbeit zu einer gründlicheren Schwachstellen- und Sensitivitätsanalyse geführt.

4.6.2   Systemvergleiche

Wenn für jede Angriffsoption eine Sensitivitätsanalyse vorgenommen wird, zeigt sich jeweils, ob

- die technische Konstellation bzw. Kombinatorik,
- die Sorgfalt der Cloud-Nutzer,
- die Sorgfalt bei der Administration,
- die Sorgfalt der Entwickler,
- die kriminelle Energie bzw. die Treue zu Gesetzen oder
- die Unabhängigkeit verschiedener handelnder Personen voneinander,

den stärksten Einfluss auf die Erfolgswahrscheinlichkeit der Option ausübt. Verschiedene Cloud-Systeme, d. h. unterschiedlich ausgeprägte Schutzmaßnahmen gegen die Angriffsoptionen können auf diese, von der genauen Quantifizierung unabhängigen Weise, miteinander verglichen werden. Weniger große oder kleine Fehler bei der Feststellung der Anzahl der in einer Rolle handelnden Personen oder der Größe der Fehler bei der Feststellung der zu erwartenden Häufigkeit eines der Sicherheit abträglichen menschlichen Verhaltens führen nicht zu einem unfairen Vergleich, da sie auf gleiche Weise Eingang in die Berechnungen für beide miteinander verglichenen Systemen finden.

In Tab. 4.1 sind alle in Abschn. 4.4 identifizierten Angriffsoptionen nach deren dominierenden Einfluss für zwei Cloud-Systemtypen aufgelistet. Die beiden ausgewählten Systemtypen sind

1. herkömmlich abgesicherte Cloud-Lösungen (etwa entsprechend der Vorgaben der ISO-Standards) und
2. Coud-Lösungen die mit den Maßnahmen des „Sealed Computing" bzw. der „Sealed Computation"[12] abgesicherte Cloud-Lösung.

Charakterisika herkömmlich abgesicherter Cloud-Lösungen
Die herkömmlich abgesicherte Cloud ist eine Lösung, bei der von den in diesem Buch präsentierten Maßnahmen zum Ausschluss der Administratoren vom privilegierten Zugriff auf die in der Cloud durch die Nutzer verarbeiteten Daten noch kein Gebrauch gemacht wird. Ansonsten entsprechen die Sicherungsmaßnahmen dem Stand der Technik.

---

[12]Der Begriff „Sealed Computation" wird vorzugsweise in wissenschaftlichen Publikationen benutzt, während „Sealed Computing" mehr dem anwendungsnahen Jargon entspricht. Unter diesen Oberbegriff dürfen auch die unter „Confidential Computing" vermarkteten Lösungen – sofern die Technik korrekt angewendet wird – gerechnet werden.

Tab. 4.1 Die Angriffsoptionen und der jeweils dominierende Einfluss auf die Erfolgswahrscheinlichkeit (hellgrau: herkömmlich gesichert; dunkelgrau: „sealed"; schraffiert: indifferent).

Angriffsoptionen — Erfolgswahrscheinlichkeit limitiert durch:	Techno-logie	Unab-hängigkeit	der Admins	der Entwickler	der Nutzer	Regel-treue
(A.1): Brute-Force-Angriff auf die Transportverschlüsselung	▨					
(A.2): Sogenannter „Man-in-the-Middle-Angriff"	▨					
(A.3): Brechen einer schwachen Transportverschlüsselung	▨					
(B.1): Brute-Force-Angriff auf das Passwort des Nutzers	▨					
(B.2): Erraten des Nutzerpassworts					▨	
(B.3): Eingaben zu Angriffszwecken, z.B. XSS				▨		
(B.4): Brute-Force-Angriff oder Erraten der Zugangsdaten des Administrators	█					▨
(B.5): Erbeutung eines privilegierten Zugangs mit „Social Engineering"	█		░			
(B.6): Injektion von Schadcode	█					
(C.1): Erbeutung der Zugangsdaten mit „Social Engineering"					▨	▨
(C.2): Erbeutung der Zugangsdaten mit Schadsoftware					▨	
(C.3): Erbeutung von Inhaltsdaten mit Schadsoftware					▨	
(D.1): Missbräuchliches Kopieren während eines regulären Anlasses	█					
(D.2): Missbräuchliches Kopieren während eines fingierten Anlasses	█					
(D.3): Physikalisches Auslösen eines „Dumps"	█					
(D.4): Installieren einer Möglichkeit zum phys. Abzapfen von vertrau. Inform.	█					
(D.5): Brute-Force-Angriff auf die Daten im dauerhaften Speicher	▨					
(D.6): Angriff auf die Daten im dauerh. Speicher ü. schwache Verschlüsselung	▨					
(E.1): „Insider Man-in-the-middle"-Angriff	█					
(E.2): „Social Engineering"-Angriff auf Daten eines privilegierten Zugangs	█		░			
(E.3): "Insider Theft of Credentials"-Angriff	█					
(E.4): Aushebeln von Maßnahmen, die privilegierten Zugriff ausschließen		░				
(E.5): Arglistige Koalition unter den „Sealing Trustees"		░				
(F.1): Einbau von Hintertüren in die Cloud Hardware					▨	
(F.2): Exploits in der System-Software der Cloud-Infrastruktur				▨		
(F.3): Exploits in der Anwendungs-Software des Cloud-Angebots		░		▨		
(G.1): Exploits in der Hardware der Netzzugangsgeräte					▨	
(G.2): Exploits in der System-Software der Endgeräte					▨	
(G.3): Exploits in der Anwendungs-Software der Endgeräte					▨	

Charakterisika von Lösungen mit Sealed Computing

Die Sealed Cloud ist die in Kap. 2 beschriebene Implementierung einer Cloud (entweder durch Intels SGX, AMDs SEV oder Uniscons Sealed Cloud), in der sämtliche Sicherungsmaßnahmen, einschließlich der Maßnahmen zur Vermeidung des privilegierten Zugriffs auf die durch die Cloud-Nutzer in der Cloud verarbeiteten Daten durch Administratoren, dem Stand der Technik entsprechen.

Vergleich

Unterscheiden sich die dominierenden Einflussfaktoren bezüglich einer Angriffsoption zwischen den beiden Cloud-System-Typen nicht, so wird dies in Tab. 4.1 durch eine dunkelgrau-hellgrau schraffierte Füllung der entsprechenden Tabellenzelle gekennzeichnet. Ansonsten sind die dominierenden Einflussfaktoren hellgrau für die herkömmlich gesicherte Cloud und dunkelgrau für die Sealed Cloud in den entsprechenden Tabellen-zellen markiert.

Die Unterschiede zwischen den beiden System-Typen sind bei den Angriffsoptionen zu finden, bei denen durch den privilegierten Zugang zu den Systemkomponenten die Angriffsoptionen unterschiedlich zu modellieren sind. Bei den Angriffen von außen betrifft dies die Möglichkeiten mit den Ordnungsnummern (B,4) bis (B,6). Bei den Angriffen von innen sind dies die Angriffe (D,1) bis (D,4) sowie (E,1) bis (E,3). Bei der Vertrauenswürdigkeit der Komponenten ist lediglich der Angriff mit der Ordnungsnummer (F,3) betroffen.

Die Angriffsoptionen (E,4) und (E,5) sind für die Sealed Cloud spezifisch und müssen für die herkömmlich gesicherte Cloud gar nicht modelliert werden.

Die Größenordnung der Erfolgswahrscheinlichkeit für einen Angriff, bei denen diese durch technische Maßnahmen dominiert bzw. der Größe nach bestimmt wird, ist im Vergleich zu den anderen hier verwendeten Kategorien Technologie, Sorgfalt, Regeltreue und Unabhängigkeit die geringste. Gegen Gefahren, die mit Technologie abgewehrt werden können, kann am besten geschützt werden. Gegen die Gefahr, die von vorsätzlich regelwidrigem Verhalten ausgeht, kann am wenigsten gut geschützt werden. Insgesamt ist die Abstufung der Erfolgswahrscheinlichkeiten in Abb. 4.9 dargestellt. Die Unab-hängigkeit der Auditoren kann durch eine geeignete Auswahl dieser, die Sorgfalt der Administratoren, Entwickler und teilweise auch der Nutzer kann durch geeignete Prozesse und Überwachung gestärkt werden. Dem vorsätzlichen Datendiebstahl kann jedoch nur mit dem in Abschn. 3.3 beschriebenen Maßnahmenkategorien der Strafandrohung und Gewaltenteilung begegnet werden.

Die Sealed Cloud unterscheidet sich gerade durch die technisch erzwungene Gewalten-teilung von der herkömmlich gesicherten Cloud. Bei den Angriffsoptionen (D,1) bis (D,4) sowie (E,1) wird bei der Sealed Cloud die Gefahr, auf die Regeltreue der Administratoren angewiesen zu sein, durch technische Maßnahmen gebannt. Deren Funktion und Integrität wird bei der Versiegelung mit mehreren „Sealing Trustees" abgesichert. Dieser Vorgang ist nur durch deren Unabhängigkeit untereinander gemäß der Angriffsoptionen (E,4) und (E,5) begrenzt.

Abb. 4.9 Die Abstufung verschiedener Maßnahmenklassen nach der Zuverlässigkeit des durch diese vermittelten Schutzes

Die Sealed Cloud ist nicht besser als die herkömmlich gesicherte Cloud gegen vorsätzlich durch Systemlieferanten eingebaute Hintertüren gemäß der Angriffsoptionen (F,1) sowie (G,1) und (G,2) gefeit. Dasselbe trifft für fahrlässig handelnde Entwickler gemäß der Angriffsoptionen (B,3) und (F,2) zu. Da mit Sealed Cloud die Anwendungssoftware, wie in Abschn. 2.5.3 beschrieben, auditiert und manipulationssicher produziert werden kann, ist bei der Angriffsoption (F,3) der Schutz der Sealed Cloud wiederum deutlich besser.

Bezüglich der Angriffsoptionen, deren Erfolgswahrscheinlichkeit durch die Sorgfalt bzw. Fahrlässigkeit der Cloud-Nutzer maßgeblich bestimmt ist, besteht bei Sealed Cloud ebenfalls kein besserer Schutz als bei herkömmlich gesicherten Clouds.

In Summe ergibt sich, da gegen die größten Bedrohungen der Integrität und Vertraulichkeit wirksame neuartige Maßnahmen eingesetzt werden, durch die Sealed-Cloud-Technologie verglichen mit herkömmlich gesicherten Clouds ein signifikant erhöhtes Schutzniveau. Die Steigerung der probabilistischen Vertraulichkeit C kann durch das Audit der „Sealing Trustees" und die Versiegelung der auditierten Systeme mit deren kryptographischen Geheimnissen gemäß Gl. 4.7, je nach der zu erwartenden Treue der handelnden Personen, um mindestens zwei bis vier Größenordnungen besser an die ideal gesicherte Cloud angenähert werden.

Da mit der Sealed Cloud wirksame neuartige Maßnahmen gegen die bei einer herkömmlich gesicherten Cloud größten Bedrohungen der Integrität und Vertraulichkeit eingesetzt werden, ergibt sich durch die Sealed-Cloud-Technologie ein um mindestens zwei bis vier Größenordnungen erhöhtes Schutzniveau.

Literatur

1. British Department of Trade and Industry, London. (1991). Information Technology Security Evaluation Criteria (ITSEC) – Harmonised Criteria of France, Germany, the Netherlands, and the United Kingdom. https://www.bsi.bund.de/SharedDocs/Downloads/DE/BSI/Zertifizierung/ITSicherheitskriterien/itsec-en_pdf.pdf?__blob=publicationFile, abgerufen am 1. Juli 2020.
2. P. Bitter. (1971). Technische Zuverlässigkeit: Problematik, Grundlagen, Untersuchungsmethoden. Herausgegeben von Messerschmitt-Bölkow-Blohm, Springer, ISBN 978-3-540-05421-4.
3. B. Schneier. (1999). Attack trees. Dr. Dobbś Journal of Software Tools 24, 21–29.
4. Bundesamt für Sicherheit in der Informationstechnik. (2017). Die Lage der IT-Sicherheit in Deutschland 2017. https://www.bsi.bund.de/SharedDocs/Downloads/DE/BSI/Publikationen/Lageberichte/Lagebericht2017.pdf?__blob=publicationFile&v=4, abgerufen am 27. April 2018.
5. Claudia Eckert. (2012). IT-Sicherheit. https://www.degruyter.com/view/title/312044. abgerufen am 25. Juni 2020. De Gruyter. Berlin, Boston.
6. Washington Post. (2013). NSA slides explain the PRISM data-collection program. http://www.webcitation.org/6OHdX5Sif, abgerufen am 13. Mai 2018.
7. T. Schrödel. (2016). Passwörter & PINs. in Ich glaube, es hackt!: Ein Blick auf die irrwitzige Realität von Computer, Smartphone und IT-Sicherheit. Springer Fachmedien Wiesbaden pp. 65–95.

8. Kalman Cinkler. (2018). One-time passcode card. http://www.rempartec.com/, abgerufen am 5. Okt 2018.

9. Internet Engineering Task Force. (2011). TOTP: Time-Based One-Time Password Algorithm. https://tools.ietf.org/html/rfc6238, abgerufen am 11. Februar 2019.

10. GRAVEL et al. (2011). Secure Authentication System and Method. US Patent Application 20110197267A.

11. Steve Mansfield-Devine. (2017). Fileless attacks: compromising targets without malware. Network Security, Volume 2017, Issue 4, Pages 7–11.

12. M. Lipp et. al. (2018) Meltdown: Reading Kernel Memory from User Space. Graz University of Technology. https://meltdownattack.com/meltdown.pdf, abgerufen am 14. Februar 2019.

13. P. Kocher et. al. (2018) Spectre Attacks: Exploiting Speculative Execution. Graz University of Technology. https://meltdownattack.com/spectre.pdf, abgerufen am 14. Februar 2019.

14. J. Geiger. (2018). Trotz Ausschalter in Windows: Microsoft sammelt Daten einfach weiter. https://www.chip.de/news/Trotz-Ausschalter-in-Windows-Microsoft-sammelt-Daten-einfach-weiter_155202912.html, abgerufen am 1. Mai 2019.

15. T. Hartmann. (2017). Apple sammelt mit iOS 10.3 deutlich mehr persönliche Daten. https://www.macwelt.de/a/ios-10-3-will-mehr-persoenliche-daten-sammeln,3380686, abgerufen am 1. Mai 2019.

16. A. Mundt. (2018). So viele Daten sammelt Dein Android-Smartphone für Google. https://www.turn-on.de/tech/news/so-viele-daten-sammelt-dein-android-smartphone-fuer-google-345961, abgerufen am 1. Mai 2019.

17. J. Leach. (2003). Improving user security behaviour. Computers and Security. 22(8). 685–692.

18. A. Kollmus and J. Agyeman. (2002). Mind the gap: why do people act environmentally and what are the barriers to pro-environmental behavior?. J. Environmental Education Research. 8(3). 239–260.

19. H. Jäger und K. Cinkler. (2018). Verfahren zur betreibersicheren Authentifizierung von Cloud-Nutzern ohne Passwort. Kooperation der Firmen Uniscon GmbH und Rempartec GmbH.

20. K. M. Leisinger. (2003) Whistleblowing und Corporate Reputation Management. Hampp, München/Mering.

21. A. Pols and P. Heidkamp. (2016). Bitkom Research. Cloud-Monitor 2016.

22. A. Pols and M. Vogel. (2017). Bitkom Research. Cloud-Monitor 2017.

23. A. Pols and P. Heidkamp. (2018). Bitkom Research. Cloud-Monitor 2018.

Wie viel Sicherheit ist genug?

5

Hubert A. Jäger, Ralf O. G. Rieken und Arnold Monitzer

Zusammenfassung

Nachdem dem Leser in den vorangegangen Kapiteln der Kontext des Cloud-Computing und Sealed Cloud im Speziellen vorgestellt, und außerdem die Sicherheit des Cloud-Computings in Grundzügen und in Form eines Modells diskutiert wurden, stellt sich die Frage, unter welchen Voraussetzungen die Anwendung der Sealed Cloud sinnvoll bzw. geboten ist. In diesem Kapitel wird die Frage beantwortet, in welchen Anwendungsszenarien die hohe Sicherheit der Sealed Cloud benötigt wird und welche wirtschaftlichen Vorteile sich daraus ergeben. Sealed Cloud wird für eine datenschutzkonforme und nachhaltige Digitalisierung benötigt, sobald in den Anwendungsszenarien der scheinbare Widerspruch zwischen Datensparsamkeit und einer neuen lukrativen „Datenwirtschaft" aufgelöst werden muss.

5.1 Der Begriff der Datensouveränität

Der Begriff der „Datensouveränität" ist politisch nicht unumstritten, da gelegentlich Vertreter der Datenschutzaufsichtsbehörden im Zusammenhang mit der Verwendung dieses Begriffes eine Aushöhlung der Prinzipien der Datenvermeidung und der Datensparsamkeit befürchten [1]. In der Tat mag es Vertreter der Datenwirtschaft geben, die noch keine praktische Möglichkeit dafür erkannt haben, dass die Notwendigkeiten des Datenschutzes mit den Chancen der Datenökonomie sehr gut verbunden werden können

H. A. Jäger (✉) · R. O. G. Rieken (✉) · A. Monitzer
Uniscon GmbH, München, Deutschland
E-Mail: hubert.a.jaeger@web.de; ralf@rieken.de

© Der/die Herausgeber bzw. der/die Autor(en), exklusiv lizenziert durch Springer
Fachmedien Wiesbaden GmbH, ein Teil von Springer Nature 2020
H. A. Jäger, R. O. G. Rieken (Hrsg.), *Manipulationssichere Cloud-Infrastrukturen*,
https://doi.org/10.1007/978-3-658-31849-9_5

167

und die auf diesem Hintergrund gerne andere, vermeintlich weichere Begriffe, eingeführt sehen wollen. Jedoch ist in den meisten Kontexten und der mehr sachlichen Benutzung des Begriffs gemeint, dass für Daten mit und ohne Personenbezug die für diese Daten Verantwortlichen souverän über die Nutzung der Daten bestimmen können sollen.

Im Folgenden wird auf diesen breiteren Begriff, einschließlich der Daten ohne Personenbezug, eingegangen. In vielen industriell und wirtschaftlich interessanten Anwendungen weisen diese Daten einen hohen Schutzbedarf auf, obwohl sie den Datenschutz nicht betreffen. Es stellt sich generell die Frage, wie man die Nutzung von geteilten Daten kontrollieren kann, um bei uneingeschränkter Einhaltung des Datenschutzes und unter Wahrung der Sicherheitsinteressen der Daten-Bereitsteller (engl. „Data Provider") am ökonomischen Nutzen der Datenwirtschaft teilzuhaben.

5.1.1 Vernetzung mit Lieferanten, Kunden und Mitbewerbern

Zur Beantwortung dieser Frage haben sich europa- und weltweit mehrere Industrieinitiativen gebildet, unter anderen die „GAIA-X Foundation" [2] oder die „International Data Space Association" (IDSA) [3] mit mehr als hundert beteiligten Unternehmen, um die Ergebnisse der Forschungsinitiative „Industrial Data Space" (IDS) [4] der Fraunhofer Gesellschaft in die Praxis umzusetzen.

Den teilnehmenden Unternehmen geht es darum, die scheinbaren bzw. vorläufigen Widersprüche zwischen

- Datenschutz ↔ Big Data bzw. Künstlicher Intelligenz,
- Daten teilen ↔ Wettbewerb oder
- Überwachung ↔ Freiheit,

die durch die Zusammenarbeit und Vernetzung mit Lieferanten, Kunden, Sicherheits- und Prüfungsorganisationen, Aufsichtsbehörden, Mitbewerbern und anderen entstehen können, technisch aufzulösen.

Um die Natur dieser Konflikte an einem Beispiel deutlich zu machen, sei das Vertrauensproblem der Spieltheorie [5] als treffende Beschreibung der Situationen herangezogen, in denen sich viele Unternehmen im Verlauf ihrer Digitalisierung wiederfinden: Eigentlich würden sie gerne mit Hilfe der elektronischen Signale ihrer Maschinen und Sensoren viele der Messgrößen zur Steuerung ihrer Prozesse (engl. „Key Performance Indicators", KPI) zusammen mit vergleichbaren Marktbegleitern optimieren. Ihre eigene hausinterne Datenbasis ist oft zu klein für eine Berechnung verlässlicher Werte für diese KPI. Eine Lösung ist das Zusammenlegen der Daten mit denen anderer Unternehmen zur Bestimmung solider KPI mit statistischer Suffizienz. Die Ergebnisse könnten dann gemeinsam mit den Partnern zur Optimierung der jeweiligen Betriebe genutzt werden. Dieser Plan scheitert bislang jedoch häufig an zwei Hürden:

1. Die Befürchtung des möglichen Missbrauchs dieser geteilten Daten in diesem „Vertrauensspiel" zur Errechnung der KPI als Wettbewerbsinformation schreckt bereits so stark ab, dass es gar nicht zu der dafür notwendigen Allianz kommt. Die Befürchtung ist, dass derjenige das Spiel verliert, der sich als erster bewegt, d. h. seine Daten als erster preisgibt.

2. Die berechtigte Vermutung, dass solcher Datenaustausch gegen das Kartellrecht verstößt. Dieses verlangt für den Fall von Partnern im selben Markt einen ausschließlich anonymisierten Austausch derartiger Informationen.

Sowohl kann das Vertrauensspiel nur von allen Partnern gewonnen werden, als auch kann das Kartellrecht nur eingehalten werden, wenn die Sammlung der relevanten Daten von den Maschinen und Sensoren sowie deren Auswertung so erfolgt, dass die Partner nur die KPI herausziehen können und keinen Zugriff auf die Wettbewerbsinformationen der jeweiligen Marktteilnehmer erhalten. Dazu ist eine Cloud-Infrastruktur wie die Sealed Cloud zur Gewährleistung der notwendigen Anonymität erforderlich.

Big-Data-Analysen sind weitere Anwendungen, bei denen einer der genannten Konflikte gelöst werden muss. Hier ist die Frage der Zweckbindung der Datenerhebung oder die dem Datenschutz genügende Höhe bzw. Risikoangemessenheit der Schutzmaßnahmen oft unklar. Bei Überwachungen zur Gewährleistung der Qualität oder der funktionalen Sicherheit (engl. „Safety") wird die Freiheit eingeschränkt, wenn dabei personenbezogene Daten erhoben werden.

Immer wenn die „Data Provider" Daten für die Verarbeitung zur Verfügung stellen, wünschen sie klare Informationen über den Umgang mit diesen Daten, d. h. wie und für welche Zwecke die Daten verarbeitet werden. Im nächsten Abschnitt wird versucht, diese Datennutzungskontrolle (engl. „Usage Control") zu quantifizieren.

> Ein Großteil der gewerblichen und industriellen Wertschöpfung, der mit der Digitalisierung verbunden ist, ist Folge der Vernetzung mit Partnern der Wertschöpfungskette, Wettbewerbern, Kunden, Aufsichtsunternehmen oder -behörden. Diese Vernetzung birgt erhebliche Gefahren für den Datenschutz und die Freiheit der beteiligten Personen sowie die Geschäftsgeheimnisse der beteiligten Unternehmen. Nur durch Betreiber- und Manipulationssicherheit der Recheninfrastruktur können sowohl die notwendigen Garantien der Vertraulichkeit als auch die vom Kartellrecht geforderte Anonymisierung eingehalten werden.

5.1.2 Der Begriff der Usage Control

Damit die von den betroffenen Personen souverän bestimmte Verarbeitung der sie betreffenden Daten durch die Verantwortlichen sowie die Wahrung von Geschäftsgeheimnissen gewährleistet werden kann, muss die Verarbeitung dieser Daten durch die Verantwortlichen kontrolliert werden können. Das betrifft jegliche Nutzung und Verwendung der Daten, auch bei der Verarbeitung durch einen beauftragten Dienstleister oder die Weitergabe an andere Personen. Technisch kann man die Möglichkeiten einer derartigen Kontrolle in drei Härtegrade unterteilen:

1. Wenn durch eine mit einem geeigneten Standardformat festgelegte Kommunikation den die Daten verarbeitenden Maschinen oder Personen mitgeteilt wird, wie und zu welchen Zwecken diese Daten zu bearbeiten sind, so beschränkt sich die Kontrolle auf diese Kommunikation, erstreckt sich jedoch nicht auf die Umsetzung der Datenverarbeitung selbst. Als Beispiel für ein solches Standardformat seien hier die Arbeiten des Fraunhofer Instituts für Angewandte und Integrierte Sicherheit (AISEC) zu diesem Thema (LUCON) [6] benannt.
2. Wird zusätzlich ein Intermediär oder Treuhänder zur Verarbeitung der Daten beauftragt, so kann die Kontrolle auf die eigentliche Verarbeitung ausgedehnt werden. Der Intermediär ist ein dritter Teilnehmer in diesem Szenario. Seine Rolle ist die Gewährleistung einer Verarbeitung der Daten entsprechend den Vorgaben des Data Providers. In diesem Härtegrad wird die Verarbeitung analog zur Definition in Abschn. 4.6.2 herkömmlich, d. h. im Wesentlichen durch organisatorische Maßnahmen, gesichert.
3. Kann zusätzlich die Verarbeitung manipulationssicher gestaltet werden, so verbessert sich die Kontrolle der Verarbeitung um Größenordnungen. Die Eigenschaft der Manipulationssicherheit kann sich entweder auf die Verarbeitung in der Cloud (Sealed Cloud), oder auf die Verarbeitung in einem Gateway „on premise" beziehen, wenn Letzteres ebenfalls so gestaltet ist, dass derjenige, der es betreibt, keine Manipulationen bezüglich der Datenverarbeitung vornehmen kann.

Diese Kontrolle wird unabhängig vom Härtegrad englisch als „Usage Control" bezeichnet. Dieser Begriff wurde zunächst im Kontext einer generalisierten Zugriffskontrolle (engl. „access control") verstanden [7], und ist inzwischen mit dem Begriff der Datensouveränität in vernetzten Systemen verbunden [8].

Hier sei die probabilistische Usage Control als der komplementäre Wert zur Wahrscheinlichkeit p_{loc} definiert. Der Wert sei die Wahrscheinlichkeit, dass der Data Provider nicht die Kontrolle über die Verwendung der Daten verliert (engl. „loss of control")

$$UC = (1 - p_{loc}). \tag{5.1}$$

Dieser Wert ist ähnlich, jedoch nicht identisch, mit der in Gl. 4.2 definierten probabilistischen Vertraulichkeit C. Vielmehr ist UC ein Maß, das die probabilistische Vertraulichkeit C kombiniert mit der probabilistischen Integrität I repräsentiert

$$C > UC < I \quad \text{und} \quad UC \approx C \cdot I. \tag{5.2}$$

Unterschiedliche Angreifer haben unterschiedliche Optionen, die Vertraulichkeit, die Integrität oder beides gemeinsam verletzen zu können. In Kap. 4 wurde kein vorsätzliches Verhalten des Cloud-Nutzers mit der Intention zur Veruntreuung der Daten modelliert. Lediglich der Leichtsinn bzw. die Fahrlässigkeit des Cloud-Nutzers wurde berücksichtigt. Zur Beantwortung der Frage dieses Kapitels, welche Anwendungen die hohe Sicherheit der Sealed Cloud tatsächlich benötigen, muss jedoch auch der arglistig handelnde Cloud-Nutzer in die Betrachtung mit einbezogen werden.

Der arglistig handelnde Cloud-Nutzer kann in vielen Szenarien der Unternehmens-IT auch als ein Innentäter bezeichnet werden.[1] Er verwaltet zwar nicht die Systeme, kann aber durch den privilegierten Zugriff auf die Unternehmensdaten diese ebenfalls veruntreuen. In vielen Fällen kann er die Integrität der Daten nicht so erfolgreich verletzen wie die Vertraulichkeit. Das unterscheidet seinen privilegierten Zugriff von dem der Administratoren. Diese können sowohl die Vertraulichkeit als auch die Integrität der Daten mit den in Kap. 4 diskutierten Methoden verletzen. In Abb. 5.1 ist die Usage Control UC über der Anzahl der Cloud-Nutzer aufgetragen, die potentiell die Vertraulichkeit der Daten verletzen könnten (Sharing Users). Für die Darstellung wurde ein doppelt-logarithmischer Maßstab gewählt. Der linke Teil des Diagramms repräsentiert die Datenverarbeitungen, bei denen die sensiblen Daten gar keiner Person zugänglich sein müssen, da von der Software am Ende der Verarbeitung lediglich aggregierte Datensätze bzw. Ergebnisse von Big-Data-Berechnungen ausgegeben und von Menschen zur Kenntnis genommen werden müssen. Auf der Abszisse im rechten Teil der Darstellung ist die Anzahl Nutzer der Nutzer logarithmisch aufgetragen, die entsprechend der „Business Logic" der jeweiligen Anwendungen Zugriff auf die verarbeiteten Daten haben. Auch die Ordinate trägt einen logarithmischen Maßstab, und repräsentiert die in Gl. 5.1 definierte probabilistische Usage Control, also die Wahrscheinlichkeit, dass im Verlauf eines Jahres keine Kontrollverluste zu erwarten sind.

Betrachtet man die Summe der Insider-Angriffe statistisch, so zeigt die Verteilung der Anzahl der Angriffe über die verschiedenen Rollen in den Unternehmen, z. B. die Rolle des Managers, des regulären Nutzers, des System-Administrators usw., eine proportionale Verteilung der Innentäter zur der Anzahl der Menschen in diesen Rollen [10]. Dies rechtfertigt den probabilistischen Ansatz der hier gezeigten Analyse.

Die linear abfallende Grenze der Usage Control für eine wachsende Anzahl an Nutzern n, die Informationen teilen, zeigt den Verlauf $UC \approx (1 - n \cdot p_{unfaithful})$ am Beispiel $p_{unfaithful} \approx 10^{-4} p.a.$ Einzige Ausreißer in der Statistik der Data Breaches sind die Rollen „Manager" und „System-Administrator". Dies überrascht nicht weiter, da diese Rollen über die umfangreichsten Privilegien verfügen. Zahlenmäßig fallen die Manager und Administratoren jedoch nicht sonderlich ins Gewicht. Die meisten „data breaches" werden

---

[1]In vielen i. d. R. jährlich erscheinenden Berichten zu Datenvorfällen, z. B. dem „Data Breach and Incident Report" (DBIR) von Verizon [9], wird das Verhältnis von „Breaches" durch Angriffe von Extern versus Angriffe durch Innentäter über mehrere Jahre betrachtet mit ca. 70:30 angegeben.

Fundamental Relation between Usage Control and Exposure of Data to Humans

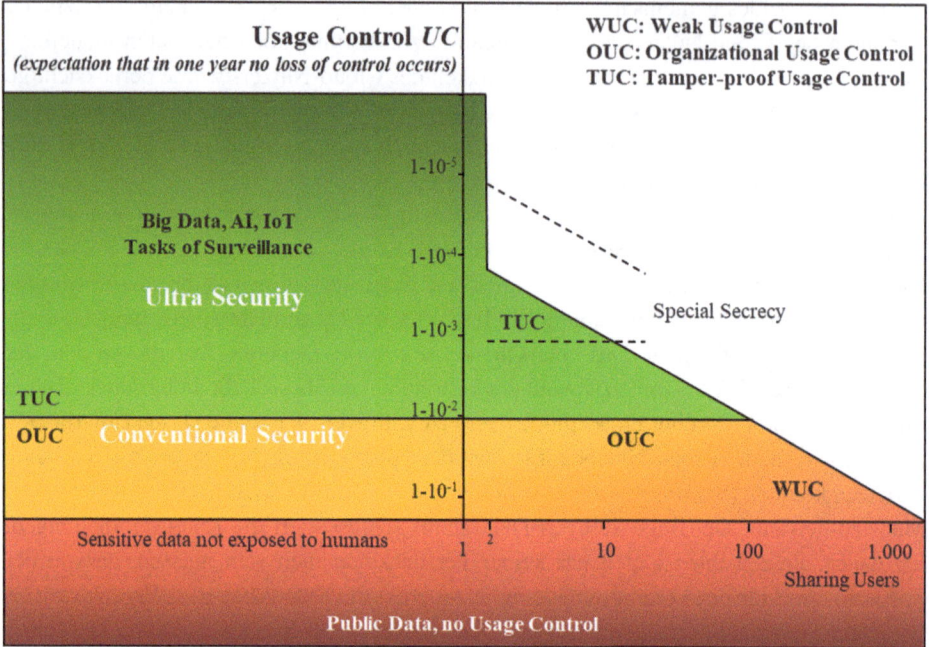

Abb. 5.1 Der gundsätzliche Zusammenhang zwischen der Kontrolle, die Verantwortliche über die Datennutzung ausüben können müssen (Usage Control), und der Anzahl der Menschen, die Kenntnis von diesen Daten nehmen können

statistisch von regulären Nutzern verursacht. Für große Kommunikationskreise (Anzahl der „Sharing Users" größer als Hundert) ergibt sich dadurch lediglich eine schwache Datennutzungskontrolle (engl. „Weak Usage Control", WUC). Diese entspricht dann bereits fast einer verschwindenden Datennutzungskontrolle, wie sie für veröffentlichte Daten (engl. „public data") anzunehmen ist, die im unteren Bereich der Abb. 5.1, d. h. unterhalb der Abszisse repräsentiert sind.

Der in Abb. 5.1 gezeigte Zusammenhang zwischen der oberen Grenze der Datennutzungskontrolle und der Größe des Kommunikationskreises ist von grundsätzlicher Natur und hängt im Wesentlichen nur vom Geheimhaltungsverhalten der Teilnehmer des Kommunikationskreises ab, der hier mit $p_{unfaithful}$ modelliert ist. Bezüglich dieser Grenzbetrachtung ist $UC \approx C$. Durch eine besondere Verpflichtung der Teilnehmer des Kommunikationskreises auf Vertraulichkeit (engl. „special secrecy"), kann man diese grundsätzliche Grenze zu höheren Werten der Datennutzungskontrolle hin verschieben. Dies ist in Abb. 5.1 durch gestrichelte Linien angedeutet.

Diese obere Grenze der Datennutzungskontrolle wird jedoch praktisch nicht immer erreicht. Wenn die Anzahl der Systemadministratoren, wie im Zahlenbeispiel von Abb. 5.1

angenommen, fünf Gruppen zu je zehn Mitgliedern je Gruppe umfasst, und diese System-administratoren sowohl die Vertraulichkeit als auch die Integrität in vergleichbarem Maße verletzen können, stellt in herkömmlich gesicherten Cloud-Systemen die organisatorische Datennutzungskontrolle (engl. „Organisational Usage Control", OUC) die obere Grenze für kleine und moderate Anzahlen an Nutzern dar.

- Probabilistisch betrachtet bedeutet dies, dass bei Nutzung einer lediglich mit OUC abgesicherter Cloud von einem Verlust der Kontrolle über die Datennutzung in hundert Jahren auszugehen ist.
- Praktisch bedeutet dies für die parallele Nutzung vieler auf diese Weise abgesicherter Dienste ein Risiko bzw. eine Wahrscheinlichkeit von nahezu 100 % für einen auftreten-den Kontrollverlust über die Datennutzung pro Jahr.

Dieser nicht wünschenswerten Bedrohungslage kann nur durch eine technikbasierte, manipulationssichere Datennutzungskontrolle wie der Sealed-Cloud-Technologie begeg-net werden. In Abb. 5.1 ist der Anwendungsbereich dieser Technologie mit „Tamper-proof Usage Control" (TUC) bezeichnet.

Für den Fall eines sehr wenig vertrauenswürdigen Verhaltens der „Sharing Users", d. h. wenn $p_{unfaithful} > 10^{-2}$ $p.a.$ ist, fallen die obere Grenze der OUC, die durch die untreuen Systemadministratoren bestimmt ist, und die obere Grenze der Datennutzungskontrolle, die durch untreue Nutzer des Systems bestimmt ist, weitgehend zusammen. Für diese Konstellation ist der Einsatz einer Sealed Cloud nicht notwendig, da die Schutzwirkung der Versiegelung durch die Untreue der Nutzer des Systems überlagert ist.

Für alle anderen Fälle, d. h. bei unternehmenskritischen Anwendungen, bei denen die Nutzer auf das Betriebsgeheimnis verpflichtet und informelle und formelle Kon-trollprozesse etabliert sind, und insbesondere für Big Data, Künstliche Intelligenz, IoT-Anwendungen und Aufgaben der Überwachung ist die Verarbeitung der Daten in einer Sealed Cloud sinnvoll.

Dadurch, dass die Geheimhaltung sensibler Daten umso schwieriger ist, je größer der Kommunikationskreis wird, besteht für Datenverarbeitungssysteme, bei denen die Nutzer einer Anwendung Zugriff auf die sensiblen Daten haben, eine grundsätz-liche obere Grenze für die Datennutzungskontrolle.

Eine weitere obere Grenze für die Datennutzungskontrolle stellen die privi-legierten Möglichkeiten des Zugriffs und der Manipulation von Inhalten durch Systemadministratoren dar. Diese können wirksam nur durch manipulationssichere Systeme wie Sealed Cloud verhindert werden.

5.1.3 Datenschutzkonforme Data Economy

Wegen ihrer fundamentalen Bedeutung für die Nachhaltigkeit der Digitalisierung sei auf die dem linken Teil der Abb. 5.1 zu Grunde liegenden Zusammenhänge hier in einem gesonderten Abschnitt eingegangen:

Mit fortschreitender Digitalisierung werden diejenigen Anwendungen zunehmend an Bedeutung gewinnen, bei denen nicht nur Dokumente und Systemzustände über die Telekommunikationsnetze transportiert und verschiedenen Personenkreisen zugänglich gemacht werden, sondern bei denen immer mehr zunächst aus digitalen Signalen von Maschinen, Kameras und Sensoren aller Art Daten aggregiert und Informationen berechnet werden müssen, bevor diese überhaupt für zuständige Personenkreise interessant werden und diesen zugänglich gemacht werden müssen.

Die zugehörigen Schlagworte, die auch in den linken Teil der Darstellung in Abb. 5.1 eingetragen sind, heißen „Big Data" oder „Big Data Analytics", da für die Aggregierung und Auswertung eine große Menge von Rohdaten erforderlich ist. Diese Daten sind zunächst für die menschlichen Nutzer unmittelbar gar nicht nutzbar. Aus diesen Daten können jedoch viele verschiedene Schlüsse gezogen werden. Die Vielfalt der Möglichkeiten zur Nutzung der Daten werden zunehmend automatisch erkundet. Wenn die genutzten Algorithmen immer autonomer agieren spricht man auch von „Maschinenlernen" (engl. „Machine Learning") und „Künstlicher Intelligenz" (KI) (engl. „Artificial Intelligence", AI).

Da die Nutzungsmöglichkeiten der großen Menge an Daten so vielfältig sind, wird der Datenökonomie (engl. „Data Economy") ein erhebliches Potential zugeschrieben. Neben den überaus großen Werten, die mit den Daten erwirtschaftet werden können, ergibt sich aus den genannten vielfältigen Auswertungsmöglichkeiten auch ein wesentlich gesteigerter Schutzbedarf. Dies betrifft sowohl personenbezogene Daten, da sehr detaillierte, die Persönlichkeit betreffende Profile erstellt werden können, als auch unternehmenskritische Daten ohne Personenbezug. Aus Sicht des Schutzes von Geschäftsgeheimnissen können durch Datenlecks dieser Art wirtschaftliche Schäden in Höhe des Unternehmenswerts, teilweise sogar einem Vielfachen davon, entstehen.

Während der Verarbeitung der Rohdaten besteht keine Notwendigkeit für eine Möglichkeit der Kenntnisnahme dieser Daten durch natürliche Personen. Wenn das Verbot einer Kenntnisnahme der Rohdaten oder verschiedener Zwischenergebnisse lediglich durch eine organisatorische Datennutzungskontrolle (OUC) durchgesetzt wird, sind (oft versteckte) Datenvorfälle, wie zuvor in Abschn. 5.1.2 kalkuliert, mit der „Conventional Security" viel zu häufig. Um das Vertrauen der Menschen zu gewinnen, ist eine rein organisatorische Datennutzungskontrolle für die Datenwirtschaft kein hinreichender Schutz.

Dies gilt insbesondere auch für Anwendungen aus dem Bereich der Überwachung von Menschen und Maschinen (engl. „tasks of surveillance"). Solange sich aus den erfassten und verarbeiteten Daten kein hinreichender Verdacht ergibt, der eine Eskalation rechtfertigt, dürfen bei solchen Anwendungen den Betreibern oder anderen Personen keine Daten zur Kenntnis gelangen. Ansonsten verlieren die überwachten Menschen ihre persönliche Handlungsfreiheit.

Die in Abb. 5.1 gezeigte obere Grenze der Usage Control für diesen Bereich der „Ultra-Security" beträgt beispielsweise $(1-10^{-6})$. Dieser Wert entsteht rechnerisch durch die Proportionalität 4.7 in Verbindung mit den Gl. 4.6 und 5.2 bei einer angenommenen Treue von zwei unabhängigen „Sealing Trustees" von $p_{unfaithful} \approx 10^{-3}$ *p.a.* und entspricht der praktischen Definition der Betreibersicherheit bzw. Manipulationssicherheit aus Abschn. 1.3.3. Für die fortschreitende Evolution der Data Economy können diese Werte durch mehr als zwei Sealing Trustees entsprechend des weiter erhöhten Schutzbedarfs noch dichter an 100 % angenähert werden.

In der Data Economy, der Datenwirtschaft mit „Big Data", „Machine Learning" und „Künstlicher Intelligenz", besteht keine Notwendigkeit für eine Möglichkeit der Kenntnisnahme dieser Daten durch Personen. Die große Menge der verarbeiteten Daten erlaubt Persönlichkeitsprofile zu erstellen und Betriebsgeheimnisse in einem bislang nicht vorstellbaren Detailgrad zu extrahieren. Dadurch entsteht ein wesentlich höherer Schutzbedarf als in der herkömmlichen IT. Dieser Schutzbedarf kann nur durch manipulationssichere Systeme wie Sealed Cloud ausreichend adressiert werden.

5.2 Die Technologiedividende

In diesem Unterkapitel wird die wirtschaftliche Bedeutung des Sicherheitsniveaus analysiert. Bedrohungen, die wirtschaftliche Schäden nach sich ziehen können, kann der Unternehmer einerseits begegnen, indem er das Risiko durch eine Verringerung der Eintrittswahrscheinlichkeit senkt. Dies ist durch Sicherheitsmaßnahmen, wie u. a. in diesem Buch beschrieben, möglich. Alternativ kann er sich gegen das Risiko versichern oder Rückstellungen für potentielle Schäden bilden.

In Abb. 5.2 ist der potentielle Schaden in Bruchteilen bzw. Vielfachen des Unternehmenswertes (engl. „Enterprise Value", EV) über der Eintrittswahrscheinlichkeit von Vorfällen doppelt-logarithmisch aufgetragen. Die eingetragenen Linien stehen für unterschiedliche Risiken, die durch die entsprechende Implementierung der Cloud-Lösung determiniert sind. Durch mit Sealed-Cloud-Technologie konsequent umgesetzte „Security by Design" kann das wirtschaftliche Risiko mangelhafter IT-Sicherheit um mehrere Größenordnungen gesenkt werden.

In Abb. 5.3 ist die Höhe der Rückstellungen bzw. die Versicherungsbeiträge für das Cyber-Risiko als rote Säulen und die Höhe der Mehrkosten durch die Wahl einer hochsicheren Lösung als grün schraffierte Säule dargestellt. Diese Mehrkosten treten in manchen Fällen gar nicht auf, da die hochsichere Technik zu vergleichbaren Kosten wie

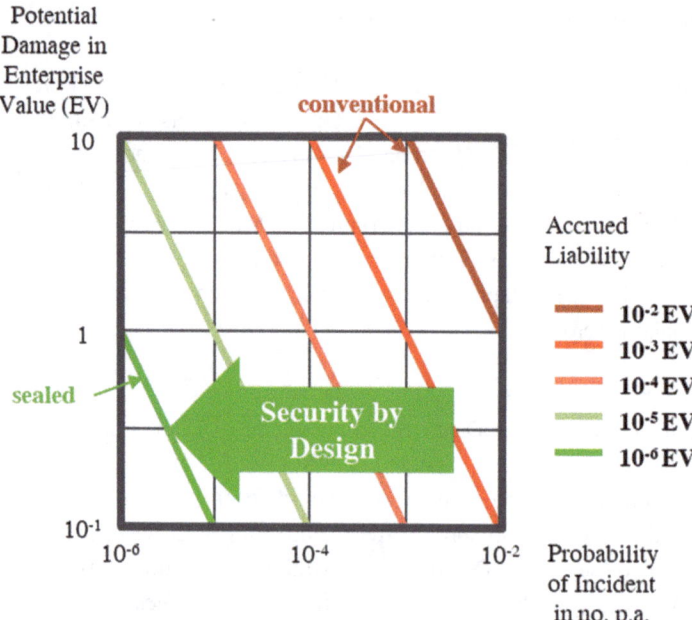

Abb. 5.2 Das Risiko eines potenziellen Schadens, berechnet als Produkt der Höhe des potenziellen Schadens und dessen Eintrittswahrscheinlichkeit, kann durch „Security by Design" um mehrere Größenordnungen gesenkt werden

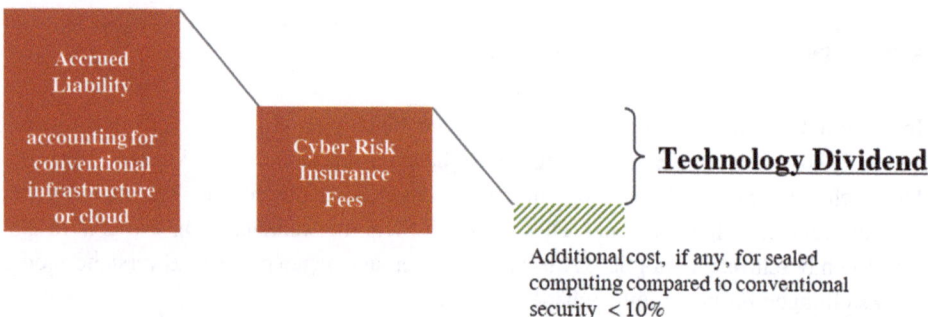

Abb. 5.3 Die Technologiedividende ist die Einsparung bei Cybersicherheits-Versicherungspolicen für Datenvorfälle

eine nur herkömmlich gesicherte Lösung bereitgestellt werden kann. In anderen Fällen betragen die Mehrkosten weniger als 10 % der Gesamtkosten.

Die Differenz dieser beiden Kosten wird als „Technologiedividende" bezeichnet. Sie beziffert den wirtschaftlichen Vorteil, die hochsichere Technologie zu wählen, anstatt die Risiken zu versichern und entsprechend die Versicherungsbeiträge zu bezahlen. Für letztere wird angenommen, dass diese durch die Wertschöpfung der Versicherungsbranche geringer als die alternativ zu bildenden Rückstellungen sind.

Eine Voraussetzung für diese Betrachtung der Wirtschaftlichkeit ist, dass durch einen Datenvorfall bei der betrachteten Verarbeitung tatsächlich ein Schaden in der Größenordnung des Unternehmenswertes auftreten kann.

Bedrohungen, die wirtschaftliche Schäden nach sich ziehen können, kann der Unternehmer einerseits begegnen, indem er das Risiko durch eine Verringerung der Eintrittswahrscheinlichkeit senkt, oder indem er sich gegen das Risiko versichert. Wenn sich die potentiellen Schäden in der Größenordnung des Unternehmenswertes bewegen, entsteht eine signifikante Differenz zwischen den Versicherungsbeträgen und den Mehrkosten für hochsichere Cloud-Technologie. Diese Differenz kann durch Einsatz der Technologie eingespart werden. Die damit verbundenen Zugewinne beim Ergebnis werden als Technologiedividende bezeichnet.

5.3 Der Trend zu Sealed/Confidential Computing

Die Technologie Sealed Cloud ist nicht der einzige Ansatz, Administratoren von privilegierten Zugriffen auszuschließen. Wie bereits in Abschn. 2.7 ausgeführt, stammen weitere Beispiele für betreibersichere Technologie von niemand geringerem als den großen Prozessorherstellern Intel und AMD. Es sind dies Intels „Software Guard Extensions" (SGX) [11] und AMDs „Secure Encrypted Virtualization" (SEV) [12]. Die Systeme benötigen perspektivisch, wenn Skalierungsprobleme überwunden sein werden, trotz spezifischer Ent- und Verschlüsselungshardware mindestens die doppelte Rechenleistung verglichen mit jener bei Sealed Cloud [13].

Wegen des zusätzlichen Bedarfs an Rechenleistung ist die Einführung dieser Technologie für die Chip-Riesen wirtschaftlich sehr interessant. Dadurch könnte sich für diese Unternehmen der Absatz an Prozessorchips nahezu verdoppeln. Entsprechend wuchtig wird das Marketing für diese Lösungen erwartet, sobald die technische Reife eine breite Vermarktung ermöglicht. Der dadurch entstehende Trend hin zu betreibersicherer Cloud-Technik wird auch die Verbreitung der Sealed-Cloud-Technologie weiter anschieben.

Nach den ersten Ankündigungen konkreter „Confidential Computing"-Angebote durch Microsoft (2017) [14], basierend auf der Intel-Technologie SGX, folgte im Jahr 2020 Google mit seinem Angebot, basierend auf der Technologie der AMD-SEV-Chips „EPYC" der zweiten Generation [15].

Durch Arbeiten im Rahmen des Marie-Curie-Research Networks „Privacy & Usability" etabliert sich der gemeinsame Name „Sealed Computing" bzw. „Sealed Computation" [16] als Oberbegriff der Technologien Sealed Cloud, SGX und SEV. Mittelfristig werden sich die verschiedenen Technologien ergänzen, da die Versiegelung auf Prozessorebene besser gegen „Exploits" auf der Ebene der Systemsoftware und die Versiegelung auf Serverebene besser gegen „Side Channel Attacks" über die Hardware schützt.

In Abb. 5.4 ist die Einordnung von „Confidential Computing" schematisch dargestellt. Zentral in der Abbildung sind die durch IT-Sicherheitstechnik zu schützenden Werte in blauen Kacheln gesammelt: Privatgeheimnisse (engl. „Personal Secrets"), Berufsgeheimnisse (engl. „Professional Secrets"), Geschäftsgeheimnisse (engl. „Trade Secrets"), Einhaltung von Datenschutz-Gesetzen (engl. „Data Protection Compliance"), Vertrauen und Reputation (eng. „Trust & Reputation"), Übereinstimmung mit dem Kartellrecht (engl. „Anti-Trust Compliance"), Unbeeinträchtigte Finanzdatenverarbeitung (engl. „Financial Integrity"), Unversehrtheit physischer Objekte und Werte (engl. „Physical Asset Integrity") und Kritische Infrastrukutren (engl. „Critical Infrastructure").

Um diese informationellen Werte herum sind durch einen grauen Ring die Gesamtheit der technischen und organisatorischen Schutzmaßnahmen symbolisiert. Die roten Pfeile stehen für die Bedrohungen dieser Werte, die durch die Maßnahmen abgewehrt werden. Die Bedrohungen sind hier in vier Kategorien eingeteilt: Von unten dargestellt die klassischen Angriffe von extern mit Schadsoftware, Erpressungssoftware oder Tools zur Ausnutzung von Sicherheitslücken (engl. „Malware, Ransomware and Exploit Kits").

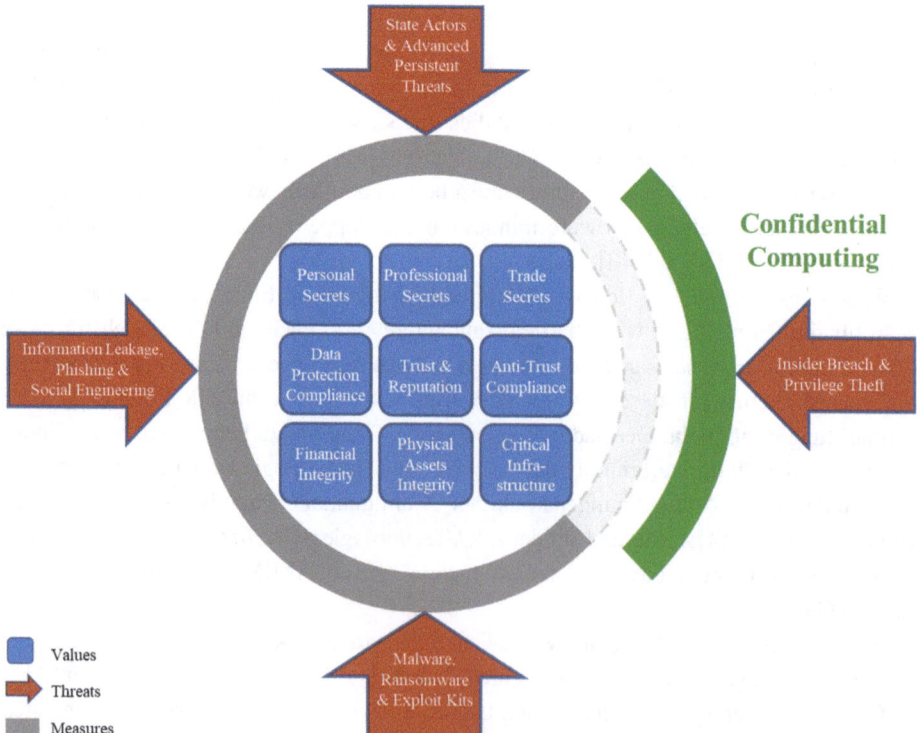

Abb. 5.4 Positionierung des „Confidential Computing" in der Gesamtheit der organisatorischen und technischen Maßnahmen zum Schutz der informationellen Werte

Von links dargestellt die drohenden Datenlecks aufgrund der mangelnden menschlichen Integrität, Sorgfalt oder Leichtgläubigkeit (engl. „Information Leakage, Phishing & Social Engineering"). Von oben dargestellt die Angriffe durch staatliche Akteure oder jedenfalls sehr mächtige Angreifer (engl. „State Actors & Advanced Persistent Threats"). Von rechts dargestellt sind die Bedrohungen, die trotz der bestehenden Überwachung des privilegierten Zugriffs von Administratoren, von diesem (über-)privilegiertem Zugriff ausgehen (engl. „Insider Breach & Privilege Theft").

Bezeichnenderweise ist der Ring der Schutzmaßnahmen aus dieser Richtung nicht, bzw. nicht gut genug geschlossen. Jedoch kann der Gürtel an Schutzmaßnahmen durch das neuartige „Confidential Computing", hier grün gezeichnet, geschlossen werden.

Mit Sealed Cloud liegt eine in Europa entwickelte Technologie vor, die sehr gut für den Aufbau souverän Europäischer Cloud-Infrastrukturen, und damit für das immer nachdrücklicher nachgefragte „European Confidential Cloud Computing" geeignet wäre.

> Der Bedarf an „Sealed Computing" bzw. „Confidential Computing" entsteht mit dem Fortschreiten der Digitalisierung. Die Chip-Riesen Intel und AMD warten mit Lösungen auf, die sich technisch gut mit Sealed Cloud ergänzen. Die Chip-Giganten werden durch gezieltes Marketing einen starken Trend zu „Sealed / Confidential Computing" erzeugen. Europa könnte durch die Anwendung der Sealed-Cloud-Technologie beim Aufbau von „Confidential Computing"-Infrastrukturen dazu beitragen, dass die einseitige Abhängigkeit von Herstellern aus den Vereinigten Staaten nicht zementiert wird, sondern eine souveräne und damit vertrauenswürdige Systemsynthese erfolgen kann.

5.4 Kriterien für die Anwendungen von Sealed Cloud

Bevor in Teil III auf verschiedene Anwendungen mit Sealed Cloud eingegangen wird, seien hier sehr prägnant die Kriterien formuliert, nach denen der Betrieb einer Anwendung auf Sealed Cloud ratsam bzw. geboten ist.

5.4.1 Kriterien der Compliance

Für die im Folgenden aufgelisteten Kriterien gilt, dass Sealed-Cloud-Technologie zur Erreichung der Compliance herangezogen werden sollte, wenn nur eine der genannten rechtlichen Anforderungen besteht:

- Die Anwendung fällt gemäß dem TCDP/AUDITOR Schutzklassenkonzept [17] unter den Gesichtspunkten des **Datenschutzes** in die Schutzbedarfsklasse 3.

- Die Anwendung verarbeitet Daten, deren Schutz vom Gesetz zum Schutz der **Geschäftsgeheimnisse** (GeschGehG) geboten ist. Mit Sealed Cloud kann man einem drohenden Verlust von Haftungsansprüchen vorbeugen.
- Durch die Anwendung werden **Berufsgeheimnisse** gemäß § 203 StGB, z. B. Gesundheitsdaten, verarbeitet. Nach der in Deutschland herrschenden Rechtsauffassung darf es für Personen, die keine Gehilfen des Berufsgeheimnisträgers sind, keine Möglichkeit zur Kenntnisnahme der Daten geben. Dies ist mit herkömmlich gesicherten Clouds nicht, durch Sealed Cloud jedoch durchaus, gewährleistet.
- Der **Stand der Technik** muss aus gesetzlichen Gründen, z. B. für „Kritische Infrastrukturen" (**KRITIS**), ohne dem Vorbehalt der Verhältnismäßigkeit, wie er regelmäßig im Datenschutz angewendet wird, eingesetzt werden. Wie in Abschn. 3.4.3 erläutert, definiert Sealed Cloud gegenwärtig (2020) den Stand der Technik.
- Die Anwendung wird organisationsübergreifend angewendet und erlaubt das Austauschen von Informationen zwischen Organisationen, die im selben Markt aktiv sind. Wenn das **Kartellrecht** in diesen Szenarien Anwendung findet, kann mit Sealed Cloud die notwendige Anonymisierung für Anti-Trust-Compliance hergestellt werden.
- Anwendungen, bei denen durch **Überwachungsmaßnahmen** das Grundrecht auf freie Entfaltung gemäß Artikel 2 des Grundgesetzes verletzt würde, wenn die Verhältnismäßigkeit der Maßnahme nicht durch die Verarbeitung in einer Sealed Cloud und die durch diese vermittelten Schutzmaßnahmen geschaffen wird.

5.4.2 Wirtschaftliche Kriterien

Im Folgenden sind wirtschaftliche Kriterien aufgelistet, die nahelegen, dass mit Sealed-Cloud-Technologie die Wirtschaftlichkeit eines Digitalisierungsprojekts verbessert oder erst hergestellt werden kann:

- Für Anwendungen, bei denen die die Anwendung nutzende Organisation durch einen Datenvorfall einen **Reputationsverlust** erleiden könnte, ist der Betrieb mit Sealed Cloud in jedem Fall ratsam, da hierdurch die Wahrscheinlichkeit für einen solchen geschäftsschädigenden Vorfall signifikant reduziert werden kann.
- Für Anwendungen, bei denen durch einen Datenvorfall ein großer **wirtschaftlicher Schaden**, d. h. der Größenordnung nach ein Schaden in Höhe eines Prozentsatzes oder eines Vielfachen des Unternehmenswertes, entstehen könnte, kann durch den Einsatz der Sealed Cloud eine **Technologiedividende** gemäß Abschn. 5.2 erwirtschaftet werden.
- Für Anwendungen, die erstellt werden, um **neue Geschäftsmodelle** zu ermöglichen, ist zur Auflösung der Blockade im spieltheoretischen **Vertrauensproblem** der Einsatz der Sealed Cloud ratsam.

- Es sprechen keine im Rechenzentrumsbetrieb begründeten wirtschaftlichen Argumente gegen die Verwendung der Sealed Cloud. Sie hat verglichen mit herkömmlich gesicherten Clouds keine engeren Grenzen der **Verfügbarkeit**, **Skalierbarkeit** oder **Kosten** des Verkehrs oder der Rechenleistung. Im Gegenteil, gegenüber Lösungen SGX und SEV von Intel bzw. AMD, benötigt Sealed Cloud lediglich die halbe Rechenleistung. Diese Kosten können bei den Prozessoren, der Stromversorgung und der Kühlung eingespart werden.

5.4.3 Mögliche Kontraindikationen

Sealed Cloud steigert in jedem Szenario die Sicherheit. Daher gibt es streng genommen keine Kontraindikationen, die gegen den Einsatz der Sealed Cloud sprächen. Jedoch seien hier zum besseren Verständnis der Positionierung von Sealed Cloud diejenigen Situationen benannt, in denen der Nutzen von Sealed Cloud am kleinsten ist:

- Wenn bei einer Anwendung die Usage Control gemäß Abschn. 5.1.2 durch eine große Anzahl wenig treuer Cloud-Nutzer (Sharing Users) begrenzt zu sein scheint, reduziert der Einsatz der Sealed Cloud die Wahrscheinlichkeit für einen Datenvorfall nur geringfügig.
- Wenn der wirtschaftliche Schaden, der durch den Betrieb einer Anwendung ohne Sealed Cloud entstehen kann, nicht ins Gewicht fällt und in diesem Falle auch kein Reputationsverlust zu befürchten ist, kann ein Betrieb mit einer herkömmlich gesicherten Cloud gerechtfertigt sein.

> Die Kriterien, die eine Notwendigkeit zur Verwendung der Sealed Cloud anzeigen, teilen sich in Kriterien der Compliance und der Wirtschaftlichkeit und sind in diesem Unterkapitel prägnant aufgelistet. Es gibt keine, auch keine wirtschaftlichen, Kriterien, die die Sealed Cloud per se für eine Anwendung ausschließen. Dennoch sehen die Autoren die Sealed Cloud als die Lösung für die Anwendungen mit hohem Schutzbedarf im Konzert einer Multi-Cloud-Strategie.

5.5   Einbettung der Sealed Cloud in Multi-Cloud-Strategien

Kurz- und mittelfristig ist nicht zu erwarten, dass Cloud-Computing nur noch in versiegelter Form erfolgen wird. Es wird stets von einer Mischung aus herkömmlich abgesichertem und versiegeltem Cloud-Computing auszugehen sein. Im Folgenden werden zwei Betrachtungen zur sinnvollen Kombination beider Evolutionsstufen der Sicherheit im Cloud-Computing betrachtet.

5.5.1 Versiegelte Anonymisierung – unversiegelte Analyse

Viele Projekte der Digitalisierung erfordern lediglich eine temporäre Nutzung von besonders hoher Rechenleistung. Dies ist z. B. im Bereich „Machine Learning" (ML) der Fall. Oft genügt es die „lernenden" Algorithmen nicht kontinuierlich anzuwenden, sondern nur in periodischen Abständen, die mehrere Tage, ja sogar Wochen oder Monate lange dauern können.

Gleichzeitig sind es oft aber gerade diese Algorithmen, die – wenn keine weiteren Maßnahmen vorgesehen werden – mit sensiblen Daten arbeiten. Damit nun nicht zwingend eine Versiegelung für diese Verarbeitungstätigkeiten mit hohem Rechenaufwand vorgesehen werden muss, kann man wie in Abb. 5.5 skizziert, die Daten regulär in einer versiegelten Umgebung mit gelernten Parametern verarbeiten und anonymisieren, und dann in einer zweiten Verarbeitungsstufe von Zeit zu Zeit das rechenintensive Lernen basierend auf den anonymisierten Daten anstoßen. Wenn die Lernalgorithmen auch mit den anonymisierten Daten funktionieren, kann so ML auch ohne Versiegelung, z. B. durch Anmieten elastischer Dienste einer herkömmlich abgesicherten Cloud, erfolgen. Die durch das ML kontinuierlich verbesserten Parameter für die reguläre Verarbeitung werden dann in der Sealed Cloud betriebenen Anwendung aktualisiert.

Als erstes Beispiel für eine solche Kombination von herkömmlich abgesicherter und versiegelter Datenverarbeitung seien Vorrichtungen genannt, bei denen verliehene

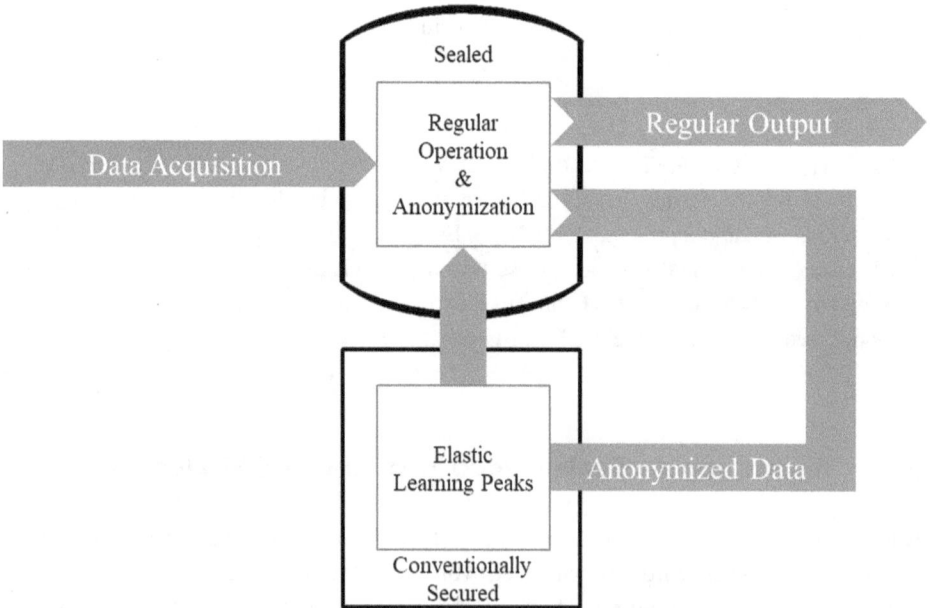

Abb. 5.5 Zweistufige Datenverarbeitung, bei der in einer ersten Stufe sensible Daten kontinuierlich regulär verarbeitet und anonymisiert sowie in einer zweiten Stufe elastisch z. B. durch „machine learning" weiterverarbeitet werden

Gegenstände bei deren Rückgabe auf mögliche Schäden und Gebrauchsspuren durch hochauflösende Kameraaufnahmen untersucht werden. Eine kontinuierliche Verbesserung der Schadenserkennung wird durch ein periodisch erfolgendes ML erzielt, das allerdings mehrere starke Server mit graphischen Prozessoren benötigt und mit einer großen Menge an Daten gespeist wird, die während des Betriebs gewonnen wird. Neben den Oberflächen des Gegenstandes werden allerdings auch Gesichter und andere persönliche Merkmale des Entleihers bei der Rückgabe erfasst, die durch separate Algorithmen in der versiegelten Umgebung anonymisiert, d. h. verpixelt werden. Somit können diese nicht in der Infrastruktur, die in einer zweiten Stufe für ML benutzt wird, erfasst und ggf. missbräuchlich weiterverarbeitet werden.

Als zweites Beispiel sei die Verarbeitung von Gesundheitsdaten für Zwecke der medizinischen Forschung genannt. Durch ein „differential privacy" [18] genanntes Verfahren kann ein synthetischer Satz an Gesundheitsdaten erzeugt werden, der im Wesentlichen die selben statistischen Eigenschaften wie der echte Satz an Gesundheitsdaten aus allen Patientenakten eines „Electronic Health Registers" aufweist. Wenn wie in Abb. 5.6 illustriert, die Verwaltung der Gesundheitsdaten sowie die Erzeugung der synthetischen

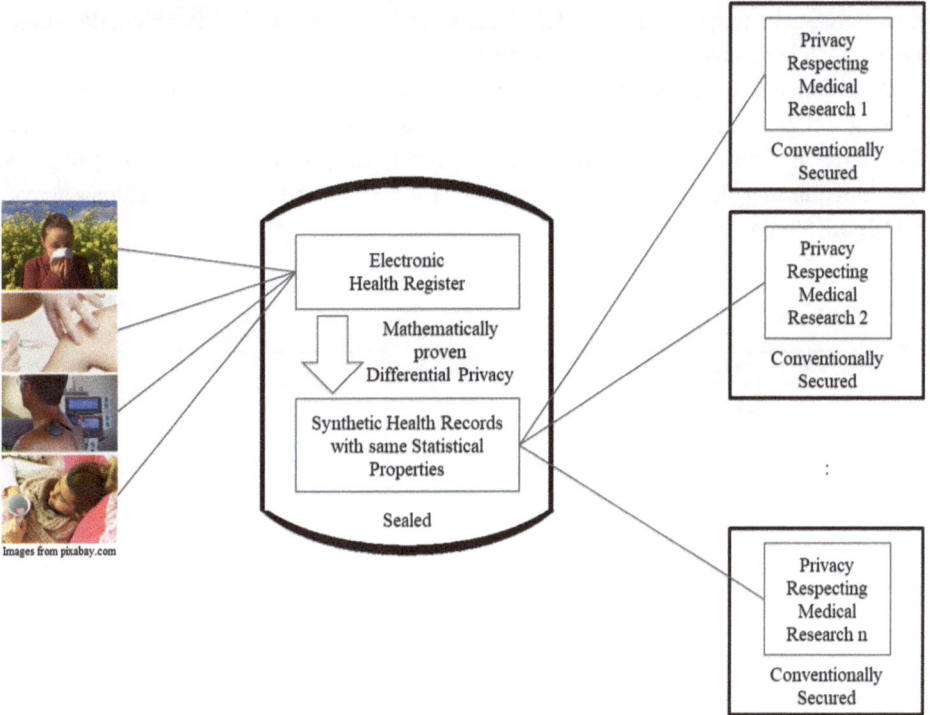

Abb. 5.6 Beispielhafte Anwendung dieser Multi-Cloud-Strategie auf die medizinische Forschung. Die in einem „Electronic Health Register" gespeicherten Gesundheitsdaten, z. B. einer Nation, können der medizinischen Forschung weitgehend zugänglich gemacht werden, wenn diese zunächst anonymisiert und dann erst durch die Forscher analysiert werden

Daten innerhalb einer Sealed Cloud erfolgte, so könnten nachgelagert mit den anonymen Gesundheitsdaten alle Arten von medizinischen Forschungen angestellt werden, ohne die Freiheiten oder die Würde der einzelnen Bürger bzw. Patienten zu beeinträchtigen.

> Versiegelte und nicht-versiegelte Verarbeitung kann sicherheitstechnisch sinnvoll miteinander kombiniert werden, wenn die schützenswerten Daten zunächst mit Sealed Computing anonymisiert und erst danach in nicht-versiegelter Infrastruktur weiterverarbeitet werden.

5.5.2 Organisationsverschulden mit Schutzspektrum vermeiden

Bei der Auswahl von geeigneten Cloud-Lösungen ist entsprechend des Schutzbedarfs der mit der Datenverarbeitung verbunden ist, auf das Schutzniveau der Cloud-Lösung zu achten. Erleidet ein Unternehmen oder Organisation einen Daten-Vorfall, d. h. es werden Rechte oder Freiheiten von natürlichen Personen verletzt oder es gelangen Geschäfts- bzw. Berufsgeheimnisse in falsche Hände, dann stellt sich aus rechtlicher Sicht die Frage, welche Schutzmaßnahmen ergriffen wurden.

Wenn nun das Unternehmen oder die Organisation sich nur einer einheitlichen Cloud-Lösung mit beispielsweise mittlerem Schutzniveau bedient, das heißt, das Schutzspektrum, wie in Abb. 5.7a skizziert, ist sehr schmal, dann könnte dies zur Haftung der Geschäftsführung für solche Vorfälle aufgrund eines Organisationsverschuldens gemäß § 31 BGB führen.

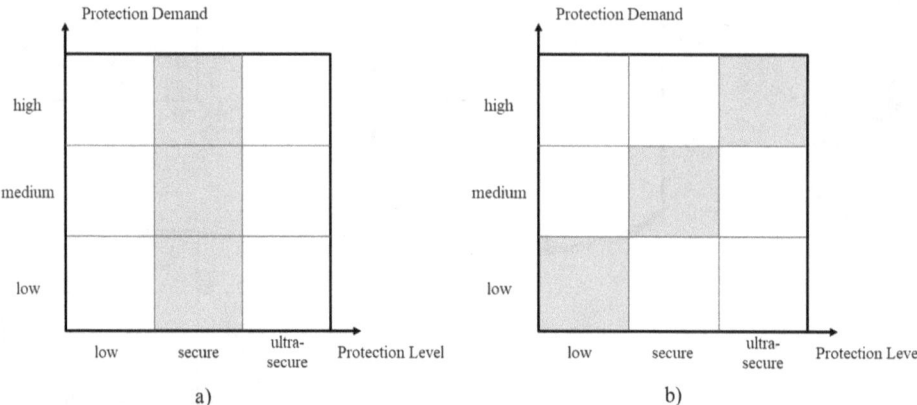

Abb. 5.7 Adressierung verschiedener Schutzbedarfe durch Lösungen mit unterschiedlichem Schutzniveau. (**a**) Eine Lösung mit einheitlichem Schutzniveau (z. B. ein mittleres) wird für alle Schutzbedarfe verwendet. (**b**) Für jeden Schutzbedarf kommen Lösungen mit dem passenden Schutzniveau zum Einsatz

Besser ist es, wie in Abb. 5.7b gezeigt, verschiedene Schutzbedarfe auch mit dem notwendigen Mindest-Sicherheitsniveau zu decken. Wohl kein Unternehmen und keine Organisation hat nur Prozesse mit einheitlichem Schutzbedarf. Daher tut die Geschäftsführung einer jeden Organisationen gut daran, Prozesse vorzusehen, mit denen das Schutzniveau der betrieblichen Datenverarbeitungen festgestellt wird und mindestens für einige Anwendungen mit dem relativ höchsten Schutzbedarf auch Cloud-Lösungen auszuwählen, deren Sicherheitsniveau über das gewöhnliche Schutzniveau, das die Cloud-Lösungen der Internetgiganten bieten, hinausreicht.

> Wenn ein Unternehmen oder eine Organisation alle Cloud-Anwendungen nur mit einem einheitlichen Schutzniveau abdeckt, droht ein Organisationsverschulden. Dies kann abgewendet werden, wenn mindestes für einige Anwendungen mit dem relativ höchsten Schutzbedarf eine hochsichere Cloud-Lösung ausgewählt wird.

Literatur

1. Stefan Krempl. (2018). Datensouveränität: Die Säge am informationellen Selbstbestimmungsrecht. Heise Online. https://www.heise.de, abgerufen am 10. März 2019.
2. Bundesrepublik Deutschland, Ministerium für Wirtschaft und Energie. (2019). Project GAIA-X – A Federated Data Infrastructure as the Cradle of a Vibrant European Ecosystem. https://www.data-infrastructure.eu, abgerufen am 16. Juli 2020.
3. International Data Space Association. (2019). Homepage IDSA. https://www.internationaldata-spaces.org/, abgerufen am 10. März 2019.
4. Industrial Data Space. (2019). Homepage IDS. https://www.fraunhofer.de/de/forschung/fraunhofer-initiativen/industrial-data-space.html, abgerufen am 10. März 2019.
5. Marcus Wiens. (2013). Vertrauen in der ökonomischen Theorie. Eine mikrofundierte und verhaltensbezogene Analyse. LIT-Verlag.
6. J. Schuette and G. S. Brost. (2018). LUCON: Data Flow Control for Message-Based IoT Systems. 17th IEEE International Conference On Trust, Security And Privacy In Computing And Communications/ 12th IEEE International Conference On Big Data Science And Engineering (TrustCom/BigDataSE), New York, NY. pp. 289–299.
7. S. Ravi and P. Jaehong. (2003). Usage Control: A Vision for Next Generation Access Control. Computer Network Security. Springer Berlin Heidelberg. Seiten 17–31.
8. Groß S., Schill A. (2012). Towards User Centric Data Governance and Control in the Cloud. In: Camenisch J., Kesdogan D. (eds) Open Problems in Network Security. Lecture Notes in Computer Science, vol 7039. Springer, Berlin, Heidelberg.
9. Data Breach Investigations Report (DBIR). (2020). Verizon Inc. https://enterprise.verizon.com/resources/reports/dbir/2020/introduction/, abgerufen am 30. Juni 2020.
10. Data Breach Investigations Report (DBIR). (2019). Verizon Inc. https://enterprise.verizon.com/resources/reports/dbir/, abgerufen am 11. März 2019.
11. Anati, I. et al., (2013). Innovative Technology for CPU Based Attestation and Sealing. In Workshop on Hardware and Architectural Support for Security and Privacy (HASP'13). pp. 1–7.

12. Kaplan, D., Powell, J. and Woller, T. (2016). AMD memory encryption. White paper. http://
    developer.amd.com/wordpress/media/2013/12/AMD_Memory_Encryption_Whitepaper_v7-
    Public.pdf, abgerufen am 17. Oktober 2017.
13. A. Baumann, et.al. Microsoft Research. (2014). Shielding applications from an untrusted cloud
    with Haven. 11th USENIX Symposium on Operating Systems Design and Implementation.
14. Mark Russinovich. (2017). Introducing Azure confidential computing. https://azure.microsoft.
    com/en-us/blog/introducing-azure-confidential-computing/, abgerufen am 20. Oktober 2017.
15. Porter, N., Golanand, G. and Lugani, S. (2020). Introducing Google Cloud Confidential
    Computing with Confidential VMs. https://cloud.google.com/blog/products/identity-security/in-
    troducing-google-cloud-confidential-computing-with-confidential-vms, abgerufen am 19. Juli
    2020.
16. L. Abdullah, F. Freiling, J. Quintero, and Z. Benenson. (2018). Sealed Computation: Abstract
    Requirements for Mechanisms to Support Trustworthy Cloud Computing. 2nd International
    Workshop on SECurity and Privacy Requirements Engineering-SECPRE 2018, in conjunction
    with ESORICS2018.
17. Stiftung Datenschutz. (2016). Schutzklassenrechner. https://stiftungdatenschutz.org/themen/
    datenschutzzertifizierung/trusted-cloud/, abgerufen am 11. März 2019.
18. Dwork C. (2011) Differential Privacy. In: van Tilborg H.C.A., Jajodia S. (eds) Encyclopedia of
    Cryptography and Security. Springer, Boston, MA

Teil III

Sealed Cloud Anwendungen

Sealed Cloud ist keine Zukunftsmusik. In zahlreichen Anwendungen befindet sich die ultra-sichere Technologie bereits im Einsatz, sei es im Datenaustausch über Organisationsgrenzen hinweg, sei es in der Verwaltung von Data Lakes oder der Überwachung von Maschinen und Menschen, bei der Big-Data-Analyse oder dem Betreiben von verschiedenster Software. In diesem Teil werden die Anwendungen erklärt und illustriert.

Vertraulicher Datenaustausch

6

Ralf O. G. Rieken, Hubert A. Jäger, Ansgar Dirkmann und Lars Iclodean

Zusammenfassung

Es gibt einen stark wachsenden Bedarf an Lösungen für firmenübergreifenden Austausch von Informationen und Dokumenten sowohl von Mensch zu Mensch als auch zur Integration digitaler Prozesse. Die schnelle Ausbreitung digitaler, mobiler Endgeräte sowie die zunehmende firmenübergreifende Verzahnung von Geschäftsprozessen treiben diese Entwicklung voran. Neben zunächst bevorzugten, recht weit verbreiteten On-Premise-Lösungen, zeigen Cloud-basierte Dienste gerade in diesem Umfeld ihre Stärken im Sinne von hoher Wirtschaftlichkeit und hohem Nutzerkomfort. Jedoch besteht für Unternehmen natürlich immer die Anforderung der Gewährleistung eines adäquaten Sicherheitsniveaus, wenn geschäftskritische Abläufe hier abgebildet werden sollen.

6.1   Anwendungen für firmenübergreifenden Datenaustausch

Unternehmen werden vor zunehmende Anforderungen für einen sicheren und komfortablen firmenübergreifenden Datenaustausch gestellt, denn nahezu alle Geschäftsprozesse, die Unternehmensgrenzen überschreiten, beinhalten den Austausch digitaler Dokumente, Informationen und Nachrichten. In einer sehr großen Zahl dieser Anwendungsfälle werden Informationen ausgetauscht, die zumindest minimal schützenswert sind, d. h. nur einem definierten Anwenderkreis zugänglich sein sollten. Beispiele hierfür sind:

R. O. G. Rieken (✉) · H. A. Jäger (✉) · A. Dirkmann · L. Iclodean
Uniscon GmbH, München, Deutschland
E-Mail: ralf@rieken.de; hubert.a.jaeger@web.de

© Der/die Herausgeber bzw. der/die Autor(en), exklusiv lizenziert durch Springer
Fachmedien Wiesbaden GmbH, ein Teil von Springer Nature 2020
H. A. Jäger, R. O. G. Rieken (Hrsg.), *Manipulationssichere Cloud-Infrastrukturen*,
https://doi.org/10.1007/978-3-658-31849-9_6

189

Abb. 6.1 Konzept der firmenübergreifenden Teamzusammenarbeit

- Austausch von Dokumenten mit Kunden, Partnern und Lieferanten
- Mobiler Zugriff zu Unterlagen
- Gemeinsame Arbeitsbereiche zur Steuerung und Abwicklung von Projekten
- Verhandlung von Verträgen und Transaktionen

Die genannten Beispiele betreffen den Bereich der sicheren Mensch-zu-Mensch-Kommunikation sowie die Zusammenarbeit in Teams. Hier bestehen Anwendungsfälle in nahezu allen Bereichen der Wirtschaft und des öffentlichen Lebens. Aufgrund der Vielzahl von Anwendungsfällen gibt es natürlicherweise auch eine Vielzahl von verfügbaren Lösungen. Abb. 6.1 illustriert die generelle Idee einer *firmenübergreifenden Teamzusammenarbeit*. Diese muss praktisch über heterogene IT-Infrastrukturen und -Endgeräte ohne Anpassungsbedarf auf Seiten der Anwender funktionieren.

Warum wird das Thema dann an dieser Stelle betrachtet? Die Antwort ist einerseits einfach und andererseits durchaus überraschend: Anwender treffen zu oft auf einen scheinbar nicht einfach zu lösenden Widerspruch zwischen Sicherheitsanforderungen auf der einen Seite und Nutzerkomfort auf der anderen. Ein hohes Maß an Sicherheit geht leider zu oft mit einem Verlust an Komfort einher. Ein Verlust an Komfort überfordert Anwender sehr schnell und reizt ihre Kreativität bezüglich der Umgehung der weniger bequemen Lösungen. Die Ausbreitung von Cloud-Diensten aus dem privaten Umfeld in Unternehmen ist eine von mehreren Indikatoren für diese Situation. Dies wird im Abschn. 6.2 „Zusammenarbeit im Team" diskutiert.

Neben der Kommunikation zwischen Personen und Personengruppen treibt die Digitalisierung jedoch ebenso die Kommunikationen zwischen Maschinen (M2M), d. h. digitalisierten Prozessen, an. Im Markt sind diesbezüglich die Schlagworte wie „Internet of Things" (IoT) und Industrie 4.0 weit verbreitet. Diese und weitere Themen betreffen komplexe Anwendungsfelder mit unterschiedlichen Herausforderungen. Zentral ist jedoch in allen Fällen der Bedarf für einen firmenübergreifenden, sicheren Austausch von Informationen zwischen Maschinen und Prozessen. Dies wird im Abschn. 6.3 „Maschine-zu-Maschine-Kommunikation" genauer dargestellt.

6.2   Zusammenarbeit im Team

Im geschäftlichen Bereich dominiert gegenwärtig (noch) die klassische E-Mail die Kommunikation zwischen Menschen, denn E-Mail ist praktisch überall verfügbar und einfach zu nutzen. Prinzipiell ist nahezu jede Person mit einer individuellen E-Mail-Adresse erreichbar. Der E-Mail-Verkehr wächst aus diesen Gründen im geschäftlichen Bereich noch kontinuierlich. E-Mail hat jedoch neben der Einfachheit auch einige Nachteile: Der Großteil der E-Mail-Kommunikation über das Internet erfolgt unverschlüsselt und somit ungesichert. E-Mail-Verschlüsselung ist technisch über sogenannte „Public Key Infrastructures" (PKI) gelöst. Diese sind jedoch firmenübergreifend kaum verbreitet. Das Thema E-Mail-Verschlüsselung scheitert seit über dreißig Jahren praktisch nur an der Nutzerfreundlichkeit, denn sich in eine PKI einzuklinken und alle Alternativen zu PKI überfordern den normalen Anwender. Er ist nicht bereit, die Zeit dafür aufzuwenden. Neben dem Thema Sicherheit und Datenschutz führt der Fokus auf E-Mail-Kommunikation in allen Szenarien, in denen mehr als zwei Personen miteinander arbeiten, zu Herausforderungen bezüglich Produktivität und Datenkonsistenz. Das lässt sich sehr einfach an folgenden Fragen erkennen:

- Hat jeder Teilnehmer der Gruppe die aktuellen Versionen der Dokumente?
- Wo finde ich die zuletzt verteilte Version?
- Wie können mehrere Personen an einem Dokument gemeinsam arbeiten?

Es wird sehr schnell deutlich, dass jede effektive Zusammenarbeit einen gemeinsamen Arbeitsbereich erfordert. Dann ist klar, wo die Dokumente liegen. Alle Teilnehmer haben Zugriff auf die jüngste Fassung. Eine gemeinsame Bearbeitung von Dokumenten kann sehr effektiv realisiert werden. Bei firmenübergreifender Zusammenarbeit ist eine Cloud-Lösung nahezu zwingend und tatsächlich die effektivste Lösung, da diese allen Teilnehmern gleichermaßen einfach zugänglich gemacht werden kann. Alternativ könnte eines der beteiligten Unternehmen einen derartigen Dienst auch aus seinem Netz heraus anbieten und betreiben. In dem Fall hätten jedoch externe Personen zumindest auf Teile des Firmennetzes Zugang, was zu zusätzlichen Herausforderungen beim Management der IT-Sicherheit führt. Auf der Grundlage der in diesem Buch eingeführten Sealed-Cloud-Technologie lässt sich jedoch ein „Collaboration Service" mit sehr hoher Sicherheit in einer „Public Cloud" betreiben. Dies soll nachfolgend am Beispiel des Dienstes iDGARD näher betrachten werden. Der Beispieldienst iDGARD entwickelte sich aus dem ursprünglichen Anwendungsfall *Sicherer Austausch von Dokumenten* im Rahmen der Ausbreitung in unterschiedliche Bereiche der Wirtschaft und des öffentlichen Lebens schrittweise zu einem kompletten Dienst für firmenübergreifende Team-Zusammenarbeit, der Funktionen vieler Spezialdienste und -anwendungen in einer Lösung kombiniert. Das ist nur logisch, denn Zusammenarbeit ist sehr vielfältig und benötigt Funktionen wie:

- gemeinsamer Arbeitsspeicher
- Austausch von Dokumenten
- gemeinsame Bearbeitung von Dokumenten, d. h. Teilfunktionen eines Dokumentenmanagement
- Austausch von Nachrichten analog zu Mail und Chat
- Abstimmung von Terminen
- Rechtesteuerung für die Anwender
- Rechtesteuerung für Dokumente
- Schutz von Dokumenten gegen Weiterverbreitung

Es gibt am Markt eine sehr große Anzahl an unterschiedlichen Lösungen und Diensten zur Abbildung der aufgeführten Funktionen. Diese Dienste gab es bereits vor der Erfindung der Cloud-Versiegelung. Welche Vorteile bringt nun *Sealed Computing* für die Realisierung solcher nahezu klassischer Anwendungsszenarien wie Teamarbeitsbereiche, Projekt- und Datenräume? Dies soll nachfolgend am Beispiel von Datenräumen, die als Synonym für gemeinsame Arbeitsbereiche dienen, diskutiert werden.

6.2.1 Herkömmliche Realisierung mit Verschlüsselung

Mit sicheren virtuellen Datenräumen wird in erster Linie die Technik der Verschlüsselung in Verbindung gebracht. Dadurch kann der physische Zugriff auf Signale und Daten toleriert werden, ohne unbefugtes Lesen der Inhalte befürchten zu müssen. Daten können sicher von einem Sender zu einer zentralen, verarbeitenden Stelle übertragen, dort ggf. sicher gespeichert und sicher zu einem Empfänger weitergeleitet werden. Hier gibt es zwei Ausprägungen:

- Die Verschlüsselung wird vom Anbieter des Datenraums im Rechenzentrum vorgenommen.
- Die Verschlüsselung wird auf den Endgeräten vorgenommen, d. h. die Daten werden Ende-zu-Ende verschlüsselt. Hier hat der Betreiber des Systems keinen Zugriff auf die Inhalte.

Im ersten Fall wird das Sicherheitsniveau nur durch organisatorische Maßnahmen bestimmt, ist daher sehr schwach und für die meisten Anwendungsfälle nicht ausreichend. Tatsächlich arbeiten jedoch viele bekannte „File Sharing"-Dienste mit dieser Variante. Für Unternehmensanwendungen ist jedoch eine höhere Sicherheit erforderlich, die durch Ende-zu-Ende-Verschlüsselung gewährleistet werden kann. Allerdings hat dieses Verfahren einige signifikante Nachteile:

- Verschiedene Systeme erfordern die Installation spezieller Client-Software. Diese zusätzliche Komplexität schränkt oft eine breite Nutzung ein.

- Auch bei Ende-zu-Ende-Verschlüsselung kennt der Betreiber die Meta-Daten, also die Kommunikationsbeziehungen. Daraus können oft schon sehr wesentliche Informationen abgeleitet werden.
- Im Rechenzentrum ist außer der einfachen Speicherung von Daten keinerlei Verarbeitung möglich, denn heutige Systeme können nur unverschlüsselte Daten verarbeiten.

Insbesondere die Einschränkung bezüglich der Verarbeitung von Daten ist eine wesentliche, denn auch bei Diensten zur Team-Zusammenarbeit ist eine Verarbeitung von Daten im Rechenzentrum erwünscht und vorteilhaft. Typische Beispiele sind das dynamische Aufprägen individueller Wasserzeichen zum Schutz von Dokumenten gegen Weiterverbreitung und das Scannen von Dokumenten auf Schadsoftware. Daneben gibt es viele weitere Funktionen, die nur mit Hilfe einer zentralen Verarbeitung effizient umgesetzt werden können.

> Die bekannte Ende-zu-Ende-Verschlüsselung schützt zwar die Inhaltsdaten sehr gut. Sie verhindert jedoch eine Verarbeitung von Daten im Rechenzentrum bzw. in der Cloud und schränkt damit die Nutzung auf den reinen Datenaustausch ein.

6.2.2 Realisierung mit Verschlüsselung und Versiegelung

Der Dienst iDGARD wurde auf einer Sealed-Cloud-Infrastruktur realisiert. Das Sicherheitskonzept besteht hier aus einer Kombination aus Verschlüsselung und Versiegelung. Abb. 6.2 gibt einen vereinfachten schematischen Überblick zur Realisierung mit Verschlüsselung und Versiegelung.

- Die Verbindung zwischen Endgerät und Dienst im Rechenzentrum wird mittels Transportverschlüsselung gesichert (HTTPS/TLS)
- Im ersten Schritt, d. h. zu Beginn einer Session, werden Hash-Werte aus den vom Anwender eingegebenen Daten berechnet.
- Aus den Hash-Werten werden zwei Schlüssel abgeleitet – ein Datenbankschlüssel und ein AES 256-Schlüssel.
- Wird mit dem Datenbankschlüssel ein Anwenderprofil in der Datenbank gefunden, dann waren die eingegebenen Zugangsdaten gültig, und das Profil wird in den Hauptspeicher des Servers geladen.
- Das verschlüsselte Anwenderprofil kann nun mit dem generierten AES 256- Schlüssel entschlüsselt werden. Im Anwenderprofil befinden sich die Informationen zu den Speicherorten aller Daten des Anwenders sowie die AES 256-Schlüssel für diese Daten.
- Der Dienst kann nun auf alle Daten des Anwenders zugreifen, diese entschlüsseln, verarbeiten und erneut verschlüsseln.

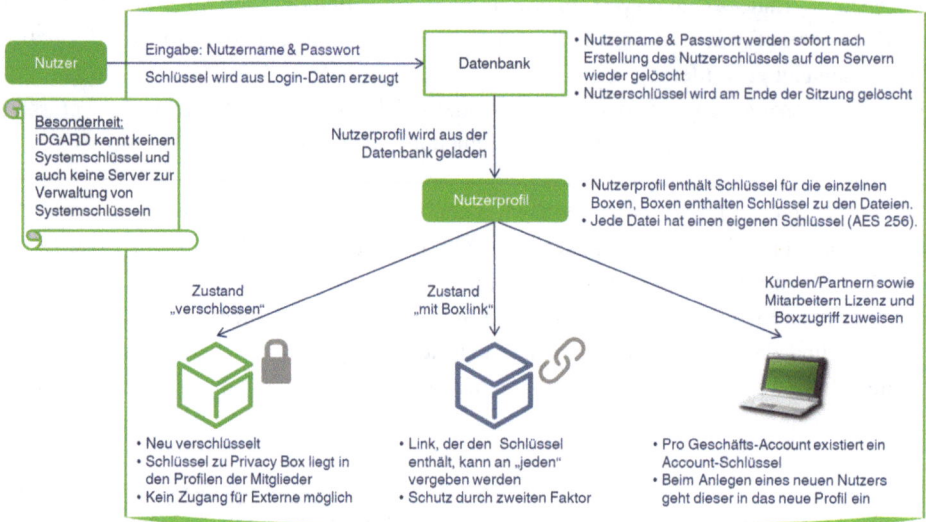

Abb. 6.2 Überblick zu Schlüsselverwaltung und Versiegelung

- Am Ende der Session werden alle Daten verschlüsselt gespeichert und die Schlüssel zerstört.

Der beschriebene Ablauf sichert mit der Kombination aus Verschlüsselung und Versiegelung eine weitreichende Ende-zu-Ende-Sicherheit aller Daten bei gleichzeitig voller Flexibilität bezüglich der möglichen Verarbeitungsschritte und -operationen.

6.2.3 Komfortvorteile resultierend aus Versiegelung

Da durch die Technik der Sealed Cloud das komplette Schlüsselmanagement automatisch zentral erfolgt, müssen sich weder der Mitarbeiter, der für die Einrichtung des Datenraums verantwortlich ist, noch die Nutzer, die von ihm eingeladen werden, mit der Komplexität des Schlüsselmanagements befassen. Der Zugang zu iDGARD benötigt keine lokale Installation. Der Dienst kann aus jedem Browser heraus genutzt und auch online registriert werden. Der Administrator des nutzenden Geschäftskunden wählt online lediglich Nutzernamen und Passwort aus und benennt das sich registrierende Unternehmen. Daraufhin kann sofort mit der Nutzung begonnen werden. Der Administrator kann unmittelbar die Mitarbeiter und externen Gäste, die den Datenraum nutzen sollen, anlegen und einladen. Die betroffenen Personen werden über E-Mail und SMS informiert. Die E-Mail enthält einen Link, welcher den Empfänger zu einem Formular führt, in dem die Mitarbeiter oder Gäste ihrerseits einen eigenen Nutzernamen und ein Passwort wählen können. Per SMS haben diese Personen einen Pass Code erhalten, der bei der Registrierung abgefragt wird. Alternativ ist auch eine LDAP- bzw. MS-Active-Directory-Einbindung für „single-sign-on" möglich. Die Vermeidung von Softwareinstallation sowie das automatische Schlüsselmanagement in der versiegelten Umgebung beheben zwei signifikante Hindernisse auf dem Weg zur Nutzung sicherer Dienste. Damit erfahren die Anwender durch die Vereinfachung der Nutzung einen aus ihrer Sicht hohen Komfort.

6.2.4   Sicherheitsvorteile resultierend aus Versiegelung

Wird im herkömmlichen Sicherheitskalkül mit Verschlüsselung und organisatorischen Maßnahmen gearbeitet, bleiben zwei Herausforderungen ungelöst bestehen:

1. Der Schutz der besonders einfach analysierbaren Metadaten, auch wenn verschlüsselte Daten geroutet werden
2. Der Schutz der Inhalte, wenn unverschlüsselte Daten verarbeitet werden

Marktübliche Dienste, die mit Ende-zu-Ende-Verschlüsselung arbeiten, schützen zwar die Inhalte, lassen jedoch die Metadaten oft außen vor. Mit der technischen Versiegelung werden auch die Metadaten vor unbefugten Zugriffen bewahrt. Metadaten lassen über die Analyse der Kommunikationsbeziehungen umfangreiche und sehr interessante Analysen zu. Diese Daten sind deshalb ebenso schützenswert, auch wenn dies den Anwendern zumeist nicht so stark bewusst ist. Wesentlich stärkere und dem Anwender klar bewusste Sicherheitsvorteile werden durch die versiegelte Verarbeitung von Dokumenten erreicht. Das betrifft beispielsweise folgende Funktionen:

• Dynamisch generierte, anwenderspezifische Wasserzeichen zur Einschränkung der Weiterverbreitung von Dokumenten
• Dynamisches Streaming von Dokumenten zum noch stärkeren Schutz gegen Weiterverbreitung, d. h. „view only"-Eigenschaft von Dokumenten mit Vermeidung von Download, Ausdruck, Kopie in die Zwischenablage, etc.
• Scan von Uploads auf Schadsoftware vor der Freigabe für den Zugriff durch andere Nutzer
• Gemeinsame Bearbeitung von Dokumenten im Datenraum

Die beispielhaft aufgeführten Sicherheitsvorteile erhöhen interessanterweise gleichzeitig den Anwenderkomfort, denn alle diese Funktionen erfordern keine spezielle lokale Software, da alle dazu erforderlichen Verarbeitungsschritte in der Sealed Cloud erfolgen.

> Versiegelung erweitert Collaborationslösungen um zentrale Datenverarbeitung, die damit bei hoher Sicherheit mehr Funktionen kombiniert mit großem Nutzerkomfort bieten können.

6.3   Maschine-zu-Maschine-Kommunikation – M2M

Drei technische Revolutionen haben die Entstehung der Waren für unseren Alltag bisher entscheidend verändert: In der ersten übernahmen mechanische Geräte Arbeiten, die ursprünglich von Hand verrichtet wurden. Eingeläutet wurde dieser entscheidende Schritt durch die Erfindung der Dampfmaschine. Den zweiten Produktivitätszuwachs erreichte man durch die Fließbandfertigung, welche es mithilfe der Spezialisierung zuließ, Waren wesentlich billiger anzufertigen und dadurch – zum Beispiel Autos – für die Allgemeinheit erschwinglich machten. Die dritte drastische Umwälzung in der Produktion brachten Computer, Robotik und die Automatisierung. Jetzt spricht man in den Fabriken von der vierten Revolution: Von „der Gruppenarbeit" der Produktionsmittel.

Nach diesem Konzept sollen bei Industrie 4.0 Maschinen in den Fertigungshallen interagieren. Sie sollen miteinander reden, damit die Fabrik flexibler, effizienter und intelligenter wird. Deshalb erhalten Maschinen und Werkstücke Sensoren und Funkmodule. Diese übertragen Daten, mit deren Hilfe andere Systeme gesteuert werden können. Das gemeinsame Ziel der Produktionsmittel soll es sein, den gesamten Prozess der Herstellung selbst zu organisieren. Idealerweise findet der kommunikative Austausch in einem virtuellen Raum statt, in dem die für den Herstellungsprozess nötigen Daten abgelegt bzw. abgeholt werden. Dieser Raum wird auch als Industrial Data Space (IDS) bezeichnet. Eine große Gruppe führender Unternehmen und Forschungseinrichtungen arbeitet an der Spezifikation von Anforderungen, Konzepten und Standards. Das Feld ist sehr groß und beinhaltet sehr viele Bereiche der industriellen Fertigung. Die Betrachtungen sind an dieser Stelle nur auf einen schmalen Bereich fokussiert, der jedoch für alle diese Prozesse von Bedeutung ist: firmenübergreifende Kommunikation zur Vernetzung der verschiedenen Prozesse. Maschinen können nur interagieren, wenn sie miteinander kommunizieren. Analog zur Kommunikation zwischen Personen und Teams bieten sich dafür sichere virtuelle Räume mit standardisierten Schnittstellen an.

Dass solche Räume Datensicherheit benötigen, leuchtet ein: Deshalb ist IT-Sicherheit ein erfolgskritischer Faktor für praxisorientierte Industrie-4.0-Lösungen. Die wesentlichen Aufgaben bestehen darin, Knowhow zu schützen, Produktionsnetzwerke sicher zu gestalten und vertrauenswürdige Verbindungen mit anderen Unternehmensteilen sowie der Außenwelt herzustellen. Auf der Basis der in diesem Buch beschriebenen Sealed-Cloud-Technologie lässt sich ein virtueller Raum gestalten, in dem die allgegenwärtigen Informationsflüsse einer vernetzten Fabrik zwischen unzähligen Produkten, Robotern, Maschinen und Antrieben sich treffen und wieder verteilen können.

6.3.1   Kommunikationswege für M2M

Logistikabteilungen der ganzen Welt kämpfen tagtäglich gegen die Gefahr, dass die Produktion wegen fehlender Werkteile pausieren muss. Dafür beobachten Mitarbeiter die vorhandene Stückzahl von unzähligen Teilen, die in Werkshallen lagern, und fordern sofort neue an, sobald ein Werkteil des Produkts zur Neige zu gehen droht. Sie hoffen, dass die georderten Stücke auch rechtzeitig geliefert werden und dass sie nicht vergessen haben, irgendein Teil aus den täglich erscheinenden Anforderungslisten zu bestellen.

Der folgende Prozess wird beispielsweise bei einem Automobilzulieferer umgesetzt. Der Fabrikant, seine Abnehmer und auch seine Zulieferer tauschen vollautomatisch Produktionsdaten aus, von der Autofabrik bis in die Gießerei. Wenn zum Beispiel der Autobauer heute eine Kiste eines vom Zulieferer produzierten Bauteils öffnet, erfährt der Hersteller sofort, dass nachproduziert werden muss. Die Rohteile, die der Zulieferer nicht selbst herstellt, werden ebenfalls automatisch nachbestellt. Damit arbeitet die Logistik: Einmal lässt sich der Weg jeder Kiste eindeutig zurückverfolgen und der Bearbeitungszustand angeben. Zweitens liegen keine Berge von Teilen mehr in den Lagerhallen des Zulieferers, wenn zum Beispiel ein Autobauer einmal nicht produziert. Technisch sind heute zwei Kommunikationswege für eine solche Digitalisierung in der Produktion möglich:

1. Die geöffnete Kiste sendet ein Signal in einer direkten, extra abgesicherten Verbindung zum jeweiligen Lieferanten, woraufhin die benötigten Teile bestellt werden und der Herstellungsprozess in Gang gesetzt wird. Es entsteht ein hochkomplexes Netz aus Datenflüssen, in dem jede einzelne Datenverbindung gesichert ablaufen muss. Für jeden Lieferanten und Herstellungsschritt muss ein spezifischer Zugang zu diesem Netz geschaffen werden (zum Beispiel über VPN-Verbindungen, EDI oder FTP). Diese neuen Zugänge einzurichten ist kostenintensiv und erfordert einen hohen Verwaltungsaufwand, so dass meist nur große Unternehmen diesen Weg für lange Zeit gleich ablaufende Prozesse wählen können.
2. Die Kiste kommuniziert über einen sicheren, virtuellen Datenraum eines Public-Cloud-Anbieters, um alle anderen Produktionsmittel zu informieren, die zum „Team" gehören. Dies gilt als die wesentlich einfachere Methode, weil keines der am Produktionsprozess beteiligten Unternehmen extra in ein komplexes Kommunikationssystem investieren muss. Wegen offener Fragen im Bereich der Datensicherheit ist dieser Weg bisher in Unternehmenskreisen umstritten.

6.3.2 Anforderungen an ein geeignetes Kommunikationssystem

Bevor Unternehmen sich für ein Kommunikationssystem entscheiden, sollten vorab unbedingt einige Punkte geklärt sein. Fragen, die sich stellen, sind:
Wie reagiert das System, wenn

- die Anzahl der IT-Komponenten stark ansteigt?
- die Vernetzung stark ansteigt?
- Gruppierungs- und Feldebenen sich ändern oder aufgehoben werden?
- drahtlose Kommunikation gefordert ist?

- die ausgetauschte Datenmenge ansteigt?
- Teilnehmer selbständig agieren?
- Teilnehmer weltweit verteilt sind?
- neue Prozesse integriert werden müssen?
- etc.

Wie lässt sich das System in bereits vorhandene Systeme integrieren?
Im Produktionsprozess gibt es natürlich schon Vorgänge, die miteinander vernetzt sind. Bei Pressen zum Beispiel ist dies oft der Fall: Sie sind mit einem eigenen Anschluss über fest eingestellte IP-Adressen an das Netz angebunden. Eine VPN-Verbindung mit starker Authentifizierung dazwischen zu schalten wäre mit hohen Kosten und hohem Aufwand verbunden. Aus diesem Grund ist die Frage der Integration ein zentrales Element bei der Entscheidung für ein passendes Kommunikationssystem.

Wie steht es um die Datensicherheit?
Gerade bei einer Kommunikation über die „Public Cloud" fürchten die Verantwortlichen den Verlust der Datenkontrolle. Daher sollte das System in der Lage sein, die Datenflüsse wirkungsvoll vor Zugriffen Unbefugter abzuschirmen, vorzugsweise mit wenig Aufwand hinsichtlich der Verwaltung von kryptographischen Schlüsseln.

Insbesondere die im vorangegangenen Abschnitt aufgeworfenen Fragen legen eine Cloud-basierte Lösung nahe. Denn bei der Nutzung von Cloud-Computing lässt sich die Kapazität kurzfristig an den tatsächlichen Bedarf anpassen. Das ist besonders dann von Bedeutung, wenn Unternehmen die wechselnden Anforderungen umgehend im Prozess berücksichtigen müssen, wie es z. B. in der Logistik der Fall ist. Ständig schwankende und vom Markt abhängige Warenmengen erfordern, dass ein Unternehmen schnell reagiert. Dank der Flexibilität und der variablen Skalierbarkeit einer Cloud wäre die Bereitstellung benötigter Ressourcen für die Unternehmens-Software[1] wesentlich günstiger und einfacher zu bewerkstelligen als es momentan mit statischen Systemen der Fall ist. Laut einer Studie des Fraunhofer-Instituts für Materialfluss und Logistik (IML) wäre dann eine Kostenreduktion im Bereich „Warehouse"-Management um bis zu 56 Prozent im ersten Jahr und 48 Prozent in den Folgejahren zu erwarten. Bezüglich der Datensicherheit allerdings gibt es in vielen Unternehmen noch immer Bedenken: Sie fürchten den Verlust der Kontrolle über die eigenen Daten, weil der Betreiber einer Cloud-Anwendung theoretisch auf diese zugreifen und missbräuchlich verwenden kann. Deshalb sehen sie wesentliche Compliance-Anforderungen als nicht erfüllt an.

---

[1]Zu solcher Unternehmens-Software zählen zum Beispiel „Workflow Management Systems" WfMS, „Team Management Systems" TMS, „Enterprise Resource Planning" ERP, „Computer-aided Design" CAD, „Engineering Control Center" ECTR, etc.

6.3.3   Virtuelle industrielle Datenräume in einer Sealed Cloud

Mit der Sealed-Cloud-Technologie existiert die Basis für virtuelle Datenräume, über die M2M-Kommunikation einfach, effektiv und sicher umgesetzt werden kann. Für Einsatzfälle, in denen vorrangig Dateien und Nachrichten ausgetauscht werden, bietet sich beispielsweise der bereits oben besprochene Dienst iDGARD an. Der Prozessmanager legt entsprechende Datenräume an und ein Projektleiter bestimmt den Kreis der zugriffsberechtigten Produktionsmittel mit wenigen Klicks. Diese können dann über den Datenraum Daten ablegen oder darauf zugreifen. Über diesen Datenraum tauscht ein Team Produktionsmitteldaten aus. Das können sowohl unternehmensinterne als auch externe Prozesse sein. Die Daten sind dabei in entsprechenden Verzeichnissen strukturiert, geordnet und für alle zugriffsberechtigten Maschinen zugänglich gespeichert. Möglich ist in diesen Räumen neben dem Austausch von Dateien auch der Transport von Nachrichten. Die an die Räume angeschlossenen Maschinen können selber nach neuen Informationen im Datenraum fragen. Alternativ meldet ein Benachrichtigungsdienst proaktiv neu eingetroffene Informationen. Der Anschluss der Maschinen an iDGARD erfolgt mittels bestehender „Web Service APIs" (RESTful API). Sind Daten zwischen der sendenden und der empfangenden Maschine zu verarbeiten, kann in einem solchen Datenraum klar differenziert werden: In einer ersten Klasse von Anwendungsfällen können alle Parteien der Zusammenarbeit die Rohdaten und auch jene Daten, die das Ergebnis der Verarbeitung bilden, einsehen. In einer zweiten Klasse von Anwendungsfällen darf ein Teil der teilnehmenden Parteien nur Zugriff auf die Ergebnisse, nicht jedoch auf die Rohdaten erhalten. In einer Sealed Cloud kann eine Verarbeitung der Rohdaten erfolgen und gleichzeitig die Zugriffsrechte bestimmter Parteien auf technische Weise beschränkt und diese Beschränkung auch erzwungen werden. Ein dateibezogener Austausch von Informationen kann auf diese Weise sofort produktiv eingesetzt werden. Verschiedene Unternehmen nutzen dies bereits seit einiger Zeit für unterschiedliche Anwendungsfälle.

Beispiele hierfür sind:

- Erfassung von Diagnosedaten aus Produktionslinien zur vorbeugenden Wartung
- Erfassung und Verteilung von Messwerten
- Automatische Verteilung von Analyseergebnissen an eine Vielzahl von Abnehmern

Im Rahmen der Fertigung bestehen vielfach Echtzeitanforderungen, die nicht immer von einem Dienst erfüllt werden können, der eigentlich für andere Anwendungen entwickelt wurde. Außerdem ist die Einschränkung auf Dateien nicht adäquat für die Kommunikation zwischen Maschinen in verschiedenen Produktionsprozessen. Hier sind andere Schnittstellen mit geeigneten Protokollen erforderlich. Diese haben allerdings eine andere logische Struktur und zusätzliche Anforderungen, wie beispielsweise eine Verarbeitung und Aggregation von Informationen im Datenraum. Die Möglichkeiten der versiegelten Verarbeitung bieten die geeignete Basis zu deren Umsetzung.

Ein industrieller Datenraum enthält viele sensible Informationen, die auch während der Verarbeitung geschützt werden sollten. Die Sealed Cloud Technologie bietet hier eine besonders geeignete Basis.

Literatur

1. Uniscon GmbH. (2019). Homepage iDGARD. http://www.idgard.de, abgerufen am 08. März 2019.
2. Rieken, R., Jäger, H. (2014). Datenaustausch über die Cloud - geht das sicher und komfortabel?. Vortrag, 11. Österreichischer IT-Sicherheitstag, Salzburg, Oktober 2014.
3. Jäger, H. (2015). White Paper Datenraum. http://www.idgard.de, abgerufen am 08. März 2019.
4. Uniscon GmbH. (2018). Cloud-Dienst für sicheren Datenaustausch und virtuelle Datenräume. – Produktliteratur. http://www.idgard.de, abgerufen am 08. März 2019.
5. Jäger, H. (2015) M2M-Kommunikation als Grundlage für Industrie 4.0 – White Paper. http://www.idgard.de, abgerufen am 08. März 2019.
6. Jäger, H. (2017). Wann dürfen Berufsgeheimnisträger Cloud-Dienste nutzen? – White Paper. http://www.idgard.de, abgerufen am 08. März 2019.

Verwaltung von sensiblen Daten

7

Ralf O. G. Rieken, Hubert A. Jäger und Sibi Antony

Zusammenfassung

In nahezu allen Bereichen der Wirtschaft und des öffentlichen Lebens fallen Daten an, die einen besonderen Schutzbedarf haben. Datenschützer befürchten generell Missbrauch gespeicherter Daten und verfolgen deshalb den Ansatz der sogenannten Datensparsamkeit. Es besteht generell eine große Angst vor der anlasslosen Speicherung von personenbezogenen Daten. Nicht gespeicherte Daten können zwar nicht missbraucht werden, fehlende Daten begrenzen jedoch oft entscheidende Anwendungsfälle, die beispielsweise die IT-Sicherheit oder andere sicherheitsrelevante Szenarien betreffen. Die Versiegelungstechnologie hilft auch hier entscheidend, denn sie bietet Lösungen für eine rein anlassbezogene Speicherung sensibler Daten bei vollständigem Schutz aller nicht anlassbezogenen Informationen. Dies soll anhand mehrerer verbreiteter Anwendungsszenarien diskutiert und beschrieben werden.

7.1 Speicherung sensibler Daten und Datenschutz

Nahezu jeder Prozess erzeugt Daten, die verarbeitet, gespeichert, übertragen, ausgewertet und gegebenenfalls auch wieder vernichtet werden. Wir stehen hier erst am Anfang einer vermutlich viele Jahre andauernden Entwicklung, deren Ende nicht absehbar ist. Das Datenvolumen wächst faktisch unaufhaltsam. Digitale Daten können für unterschiedlichste Zwecke verwendet werden. Für einen durchaus signifikanten Anteil dieser Daten sind

R. O. G. Rieken (✉) · H. A. Jäger (✉) · S. Antony
Uniscon GmbH, München, Deutschland
E-Mail: ralf@rieken.de; hubert.a.jaeger@web.de

© Der/die Herausgeber bzw. der/die Autor(en), exklusiv lizenziert durch Springer Fachmedien Wiesbaden GmbH, ein Teil von Springer Nature 2020
H. A. Jäger, R. O. G. Rieken (Hrsg.), *Manipulationssichere Cloud-Infrastrukturen*,
https://doi.org/10.1007/978-3-658-31849-9_7

Bestimmungen und Regelungen des Datenschutzes einzuhalten. Der Datenschutz wird von Verfechtern der sogenannten Datenökonomie gerne als Bremsklotz angesehen.

Warum ist das der Fall?

Der Grund liegt in der heute weit verbreiteten Annahme, dass Datensparsamkeit der beste Ansatz zum Schutz von Daten sei. Wenn Daten nicht gespeichert werden, dann ist ein Missbrauch ausgeschlossen. Allerdings steht Datensparsamkeit nicht nur der Datenökonomie entgegen, sie behindert in vielen Fällen die Gewährleistung der Sicherheit von Unternehmen und Prozessen. Hierfür seien zunächst einige typische Beispiele betrachtet:

- Daten für forensische Analysen nach Hackerangriffen
- Videoaufzeichnungen im öffentlichen Raum
- Verbindungsdaten von Kommunikationsvorgängen
- Journale zur Tätigkeit privilegierter Administratoren
- Daten zur Analyse von Compliance-Situationen

7.1.1 Daten für forensische Analysen nach Hackerangriffen

Viele in den Medien publizierte Informationen zum Thema IT-Sicherheit zeigen deutlich, dass erfolgreiche Hackerangriffen oft erst nach Tagen, Wochen oder gar vielen Monaten entdeckt werden. Nach Kenntnisnahme der Situation ist eine umfassende Analyse erforderlich, um verschiedene wichtige Fragen zu beantworten:

- Wie und wo sind die Angreifer eingedrungen?
- Welche Systeme sind möglicherweise kompromittiert worden?
- Welche Daten sind vermutlich gestohlen worden?
- Wie können zukünftige Angriffe besser abgewehrt werden?

Zur Analyse sind Log-Dateien und weitere Metadaten aus allen Komponenten und Anwendungen der IT-Infrastruktur hilfreich. Die Speicherung dieser Daten ist technisch einfach realisierbar. Die Daten können neben der Analyse des Angriffs jedoch auch zur Überwachung aller Anwender des Systems verwendet werden – Stichwort Mitarbeiterüberwachung. Damit entsteht ein Datenschutzproblem, das teilweise sehr kontrovers diskutiert wird.

7.1.2 Videoüberwachung im öffentlichen Raum

Videoüberwachungssysteme zeichnen alle Bewegungen im Blickbereich der Kamerasysteme auf. Während die Anwendung zur Abwehr und Verfolgung von Straftaten generell unterstützt wird, fühlen sich unbescholtene Bürger einer Überwachung ausgesetzt, die ihre persönliche Freiheit einschränkt.

7.1.3 Speicherung von Kommunikationsverbindungsdaten

Diese in verschiedenen Ländern rechtlich verbindliche Pflicht für Kommunikationsanbieter, die Verbindungsdaten über definierte Zeiträume zu speichern, wird besonders kontrovers diskutiert und mit Gerichtsverfahren bekämpft. Es existieren sehr gegensätzliche Positionen zwischen den Ermittlungsbehörden, die von der Nützlichkeit der sogenannten Vorratsdatenspeicherung überzeugt sind, und Gegnern dieser Speicherung, die dadurch eine starke Einschränkung der persönlichen Freiheit der unbescholtenen Bürger sehen.

7.1.4 Journale zur Tätigkeit privilegierter Administratoren

Insbesondere in der Finanzwirtschaft gibt es verbindliche Regelungen zur Aufzeichnung aller Aktivitäten privilegierter Personen als Grundlage für eine spätere Analyse bei auftretenden Problemsituationen. Diese Daten könnten jedoch genauso zur Überwachung der Arbeitsleistung von Mitarbeitern herangezogen werden. Die Daten wurden zwar nicht zu diesem Zweck erhoben; eine missbräuchliche Nutzung dahingehend kann jedoch nicht ausgeschlossen werden.

7.1.5 Daten zur Analyse von Compliance-Situationen

Unternehmen müssen bei Compliance-Verletzungen umfassende Analysen durchführen, um die Situationen zu klären und ihren rechtlichen Verpflichtungen nachzukommen. Prinzipiell sind dafür zu viele Daten immer hilfreicher als zu wenige. Auch in diesem Umfeld befürchtet der unbescholtene Mitarbeiter die missbräuchliche Nutzung dieser Daten zur Überwachung der Arbeitsleistung.

7.1.6 Was ist allen Beispielen gemeinsam?

Allen zuvor aufgeführten Beispielen sind folgende Aspekte gemeinsam:

- Umfangreiche Daten werden zur späteren Analyse von Problemsituationen aufgezeichnet – *Vorratsdatenspeicherung*.
- Die Lösung der Problemsituationen genießt eine breite Unterstützung der Betroffenen.
- Die Daten können auch zum Nachteil der unbescholtenen Personen verwendet werden.

- In nahezu allen Fällen gibt es Gegner der Speicherung, die eine anlasslose Aufzeichnung und Aufbewahrung von Daten bekämpfen.

Zunächst ist klarzustellen, dass die oben aufgeführten Beispiele hier aus rein technischer Sicht betrachten werden sollen und nicht die Sinnhaftigkeit oder gar rechtliche Aspekte, beispielsweise bezüglich der Verbindungsdatenspeicherung in der Telekommunikation oder Videoaufzeichnungen im öffentlichen Raum, bewertet oder dazu eine Meinung vertreten werden soll. Hier wird das Thema „anlasslose Speicherung" als technische Herausforderung für den Datenschutz betrachtet. Unabhängig von den rechtlichen Aspekten liegt der Bedarf für technische Lösungen zu diesen Datenschutzthemen auf der Hand. Der Datenschutz wäre zur allgemeinen Zufriedenheit gewahrt, wenn die Daten ausschließlich anlassbezogen gespeichert würden, d. h. nur die zu den Problemfällen gehörenden Daten anlassbezogen gelesen werden könnten.

7.2   Wann sind Daten tatsächlich gespeichert?

Generell wird unter Speichern von Daten deren Aufzeichnung auf digitalen Medien verstanden. Dieser Vorgang soll zunächst etwas detaillierter betrachtet und definiert werden.

7.2.1   Klassisches Verständnis des Begriffs „Speichern"

Bei der herkömmlichen Speicherung werden Daten auf einem Medium persistent, d. h. nicht nur flüchtig, abgelegt und können anschließend – wann immer gewünscht – von jenen Personen gelesen werden, die Zugriff zu diesem Medium haben. Eine Sicherheitsbarriere gegen unbefugtes Lesen bietet die verschlüsselte Speicherung der Daten. Das Lesen der verschlüsselten Daten ist dann nur noch denjenigen Personen möglich, die außerdem Zugriff zu den Leseschlüsseln haben. Jedoch kann jeder, der Zugriff auf die Leseschlüssel hat, die verschlüsselten Daten auch anlasslos lesen. Hierin besteht bei den oben beschriebenen Anwendungsszenarien auf der Basis klassischer Lösungen die wesentliche Kritik aus Perspektive des Datenschutzes. Der faktisch uneingeschränkte Zugriff zu allen Daten bietet viele Einfallstore für Missbrauch.

Zur Verhinderung des anlasslosen Lesens sind weitere Maßnahmen erforderlich. Traditionell wird hier sehr viel mit organisatorischen Maßnahmen gearbeitet, um anlasslose Zugriffe auszuschließen bzw. stark einzuschränken. Es liegt allerdings in der Natur organisatorischer Maßnahmen, dass diese durch Zuwiderhandlung relativ einfach außer Kraft gesetzt werden können. Daher sind organisatorische Maßnahmen nicht geeignet, die Verhältnismäßigkeit der Speicherung sensibler, potenziell die persönliche Freiheit einschränkender Daten, zu wahren.

7.2.2 Speichern als zweistufiger Prozess

Aus praktischer Sicht erfolgt das Speichern von Daten, um diese zu einem späteren Zeitpunkt wieder lesen zu können. Wenn jedoch aufgezeichnete Daten durch technische Maßnahmen so behandelt werden, dass diese nie gelesen werden und auch nie gelesen werden können, dann sind die betroffenen Daten praktisch nicht verwendbar und somit auch praktisch nicht gespeichert. Es wird deshalb der Prozess des Speicherns in zwei Stufen strukturiert:

• Einfrieren von Daten – neues Verständnis des Schreibvorgangs
• Auftauen von Daten – neues Verständnis des Lesevorgangs

7.2.3 Einfrieren von Daten

Das Einfrieren von Daten erfolgt ausschließlich in verschlüsselter Form unter Einhaltung folgender Bedingungen:

• Es wird eine asymmetrische Verschlüsselung bzw. eine integriert-kombinierte Form von asymmetrischer und symmetrischer Verschlüsselung verwendet.
• Leseschlüssel sind weder Einzelpersonen noch mehreren Personen gemeinsam zugänglich.
• Die Leseschlüssel werden in technisch versiegelten Systemen aufbewahrt.
• Die Leseschlüssel werden gelöscht, wenn Zugriffsversuche im Sinne von Angriffen auf das Schlüsselverwaltungssystem erkannt werden.

7.2.4 Auftauen von Daten

Das Auftauen von Daten erfolgt unter folgenden Bedingungen:

• Das Auftauen von Daten kann nur über eine Regelmaschine (engl. „policy gate") initiiert werden.
• Die Regeln sind rein technisch implementiert.
• Die Regelmaschine prüft das anlassbezogene Zugriffsersuchen und entschlüsselt gemäß der Regeln die anlassbezogenen Daten.
• Alle Auskunftsersuchen, die nach den festgelegten Regeln nicht zulässig sind, werden abgelehnt.
• Änderungen von Regeln gelten immer nur für zukünftig einzufrierende Daten.
• Für alle bereits eingefrorenen Daten gelten die zum Zeitpunkt des Einfrierens gültigen Regeln.

Praktisch löst die Realisierung dieser Kombination aus Einfrieren und Auftauen von Daten das Datenschutzproblem der anlasslosen Speicherung. Es werden zwar prinzipiell alle anfallenden Daten technisch aufgezeichnet, d. h. anlasslos eingefroren. Da die Daten jedoch ausschließlich anlassbezogen aufgetaut werden können, werden alle nicht anlassbezogen eingefrorenen Daten nie aufgetaut und können somit nicht gelesen werden. Damit sind diese Daten praktisch auch nicht gespeichert, denn Daten sind nur dann gespeichert, wenn diese auch wieder gelesen werden können. In Abgrenzung zu den organisatorischen Maßnahmen der Zugriffskontrolle bei klassischer Speicherung sind die Maßnahmen, die ausschließlich anlassbezogenen Zugriff erlauben, technischer Art. Die Regeln dieser Zugriffskontrolle lassen sich nur für zukünftig zu erhebende Daten ändern, nicht jedoch für bereits erhobene Daten. Bei Änderung der „Policy" gehen die Leseschlüssel für die Daten der Vergangenheit verloren.

7.3   Beispiel: Datenschutzgerechte Verwaltung von Data Lakes

Unternehmen sehen in einer umfassenden Analyse der vorhandenen Daten Möglichkeiten zur Verbesserung aktueller Geschäftsprozesse und zur Erkennung neuer Geschäftsmöglichkeiten. Viele Unternehmen beschäftigen sich deshalb zunehmend mit der sogenannten „Data Economy", d. h. der Erarbeitung von Konzepten und Lösungen zur Verwertung der umfangreichen Datenbestände, die in einem Unternehmen anfallen. Beispiele für solche Daten sind:

- Daten aus der Produktentwicklung,
- Kundendaten,
- Produktionsdaten,
- Daten aus der Nutzung der Produkte,
- Serviceinformationen und
- viele weitere Datenquellen.

Diese Daten wurden in der Vergangenheit und werden gegenwärtig gesammelt, oft an verschiedenen Stellen des Unternehmens oder aus diversen Unternehmensprozessen. Es besteht die begründete Erwartung, dass bei geeigneter Analyse dieser Daten Erkenntnisse gewonnen werden können, die zu verbesserten Produkten, Lösungen, Geschäftsentwicklungen oder auch völlig neuen Geschäftskonzepten führen. Zur Vorbereitung solcher Analysen arbeiten Unternehmen an sogenannten „Data Lakes", d. h. der Aufbewahrung und Bereithaltung dieser Daten für zukünftige Analysen. Die großen Herausforderungen bei diesem Vorgehen sind die Rechtskonformität und der Datenschutz. Die Aufbewahrung und Verarbeitung solcher Daten unterliegen datenschutzrechtlichen, betrieblichen und regulatorischen Bedingungen. Analysten, Datenschützer und Juristen arbeiten deshalb gemeinsam an Konzepten, wie diese eingehalten werden können. Diese Konzepte beinhalten Maßnahmen wie

- Pseudonymisierung und Anonymisierung,
- Trennung von Daten,
- Regelungen für Zugriffe,
- Regelungen zur erlaubten Verwendung und
- den Schutz von Daten während der Aufbewahrung und Verarbeitung.

Pseudonymisierung und Anonymisierung sind oft das angemessene Mittel zum Schutz und werden folglich breit eingesetzt. Allerdings können dadurch eventuell wichtige Informationen verloren gehen. Darüber hinaus kann es zu Problemen führen, wenn falsche Festlegungen getroffen werden oder wenn sich der Prozess der Einführung der Data Lakes zu lange hinzieht. Erfahrungen zeigen, dass die datenschutzrechtlichen Voranalysen oft viele Monate oder länger dauern. Außerdem können sich Regelungen ändern. Wie vermeidet man den unerwünschten Verlust von Informationen bei gleichzeitiger Einhaltung der Datenschutzbestimmungen?

Lösung: Restriktive Versiegelung der Rohdaten Die Entwicklung eines umfassenden, das gesamte Unternehmen betreffenden Regelwerks kann sich schnell zu einem lange dauernden Prozess entwickeln. Die Rohdaten beinhalten alle Informationen. Wenn die Rohdaten erhalten bleiben, dann hat das Unternehmen auch zukünftig alle Optionen zu deren Verwendung. Die diskutierte Technik des Einfrierens und Auftauens von Daten kann sehr effektiv für den Schutz von Data Lakes genutzt werden:

- Es werden außerordentlich restriktive Regeln für den Zugriff auf Rohdaten festgelegt. Auf diese können sich die Beteiligten oft zügig einigen.
- Alle Rohdaten werden nach den definierten Regeln eingefroren: Rohdaten-„Lake"
- Für eine Analyse mit weitergehenden Zugriffsrechten werden anonymisierte oder pseudonymisierte Daten verwendet: Analysedaten-„Lake"
- Wenn klar ist, wie zu anonymisieren oder pseudonymisieren ist und welche Zugriffsregelungen für solche Daten gelten, werden diese nach den restriktiven Regeln aus dem Rohdaten-„Lake" abgeleitet.

Im Ergebnis werden die Rohdaten nach den strengsten Regeln geschützt und sind somit ausreichend sicher. Für die breitere Verwendung von Daten im Sinne von Analysen wird dann ausschließlich mit anonymisierten und pseudonymisierten Daten gearbeitet. Die notwendigen Regeln dafür wurden von den Datenschutzexperten definiert. Der gesamte Data Lake wird somit datenschutzkonform aufgebaut und verwaltet.

7.4 Produktives Beispiel: Vorratsdatenspeicherung von Verkehrsdaten

Die Vorratsdatenspeicherung von Verkehrsdaten aus der Telekommunikation ist sicherlich das bekannteste Beispiel zur Speicherung von Daten ohne Verdacht und Anlass. Bei der Aufklärung von Straftaten und bei der Gefahrenabwehr betrachten staatliche Behörden die Verkehrsdaten als eines der Mittel für die Ermittlungsarbeit. Unter Verkehrsdaten versteht man die Daten, die bei der Vermittlung von Telekommunikation anfallen, also zum Beispiel die Rufnummer der beteiligten Anschlüsse sowie Zeit und Ort eines Gesprächs. Es geht nicht um die Inhalte der Telekommunikation, sondern um die Frage, ob und wann überhaupt Telekommunikation stattgefunden hat. Bei der Vorratsdatenspeicherung (VDS) geht es darum, diese Daten ohne Anfangsverdacht einzufrieren, damit diese, sobald im Nachhinein ein Verdacht bzw. ein juristisch berechtigtes Interesse zur Kenntnisnahme vorliegt, gleichwohl zu Zwecken der Aufklärung verwendet werden können. Genau genommen betrifft die VDS deshalb nicht nur Personen, die Anlass zur Strafverfolgung geben, sondern auch unbeteiligte Bürger. Darin liegt die Problematik. Die VDS darf nicht eine Schwachstelle für Angriffe Krimineller oder Bedrohung für die freiheitlich demokratische Grundordnung sein. Schon das Wissen um potentielle Überwachung beeinflusst das Verhalten der Betroffenen. Je niederschwelliger die Ermittlungsmethode genutzt werden kann, desto stärker ist die Einwirkung auf das Verhalten der Bürger. Von der VDS ausgenommen sind Verkehrsdaten von Personen, Behörden und Organisationen aus dem sozialen Bereich, die Beratung in seelischen oder sozialen Notlagen anbieten. Die Kommunikationspartner dieser Organisationen bleiben anonym. Von der VDS nicht ausgenommen sind hingegen Berufsgeheimnisträger, also Rechtsanwälte, Journalisten, etc. In ihren bisherigen Urteilen sehen das BVerfG und der EuGH eine Speicherung der Verkehrsdaten für nicht grundsätzlich unvereinbar mit dem Grundgesetz und der Charta der Grundrechte der Europäischen Union an, wenn die Verhältnismäßigkeit des Eingriffs durch hinreichende technische und organisatorische Einschränkungen der Zugriffsmöglichkeiten hergestellt wird. Unsere Definition von Speicherung als Kombination aus anlasslosem Einfrieren und streng anlassbezogenem Auftauen ermöglicht das erforderliche hohe technische Sicherheitsniveau. Die Firma Uniscon hat unter der Bezeichnung Sealed Freeze eine Lösung zur Vorratsdatenspeicherung entwickelt, die auf der Basis eines SaaS-Modells als Cloud-Service die Vorratsdatenspeicherung für Telekommunikationsanbieter in Übereinstimmung mit den Anforderungen der Bundesnetzagentur realisiert.

7.5 Anlassbezogene Videos

Die Aufzeichnung von Videodaten kann zwar prinzipiell durch Reaktion auf erkannte Bewegungsabläufe im Sichtfeld der Kameras aktiviert werden, für eine Überwachung des öffentlichen Raums wie beispielsweise Bahnhöfe, Flughäfen und belebte Straßen und Plätze ist dies jedoch nicht anwendbar. Hier erfolgt typischerweise einen anlasslose

Aufzeichnung. Wenn diese Aufzeichnung im Sinne des in diesem Kapitel beschriebenen Einfrierens erfolgt, dann ist der erste Schritt in Richtung der rein anlassbezogenen Videoaufzeichnung getan. Im Weiteren muss der Prozess des Auftauens um eine Analyse der eingefrorenen Videodaten erweitert werden. Teil dieser Analyse können verschiedene Erkennungsschritte sein:

- Erkennung bestimmter Bewegungsabläufe
- Separierung und Erkennung von Personen
- Separierung und Erkennung von Fahrzeugen
- Erkennung bestimmter Gegenstände
- und weitere

Personen und Fahrzeuge, die nicht von Interesse sind oder Teile des von den Kameras erfassten Raumes, können im Rahmen dieser Analyse explizit ausgespart und anonymisiert werden. Im Ergebnis der Analyse können Personen und Fahrzeuge von Interesse gefunden und verfolgt werden. Dadurch ergibt sich eine anlassbezogene Videoaufzeichnung und -analyse. Auf der Basis dieser Technik kann Videoüberwachung datenschutzkonform und ohne Einschränkung der persönlichen Freiheit unbescholtener Bürger realisiert werden. Eine technische Lösung wird im Projekt „e-freedom" aktuell von einem Konsortium aus Unternehmen und Forschungseinrichtungen prototypisch umgesetzt.

Literatur

1. Uniscon GmbH. (2017). Homepage Sealed Freeze. http://www.sealedfreeze.de, abgerufen am 15. August 2017.
2. Jäger, H., Rieken, R. (2015). Zum aktuellen Stand der Technik für grundrechtskonforme Datenvorratsspeicherung. White Paper, http://www.sealedfreeze.de
3. Jäger, H., Kellermann, M. (2017). EuGH-Compliance Wie kann bei Vorratsdatenspeicherung anlassloser Zugriff vereitelt werden? – White Paper, http://www.uniscon.de
4. Jäger, H. (2018). Grundrechtskonforme Gesichtserkennung im öffentlichen Raum. Vorhabenbeschreibung e-freedom. Verfügbar auf Anfrage bei der Uniscon GmbH.

Sealed Computing für allgemeine Anwendungen

8

Ralf O. G. Rieken, Hubert A. Jäger und Christos Karatzas

Zusammenfassung

In den vorangegangenen Kapiteln wurde die versiegelte Verarbeitung von Daten am Beispiel dedizierter Anwendungsszenarien wie „Business Collaboration" und Schutz sensibler Daten diskutiert. Der Fokus auf solche Szenarien war vorteilhaft für die Entwicklung der Technologie, da funktional klar beschriebener Anwendungen auch einen bekannten Satz von Anforderungen an die unterliegende Plattform bedeuten. Damit konnten diese Szenarien mit überschaubarem Aufwand und begrenzten Risiken realisiert werden. Das vollständige Potenzial der Technologie kann jedoch nur mit einer Befähigung zur Realisierung beliebiger Anwendungen ausgeschöpft werden, d. h. es bedarf einer allgemein verwendbaren versiegelten Plattform. Dieses Kapitel beginnt zunächst mit der Beschreibung des Einsatzes der Versiegelungs-Technologie für Big-Data-Analysen und erweitert dann die Betrachtung auf die Anwendung für eine „General Purpose"-Plattform.

8.1 Datenschutzgerechte Analyse von Daten

Die versiegelte Verarbeitung von Daten schließt den Cloud Service Provider von jeglichem Zugriff auf die Daten des bzw. der Anwender mit rein technischen Mitteln aus. Alle Daten und Anwendungen verbleiben somit völlig unter der Kontrolle des Anwenders der Datenverarbeitung. Das hat neben der damit gewährleisteten Sicherheit der

R. O. G. Rieken (✉) · H. A. Jäger (✉) · C. Karatzas
Uniscon GmbH, München, Deutschland
E-Mail: ralf@rieken.de; hubert.a.jaeger@web.de

© Der/die Herausgeber bzw. der/die Autor(en), exklusiv lizenziert durch Springer Fachmedien Wiesbaden GmbH, ein Teil von Springer Nature 2020
H. A. Jäger, R. O. G. Rieken (Hrsg.), *Manipulationssichere Cloud-Infrastrukturen*,
https://doi.org/10.1007/978-3-658-31849-9_8

Daten zusätzlich noch eine wesentliche juristische und datenschutzrechtliche Bedeutung. Bei klassischen Systemen hat der Betreiber des Systems prinzipiell Zugriff zu den Daten. Juristisch befindet er sich gegenüber dem Anwender und Auftraggeber in einem Auftragnehmerverhältnis bezüglich der auszuführenden Datenverarbeitung. Hierfür wird der Begriff der „Auftragsverarbeitung" verwendet. Dazu schließen Auftraggeber und Auftragnehmer eine Vereinbarung zur Auftragsverarbeitung – eine sogenannte AV. Diese Vereinbarung beschreibt, welche Daten zu welchem Zweck verarbeitet werden und wie Datenschutz und Informationssicherheit gewährleistet werden. Bei versiegelten Systemen hat der Betreiber des Systems jedoch keinen Zugriff auf die Daten; diese verbleiben komplett unter der Kontrolle und Steuerung des Auftraggebers. Damit liegt keine Auftragsverarbeitung im klassischen Sinne vor. Dieser Umstand ist insbesondere für Big-Data-Analysen von entscheidender Bedeutung. Jedes Unternehmen, das Daten analysieren möchte, muss zuvor alle Berechtigungen für die Nutzung der Daten und deren Verarbeitung klären, bevor Daten auf unternehmenseigenen Systemen bearbeitet werden können. Für Big-Data-Analysen ist jedoch typisch, dass firmeninterne Ressourcen meist nicht ausreichend vorhanden sind. Deshalb werden gerne Systeme externer Anbieter zur flexiblen Erweiterung interner Ressourcen hinzugezogen. Hierfür sind bei herkömmlichen Lösungen entsprechende spezielle Vereinbarungen zur Auftragsverarbeitung erforderlich, die jedoch gerade für Analysen oft sehr komplex sind, denn nicht immer ist bereits im Vorhinein genau bekannt, welche Daten zu welchen Zweck verarbeitet werden sollen. Die versiegelte Verarbeitung löst dieses Dilemma, da sie die AV überflüssig machen kann. Nachfolgend wird ein typisches Anwendungsszenario aus der Versicherungswirtschaft zur Illustration genutzt.

8.1.1 Anwendungsbeispiel: Versicherungen

Die Nutzung neuer digitaler Datenquellen eröffnet Versicherungen grundsätzlich ein riesiges Feld, um aus diesen Daten verbesserte Angebote für die Kunden sowie schlankere und automatisierte Abläufe in ihren Unternehmen einzuführen. Bekannte und oft diskutierte Anwendungsgebiete sind:

- Betrugsbekämpfung in der Schadens- und Unfallversicherung
- Telematik-Konzepte in der Kfz-Versicherung
- Angebote der Krankenversicherungen, die auf der Nutzung personenbezogener Daten, wie zum Beispiel über das Ernährungs- oder Fitnessverhalten einzelner Personen beruhen

8.1.2 Herausforderung Datenschutz

Gerade im Kontext des letztgenannten Beispiels taucht im kontinentaleuropäischen und hier vor allem im deutschsprachigen Raum jedoch ein Problem in der Diskussion auf: Es gibt erhebliche Bedenken bei der breiten Nutzung dieser Daten. Datenschützer und Verbraucherschutzorganisationen weisen darauf hin, dass – neben den hierzulande ohnehin ausgeprägten Anforderungen an den Datenschutz – die uneingeschränkte Nutzung solcher individueller Daten dazu führt, dass der einzelne Mensch zum gläsernen Kunden wird, dessen Privatsphäre praktisch nicht mehr existiert. Beteuerungen der Unternehmen, die Einzeldaten nicht weiter zu verwenden oder gar nicht selbst zu kennen (da sie nur über einen Dienstleister ausgewertet werden), fruchten wenig: Die Skepsis gegenüber den Unternehmen bezüglich Datenmissbrauch oder auch nur ungewolltem Datenverlust ist groß. Bekanntes Beispiel ist das negative mediale Echo, als Generali Deutschland die Einführung neuer Krankenversicherungsangebote ankündigte, die Rabatte versprachen, wenn die Kunden ihre Fitnessdaten via eines Fitnessarmbands zur Verfügung stellten [1].

8.1.3 Komplikation

Für Versicherungen ist das Problem deshalb besonders relevant, weil ihr ganzes Geschäftsmodell auf dem klugen Umgang mit großen Datenmengen zu einer zutreffenden Einschätzung und Selektion von Risikoprofilen beruht. Schon die vorhandenen internen Daten können oft nicht vollständig genutzt werden, auch wegen veralteter IT-Infrastrukturen. Nun drohen zusätzlich neue Anbieter, wie die großen Internetkonzerne, aber auch sogenannte InsurTechs, die neuen Datenquellen schneller und besser zu nutzen. Diese machen Versicherern neben den völlig neuen Angeboten auch in deren ureigenen Feld, der gezielten Nutzung von Informationsvorsprüngen in einer bestimmten Risikogemeinschaft, Konkurrenz.

8.1.4 Lösung – Grundgedanke

Ein wesentliches Hindernis zur Lösung dieses Problems ließe sich überwinden, wenn es gelänge, die individuellen Daten zu nutzen und zu einem Ergebnis, z. B. Punktewert, zu aggregieren, ohne das irgendjemand die Möglichkeit hat, die einzelnen Ursprungsdaten einzusehen. Die Ursprungsdaten selbst befinden sich in einem Datentresor. Nur das Analyseergebnis steht dem Kunden und dem Versicherer zur Verfügung. Die Versicherungsmathematiker könnten so aus vorhandenen und neuen internen wie externen Daten neue Produkte entwickeln. Die neuen Algorithmen werden innerhalb des Tresors für die Auswertung der Individualdaten angewendet. Nur der Gesamtwert, das Auswertungsergebnis, ist außerhalb des Tresors verfügbar. Die technische Versiegelung ermöglicht Versicherungen die Realisierung des gewünschten Datentresors für die

- Versiegelte Aufbewahrung der sensiblen Daten und
- Versiegelte Analyse der Daten zur Ableitung der aggregierten Ergebnisse.

8.1.5   Versiegelte Speicherung der Ursprungsdaten

Alle Ursprungsdaten werden in Massenspeichern verschlüsselt abgelegt. Die dafür verwendeten Schlüssel werden im Sealed-Analytics-System erzeugt. Alle Leseschlüssel verbleiben im Sealed-Analytics-System und werden dort rein volatil gehalten. Eine Entschlüsselung erfolgt bedarfsweise ausschließlich innerhalb des Sealed-Analytics-Systems. Es werden außerordentlich restriktive Regeln für den Zugriff auf Ursprungsdaten festgelegt:

- Zugriff nur für versiegelte Analysen, d. h. nur die im versiegelten Bereich laufenden Analyseanwendungen können auf die Daten zugreifen
- Zugriff von außen nur auf aggregierte Analyseergebnisse
- Zugriff von außen auf ausgewählte Ursprungsdaten nur in besonderen Situationen nach speziellen Regeln möglich

Ein Zugriff auf Daten folgt immer nach zuvor festgelegten Regeln. Einmal festgelegte Regeln können nur für zukünftige Daten geändert werden, d. h. die Daten werden effektiv und regelbasiert automatisiert geschützt.

8.1.6   Technisch hart codierte Regeln zum Lesen

Die Richtlinien, die bei Vorliegen einer Rechtfertigung Lesezugriffe auf Teile der Daten gestatten, sind technisch unveränderlich in der Software festgelegt. Sie lassen sich durch die in Abschn. 2.3.4 erklärten Mechanismen auch nicht rückwirkend ändern. Damit ist es ausgeschlossen, Regeln zu umgehen. Die Einhaltung der gesetzlich vorgeschriebenen oder anderweitig vereinbarten Richtlinien ist auf diese Weise technisch sichergestellt. Beispiele für solche Regeln sind:

- Gespeicherte Daten stehen nur dem Analyse-Algorithmus zur Verfügung
- Daten werden nur eine Höchstdauer lang gespeichert
- Ein Datenverarbeitungsmechanismus kann nur nach dem Vier-Augen-Prinzip ausgelöst werden
- Unter bestimmten Umständen wird ein Alarm ausgelöst
- Je nach Art der Daten werden geeignete Eskalationsstufen durchlaufen

8.1.7   Versiegelte Analyse ohne Personenbezug

Durch die technische Versiegelung können die durch die Verarbeitung der Daten betroffene Personen nicht durch Betreiber oder Administratoren der Infrastruktur identifiziert werden. Die Kapselung realisiert somit die datenschutzrechtskonforme Speicherung und Verarbeitung sensibler Daten. Praktisch können

- Daten über lange Zeiträume datenschutzkonform gespeichert werden und
- alle Arten sensibler Daten verarbeitet werden.

Die Analyse und Verarbeitung von Daten muss unverschlüsselt erfolgen. Die Daten werden dazu vom Massenspeicher gelesen und in der versiegelten Analyseeinheit entschlüsselt, analysiert und in die gewünschten aggregierten Analyseergebnisse überführt. Diese Analyseergebnisse werden anschließend den versicherungstechnischen Anwendungen zur weiteren Nutzung zur Verfügung gestellt.

> Prinzipiell erlaubt die versiegelte Analyseeinheit die Integration beliebiger Analyseanwendungen und erfüllt damit das eingangs genannte Ziel der technischen Gestaltung, nämlich einen Datentresor zu erhalten, der sowohl die rechts- und datenschutzkonforme Speicherung von personenbezogenen Daten als auch deren sichere Analyse mittels geeigneter Algorithmen zur Ableitung aggregierter Ergebnisse realisiert.

8.2   Eine versiegelte Plattform für allgemeine Anwendungen

Bisher wurde die praktische Anwendung der versiegelten Verarbeitung (sealed computing) im Kontext von Lösungen für ausgewählte Anwendungsbereiche und -szenarien beschrieben:

- Teamzusammenarbeit und Datenaustausch
- Industrial Data Space
- Verwaltung besonders sensibler Daten
- Big-Data-Analyse am Beispiel von Versicherungen

Der Vorteil solcher durchaus spezialisierter Anwendungsfälle besteht in der Beschränkung der Anforderungen an den Technologie-Stack. Eine neue Technologie kann naturgemäß für ein klar bekanntes und definiertes Anwendungsgebiet mit überschaubarem Aufwand produktiv eingesetzt werden. Die Welt der Softwareanwendungen ist jedoch unüberschaubar breit. Eine Technologie ist immer dann besonders erfolgreich, wenn diese den

Anforderungen vieler Anwendungsgebiete gerecht wird. Die Vision einer Sealed Platform entstand bereits mit der Entwicklung der Sealed-Cloud-Technologie. Die allererste Version einer Sealed Platform wurde als Prototyp bereits auf der CeBIT 2013 demonstriert, d. h. parallel zur ersten Enterprise-Version des Collaborationsdienstes iDGARD.

Der Prototyp der Sealed Platform bestand aus folgenden Komponenten:

- Data Clean-up Area
- Datenbank
- Dateisystem
- OpenStack mit für Sealed Computing erweitertem API
- Beispielanwendung geschrieben von Fraunhofer AISEC passend zum API

Die entscheidende Schwäche des Prototyps war, dass ein spezielles API angesteuert werden musste, um die Schutzfunktionen des Sealed Computing nutzen zu können. Dies bedeutet, dass Anwendungen durch geeignete Aufrufe im Code dediziert für die Plattform angepasst werden müssen. Das ist für neu zu entwickelnde Anwendungen durchaus denkbar, für existierende Anwendungen jedoch nicht praktikabel. Da die Option der Modifikation einer bestehenden Anwendung nur in den seltensten Fällen realistisch ist, wäre der Erfolg einer neu auf den Markt kommenden Plattform von vornherein stark reduziert. In Abb. 8.1 wird die generelle Idee einer *Sealed Platform* illustriert. Diese muss praktisch gesehen nahezu alle Arten von Anwendungen ohne Anpassungsbedarf unterstützen. Neben der grundsätzlichen Idee gab es jedoch auch rein wirtschaftliche Zwänge. Die Entwicklung einer Plattform ist mit hohem Aufwand und entsprechenden Kosten verbunden. Für ein junges Technologie-Start-Up-Unternehmen in Deutschland war klar, dass die notwendige Finanzierung kaum zu bewerkstelligen war. Da gleichzeitig am Markt großer Bedarf an hochsicheren Realisierungen spezieller Anwendungsszenarien mit kurzfristiger wirtschaftlicher Verwertbarkeit bestand, fokussierten sich die Entwickler zunächst auf diese und behielten die Idee einer allgemein verwendbaren Plattform im Hinterkopf.

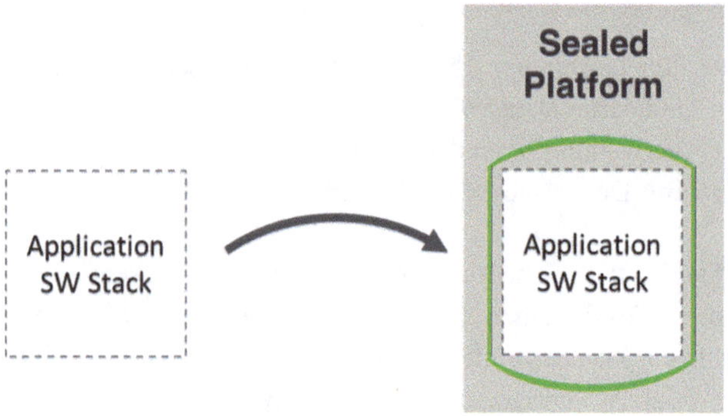

Abb. 8.1 Eine Sealed Platform soll beliebigen Anwendungen als gekapselte Ausführungsumgebung dienen

Der gewählte Umweg über spezialisierte Lösungen erwies sich im Nachhinein als sehr günstig. Mittels spezialisierter Produkte konnten einerseits attraktive Einnahmen generiert werden und andererseits schrittweise Erfahrungen mit der Sealed-Cloud-Technologie gesammelt werden. Gemeinsam mit der Weiterentwicklung anderer verbreiteter Technologien wurde Ende 2017 ein Durchbruch für die Realisierung einer Sealed Platform erreicht – ein Konzept für breite Anwendungsklassen ohne Bedarf zur Modifikation der Anwendungen.

8.2.1 Überblick Sealed Platform

Abb. 8.2 zeigt die grobe technische Struktur der Sealed Platform [2]. Diese besteht aus zwei Kernbereichen:

- Versiegelte Server Umgebung – Sealed Server Encapsulation (SSE)
- Netz aus versiegelten Knoten zur Bereitstellung von Schlüsseldiensten – Sealed Trust Anchor Network (STAN)

Die mit dickem Strich gezeichneten Kapseln aus je zwei waagerecht angeordneten Klammern und senkrechten Wänden zeigen mehrere redundante jeweils Data Clean-up Areas (DCUA) genannte Kapseln an. Die Sealed Server Encapsulation (SSE) beinhaltet die Anwendungsserver mit dem jeweiligen Anwendungsstack und arbeitet entsprechend der in Kap. 2 beschriebenen Sealed-Cloud-Technologie:

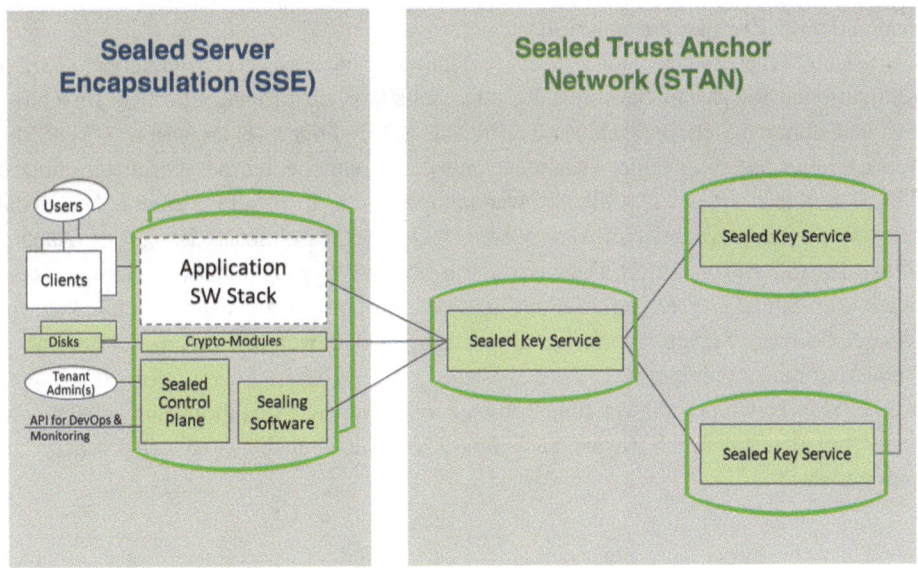

Abb. 8.2 Die beiden Hauptbestandteile einer Sealed Platform Lösung

- Abschottung der Server gegen jegliche Zugriffsversuche
- Bei Bedarf Löschen aller Daten im Hauptspeicher (Data Clean-up)
- Verschlüsselung aller zu speichernden Daten
- Filtern aller administrativen Aktivitäten mit klarer Begrenzung auf die wenigen zulässigen Operationen (Positivliste, engl. „white list")

Die Schlüssel für die zu speichernden Daten erhalten die Anwendungsserver vom Sealed Trust Anchor Network (STAN). Das STAN erzeugt und verwaltet alle Schlüssel und schützt diese gegen jeglichen Zugriff durch Personen. Weder die Administratoren der Anwendungen (Tenant-Admins) noch die Administratoren der SSE noch die des STAN (Platform-Admins) haben Zugriff auf diese Schlüssel. Zur Gewährleistung einer sehr hohen Verfügbarkeit besteht das STAN aus einer Reihe separater Knoten, die ihrerseits von unabhängigen Teams betrieben werden. Die Teams können zu völlig separaten Organisationen bzw. Unternehmen gehören.

8.2.2   Komponenten und deren Funktionen

Abb. 8.3 gibt einen Einblick in die Architektur der Sealed Platform und zeigt die wichtigsten Komponenten. Alle etwas dunkler dargestellten Elemente sind Bestandteile der Sealed Platform. Das betrifft sowohl Software als auch Hardware. Die Bereiche innerhalb der waagerechten Klammern kennzeichnen die bekannten „Data Clean-Up Areas". Alle weiß dargestellten Komponenten gehören zu den Anwendungen der Plattform-Nutzer (engl. „Tenants").

Sealed Server Encapsulation – SSE
Die Sealed Server Encapsulation (SSE) besteht aus mindestens drei kompletten, speziell konfigurierten Racks mit Sensoren, Leistungsschaltern, elektromagnetischen Türschlössern und weiteren Sicherheitselementen (in Abb. 8.3 sind nur zwei angedeutet). Die SSE-Versiegelungssteuerung bildet zusammen mit den Komponenten des Perimeterschutzes die „Data Clean-up Area". Alle Softwarekomponenten, d. h. alle Elemente der Plattform sowie die Anwendersoftware werden beim Schlüsseldienst des „Trust Anchor Networks" (STAN) registriert. Dazu ist die Eingabe von kryptographischen Geheimnissen durch die Sealing Trustees erforderlich. Jegliche Systemsoftware wird ausschließlich im „Signed Software Server" gehalten und von dort geladen, welcher in Abb. 8.3 am linken Abbildungsrand zu finden ist.

Die SSE bietet der Anwendungssoftware eine sichere Ausführungsumgebung, die ohne Anpassungen der Software auskommt. Nur die Umgebung ist entsprechend zu konfigurieren:

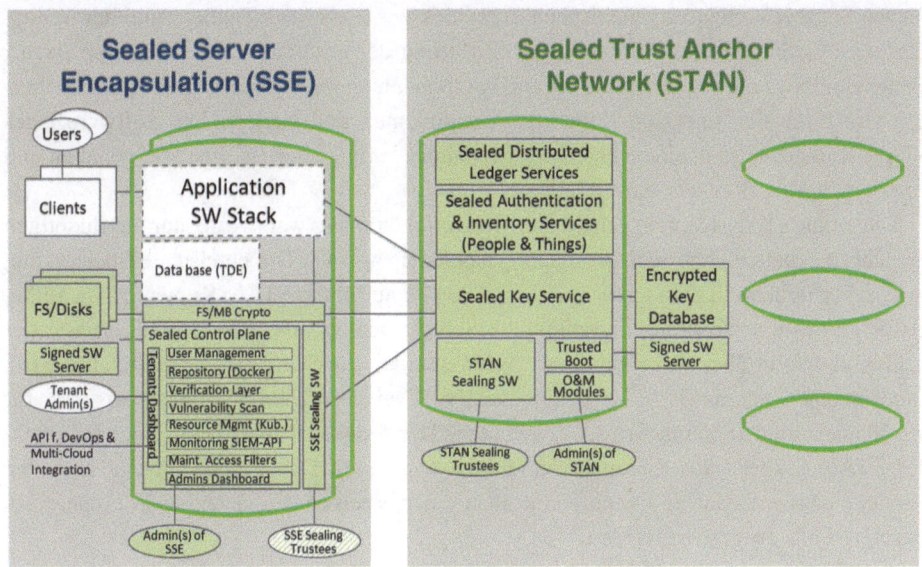

Abb. 8.3 Die wichtigsten Komponenten einer Sealed-Platform-Lösung

- Bezüglich der Anwenderzugänge gibt es keinerlei Änderungen; diese funktionieren genauso wie zuvor. Natürlich müssen die Zuordnung zu einer Internetadresse bzw. einer „Universal Resource Location" (URL) vorgenommen werden.
- Die Schnittstelle zum den Dateisystemen wird automatisch so konfiguriert, dass alle Lese- und Schreibzugriffe über die Kryptomodule der SSE erfolgen.
- Die Datenbank der Business Logik kann auf transparente Datenverschlüsselung eingestellt werden (Transparent Data Encryption, TDE).
- Sowohl die Kryptomodule als auch die Datenbank erhalten die jeweils benötigten Schlüssel vom Schlüsseldienst des STAN.
- Die SSE stellt alle notwendigen Zugangsinformationen für die Kommunikation mit dem STAN bereit.
- Über die „Operations & Maintenance Access Filter" (OMA) laufen alle Zugriffe bezüglich Verwaltung und Betrieb. Die OMA arbeitet dabei nach sehr rigiden Regeln im Sinne einer Beschränkung aller Aktivitäten auf eine genau definierte Liste von zulässigen Aktionen – „white listing". Alle nicht als zulässig definierten Aktionen werden abgelehnt.

Sealed Trust Anchor Network – STAN

Ein „Sealed Trust Anchor Network" besteht aus einer Gruppe von STAN-Knoten, die jeweils auch von unterschiedlichen Organisationen betrieben werden können. Jeder STAN-Knoten basiert auf der beschriebenen Versiegelungsarchitektur mit speziell konfigurierten

Racks, Sensoren, elektromagnetischen Türschlössern, Leistungsschaltern und der Versie-gelungssoftware (Sealing Software) zur Steuerung der gesamten „Data Clean-up Area". Daneben gibt es die typischen Sicherheitskomponenten aus dem Bereich Perimetersicher-heit wie Firewalls, Intrusion Detection Komponenten und weitere. Die Software jedes STAN-Knotens wird in einem eigenen „Repository" mit signierten „Images" gehalten und von dort für den Boot-Vorgang geladen.

Die vom STAN-Knoten gehaltenen Schlüssel können wahlweise nur in flüchtigen Speichern gehalten oder auch persistent gespeichert werden. Die persistente Speicherung ist aus Verfügbarkeitsgründen notwendig, wenn es nur einen STAN-Knoten geben sollte. Dafür gibt es eine separate, verschlüsselte Schlüsseldatenbank. Die Verschlüsselung der Schlüssel erfolgt über einen geheimen Schlüssel, der aus Shamir-Teilen abgeleitet wird. Die einzelnen Shamir-Teile werden jeweils von verschiedenen Vertrauenspersonen für die Versiegelung (Sealing Trustees) gehalten. Der Schlüssel wird beim Boot innerhalb des STAN-Knotens aus diesen Bestandteilen abgeleitet. Dies erfolgt jeweils nach der Versiegelungsprozedur und kann somit nach einer erneuten Versiegelung in Folge eines Desaster-Falls ausgeführt werden.

8.2.3   Deployment von Anwendungen auf der Sealed Platform

Für jedes Deployment sind drei grundlegende Schritte erforderlich:

• Analyse der Zielanwendung bezüglich Eignung
• Vereinbarungen zur Dienstleistung
• „Technisches Deployment"

Nachfolgend wird auf diese Schritte eingegangen und es werden bei Bedarf zur prak-tischen Konkretisierung Referenzen zur Realisierung der Sealed Platform der Uniscon GmbH verwendet.

Analyse der Zielanwendung
Prinzipiell kann nahezu jede beliebige Anwendung auf einer Sealed Platform installiert und betrieben werden. Es gibt jedoch einige Voraussetzungen, die von der Anwendung erfüllt werden müssen. Dazu muss zunächst einmal die Zielanwendung genau analysiert werden:

• Die Software sollte in einem Container, d. h. „Docker" oder „Trustme",[1] ausführbar sein.

---

[1]Trustme ist eine hochsichere Container Technologie des Fraunhofer AISEC. Diese Technologie wird beispielsweise im Rahmen von Lösungen für die International Data Space Assoziation genutzt.

- Keine Abhängigkeit von externen Diensten – alle genutzten Dienste müssen innerhalb der SSE vorhanden sein. Diese sind somit entweder zu ersetzen oder geeignet in die Umgebung zu überführen.
- Identifikation aller direkter Schnittstellen zum Dateisystem („Message Broker" etc.)
- Detaillierte Liste aller notwendiger administrativer Operationen
- Überprüfung aller Logs zur Erkennung und Vermeidung eventueller Lecks
- Überprüfung der Business Logik auf mögliche Lecks
- Überprüfung des Applikationssicherheitslevels

Vereinbarungen zur Dienstleistung

Wurde nach Prüfung und Inventarisierung der Zielanwendung ein Deployment in der SSE als machbar bewertet, ist zunächst noch das Betriebsmodell zu klären (siehe Abb. 8.3). Es bestehen folgende Möglichkeiten:

- Private Cloud
- Public Cloud
- Hybrid Cloud

Der Eigentümer der Anwendung legt die Art und Weise des Betriebs entsprechend seiner betriebswirtschaftlichen und technischen Anforderungen fest (Abb. 8.4). Generell gibt es in diesem Kontext drei wesentliche Rollen und Verantwortlichkeiten:

1. Den Eigentümer und Anwender der Applikation
2. Den Anwendungsadministrator

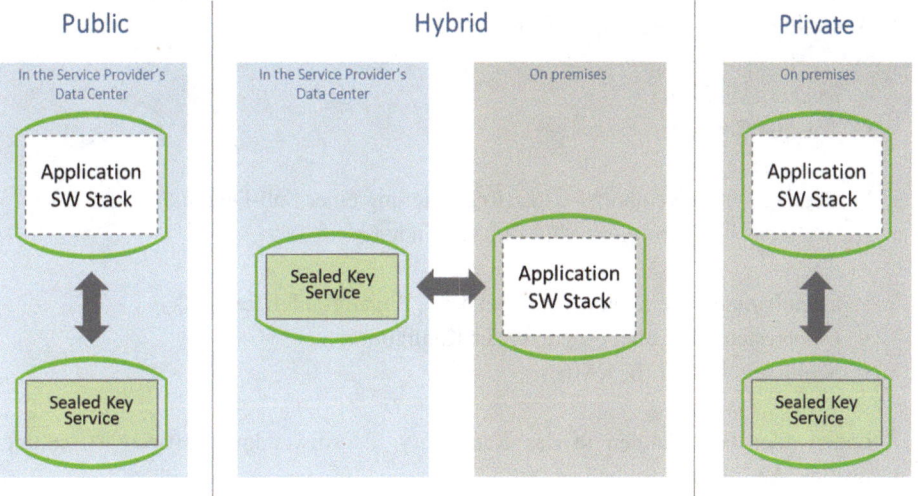

Abb. 8.4 Betriebsarten der Sealed Platform

3. Den Verarbeiter, d. h. Betreiber der Sealed Platform nach der EU Datenschutzgrundverordnung (Artikel 27 der EU-DSGVO)

Die Beteiligten müssen gemeinsam folgende Schritte unternehmen:

- Gemeinsame Definition der zu erbringenden Dienste
- Festlegung des Sicherheitsniveaus für die Versiegelung (Versiegelung durch die Betei-
  ligten, Einbeziehung unabhängiger Dritter, etc.)
- Auswahl eines „Sealed Server Execution Environments" (SSE) entsprechend dem
  festgelegten Schutzniveau
- Beschreibung aller Anforderungen und Abläufe in einem Dienstleistungsvertrag („Ser-
  vice Level Agreement" – SLA)
- Unterzeichnung aller erforderlichen Vereinbarungen

Technisches Deployment
Nachdem die Anwendung als geeignet bewertet wurde, eine Zielplattform zur Verfügung
steht und die Dienstleistungen geklärt sind, kann die praktische Inbetriebnahme vorge-
nommen werden. Diese erfolgt weitgehend in „Selbstbedienung" (beispielsweise unter
Kubernetes) und unabhängig vom Betreiber der Plattform. Der nachfolgend dargestellte
Ablauf orientiert sich sehr stark an der Lösung von Uniscon und den in der ersten Ver-
sion verfügbaren Komponenten und Funktionen und hat somit lediglich exemplarischen
Charakter:

1. Registrierung des Softwareadministrators an der URL der SSE
2. Login als SW-Administrator
3. Konfigurierung des individuellen öffentlichen Schlüssels des SW-Administrators
4. Auswahl der Anwendungsplattform

   - Docker Container
   - Trustme Container

5. Festlegung der Anwendungs-URL (Registrierung einer Sub-Domäne)
6. Auswahl der Plattformdienste für die Anwendung

   - Datenbankdienste (Name der Datenbank, Zugangsdaten, etc.)
   - Dateisystem inkl. aller Angaben zur Konfiguration
   - Schlüsseldienst (z. B. KMIP)

7. Laden aller Binärdateien in das Repository für Anwendungssoftware (Container
   Images, Applikationsarchiv, etc.)
8. Einbringen der binären Signaturen im Format base64 (Zur Erzeugung wird ein sha256
   Hash Algorithmus verwendet)

9. Versiegelung des Systems gemeinsam mit dem(n) Sealing Trustee(s)
10. Deployment der Anwendung und Start
11. Normaler Betrieb der Anwendung (Monitoring etc.)

Nach Abarbeitung dieser Schritte befindet sich die freigegebene Fassung der Zielanwendung auf der Sealed Platform im Normalbetrieb. Dieser unterscheidet sich jedoch in einigen wesentlichen Punkten von den marktüblichen Umgebungen, insbesondere bezüglich der Versionsverwaltung und der Möglichkeiten der Administratoren. Darauf soll im folgenden Abschnitt eingegangen werden.

8.2.4 Administration der Sealed Platform

Abb. 8.5 zeigt das Zustandsdiagramm einer „Sealed Server Encapsulation" – SSE. Das System kennt praktisch nur zwei grundlegende Zustände:

- „Sealed" – versiegelt oder auch gekapselt
- „Unsealed" – offen

Um den Betreiber des Systems ideal auszuschließen, müsste jegliche Administration der Plattform und ihrer Dienste im Zustand „versiegelt" unterbunden werden. Ein derartig striktes Vorgehen ist jedoch einerseits für einen flüssigen Betriebsprozess nicht sehr praktikabel und andererseits auch zur Einhaltung des Sicherheitsversprechens nicht tatsächlich erforderlich. Alle zum Betrieb erforderlichen Operationen wurden deshalb auf ihre Beziehung zu den Daten und Notwendigkeiten des Administrators analysiert. Die Operationen, die keinerlei Möglichkeiten zur Offenlegung von Anwendungsdaten beinhalten, werden über die Filterfunktionen der OMA auch im Status „Sealed" zugelassen – White Listing.

Die SSE schaltet im Falle von geplanten Wartungsvorgängen des Betreibers oder angestoßen durch Alarme, resultierend aus der Erkennung von Zugriffsversuchen seitens interner oder externer Angreifer, automatisch von „Sealed" nach „Unsealed". Der Zustandsübergang beinhaltet die Ausführung der bekannten Datenlöschprozedur (Data

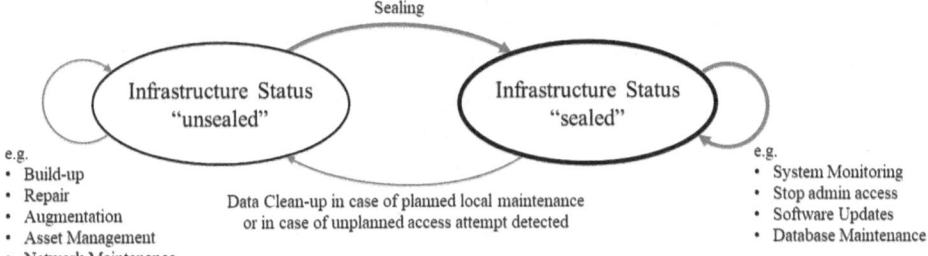

Abb. 8.5 Die beiden Betriebsmodi einer Sealed Platform Lösung (vereinfachte Darstellung)

Clean-up). Im Status „Unsealed" beinhaltet die Data Clean-up Area (DCUA) keinerlei Anwendungsdaten mehr. Damit ist privilegierter Zugriff in diesem Zustand wertlos für einen Angreifer. Dagegen sind im Status „Sealed" keine privilegierten Zugriffe möglich.

Der Vorgang der „Versiegelung" des Systems, d. h. des Übergangs vom Status „Unsealed" in den Status „Sealed" beinhaltet die folgenden wesentlichen Schritte:

- Die Sealing Trustees führen eine detaillierte und umfassende Inspektion und Überprüfung der Hard- und Software der Data Clean-up Area einschließlich aller Konfigurationseinstellungen durch.
- Die Data Clean-up Areas werden geschlossen, d. h. alle Türen werden mit Aktivierung der elektromechanischen Schlösser geschlossen.
- Jeder Sealing Trustee gibt seine geheime Shamir-Komponente über ein verifiziertes Web-Interface der Versiegelungssoftware ein.
- Die Eingabe des jeweiligen Geheimnisses wird als Bestätigung der erfolgreichen Überprüfung der Hard- und Software sowie der Konfigurationseinstellungen der SSE bewertet.

Nach erfolgreicher Versiegelung sind alle unzulässigen Zugriffe auf die DCUA ausgeschlossen. Nach jedem Bruch der Versiegelung ist unabhängig vom Grund des Übergangs in den Zustand „Unsealed" ein erneutes Versiegeln entsprechend des oben beschriebenen Prozesses erforderlich. Da dies jeweils die physische Verfügbarkeit der Sealing Trustees vor Ort erfordert, sollte es sich um einen eher seltenen Vorgang handeln. Hier helfen die erwähnten Filterfunktionen der Operations & Maintenance Access Unit (OMA), die viele unkritische Betriebsaufgaben auch im Zustand „Sealed" gestatten.

8.2.5   Schutzgüten für Anwendungen

Je nach gewählter Ausbaustufe des verwendeten Systems sowie der festgelegten Betriebsart variiert die mit der Lösung erreichbare Schutzgüte. Zu den bestimmenden Einflussfaktoren gehören beispielsweise:

- Vollständigkeit und Dichte der Ausstattung mit physischen Sensoren
- Dichte der Sensoren zur logischen Überwachung
- Gewählte Art des Versiegelungsprozesses
- Kompetenz und erreichte Prüfungstiefe der Sealing Trustees
- Anzahl und Unabhängigkeit der Sealing Trustees
- etc.

Generell besteht eine signifikante Asymmetrie zwischen dem Aufwand für Installation und Wartung der Sensoren und dem zur Umgehung dieser Schutzmechanismen notwendigen Aufwand seitens der Angreifer. Quantitative Sicherheitsanalysen lassen einen

Schutzgüte	Public Cloud	Private Cloud
ultra-hoch	• Speziell ausgebildete, registrierte und akkreditierte Sealing Trustees • Mindestens drei unabhängige Sealing Trustee Organisationen	• Sealing Trustees entstammen mindestens zwei unabhängigen Trustee Organisationen zzgl. der Organisation des Betreibers der Private Cloud
hoch	• Angelernte Trustees gehören zur Organisation des Betreibers und einem externen Auditor	• Angelernte Trustees gehören zur Organisation des Betreibers der Private Cloud und einem externen Auditor

Abb. 8.6 Erreichbare Schutzgüte einer Sealed Platform für Public und Private Cloud

vielfach höheren Aufwand auf Seiten der Angreifer erwarten. Das bedeutet faktisch eine außerordentlich hohe Schutzgüte.

Die Tabelle in Abb. 8.6 zeigt, dass die Anzahl und Auswahl der Sealing Trustees einen signifikanten Einfluss auf die erreichbare Schutzgüte hat.

> Wie in vorangegangen Kapiteln hergeleitet wurde, steigt die Wahrscheinlichkeit eines Sicherheitsvorfalls mit der wachsenden Anzahl der genutzten Dienste relativ schnell weit über das geschäftlich vertretbare Maß. Es besteht also der Bedarf für alle möglichen verschiedenen digitalen Dienste eine hochsichere Implementierung als Standard zu etablieren. Die mit der vorgestellten Sealed Platform erreichbare ultra-hohe Schutzgüte bildet die Basis für eine unternehmerisch und gesellschaftlich verantwortungsvolle Gestaltung der Digitalisierung.

Literatur

1. BigBrotherAwards.de. (2016). Der BigBrotherAward 2016 in der Kategorie Verbraucherschutz. https://bigbrotherawards.de/2016/verbraucherschutz-generali-versicherung, abgerufen am 2. Juli 2020.
2. Uniscon GmbH. (2020). The Ultra Secure Cloud Platform. https://www.uniscon.com/cloud-solution/sealed-platform/, abgerufen am 2. Juli 2020.

Anhang A: Hintergründe und Beispiele zur Modellierung von Cloud-Sicherheit

Hubert A. Jäger

In diesem Anhang sind Details und Hintergründe zu der in Kap. 4 eingeführten Modellierung und den zitierten Ergebnissen ausgeführt. Die hier hergeleiteten Modelle für die einzelnen Angriffsoptionen sind lediglich ein paar wenige ausgesuchte Beispiele und erheben keineswegs den Anspruch, jeweils die am besten zutreffenden Ansätze zur Modellierung dieser Angriffe zu sein. Der Anspruch an diese Einzelmodelle ist lediglich, die Abhängigkeit der Erfolgswahrscheinlichkeit von den Einflussparametern – soweit möglich – der Größenordnung nach treffend zu beschreiben.

Einzelmodelle und Instantiierung der Modellparameter für die Angriffe von außen

Die Beschreibung der hier mit den Einflussparametern modellierten einzelnen Angriffsoptionen stehen in Unterkapitel 4.4.2.

(A,1): Brute-Force-Angriff auf die Transportverschlüsselung
Der Erfolg eines Brute-Force-Angriff auf die Transportverschlüsselung ist im Wesentlichen abhängig von

- der Möglichkeit, Zugriff auf das Signal zur Entschlüsselung zu erlangen,
- der Komplexität der Verschlüsselung,

H. A. Jäger (✉)
Uniscon GmbH, München, Deutschland
E-Mail: hubert.a.jaeger@web.de

© Der/die Herausgeber bzw. der/die Autor(en), exklusiv lizenziert durch Springer Fachmedien Wiesbaden GmbH, ein Teil von Springer Nature 2020
H. A. Jäger, R. O. G. Rieken (Hrsg.), *Manipulationssichere Cloud-Infrastrukturen*,
https://doi.org/10.1007/978-3-658-31849-9

- die dem Angreifer zur Verfügung stehenden Zeit ΔT und
- die dem Angreifer zur Verfügung stehende Ausrüstung.

Die Wahrscheinlichkeit eines erfolgreichen Angriffs ist davon abhängig, ob ein Angreifer überhaupt einen bestimmten Cloud-Dienst ins Visier nimmt. Dies ist wiederum abhängig von

- der Bekanntheit eines Cloud-Dienstes,
- der Attraktivität des Cloud-Dienste als Angriffsziel und
- der Anzahl Krimineller, die fähig sind, einen solchen Angriff durchzuführen.

Die Möglichkeit, Zugriff auf die Übertragungsstrecke zu erlangen, ist durch das Produkt aus der Anzahl der Helfer bei den Telekommunikationsanbietern $n_{helpers}$ und der Wahrscheinlichkeit der Untreue der potentiellen Helfer $p_{unfaithful}$, bezogen auf die Komplexität, das gesuchte Signal aus vielen Signalen herauszufiltern, $f_{complexity}$ modelliert.

Die Qualität der Verschlüsselung ist für die hier betrachtete Angriffsoption nicht relevant, sondern nur für die Option (A,3). Für die hier modellierte Angriffsoption ist lediglich die Komplexität der Verschlüsselung entscheidend. Diese ist abhängig

- von der Entropie, d. h. dem Grad der Zufälligkeit der Schlüssel bei deren Erzeugung,
- vom Umfang des Alphabets auf dem das Schlüsselwort beruht (hier ist von einem binären Wort, das heißt dem Umfang „2" auszugehen) und
- von der Länge des Schlüsselworts L_{Key}.

Die Entropie der Schlüsselerzeugung sei in dieser Angriffsoption als ideal hoch angenommen. Angriffsoptionen, die durch niedrige Entropie existieren, seien in Option (A,3) mit betrachtet. Die dem Angreifer zur Verfügung stehende Ausrüstung ist hier mit der Zeitdauer δT_{Test} modelliert, die er mit dieser Ausrüstung benötigt, um eine Möglichkeit des gesuchten Schlüssels auszuprobieren.

Schließlich muss beachtet werden, dass nur $n_{qualified}$ Angreifer überhaupt in der Lage sind, diesen bestimmten Angriff auszuführen. Jedoch nur ein Bruchteil $f_{attractivity}$ dieser wird den Angriff als lohnend einschätzen, wobei dieser Anteil von der Bekanntheit des Cloud-Dienstes, dem Wert der erbeutbaren Daten bzw. des erzielbaren Schadens sowie den Kosten des Angriffs abhängt.

Damit ergibt sich die Wahrscheinlichkeit $p_{i,j}$ für $i = A$ und $j = 1$, dass ein Angriff innterhalb von ΔT erfolgreich durchgeführt wird – wieder unter Vernachlässigung der Verbundwahrscheinlichkeiten – zu

$$p_{(A,1)} \approx \frac{n_{helpers} \cdot p_{unfaithful}}{f_{complexity}} \cdot 2^{-L_{Key}} \cdot \frac{\Delta T}{\delta T_{Test}} \cdot f_{attractivity} \cdot n_{qualified} \cdot \qquad \text{(A.1)}$$

Typische Werte für die Einflussgrößen sind:

Einflussgröße	minimal	maximal	typisch
$n_{helpers}$	1	1000	10
$p_{unfaithful}$	10^{-5}	10^{-1}	10^{-3}
$f_{complexity}$	ε	∞	10^2
L_{Key}	128	512	256
ΔT			$1a$
δT_{Test}			$1ps$
$f_{attractivit}$	0	1	10^{-3}
$n_{qualified}$	1	10.000	50

Wobei ε für eine beliebig kleine Zahl und ∞ für eine beliebig große Zahl steht. Für die typischen Werte für Verschlüsselungsverfahren wie z. B. „AES 256" und einer Pikosekunde je Versuch ergibt sich der verschwindend kleine Wert $p_{A,1} < 10^{-63}$ p.a. Das heißt, selbst wenn der Angreifer sich mit Tausend Milliarden Versuchen pro Sekunde an dem Code abarbeitet, ist die Wahrscheinlichkeit für einen Treffer so klein, dass er seinen Test astronomisch lange fortsetzen müsste, um mit einem Treffer rechnen zu dürfen.

(A,3): Brechen einer schwachen Transportverschlüsselung
Die Betrachtung der Angriffsoption (A,1) geht davon aus, dass der Verschlüsselungsalgorithmus, z. B. AES [13], fehlerfrei umgesetzt sei. Doch oft stellt sich in der Praxis heraus, dass findige Software-Ingenieure Fehler in zuvor als sicher angenommenen Implementierungen entdecken. Wie in Abschn. 4.4.4 erläutert, hängt $p_{(A,3)}$ einerseits davon ab,

- wie häufig in zuvor als sicher angesehenen Verschlüsselungsciphern Fehler gefunden werden,
- ob und wann arglistige Angreifer oder verantwortlich handelnde Sicherheitsingenieure die Fehler finden und
- wie schnell die letzteren die Fehler melden, woraufhin die fehlerhaften Cipher blockiert werden können.

Die Häufigkeit, mit der Fehler in Transportverschlüsselungscipher gefunden werden, ist mit $r_{TLS-exploits}$ bezeichnet. Die mittlere Zeit, in der diese Fehler von Cyberkriminellen genutzt werden können, d. h. sie sind den Cyberkriminellen bekannt, von der Öffentlichkeit jedoch noch nicht entdeckt, blockiert und durch durch sicherer geltende Cipher ersetzt worden, sei $\delta t_{unfixed}$. Die Erfolgswahrscheinlichkeit ergibt sich zu

$$p_{(A,3)} \approx \frac{n_{helpers} \cdot p_{unfaithful}}{f_{complexity}} \cdot \delta t_{unfixed} \cdot r_{TLS-exploits} \cdot f_{attractivity} \cdot n_{qualified} \cdot \qquad \text{(A.2)}$$

Typische Werte für diese Einflussgrößen sind:

Einflussgröße	minimal	maximal	typisch
$n_{qualified}$	1	10.000	5
$\delta t_{unfixed}$	$5d$	$5a$	$90d$
$r_{TLS-exploits}$	$1/10.000d$	$1/50d$	$1/1.000d$

Mit diesen Instantiierungen ergibt sich $p_{(A,3)} \approx 10^{-8}$. Treten die Fehler häufiger, etwa alle 100 Tage oder seltener, etwa alle 3000 Tage (eine Dekade) auf, ist die Erfolgswahrscheinlichkeit in etwa eine Größenordnung größer oder kleiner. Damit stellen fehlerhafte Implementierungen nach den „Man-in-the-Middle"-Angriffen die zweite Schwachstelle der Übertragungsstrecke dar. Durch eine ineinander geschachtelte Transportverschlüsselung, d. h. eine doppelte Verschlüsselung mit zwei unterschiedlichen Ciphern, kann

$$p_{(A,3)} \approx \frac{n_{helpers} \cdot p_{unfaithful}}{f_{complexity}} \cdot (\delta t_{unfixed} \cdot r_{TLS-exploits} \cdot f_{attractivity} \cdot n_{qualified})^2$$

(A.3)

dramatisch auf Werte um $p_{(A,3)} \approx 10^{-12}$ gesenkt werden.

(B,1): Erraten des Nutzerpassworts mit und ohne SMFA
Bei dieser Angriffsoption errät der Angreifer den Nutzernamen und das Passwort des Nutzers. Dies gelingt ihm besonders einfach, wenn der Nutzer ein triviales Passwort wie z. B. „123456" oder seinen Namen mit Geburtsdatum vor- oder nachgestellt benutzt. In diesen Fällen braucht der Angreifer nur zehn oder hundert verschiedene Möglichkeiten auszuprobieren. Dies kann er, auch wenn der Cloud-Dienst nach fünf Fehlversuchen den Zugang für 15 Minuten sperrt, innerhalb weniger Stunden sicher erledigen. Der Zugang ist geknackt.

Wählt der Nutzer das Passwort etwas klüger, z. B. durch die Aneinanderreihung verschiedener Worte, die so in Lexika vorkommen, so muss der Angreifer je nach Komplexität des Passworts viele Tausend Kombinationen ausprobieren. Wie das nachstehende Modell zeigt, kann der Angreifer, wenn er das Ausprobieren automatisiert, diese Aufgabe ebenfalls innerhalb weniger Tage oder Wochen erledigen. Als Gegenmaßnahme kann programmiert werden, dass der Cloud-Dienst das Muster solcher automatisierter Versuche erkennt und den Zugang für längere Zeit als nur 15 Minuten sperrt.

Richtig sicher wird das Passwort jedoch nur, wenn ein guter Zufallsgenerator zu dessen Erzeugung genutzt wird. Dann können die Cloud-Nutzer sich i. d. R. das Passwort jedoch nicht mehr zuverlässig merken und gelangen zu einer Praxis, bei der die Passwörter notiert und entwendet werden können. Daher werden Zufallsgeneratoren praktisch nur von Systemadministratoren oder ähnlich technisch versierten Personen zusammen mit sicheren Passwortspeichern eingesetzt.

Für ein einfaches Modell werden die Einflussgrößen wie folgt modelliert:

- Die Anzahl der möglichen Versuche (engl. „number of possible attempts") n_{posAtt}
- Die Anzahl der Eingabeversuche $n_{blocked}$ bevor der Zugang für den Nutzer für die Zeit $\delta t_{blocked}$ gesperrt wird.
- Die Anzahl der Passwortkandidaten $n_{cand\,PW_{user}}$

Damit entspricht die Erfolgswahrscheinlichkeit dieser Angriffsoption (B,1) in etwa

$$p(B,1) \approx \frac{n_{pos}A_{tt}}{n_{cand}PW_{user}}, \quad \text{wobei } n_{poss}A_{tt} \text{ e.g.} = \frac{n_{blocked} \cdot \Delta T}{\delta t_{blocked}} \qquad (A.4)$$

Um auch die Zugänge von Cloud-Nutzern sicher zu machen, die unsichere Passwörter wählen, oder die Passwörter leicht erbeutbar speichern, ist die sichere Mehrfaktor-Authentifizierung („Secure Multi-Factor Authentication", SMFA) zu empfehlen. Damit kommen zum Modell noch als Einflussfaktoren

- der Umfang des Vokabulars des Einmalpassworts, d. h. des zweiten Faktors V_{2f} und
- die Länge des Einmalpassworts, d. h. Anzahl der Zeichen des zweiten Faktors L_{2f}

hinzu. Damit ist dann die Erfolgswahrscheinlichkeit in etwa

$$p(B,1) \approx \frac{n_{pos}A_{tt} \cdot V_{2f}^{-L2f}}{n_{cand}PW_{user}} \qquad (A.5)$$

Typische Werte für diese Einflussgrößen sind:

Einflussgröße	minimal	maximal	typisch
$n_{cand\,PW_{user}}$	10	10^{30}	200.000
$n_{blocked}$	1	20	5
$\delta t_{blocked}$	$15s$	$24h$	$15min$
ΔT	$n.a.$	$n.a.$	$1a$
V_{2f}	10	50	10
L_{2f}	4	16	6

Wenn also ein leicht zu erratendes Passwort aus einem Suchraum mit nur 200.000 Möglichkeiten ohne SMFA benutzt wird, kann ein Angreifer, der es gezielt zu erraten versucht, dies typischerweise innerhalb eines Jahres erraten. Wählt man dagegen ein sicheres Passwort mit z. B. 10 Zeichen, dann senkt man die Erfolgswahrscheinlichkeit auf $p_{(B,1)} \approx 10^{-10}$ p.a.

Schützt man ein schwaches Passwort mit SMFA, senkt man die Erfolgswahrscheinlichkeit auf $p_{(B,1)} \approx 10^{-6}$ *p.a.*, wohingegen ein Zugang mit starkem Passwort und SMFA kombiniert nur in $p_{(B,1)} \approx 10^{-16}$ Fällen p.a. geknackt werden kann.

Die praktisch wichtigste Größe zur geeigneten Wahl eines Passworts ist dessen Länge. Denn mit jedem zusätzlichen Zeichen gewinnt man signifikant an Sicherheit, da der Suchraum für die Angreifer um mehr als eine Größenordnung je Zeichen vergrößert wird.

Glossar

AES Advanced Encryption Standard

Angriffsbaum Ein Angriffsbaum dient zur Analyse und Beschreibung möglicher Angriffsszenarien auf das IT-System.

API Application Programming Interface. Eine API ist ein als Schnittstelle ausgeprägter Programmteil, der zur Anbindung anderer Programme dient. Zur Bereitstellung solch einer Schnittstelle gehört i. d. R. eine detaillierte Dokumentation.

AUDITOR Projekt zur Erarbeitung eines europäischen Standards zur Zertifizierung der Compliance von Cloud-Systemen entsprechend der Europäischen Datenschutzgrundverordnung (DSGVO) und des erreichbaren Schutzniveaus. Das Projekt ist der Nachfolger zum Trusted Cloud Datenschutzprofil.

Authentifizierung der Vorgang, bei dem z. B. ein Computersystem eine behauptete Echtheit, beispielsweise einer Person oder eines Objekts, überprüft

Betreibersicherheit Betreibersicherheit bedeutet den vollständigen Ausschluss jeglichen Zugriffs des Betriebspersonals auf die Anwendungsdaten.

BSI Bundesamt für Sicherheit in der Informationstechnik

BSI C5 Katalog Cloud Computing Compliance Controls Catalogue – Anforderungskatalog des Bundesamtes für Sicherheit in der Informationstechnik zur Testierung von Cloud-Computing-Systemen

BSI IT Grundschutz Anforderungskatalog des BSI für Gestaltung und Betrieb von sicheren IT-Systemen

Business Logic Anwendungssoftware

© Der/die Herausgeber bzw. der/die Autor(en), exklusiv lizenziert durch Springer Fachmedien Wiesbaden GmbH, ein Teil von Springer Nature 2020
H. A. Jäger, R. O. G. Rieken (Hrsg.), *Manipulationssichere Cloud-Infrastrukturen*,
https://doi.org/10.1007/978-3-658-31849-9

CAD Computer Aided Design, Software zum Computer-gestütztem Entwurf

Cipher (Verschlüsselung-)Code

Confidential Computing Architekturen für Rechen- und Cloud-Systeme, bei denen niemand, auch nicht die Admininstratoren unter Umgehung von Vorschriften zum Betrieb dieser Systeme auf die damit verarbeiteten Daten zugreifen können (siehe Betreibersicherheit)

DAkks Die Deutsche Akkreditierungsstelle GmbH prüft als zentrale Akkreditierungsstelle die Unabhängigkeit und Leistungsfähigkeit der in Deutschland tätigen Zertifizierungsstellen.

Data Clean-up Area – DCUA Technisch gekapselte Zone, innerhalb derer sich Anwendungsserver befinden, auf denen vor einem autorisierten Zugriff durch das Betriebspersonal oder im Fall eines unautorisierten Zugriffs alle Daten vorsorglich und vollständig gelöscht werden

Datenraum Ein Datenraum ist geschützter Raum, in welchem Daten, Informationen, Unterlagen und Dokumente einem definierten Kreis von Personen bereitstellt werden können. Anwendungen für Datenräume sind Ver- und Ankäufe von Unternehmen, Großprojekte, wie z. B. Bauprojekte, in denen die Projektbeteiligten Dokumente, Pläne, Rechnungen, Besprechungsprotokolle u. v. a. m. austauschen und nach bestimmten Regeln abarbeiten. Heute sind fast nur noch virtuell, d. h. elektronisch implementierte Datenräume üblich.

DSGVO Europäische Datenschutzgrundverordnung

ECTR Engineering Control Center, erweiterte CAD-Software

Ende-zu-Ende-Verschlüsselung Alle Operationen zur Verschlüsselung und Entschlüsselung werden jeweils vom Sender bzw. vom Empfänger von Daten ausgeführt. Alle Systeme zwischen Sender und Empfänger können die ausgetauschten Informationen nicht entschlüsseln.

Ende-zu-Ende-Sicherheit Führt weiter als Ende-zu-Ende-Verschlüsselung. Das Gesamtsystem ist so gestaltet, dass ausschließlich berechtigte Nutzer Zugriff auf die Daten erhalten und alle Daten – einschließlich der Verbindungs- bzw. Metadaten – immer in technisch gekapselten Systemen unter Ausschluss des Zugriffs durch den Betreiber dieser Systeme verarbeitet werden.

ERP Enterprise-Resource-Planning, die Software zur Einsatzplanung der in einem Unternehmen vorhandenen Ressourcen

Exploits Bereits bekannte und genutzte Angriffsmöglichkeiten bzw. dokumentierte Konzepte einer Angriffsmöglichkeit

Filtered Interfaces Betriebsschnittstellen mit Filterung zum Ausschluss der Ausführung unzulässiger Operationen durch das Betriebspersonal – auch als „White Listing" von Betriebsoperationen bezeichnet

Hosting Das Betreiben von Computern und Rechnern (Hosts) durch Rechenzentren

Housing Das Bereitstellen von Fläche, Stromversorgung, Kühlung, Netzanbindung durch Rechenzentren

IaaS Infrastructure as a Service

Insider Attacken Angriffe auf das System und die vom System verarbeitenden Daten durch Mitarbeiter des Betreibers

IEC Internationale Elektrotechnische Kommission

Intrusion Detection System – IDS System zur Erkennung von Einbruchsversuchen in ein IT-System

ISO Internationale Standardisierungsorganisation

Kapselung Zusammenfassung von Komponenten eines Systems zu einer Einheit, hier zum Zweck der Abschirmung gegen Zugriffsversuche durch externe oder interne Angreifer. Die Mechanismen für die Abschirmung bestehen nicht nur aus physischen und logischen Barrieren, sondern auch aus einem System von Sensoren, die – bei Detektion eines Zugriffsversuchs – einen Data Clean-up auslösen können.

Key Distribution – Schlüsselverteilung Verteilung von Schlüsseln zwischen unterschiedlichen Instanzen eines Gesamtsystems

Key Services Schlüsselerzeugungs- und verwaltungsdienst zur Bereitstellung von Schlüsseln für die versiegelte Verarbeitung

KMIP Key Management Interface Protocol – Ein Standard zur Übergabe von Schlüssels von einer Schlüsselquelle an Software, die Schlüssel in Laufzeit übernehmen soll

Manipulationssicherheit Technische Maßnahmen sind manipulationssicher, wenn sie nur durch das Zusammenwirken von mehreren unabhängigen Parteien verändert werden können

M2M Maschine-zu-Maschine Kommunikation

Operations and Maintenance Access Module – OMA Technische   Filterkomponente an den Zugängen für das Betriebspersonal zur Filterung aller Zugriffe

On-Premise Lösung Technische Lösung innerhalb des Rechenzentrums des Anwenders (on premise) im Gegensatz zu einer Lösung bei einem Dienstleister

OSS Open Source Software - quelloffene Software

OWASP Open Web Application Security Project

PaaS Platform as a Service

Privacy by Design Gestaltung eines Systems mit Mitteln und Methoden zur Realisierung eines sehr hohen Datenschutzes, d. h. Datenschutz als wesentliches Entwurfsziel

Rechenzentrum Räumlichkeit, in der Netz- und Rechentechnik, d. h. Router, Switches, Server, Speicher etc., zentral untergebracht sind

Restful API Representational State Transfer API, eine für Client-Server-Beziehungen genutzte zustandslose (engl. „stateless") Programmierschnittstelle. Jede Anfrage eines Clients an den Server ist insofern in sich geschlossen, als sie sämtliche Informationen über den Anwendungszustand beinhaltet, die vom Server für die Verarbeitung der Anfrage benötigt werden.

SaaS Software as a Service

Sealed Cloud Technologisches Konzept zur Realisierung einer rein technisch gekapselten Verarbeitung in einem Rechenzentrum

Sealed Server Execution Environment – SSE Server Farm innerhalb einer gekapselten Data Clean-up Area.

Sealing Software Steuersoftware zur Kapselung eines rein technisch versiegelten Systems

Sealing Trustees Unabhängige, vertrauenswürdige Personen, welche die korrekte Versiegelung eines Sealed-Cloud-Systems sicherstellen

Sealed Trust Anchor Network – STAN Netz von technisch versiegelten Knoten zur Erzeugung, Verwaltung und Bereitstellung von Schlüsseln für die versiegelte Verarbeitung

Security by Design Gestaltung eines Systems mit Mitteln und Methoden zur Realisierung einer sehr hohen IT-Sicherheit, d. h. IT-Security als wesentliches Entwurfsziel

Security Incident and Event Management – SIEM Datensammel- und Datenauswertungssystem, mit dem Angriffe auf IT-Infrastrukturen erkannt und bekämpft werden können

TMS Team Management System, Software zur Vereinfachung und Beschleunigung der Zusammenarbeit in einer Arbeitsgruppe.

Trusted Cloud Datenschutzprofil – TCDP Standard zur Zertifizierung von Cloud-Systemen entsprechend der erreichbaren Schutzklasse

Trusted Execution Environment – TEE Sichere bzw. vertrauenswürdige Laufzeitumgebung, in prozessorbasierten Implementierungen von „Confidential Computing" gebräuchlicher Begriff analog zu „Data Clean-Up Area" bei Sealed Cloud-Implementierungen

Trusted Platform Module – TPM Hardware-Sicherheitskomponente auf Prozessoren, die Geheimnisse zur Umsetzung des vertrauenswürdigen Starts (trusted boot) eines Systems sicher speichert.

Versiegelung In diesem Buch beschreibt Versiegelung immer die rein technische Kapselung eines Systems zum Schutz gegen unbefugte Zugriffe einschließlich solcher des Betriebspersonals.

Vorratsdatenspeicherung – VDS Speicherung von Daten für eine spätere Analyse, die bei bestimmten Ereignissen notwendig werden kann.

WfMS Workflow Management Systems, Software zur Abbildung und Steuerung eines Arbeitsprozesses.

Zero Trust englisch für in etwa „vertraue nichts und niemandem". Sicherheitsstrategien die Risiken umfassend (holistisch) und kontinuierlich überwachen, bewerten und priorisieren – reaktiv und präventiv, mit Risiko- und Vertrauensbetrachtungen in digitalen Geschäftsinitiativen frühzeitig, schon im Entwicklungsprozess beginnen und umfassende und vollständige Transparenz herstellen.

Zugang in der Informationstechnik der Vorgang bei dem ein Nutzer nach erfolgreicher Authentifizierung ein Computersystem benutzen kann

Zugriff in der Informationstechnik die Möglichkeit, etwas, insbesondere Daten und Informationen, sich anzusehen, sich anzueignen, z. B. zu kopieren und zu benutzen

Zutritt der Akt ein Gebäude, Gelände oder einen Raum zu betreten, im IT-Kontext physisch an ein Rack, einen Server o. Ä. herantreten und auch mit Werkzeug bearbeiten zu können

Stichwortverzeichnis

Zeitfracht Medien GmbH
Ferdinand-Jühlke-Straße 7
99095 Erfurt, Deutschland
produktsicherheit@kolibri360.de